PROSA

A marca FSC® é a garantia de que a madeira utilizada na fabricação do papel deste livro provém de florestas que foram gerenciadas de maneira ambientalmente correta, socialmente justa e economicamente viável, além de outras fontes de origem controlada.

ELIZABETH BISHOP

Prosa

Tradução e notas
Paulo Henriques Britto

COMPANHIA DAS LETRAS

Copyright © 2011 by the Alice H. Methfessel Trust
Publicado mediante acordo com Farrar, Straus and Giroux, LLC, Nova York

Grafia atualizada segundo o Acordo Ortográfico da Língua Portuguesa de 1990, que entrou em vigor no Brasil em 2009.

Título original
Prose

Capa
Victor Burton

Foto de capa
Cortesia da Vassar College Special Collections Library

Preparação
Paula Colonelli

Revisão
Angela das Neves
Luciana Baraldi

Dados Internacionais de Catalogação na Publicação (CIP)
(Câmara Brasileira do Livro, SP, Brasil)

Bishop, Elizabeth, 1911-1979.
 Prosa / Elizabeth Bishop; tradução e notas Paulo Henriques Britto. — 1ª ed. — São Paulo: Companhia das Letras, 2014.

 Título original: Prose.
 ISBN 978-85-359-2374-2

 1. Contos norte-americanos I. Britto, Paulo Henriques. II. Título.

13-12815   CDD-813

Índice para catálogo sistemático:
1. Contos: Literatura norte-americana 813

[2014]
Todos os direitos desta edição reservados à
EDITORA SCHWARCZ S.A.
Rua Bandeira Paulista, 702, cj. 32
04532-002 — São Paulo — SP
Telefone: (11) 3707-3500
Fax: (11) 3707-3501
www.companhiadasletras.com.br
www.blogdacompanhia.com.br

Sumário

O batismo, 7

O mar e sua costa, 17

Na prisão, 25

Gregorio Valdes, 1879-1939, 34

Hospital Mercedes, 41

Os filhos do fazendeiro, 50

A governanta, 59

Gwendolyn, 65

Na aldeia, 77

Primeiras letras, 98

A ratinha do campo, 106

A Escola de Redação E.U.A., 124

Viagem a Vigia, 137

Esforços do afeto: Memória de Marianne Moore, 146

Ida ao botequim, 178

Recordações do tio Neddy, 184

Uma nova capital, Aldous Huxley e alguns índios, 205

Na ferrovia chamada Encantado, 244

Correspondência com Anne Stevenson, 1963-5, 257

Gerard Manley Hopkins: Apontamentos sobre o *timing* em sua poesia, 330

Nota sobre a edição, 341

Sobre a autora, 343

O batismo

Era novembro. Na penumbra, pareciam plantas aquáticas, debruçadas sobre a mesinha escura no centro, com uma toalha por cima, como uma pedra coberta de algas. Tinha-se a impressão de que uma correnteza de ar faria com que todas elas balançassem visivelmente. Lucy, a mais jovem, que ainda fazia as coisas para as irmãs, levantou-se para pegar os xales e acender o lampião. Suspirou. Como iam conseguir atravessar o inverno?

"Nós temos nossas amigas!"

Sim, era verdade, e era um consolo. Tinham várias amigas. A velha sra. Peppard, e a jovem sra. Gillespie, e a velha sra. Green e a pequena sra. Kent. Uma delas sempre vinha quase toda tarde.

Quando o tempo estava bom, podiam fazer uma visita, embora preferissem ficar em casa. Conseguiam controlar a conversa melhor quando estavam bem juntinhas, em torno da mesa delas. Como numa antífona, falavam com as amigas sobre a nevasca, a saúde, as atividades da igreja. E tinham também a igreja, é claro.

Quando a neve ficava muito funda — a neve crescia mais e mais durante todo o inverno, tal como o trigo crescia o verão inteiro, e acabava murchando em abril, sem que ninguém a colhesse —, o velho sr. Johnson, que agora era quem trabalhava no correio, trazia o jornal quando voltava para casa.

Iam conseguir sobreviver, mas a cada ano o inverno era mais comprido. Lucy pensava em carregar lenha do depósito, arranhando os braços na madeira áspera. Emma pensava em pôr a roupa na corda — a roupa congelava antes que desse tempo de estendê-la. Principalmente os lençóis — era como lutar com gaivotas geladas e monstruosas. Flora só pensava na dificuldade de levantar-se e vestir-se às seis horas da manhã, todos os dias.

Elas mantinham dois fogões acesos: o da cozinha e uma estufa na sala. O sistema circulatório da pequena casa era assim: no teto da cozinha, em cima do fogão, havia um respiradouro com uma grade de metal. Por ele subia um pouco de calor para o quarto onde Lucy e Emma dormiam. O cano que saía da estufa da sala ia dar no quarto de Flora, mas dele saía menos calor, é claro.

Uma vez por semana faziam pão. No outro quarto havia cordas e mais cordas de maçãs secas. Comiam molho de maçã, torta de maçã, bolinho de maçã e uma espécie de bolo forrado com fatias de maçã. Em todas as refeições, bebiam muito chá e comiam muito pão. Às vezes compravam duzentos e cinquenta gramas de queijo cheddar, às vezes um pedaço de porco.

Emma tricotava xales, toalhinhas, meias de dormir, uma afetuosa teia de aranha em torno de Flora e Lucy. Flora fazia trabalhos sofisticados e produzia presentes de Natal em número suficiente para todos: para as irmãs e os amigos. Lucy não sabia fazer nada com as mãos. Sua função era ler em voz alta enquanto as outras trabalhavam.

Haviam lido um monte de velhos livros de viagem que pertenceram ao pai delas. Um chamava-se *Maravilhas do mundo*; o outro era sobre a Palestina e Jerusalém. Todas ficavam ouvindo tranquilas quando Lucy lia a respeito da árvore que dava leite tal qual uma vaca, os esquimós que viviam no escuro, o autômato que jogava xadrez etc.; mas Lucy ficava empolgada com as descrições do mar da Galileia, e a gravura que representava o jardim de Getsêmane na atualidade deixava seus olhos rasos d'água. Ela dizia "ah, Senhor!" quando via as fotos de um olival, com árabes acocorados; e exclamava "céus!" quando via a Manjedoura, cercada de pedras cheias de marcas fundas, como negras impressões digitais.

Tinham lido também: (1) *David Copperfield*, duas vezes; (2) *O caçador de cervos*; (3) *Samantha na Exposição Mundial*; (4) *O autocrata ao café da manhã*.

E mais dois ou três livros da biblioteca da escola dominical, que não agradaram a nenhuma delas. Mas, por respeito à fonte, ouviram com tanta atenção como se escutassem o sermão do pastor. Lucy até assumiu um tom de voz que lembrava o do pastor, de modo que a leitura pareceu interminável.

Eram presbiterianas. A aldeia era dividida em duas facções, armadas de bíblias: batistas e presbiterianos. As irmãs tinham amigos dos dois lados.

Nas noites de sexta, reuniam-se para rezar. No domingo, havia o culto e a escola dominical; e, semana sim, semana não, a reunião das Damas de Caridade, cada vez na casa de uma amiga diferente. Emma dava aula para as crianças menorzinhas na escola dominical. Lucy e Flora preferiam não lecionar, e sim assistir às aulas para adultos dadas pelo próprio pastor.

Agora as irmãs estavam todas ajustando o xale nos ombros, e no momento exato em que Lucy acendeu o lampião a velha sra. Peppard veio visitá-las. Abriu a porta sem bater e disse: "Tem alguém em casa?". Era assim que se fazia. Ela estava com um casaco cor de lama muito velho, com alamares pretos grandes na frente, e um chapéu preto, forrado de pano, com uma flor de veludo.

Vinha dar a notícia de que o neném de sua irmã tinha morrido na véspera, embora tivessem tentado tudo. Ela e Emma. Flora e Lucy ficaram algum tempo conversando sobre a perdição das almas dos recém-nascidos.

Então conversaram sobre o cultivo de begônias, e a sra. Peppard pegou para si uma muda delas. Flora sempre tivera muita sorte com plantas de vaso.

Lucy ficou muito agitada depois que a sra. Peppard saiu e não conseguiu comer seu pão com manteiga; apenas tomou três xícaras de chá.

Naturalmente, e tal como Emma havia previsto, por causa do chá Lucy não conseguiu dormir aquela noite. Uma vez cutucou Emma e acordou-a.

"Emma, estou pensando naquela pobre criança."

"Pare de pensar. Vá dormir."

"Você não acha que a gente devia rezar por ela?"

Isso foi no meio da noite, senão ela não teria dito isso. Emma fingiu dormir. Aliás, estava mesmo dormindo, mas não tão fundo que não percebesse Lucy se levantando. No dia seguinte, contou o ocorrido a Flora, que só fez estalar a língua nos dentes, balançando a cabeça. Mais tarde passaram a referir-se a esse episódio como "o começo", e Emma arrependeu-se de ter voltado a dormir.

Numa reunião de preces das sextas, o pastor falou na necessidade de ganhar adeptos, e pediu que falassem algumas pessoas que haviam entrado para a igreja recentemente. Art Tinkham levantou-se para falar. Discorreu por muito tempo sobre a bondade de Deus para com ele, e disse que agora se sentia feliz o tempo todo. Sentira-se tão feliz quando estava lavrando sua terra que não parara de cantar, e ao final de cada sulco recitara um versículo da Bíblia.

Depois de algum tempo, o pastor pediu a Lucy que puxasse uma prece. Ela o fez, uma oração muito longa, mas no final sua voz ficou trêmula.

Quase não conseguiu dizer amém, e sentou-se mais que depressa. Depois suas irmãs disseram que fora uma oração muito bonita, mas ela não se lembrava de uma palavra que dissera.

Emma e Lucy gostavam mais dos hinos sonhadores, desses que falam em jardins, mares cristalinos, altas montanhas etc. Flora gostava de hinos militantes; seu preferido era talvez "Castelo forte é nosso Deus".

O de Lucy era: "Quando o cristão canta, às vezes uma luz o surpreende". O de Emma: "Longe daqui há uma verde colina sem muros".

Lucy ainda não era membro da igreja. Emma e Flora eram, mas quando entraram Lucy ainda não tinha idade para ser aceita. Às vezes ela perguntava às irmãs se era boa o suficiente para entrar.

"Você é boa demais para nós, Lucy."

"Não é isso que eu quero dizer", respondia Lucy.

À noite, ela achava que as preces de Emma terminavam depressa demais. As suas por vezes duravam quase uma hora, e mesmo assim não lhe pareciam suficientes. Lucy sentia-se muito culpada de alguma coisa. Preocupava-se tanto com isso que um dia quase conseguiu convencer Flora de que certamente teria cometido alguma falta muito grave quando pequena. Mas não era verdade.

O Natal se aproximava. A neve já chegava até o parapeito das janelas, quase ultrapassando-o, como se as irmãs morassem num navio que estava afundando. Os sentimentos de culpa de Lucy aumentavam mais e mais. Ela falava constantemente sobre a questão de entrar ou não para a Igreja.

No Natal, uma velha missionária, a srta. Gillespie, tia do jovem sr. Gillespie, veio da Índia de licença. As Damas de Caridade organizaram reuniões especiais para ela. Nessas ocasiões, aquela mulher alta, de pele escura, de buço espesso, que tinha sessenta e quatro anos de idade, falava, quase gritando, sobre o trabalho que a ocupara a vida inteira. Fotografias passavam de mão em mão. Eram meninos de rostos doces, jovens com tangas muito alvas e brincos. Depois viam-se os mesmos meninos e rapazes, usando calças de riscado sujas e camisas com as fraldas de fora. Havia umas poucas fotos de mulheres, fora de foco, porque elas levantavam as mãos para esconder o rosto ou recuavam do olho cristão da câmara.

Nem Emma nem Flora gostaram da srta. Gillespie. Flora chegou mesmo a dizer que a achou "mandona". Mas Lucy gostou muito dela e foi vê-la várias vezes. Em seguida, passou três semanas falando o tempo todo em virar missionária. Voltou a folhear todos os livros de viagens.

No fundo, Flora e Emma não acreditavam que a irmã iria de verdade, mas só de pensar em viver sem ela às vezes uma ou a outra ficava horrorizada. Ao final das três semanas, Lucy parou de falar no assunto; aliás, quase parou de falar de todo.

Lucy emagrecia. A pele de sua testa parecia esticada demais, e, embora ela jamais tivesse perdido a paciência em toda sua vida, as irmãs começaram a perceber que às vezes Lucy era obrigada a esforçar-se para não lhes dirigir um comentário irritado.

Seus movimentos tornaram-se muito vagarosos. No jantar, comia meia fatia de pão e recolocava a outra na cesta.

Flora, que tinha mais facilidade de dizer as coisas que Emma, disse: "Ela me faz me sentir menos boa que ela".

Uma vez, Lucy saiu para buscar lenha no depósito e, quinze minutos depois, ainda não tinha voltado. Emma de repente deu-se conta da demora e saiu correndo de casa. Sem casaco e sem xale, Lucy estava apoiada à parede da casa. Olhava fixamente para o brilho ofuscante do sol no campo coberto de gelo, ao longe. Parecia cantarolar baixinho, e a luz obrigava-a a manter os olhos semicerrados. Emma teve que pegar sua mão para conseguir que ela lhe desse atenção. Falar com ela não adiantou.

Foi na noite do dia seguinte que as coisas estranhas começaram a acontecer.

Lucy tinha um diário. Escrevia a lápis num caderno de capa parda onde, em letras vermelhas, lia-se: "Apontamentos". Era, na verdade, o registro de seu progresso espiritual.

"*3 de janeiro*. Hoje de manhã o tempo estava bom de novo, por isso Flora lavou umas roupas e nós as penduramos no jardim, apesar do vento que atrapalhava. Almoçamos um bom cozido feito com o resto do carneiro e das cenouras que o sr. Johnson trouxe. Digo que foi um bom cozido mas não consegui dar nem uma garfada. O Senhor me parece muito distante. A toda hora eu perguntava às meninas o que elas achavam de eu me tornar membro, mas elas não me ajudaram nem um pouco."

Nesse ponto, Lucy copiou três versículos da Bíblia. Às vezes passava dias em que só anotava no diário citações bíblicas.

"*16 de janeiro*. Ontem à noite fez 28 graus abaixo de zero. Tivemos que pegar a velha manta de búfalo do papai que fica no quarto de hóspedes. Não gostei do cheiro, mas Emma não se importou. Quando apagamos o lampião, fiquei rezando muito tempo, e pouco depois de me deitar senti que aquele rosto estava se aproximando de mim outra vez. Não consigo distinguir quem é, mas é muito grande e chega muito perto do meu. Parecia estar mexendo os lábios. Será que está me repreendendo?"

Quatro dias depois, Lucy começou a chorar à tarde e chorou quase até a hora de se deitar. Por fim, Emma chorou um pouco também. Flora sacudiu-a pelo ombro, mas deixou Lucy em paz.

Emma gostaria de dormir com Flora, e não com Lucy, para poder conversar com ela sobre Lucy.

Perguntou Flora: "O que foi que ela já fez de errado, Emma? Por que ela se preocupa tanto com a alma dela?".

Respondeu Emma: "Ela sempre foi um anjo".

"*20 de janeiro*. Finalmente, finalmente, sei o que quero", escreveu Lucy, "ou melhor, desisti de querer por completo. Agora vou entrar para a igreja assim que for possível. Mas vou entrar para a Igreja *Batista*, e não posso contar nada para Flora e Emma antes. Não consigo comer, de tão feliz que estou. Esta madrugada, às quatro horas, começou a ventar, um vento terrível. Tive a impressão de que todas as árvores estavam se partindo; eu ouvia os galhos batendo na casa. Achei que a chaminé ia cair. A casa estremecia, e pensei na Casa construída sobre a Rocha. Fiquei com muito medo. Emma não acordou. O vento continuou durante horas, na escuridão, e fiquei rezando para que todos nós escapássemos do perigo. Então fez-se uma calmaria. Estava escuro como breu, e meu coração batia tão forte que achei que estava morrendo. Não consegui pensar em nenhuma oração. Então, de repente, uma voz começou a falar baixinho, bem junto à cabeceira. Eu não conseguia entender o que ela dizia, não eram palavras que eu conhecesse direito, mas parecia que eu as entendia. Um grande peso caiu de meu espírito! Então fiquei tão feliz que acordei Emma e disse: 'Emma, Emma, Cristo está aqui. Ele esteve aqui agora mesmo, neste quarto. Levante-se e reze comigo'. Emma saiu da cama e ajoelhou-se, depois disse que o chão estava frio e quis puxar o tapete para baixo de nós. Mas eu disse: 'Não, Emma. Para que precisamos de tapete se temos todo o amor de Cristo para aquecer nossos corações?'. Depois disso ela não insistiu mais, e fiquei muito tempo rezando, por Flora também. Quando voltamos para a cama, contei para Emma que eu tinha ouvido uma voz."

No dia seguinte Lucy procurou o pastor batista e disse-lhe que havia decidido entrar para sua igreja. Ele era muito severo, mais velho que o pastor presbiteriano, e Lucy sentiu na mesma hora que era um homem muito melhor.

Porém surgiu um problema imprevisto. Lucy agora acreditava com todo o fervor na imersão total praticada pelos batistas, de acordo com o que lhes parecia ser o método utilizado por João Batista. Sem isso, não poderia entrar para a Igreja, e o rio, naturalmente, estava congelado. Lucy teria que esperar até o desgelo.

Essa ideia era-lhe quase insuportável. Em meio a sua ânsia de ser batizada e a sua decepção, esqueceu que havia decidido não anunciar sua mudança de fé às irmãs. Elas pareceram não se importar muito, mas, quando Lucy lhes pediu que mudassem junto com ela, as duas se recusaram a considerar a possibilidade.

Lucy ficou tão excitada que as irmãs a fizeram deitar-se às cinco horas. Emma embrulhou a tampa quente de uma das bocas do fogão para colocá-la junto a seus pés.

"*25 de janeiro*. Ontem à noite me senti muito mal e chorei bastante. Pensei que mamãe sempre me dava o que havia de melhor porque eu era a menorzinha e aceitava tudo sem pensar em minhas irmãs. Emma disse: 'Pelo amor de Deus, Lucy, pare de chorar'. Expliquei a ela e ela ficou muito mais meiga. Levantou-se e acendeu o lampião. Quando a luz iluminou o rosto dela, chorei de novo. Ela acordou Flora, que vestiu o roupão e se sentou na cadeira de balanço. Ela queria preparar alguma coisa, mas eu disse que não. O lampião começou a fumegar. A fumaça subia para o teto e tinha um cheiro muito forte e bom, como gerânio-rosa. Comecei a rir e chorar ao mesmo tempo. Flora e Emma conversavam, mas parecia que tinha mais gente falando também, e mais a voz à cabeceira da cama."

Alguns dias depois, Lucy estava muito triste. Não conseguia rezar nem fazer mais nada na casa. Ficava o dia todo sentada junto à janela.

À tarde, apontou para a estrada que seguia em direção à serra, ladeada por árvores, e perguntou: "Flora, que diferença faz para onde essa estrada vai?".

Emma e Flora estavam desmanchando o vestido de seda azul de Emma para fazer uma blusa. Uma mariposa caminhava na vidraça. Emma disse: "Pegue o mata-moscas, Lucy".

Lucy levantou-se, depois voltou a sentar-se e disse outra vez: "Que diferença faz?".

Pegou seu diário e nele anotou, de memória, todas as estrofes de "Volta, ó pomba celestial".

Após o jantar, parecia mais alegre. Agora passavam as noites sentadas na cozinha, porque ali era mais quente. A única luz vinha de um lampião, de modo que o ambiente era bem escuro; o círculo vermelho em torno das bocas do fogão brilhava.

De repente Lucy ficou em pé.

"Emma, Emma, Flora. Estou vendo Deus."

Fez um gesto em direção ao fogão.

Deus, Deus estava sentado no fogão da cozinha, ardendo, queimando, enchendo toda a cozinha com um calor delicioso e um cheiro de gordura e doçura.

Lucy sentia mais a presença de seu corpo que a de seu rosto. Aquele corpo belo e luminoso era rajado como um girassol. Ele iluminava o rosto de Flora e o de Emma, um de cada lado do fogão. O fogão não o queimava.

"Os pés dele estão no inferno", comentou ela com as irmãs.

Depois disso, por um bom tempo Lucy permaneceu feliz, e tudo parecia estar quase como no inverno anterior, com a única diferença de que Lucy agora frequentava sozinha a igreja e os círculos de oração batistas.

Ela falava sempre em tornar-se membro da igreja. Já acontecera uma ou duas vezes de pessoas resolverem entrar para a igreja no meio do inverno, e nesses casos haviam aberto um buraco no gelo para fazer uma pia batismal. Lucy implorava ao pastor, mas ele achava que isso não seria necessário para ela.

Um desses casos fora o de um fazendeiro que bebia e batia na mulher; converteu-se, e ele próprio quebrou o gelo. O outro fora um rapaz, que também parara de beber; esse já tinha morrido.

Dizia Flora: "Ah, Lucy, espere até o gelo derreter".

"É", respondia Lucy, com amargor, "e até minha alma se perder para toda a eternidade."

Ela rezava para que a primavera chegasse logo.

No dia 19 de março, Flora acordou e ouviu o ruído de todos os anos, uma espécie de rugido discreto acompanhado do tilintar de vidro quebrando.

"Graças", pensou ela. "Quem sabe agora a Lucy nem vai mais querer ser batizada."

Todos ouviram o início do degelo, na serra distante, e foram para a ponte. Lucy, Emma e Flora foram ver também. O gelo vergava, formando paredes reluzentes de cinco, sete metros de altura, dignas de palácios celestiais, que depois desciam o rio lentamente.

De vez em quando via-se um espaço de água marrom-escura. Isso perturbou Lucy; ela imaginava que seria batizada numa água cristalina, ou azul-clara.

O batismo ocorreu no dia 24. Foi como todos os outros, e a aldeia já estava acostumada a batismos muito no início da primavera, se bem que normalmente eram de rapazes fervorosos.

Na margem do rio havia algumas charretes, as dos membros do coro, que estavam em pé, protegidos por casacos e chapéu, cada três ou quatro pessoas dividindo entre si um livro de hinos. A maioria das testemunhas assistiam à cena da ponte, olhando para baixo. Naturalmente, sempre havia um menino ou rapaz que ousava cuspir, debruçado na grade.

O rio estava muito alto, as águas lamacentas, com manchas de espuma amarelenta. O céu estava todo coberto de nuvens cinzentas, finamente dobradas e redobradas. Flora via as raízes geladas de uma árvore chegando até o rio, e as margens sujas de neve amarela como a espuma.

A toga do pastor, que ele só usava nessas ocasiões, encheu-se de vento, até que a água a puxou para baixo. Ele tinha nas mãos um lenço limpo, dobrado, para colocar sobre a boca de Lucy no momento exato. Também ela trajava uma toga, que a fazia parecer mais alta e magra.

O coro cantou "Estou indo, Senhor, indo agora ao teu encontro", um hino que sempre se prolongava demais, e depois "Vamos reunir-nos à beira do rio onde pisaram pés de anjos iluminados?". Findo o batismo, iriam cantar uma música mais alegre e rápida, mas as irmãs não ficaram para ouvi-la.

Lucy afundou sem nenhum movimento, e Flora e Emma ficaram pensando que ela não ia voltar à tona nunca mais.

Flora segurava o casacão de Emma, pronto para agasalhá-la. Nada convencional, Emma aguardava dentro da charrete que lhe emprestara a sra. Green, de modo que partissem para casa assim que Lucy chegasse à margem. Segurava as rédeas, e tinha que se conter para não pegar o chicote com a outra mão.

Por fim, a cerimônia terminou. Colocaram Lucy, encharcada, no meio. Seus cabelos estavam escorridos. Ainda bem que não moravam longe do rio!

No dia seguinte, Lucy estava muito resfriada. Emma e Flora cuidaram dela por uma semana; então o resfriado passou para o peito. Lucy não parava na cama. O máximo que conseguiam fazer era convencê-la a ficar deitada no sofá na cozinha.

Um dia, à tarde, as irmãs acharam que ela estava com febre alta. Ao cair da tarde, Deus reapareceu na cozinha. Lucy aproximou-se do fogão, gritando.

Emma e Flora afastaram-na, mas ela já havia queimado seriamente a mão direita.

Naquela noite, chamaram o médico, mas na noite seguinte Lucy morreu, chamando as irmãs pelo nome.

O dia do enterro foi o primeiro dia agradável de abril, e toda a aldeia compareceu, muito embora as estradas estivessem cobertas de lama. Jed Leighton deu uma linda planta que mandou vir da cidade, uma massa de flores brancas. Todos os outros já haviam cortado os gerânios, vermelhos, brancos e rosa.

1937

O mar e sua costa

Uma vez, numa grande praia pública, um homem foi contratado para recolher os papéis da areia. Para esse fim, foi-lhe confiado um pau, ou bengala, com um prego comprido e polido na ponta.

Como ele só trabalharia à noite, quando a praia ficava deserta, deram-lhe também uma lanterna.

O resto de seu equipamento consistia em uma grande cesta de arame, para queimar os papéis dentro, uma caixa de fósforos, para atear-lhes fogo, e uma casa.

Essa casa era muito interessante. Era de madeira, com um telhado íngreme, cerca de metro e meio de frente e de fundos por dois de altura. Não havia janela, nem porta no vão da porta, e absolutamente nada dentro dela. Não havia nem mesmo uma vassoura, de modo que de vez em quando nosso amigo se ajoelhava e com as mãos empurrava para fora a areia que havia trazido para dentro nos pés.

Quando lá fora o vento ficava muito forte ou muito frio, ou quando o homem estava cansado, ou quando queria ler, ia para dentro de casa. Deixava as pernas para o lado de fora, ou então cruzava-as e sentava-se sobre elas.

Era mais a ideia de uma casa do que uma casa propriamente dita. Numa escala de conceitos de casa, podia ser colocada numa ou noutra extremidade: poderia ser uma casinha perfeita para uma criança brincar ou uma casa ideal para um adulto, pois nela haviam sido abolidas todas as coisas que causam mais problemas na maioria das casas.

Era um abrigo, mas não para morar, e sim para pensar. Era como um chapéu que se pusesse na cabeça não para cobri-la, mas para fazê-la funcionar.

É claro que, segundo as leis da natureza, as praias deveriam se manter limpas sozinhas, como fazem os gatos. Todos já observamos:

The moving waters at their priestlike task
Of pure ablution round earth's human shores.*

Porém o ritmo da vida moderna é rápido demais. Nossas imprensas produzem tanto papel coberto de tinta, o qual sempre dá um jeito de ir parar nos mares e suas costas, que a natureza não pode cuidar de si própria.

Assim, quase podia-se dizer que o sr. Boomer, o sr. Edwin Boomer, havia entrado para aquele "sacerdócio".

Todas as noites ele andava de um lado para o outro, cerca de dois quilômetros, no escuro, com sua lanterna e sua bengala, e mais um saco de batatas nas costas para nele colocar os papéis — uma figura pitoresca, que sob certos aspectos parecia um Rembrandt.

Edwin Boomer levava a vida mais literária que se pode conceber. Nenhum poeta, romancista ou crítico, nem mesmo um que passasse oito horas por dia debruçado sobre a escrivaninha, poderia imaginar a intensidade com que ele se concentrava na vida das letras.

Sua cabeça, na nuvenzinha de luz produzida por sua lanterna, estava sempre dobrada para a frente, enquanto seus olhos vasculhavam a areia ou examinavam as páginas e fragmentos de papel que ele encontrava.

Lia constantemente. Seus ombros eram arredondados, e ele tivera que começar a usar óculos pouco antes de assumir seu cargo.

Os papéis que não lhe pareciam interessantes à primeira vista Boomer jogava dentro do saco; os que ele queria examinar iam para os bolsos. Mais tarde alisava-os no chão da casa.

Graças a essa necessidade de discriminação, ele se tornara um excelente avaliador.

Às vezes transfixava uma pilha de papéis desinteressantes ou em branco no prego, até que este ficava cheio, por assim dizer, do punho à ponta. Ficava parecido com aqueles espetos que se viam antigamente nas mesas de médicos e homens de negócios relaxados. Às vezes Boomer tocava fogo nessa pilha de papéis e caminhava segurando-a com o braço levantado, como se fosse uma tocha, como se fossem as contas, que ele havia pago, ou como uma daquelas iguarias de carne que são servidas em chama nos restaurantes russos e sírios, chamadas kebab.

---

* "O sacerdócio incessante das águas/ Fazendo abluções nas costas da terra." Versos de John Keats.

Além de servirem para a leitura e ocasionalmente para a iluminação, os papéis — em particular os jornais — tinham outras utilidades. Boomer colocava jornal debaixo do casaco no inverno, para proteger-se do vento frio que vinha do mar. Também no inverno ele espalhava várias camadas de jornal no assoalho da casa, com o mesmo fim. Lera em algum lugar, em suas extensas leituras, que a tinta usada na impressão de jornais tem o efeito de eliminar cheiros; mas para ele isso não tinha nenhuma utilidade.

Boomer conhecia todos os tipos de papel em todos os seus estados, desde o mais seco até o mais empapado. O jornal molhado tornava-se ligeiramente translúcido. Grudava-se a seus pés e mãos e, em vez de rasgar, esfacelava-se de um modo que lhe parecia um tanto nauseabundo.

Quanto estava muito encharcado de água do mar, o jornal servia para fazer bolinhas e outras formas. Uma ou duas vezes, quando bêbado (Boomer costumava chegar ao trabalho nesse estado algumas vezes por semana), tentara fazer umas esculturas grosseiras. Mas, assim que os bustos e animais esculpidos secaram, ele os queimou também.

O jornal amarelecia depressa; bastava um dia ao ar livre. Às vezes Boomer encontrava um jornal da antevéspera que fora largado descuidadamente, meio dobrado, meio amassado. Iluminando-o com a lanterna, percebia, antes mesmo das guerras e assassinatos, os efeitos das quinas amareladas sobre as páginas brancas, e o contraste entre as páginas externas e as internas. Os jornais muito velhos ficavam quase da cor da areia.

Nas noites em que Boomer estava mais bêbado, o mar era de gasolina, perigosíssimo. Ele o olhava temeroso, de esguelha, entre cada duas frases que lia, e fazia sua fogueira bem longe da água. Era reluzente, oleoso, explosivo. Nesses momentos, ocorria-lhe a ideia absurda de que o mar poderia pegar fogo e ele perderia sua única fonte de renda.

Quando ventava muito, era difícil limpar a praia; nessas ocasiões Boomer era mais um caçador que um colecionador.

Mas o voo dos papéis era interessante de observar. Ele fizera muitas comparações cuidadosas entre os papéis e as aves que de vez em quando eram iluminadas em pleno voo pela lanterna.

A ave, naturalmente, movida pelo cérebro, por uma antiga tradição, por um desejo muitas vezes compreensível de chegar a algum lugar ou obter alguma coisa, voava em linha reta, ou descrevendo uma série de curvas que faziam parte de uma linha. Era possível perceber a diferença entre os voos metódicos, que visavam obter algo, e os voos que eram apenas para se mostrar.

Mas os papéis não tinham nenhuma meta discernível, não tinham cérebro, nem sentimento de espécie ou grupo. Subiam, caíam, não se decidiam, hesitavam, aquietavam-se, voavam direto para a morte no mar, ou então davam meia-volta em pleno ar para em seguida desabar na areia, onde permaneciam imóveis.

Se tinham um método preferido de voar, ao que parecia era um voo oblíquo, de lado.

Utilizavam as correntes de ar de modo mais sutil e entregavam-se a elas de modo mais caprichoso do que as aves as quais eram muitas vezes teimosas. Além disso, não manifestavam orgulho por suas piruetas; pareciam não se dar conta da bravura que exibiam, da ignorância que manifestavam, nem da presença de Boomer, que aguardava o momento de espetá-los com o prego afiado.

A dobra no meio dos jornais grandes funcionava como uma espécie de espinha, mas não havia coordenação entre as asas. Os tabloides voavam um pouco melhor do que os jornais grandes. Os pedaços pequenos e amassados eram os mais fantásticos.

Havia noites em que o ar parecia cheio deles. Para Boomer, bêbado, as letras pareciam sair voando das páginas. Ele levantava a lanterna e a bengala e corria agitando os braços, no meio de um enxame de manchetes e frases, como um homem que espanta uma revoada de pombos.

Quando os espetava com seu prego, lembrava do Velho Marinheiro e do Albatroz de Coleridge, pois naturalmente já havia lido aquele poema ameaçador muitas vezes.

Era nas noites sem vento que conseguia estudar mais; nelas sobravam-lhe algumas horas de folga na alta madrugada. Sentava-se com as pernas cruzadas dentro da casa e pendurava a lanterna num prego que havia colocado na altura exata. As paredes cheias de farpas brilhavam, e a casinha ficava bem quente.

Seus estudos podiam ser divididos em três grupos, e ele próprio os classificava mentalmente desse modo.

O primeiro e mais numeroso: tudo que parecia dizer respeito a si próprio, seu trabalho, e quaisquer instruções ou advertências a ele relacionadas.

O segundo: histórias sobre outras pessoas que despertavam seu interesse, cujas carreiras ele acompanhava diariamente nos jornais e fragmentos de livros e cartas, os desdobramentos de cujas aventuras ele sempre aguardava com interesse.

O terceiro: coisas que não conseguia entender em absoluto, que o deixavam totalmente perplexo, porém ao mesmo tempo o interessavam tanto que ele as guardava para ler. Essas coisas ele tentava, quase desesperadamente, enquadrar na primeira ou na segunda categoria.

Vejamos alguns exemplos de cada grupo.

Do primeiro: "O exercitante há de beneficiar-se mais quanto mais se isolar de todos os amigos e conhecidos e de todas as preocupações terrenas; por exemplo, saindo da casa onde mora e procurando outra casa ou quarto onde possa residir com todo o isolamento possível [trecho ilegível] conseguir utilizar suas faculdades naturais de modo mais livre ao buscar diligentemente o que tanto procura".

Isso, sem dúvida, era bem claro.

Eis um exemplo do tipo de advertência que o preocupava: "O hábito de folhear periódicos pode ser acrescentado ao catálogo de ANTINEMÔNICOS, ou enfraquecedores da memória, elaborado por Averróis. Outros: 'comer fruta verde; olhar para nuvens e coisas móveis suspensas no ar (isso era relevante); andar de camelo no meio de uma cáfila; rir com frequência (não); ouvir uma série de chistes e anedotas; o hábito de ler lousas em cemitérios etc.'". (Estes últimos talvez fossem.)

Exemplo da segunda categoria: "Ela dormiu cerca de duas horas e voltou a seu lugar no buraco, levando com ela uma bandeira americana, que colocou a seu lado. Seu marido lhe traz as refeições, e ela afirmou que pretende ficar dentro do buraco até que a Companhia de Serviços Sociais e Públicos desista de colocar um poste lá".

Boomer ficou duas noites pensando nessa mulher. Na terceira encontrou a seguinte passagem, a qual, segundo seu ângulo de encarar as coisas, pareceu esclarecer a situação um pouco. Era um pedaço de uma página de livro, enquanto o item anterior era um trecho de jornal.

"O pressuposto de *milady* era que, a cada momento de sua existência, ela detinha todas as vantagens — isso a tornava lindamente suave, quase generosa; assim, não distinguia ela os olhinhos protuberantes dos insetos sociais de menor porte, com frequência dotados de tal amplitude, de..."

Porém talvez se passassem mais duas noites, ou mais duas semanas, até que ele encontrasse a etapa seguinte dessa sequência.

No terceiro grupo, de coisas que o fascinavam porém o deixavam perplexo, Boomer incluía curiosidades como esta (um papelzinho cor-de-rosa, comprido, intato):

"ÓCULOS DE BRINQUEDO COM OLHOS MÓVEIS. Coloque estes óculos, com o bocal na boca. Sopre ar dentro dele de modo ritmado; os olhos e as sobrancelhas subirão e descerão. O movimento pode ser lento ou rápido, conforme o efeito cômico desejado. Se as orelheiras ficarem curtas demais, no caso de quem tem cabeça grande, dobre a parte curva atrás da orelha. O celuloide é inflamável! Por isso, não aproxime seus óculos do fogo!!"

Esse poderia ser considerado um alerta referente a ele. Mas, embora Boomer pudesse obedecer à advertência final, havia muita coisa antes que ele não conseguia entender.

E havia isso, escrito a lápis em papel de carta, borrado porém legível:

"Eu não andava muito bem dos dentes, e tive que arrancar três dos grandes, porque eles me faziam ficar nervoso e doente às vezes, e foi por isso que eu não mandei minha lição, se bem que estou pensando em saber escrever igual a todos os Escritores, porque acho que isso é o que pretendo mais que qualquer outro tipo de trabalho, pois estou me dedicando às lições, frequentemente, muitas vezes.

"Sr. Margolies, fico pensando como esses Escritores escrevem histórias grandes com 60 000 ou 100 000 palavras nessas Revistas, onde é que eles encontram imaginação e material para isso.

"Gostaria muito de escrever histórias como esses Escritores."

Embora Boomer não tivesse tais desejos infantis, ele sentia que a pergunta tinha algo a ver com sua própria forma de vida; era quase como se a pergunta fosse dirigida a ele e não ao desconhecido sr. Margolies. Mas qual seria a resposta? Parecia-lhe que, quanto mais papéis catava e lia, menos ele entendia. Em certo sentido, Boomer dependia da "imaginação" de quem os escrevia, era mesmo escravo dela, mas ao mesmo tempo via aquilo como uma espécie de doença.

Vejamos mais um dos enigmas com que nosso amigo se atormentava. Fora impresso com tipos turvos num papel pardo muito velho (Boomer não fazia distinção entre as perplexidades da prosa e as da poesia):

> *Much as a one-eyed room, hung all with night,*
> *Only that side, which adverse to the eye*
> *Gives but one narrow passage to the light,*
> *Is spread with some white shining tapestry,*
> *An hundred shapes that through the flit airs stray,*
> *Rush boldly in, crowding that narrow way;*
> *And on that bright-faced wall obscurely dancing play.**

Aquilo lhe parecia familiar. Primeiro imaginou que sua casa é que era o "recinto caolho, onde a noite impera"; depois achou que era toda a sua vida noturna na praia. Primeiro identificou os papéis ao vento, depois o que neles estava escrito, com as "mil formas".

Será necessário explicar que, quando se preparava para ler, em geral Boomer não estava muito bêbado? O efeito do álcool já havia passado. Ele sentia-se isolado e cheio de si, mas num estado de vigília anormalmente intenso.

Mas o que significavam essas coisas?

Ou por causa dos exércitos de letras-insetos que constantemente sitiavam seus olhos, ou porque isso era de fato verdade, o mundo, todo o mundo que ele via, depois de alguns anos passou a lhe parecer um texto impresso, também.

Boomer levantou a lanterna e ficou a ver um maçarico correndo a esmo de um lado para o outro.

Para seus olhos cansados, a ave parecia um sinal de pontuação com as "ondas redondas incansáveis" ao fundo. Com suas patas, ela deixava marcas finas como letras na areia. As penas eram sarapintadas; e especialmente nas pontas das asas havia marcas que pareciam ser letras que, vistas bem de perto, seria possível ler.

Às vezes as pessoas que frequentavam a praia de dia, pessoas que ele jamais via, resolviam escrever na areia. Boomer achava que apagar aqueles escritos provavelmente era uma de suas obrigações. Baixando a lanterna, ele

---

* "Como em recinto caolho, onde a noite impera,/ Apenas no lado em que a luz transitaria/ Numa passagem estreita, ali se estende e espera/ Uma resplandecente, alva tapeçaria,/ Mil formas invadem o hermético ambiente,/ Acotovelam-se no espaço parvo e quente,/ E na parede escura dançam alegremente." Versos de "The Purple Island", de Phineas Fletcher.

cuidadosamente obliterava coisas como "Escola Francisco Xavier", "Lilian", "Que diabo!".

A própria areia, quando ele a pegava e aproximava da vista, lembrava um pouco papel impresso, picado ou mastigado.

Mas a melhor hora daquelas longas noites de estudo era o momento em que, tendo limpado sua área, ele se preparava para tocar fogo ao papel preso dentro da cesta de arame.

Sua testa já estava quente, por causa da bebida ou do excesso de leitura, mas Boomer chegava bem perto do calor febril do papel ardente e observava com atenção todos os detalhes do processo de queima.

A chama avançava sobre uma folha de papel com passos medidos, não às pressas, e um segundo depois o papel enegrecido enroscava-se para baixo ou para cima. Caía retorcendo-se, em formas que às vezes pareciam lindos trabalhos de ferro batido, mas depois se esfacelavam ao menor golpe de ar.

Grandes flocos de papel negro, ainda de um vermelho vivo nas bordas, voavam em direção ao céu. Acompanhava-os com a vista; eram as manobras mais sutis e delicadas que ele jamais vira.

Então restavam frágeis folhas de cinzas, tão brancas quanto o papel em seu estado original, de uma textura suave, ou então um feixe de penas cinzentas, como penas de galinha-d'angola.

Mas o fato era que, no final das contas, tudo tinha que ser queimado. Tudo, tudo tinha que ser queimado, mesmo pedacinhos de papel curiosos que ele guardava havia semanas ou meses. Queimar papel era seu trabalho, seu ganha-pão, mas o que era mais importante ainda era ele não deixar seus bolsos ficarem cheios demais, nem sua casa se encher de papel.

Embora gostasse do fogo, Edwin Boomer não gostava do que nele havia de inevitável. Deixemo-lo em sua casa, às quatro da madrugada, tendo selecionado sua leitura e encerrado suas incinerações, à luz límpida da lanterna. É uma cena extremamente pitoresca, que, sob certos aspectos, parece um Rembrandt; mas sob muitos outros, não.

1937

Na prisão

Mal consigo esperar o dia de meu encarceramento. É nesse dia que minha vida, minha verdadeira vida, começará. Como observa Nathaniel Hawthorne em *A agência de empregos*, "Quero meu lugar, um lugar que seja meu, meu verdadeiro lugar no mundo, minha esfera, a coisa que a Natureza me destinou a fazer [...] e que passei a vida inteira procurando em vão". Porém não adoto uma atitude tão nostálgica, nem passei "a vida inteira" procurando em vão. Já há muitos anos sei qual o meu verdadeiro talento e a "minha esfera", e sempre desejei ardorosamente nela entrar. Uma vez chegado esse dia e findas as formalidades, saberei exatamente como realizar as tarefas a que "a Natureza me destinou".

O leitor, ou os meus amigos, em particular os que conhecem minha forma de vida, poderá argumentar que para mim o encarceramento é dispensável, pois de certo modo já vivo, com relação à sociedade, como se estivesse numa prisão. Isso não posso negar, porém devo simplesmente apontar para a diferença filosófica que há entre Escolha e Necessidade. Atualmente, posso viver como se estivesse numa prisão, ou até mesmo ir morar numa prisão, ou perto de uma prisão, e seguir do modo mais escrupuloso a rotina dos prisioneiros, com todos os detalhes — mas mesmo assim eu seria um "ministro sem pasta". A vida que levo agora em hotéis pode, sob muitos aspectos, ser comparada à vida na prisão, creio eu: os corredores, os quartos pequenos como celas, o grande número de pessoas que nenhuma relação têm entre si, cada uma delas movida por um propósito diferente; mas mesmo assim as diferenças são grandes. E, naturalmente, em qualquer hotel, mesmo o mais pobre, é impossível não ver os elementos "decorativos", os tapetes orientais, os extintores de incêndio, as bandeiras das portas etc. — seria ridículo imaginar-se na cadeia com tais coisas ao seu redor! Por exemplo: as paredes do quarto em que me encontro no momento são cobertas de um papel que não é feio, com um padrão de listras prateadas verticais com cerca de quatro centímetros de largura, todas equidistantes. As listras correm por cima — quer dizer, dão a impressão de correr por cima — de um padrão irregular de trepadeiras floridas que cobre todas as paredes, contra um fundo marrom desbotado. Pois bem, à noite, quando o abajur é ligado, essas faixas prateadas refletem a luz e brilham, parecendo destacar-se um pouco das folhas e flores, como se interpondo entre elas e mim. Quase me seria possível imaginar — se isso servisse para alguma coisa — que estou dentro de uma grande gaiola prateada! Mas isso seria uma paródia, uma fantasia, e não a realização de minhas verdadeiras esperanças e ambições.

É preciso estar *encerrado* numa cela; essa é a condição fundamental. E no entanto sei de aldeias isoladas, em ilhas nos estados do Sul, onde os prisioneiros não ficam presos! Trajam um uniforme característico, normalmente o tradicional e pitoresco uniforme com listras brancas e pretas, com um boné sem aba do mesmo tecido, e às vezes — mas nem sempre — grilhões nos pés. Todas as manhãs são soltos para realizar tarefas específicas na cidade, ou então para procurar eles próprios pequenos serviços. Já os vi bombeando água, limpando as ruas, até mesmo ajudando donas de casa a lavar as janelas ou bater os tapetes. Uma das cenas de maior impacto visual que jamais vi, em termos de contraste de cores, foi a de um grupo desses prisioneiros soltos, com seus trajes listrados em preto e branco, regando ou podando uns arbustos tropicais no gramado de um edifício público. Na composição da cena entravam muitas variedades de arbustos e plantas, todas com folhas de cores vivas ou de desenho curioso. Lembro que um dos arbustos tinha folhas longas, semelhantes a facas, as quais, à medida que cresciam, se retorciam de modo a formar espirais abertas; a superfície de cima das folhas era carmim, a inferior era amarelo-ocre. Um outro tinha folhas grandes, lisas, lustrosas, verde-escuras, onde havia magníficos rabiscos, verdadeiros arabescos, em amarelo-giz. Esses desenhos, que contrastavam com as listras marcantes do uniforme dos prisioneiros, causavam uma impressão extraordinária, ainda que excessiva.

Mas quanto aos prisioneiros — se de fato poderiam ser chamados assim —, sobre suas vidas certamente pairava o mal-estar perpétuo de todas as situações intermediárias, em que a gente "não sabe direito onde está". Havia uma regra: todos tinham que voltar à prisão, o "quartel-general", às nove, e passar a noite trancafiados; deram-me a entender que era razoavelmente comum um ou dois chegarem alguns minutos atrasados e ficarem trancados do lado de fora! Nesse caso, iam para suas casas, quando moravam perto da prisão, ou então dormiam nos degraus à frente da prisão onde supostamente estariam encarcerados. Mas essa concepção limitada e incompetente de prisão não poderia me satisfazer; eu jamais me submeteria a um encarceramento em tais condições — jamais!

Talvez minhas ideias sobre o assunto pareçam exigentes demais. O leitor pode achar ridículo eu estabelecer as condições de meu próprio encarceramento desse modo. Porém afirmo que venho dedicando a essa questão a maior parte de meus pensamentos e atenções há vários anos, e creio que o que me move não é apenas um impulso egoísta. A meu ver, os livros que mais me agradam são os que tematizam o encarceramento, e já li uma grande quantidade deles; se bem que, naturalmente, esses livros muitas vezes são decepcionantes, apesar do tema. Tome-se, por exemplo, *O quarto enorme*. Como invejo o autor desse livro! Mas havia nele algo de artificial, algo que me intrigava muito, até dar-me conta do que era: durante todo o período de encarceramento, o autor tinha a convicção íntima de que terminaria sendo solto; era um defeito — melhor dizendo, uma bolha de ar, que, por sua própria natureza, estava fadada a chegar à superfície e estourar. Talvez fosse esse também o motivo do senso de humor constante que tanto me irritava. Creio que gosto de humor como qualquer um, mas sempre me pareceu lamentável o fato de que tantas pessoas inteligentes hoje em dia achem que tudo que acontece com elas tem que ser engraçado. Essa convicção começa prejudicando as conversações e as cartas, tornando-as monótonas, e depois vai penetrando mais fundo, até corromper nosso poder de observação e compreensão — ao menos assim me parece.

Gostei muito de *O conde de Monte Cristo* quando o li, mas duvido que conseguisse relê-lo agora, com toda aquela ênfase na "injustiça" da pena, aquelas peripécias românticas envolvendo escavações de túneis, caças a tesouros etc. Porém, como julgo dever muito a essa obra, e não quero omitir nem depreciar nenhuma influência, nem mesmo as mais infantis, faço questão de mencionar o título. *A balada da prisão de Reading* é outra obra sobre o tema que jamais suportei — parecia-me incluir coisas que, embora talvez do maior interesse humano, nada tinham a ver com o assunto em questão. "A pequena tenda azul/ A que os presos chamam céu" parece-me uma rematada tolice. A meu ver, um buraco de fechadura de céu seria bastante, em sua infinitude cega e azul, para dar a uma pessoa, mesmo que ela jamais o tivesse visto antes, uma ideia do que é o céu; e quanto a chamá-lo "céu" — todos nós o chamamos céu, não é mesmo? Não vejo nada de patético nisso, como o autor claramente vê. Prefiro a *Casa dos mortos*, de Dostoievski. Ainda que lá haja certa ambiguidade com relação ao status do prisioneiro, pelo menos estamos nas mãos de uma autoridade que tem consciência das limitações e possibilidades do tema. Quanto aos inúmeros best-sellers escritos por carcereiros, carrascos, guardas etc., jamais li nenhum deles, por conta de minha decisão no sentido de manter meu próprio ponto de vista e não introduzir nenhum constrangimento evitável no meu comportamento futuro.

Queria uma cela de três ou quatro metros de comprimento por dois de largura. A porta ficaria numa das extremidades, e a janela, bem alta, na outra; a cama de ferro, ao comprido — imagino-a do lado esquerdo, mas é claro que podia perfeitamente ficar do lado direito. Poderia ou não haver uma mesinha, ou prateleira, pendurada da parede por cordas logo abaixo da janela, com uma cadeira ao lado. Gostaria que o pé-direito fosse bastante alto. As paredes que imagino são manchadas, descascadas e cheias de outras irregularidades interessantes; cinzentas ou caiadas de branco, azuladas, amareladas, até mesmo verdes — só espero que não tenham nenhuma outra cor além dessas. Às vezes agrada-me a possibilidade de paredes de madeira sem pintura, com veios formando diversos desenhos, ou de pedra em blocos regulares ou de formas caprichosas. Corro o terrível risco de ir parar numa cela de tijolos vermelhos; mas paredes de tijolos caiadas ou pintadas talvez fossem bem agradáveis, principalmente se estivessem há anos sem ser pintadas e aqui e ali a tinta houvesse descascado, revelando, numa moldura irregular porém chanfrada (formada por velhas camadas de tinta), a regularidade da disposição dos tijolos.

Quanto à vista da janela, uma vez estive no quarto do Hospício do Mausoléu onde o pintor V——— ficou confinado por um ano, e o que mais me impressionou nele, e me fez pensar sobre o assunto, foi a vista. Eu e meu companheiro de viagem chegamos ao Hospício no final da tarde e fomos recebidos por uma freira, porém uma família, que morava numa casinha própria, parecia mandar ali. Quando ouviram nossas vozes, saíram correndo, todos os quatro, no meio do jantar, e vieram falar conosco com a boca cheia de comida. Dispuseram-se numa fileira, no final da qual o gatinho preto e branco da família escavava o chão. Foi o que se chama de "uma cena animada". A filha, de oito anos, e um irmão menor, cada um comendo metade de um pão comprido, foram escalados para ser nossos cicerones. Primeiro atravessamos vários corredores compridos, escuros, que mais pareciam porões, pintados de amarelo; as portas baixas das celas, pintadas de azul, estendiam-se de um dos lados. O soalho era de pedra; por toda parte a tinta estava descascando, mas o efeito geral era ao mesmo tempo solene e gracioso. O quarto que viéramos ver ficava no segundo andar. Tudo teria sido talvez muito triste se não fossem as duas crianças, a mastigar pão branco, uma querendo dar mais informações que a outra. Porém estou me desviando do assunto, que é a vista da janela desse quarto: ela dava diretamente para a horta da instituição, para além da qual se estendia o campo aberto. À direita via-se uma fileira de ciprestes. Escurecia rapidamente (tanto que não teríamos conseguido sair dali no escuro se não fossem as crianças), mas assim mesmo ainda vejo com clareza, como se numa fotografia, a beleza plena da vista daquela janela: os campos tonsurados, os ciprestes negros, o bando de andorinhas a mergulhar no céu cinzento — apenas os campos ainda guardam um pouco de cor esmaecida.

Como vista, talvez seja o ideal, mas há que levar toda espécie de coisas em consideração, e por mais consoladora e inspiradora que seja essa cena creio que o que é adequado a um Hospício não é necessariamente adequado a uma prisão. Isto é, como imagino que irei para a prisão em pleno gozo de minhas "faculdades mentais" — aliás, é só quando estiver devidamente instalado lá que julgo poder realizar todo o potencial delas —, creio que algo um pouco menos rústico, um pouco mais áspero, me seria mais útil. Mas trata-se de uma questão difícil, a qual é melhor deixar que o acaso resolva — o que, é claro, deverá acontecer de qualquer modo.

Devo confessar que o que mais me agradaria seria a vista de um pátio com chão de pedra. Tenho uma verdadeira paixão por pátios de pedra. Se não fosse viver numa prisão, eu tentaria realizar ao menos essa parte de meu sonho; gostaria de ir morar numa casa de fazenda como as que vi no estrangeiro, uma casa ao lado de um pátio de pedra absolutamente nu, com um desenho simples de quadrados ou losangos. Outro desenho que admiro é uma espécie de leque formado por pedras encaixadas, circundado por uma borda de pedras maiores. Mas da janela de minha cela eu preferia ver um desenho de losangos, talvez, com pedras maiores no contorno, o interior dos losangos formado por pequenas pedras arredondadas; todo o desenho iria estreitando-se ao longe, terminando no muro da prisão. O resto da minha vista seria determinado apenas pelas condições meteorológicas, se bem que eu preferia uma janela que desse para o leste e não para o oeste, porque gosto muito mais da aurora que do pôr do sol. Além disso, é quando se olha para o leste que se veem os efeitos mais dramáticos do pôr do sol, creio eu. Refiro-me àqueles quinze minutos ou meia hora de ouro pesado, em que qualquer objeto adquire uma importância mágica. Se o leitor conhece alguma coisa mais bela do que um pátio de pedra iluminado obliquamente, de tal modo que as pedras arredondadas projetam cada uma sua pequena sombra, e a superfície geral fica recoberta de ouro espesso, enquanto um poste projeta uma sombra muito comprida e um fio bambo desenha uma sombra insólita — peço-lhe que me diga que coisa é essa.

Sei que hoje em dia a maioria das prisões têm bibliotecas, e que os prisioneiros são estimulados a ler coleções educativas. Espero não parecer muito reacionário ao dizer que meu único desejo é que me deem um único livro muito maçante para ler — quanto mais maçante, melhor. Mais ainda, um livro sobre um assunto que me seja completamente estranho; talvez o segundo volume, se o primeiro for de tal forma que me familiarizaria demais com o tema e o propósito da obra. Assim poderei gozar, com a consciência livre, o prazer — creio que mórbido — de interpretá-lo de modo bem diverso da intenção original do autor. Pois, tal como o *M. Teste* de Valéry, sei que "nossos pensamentos são refletidos de volta para nós, até em excesso, através das expressões dos outros"; e resignei-me — estarei exagerando na franqueza? — a extrair toda a informação e alegria possível desse estado de coisas, lamentável porém irremediável. A partir desse meu livro, isolado como uma pedra, poderei derivar vastas generalizações, abstrações da espécie mais grandiosa e esclarecedora, como alegorias e poemas, e, ao sobrepor fragmentos dele ao ambiente e às conversações da prisão, criarei minhas próprias obras surrealistas! — coisa que eu jamais saberia fazer no mundo exterior, onde as fontes são tão desnorteantes. Talvez seja um livro sobre o tratamento de uma doença, ou uma técnica industrial — mas não; até mesmo tentar adivinhar o tema teria o efeito de prejudicar a sensação de frescor, como a que provoca uma onda, que espero receber quando ele for colocado em minhas mãos.

Inscrições nas paredes: já formulei algumas ideias bem definidas a respeito desse importante aspecto da vida na prisão, e compus sentenças e parágrafos (que não posso transcrever aqui) que pretendo inscrever nas paredes de minha cela. Em primeiro lugar, porém, antes mesmo de examinar o livro mencionado acima, vou ler com muito cuidado (ou, ao menos, tentarei ler, pois podem estar semi-ilegíveis ou escritas numa língua estrangeira) as inscrições já existentes. Em seguida, adaptarei meus textos de modo que eles não entrem em choque com os que foram escritos pelo prisioneiro que me antecedeu. A voz do novo prisioneiro será perceptível, mas não haverá contradições nem críticas com relação ao que já foi escrito antes, e sim um "comentário". Cheguei a pensar em esboçar um poema curto, porém imortal, mas creio que isso está além de minhas capacidades; porém talvez eu até consiga tal coisa ao ver-me diante daquela parede suja, manchada, rabiscada, sentindo entre os dedos o toco de lápis ou prego enferrujado. Talvez disponha minhas "obras" numa série de inscrições regulares, numa letra de imprensa bem nítida; talvez as escreva na diagonal, num canto, ou na base da parede, continuando no chão, em garranchos quase ilegíveis. Serão inscrições curtas, sugestivas, angustiadas, porém cheias de revelações fulgentes. E boa parte do prazer que me darão esses escritos provirá da ideia de que depois de mim há de vir uma outra pessoa — ah, o legado de pensamentos que deixarei para ela, como uma trouxa velha largada descuidadamente num canto!

Uma vez sonhei que estava no Inferno. Era uma terra baixa, como a Holanda, cheia de um capim de um verde grosseiro, artificial, iluminada por uma luz solar brilhante, mas quase horizontal. Eu estava com um traje desajeitado de algodão cinzento: calças curtas demais com uma camisa para fora, o cabelo cortado rente. Eu sofria constantemente de uma tonteira terrível, porque o horizonte (e era por isso que eu sabia que estava no Inferno) estava num ângulo de quarenta e cinco graus. Ainda que essa historinha inútil pareça não ter muito a ver com meu tema, menciono-a apenas para exemplificar o modo como imagino que minha visão do mundo exterior mude milagrosamente quando eu ouvir pela primeira vez a porta de minha cela sendo trancada por fora, e andar até a janela pela primeira vez.

De uniforme, hei de conseguir me destacar um pouco dos outros prisioneiros. Deixarei solto o botão de cima da camisa, ou então enrolarei as mangas compridas até a altura dos cotovelos — um toque de desalinho, algo de byrônico. Por outro lado, se for essa a nota predominante na prisão, adotarei um esmero severo e mecânico. Meu porte e minha expressão facial serão influenciados pelas mesmas considerações. Porém não há nisso nenhuma insinceridade; trata-se da minha concepção da vida na prisão. Nada tem a ver com a ideia de ser um "rebelde" fora da prisão; a ideia é ser anticonvencional, talvez até rebelde, sim, mas por meio de nuanças e sutilezas.

Graças a esses inícios, a essas pequenas diferenças, e ao fascínio (não se julgue que nisso vai alguma vanglória, nem que estou superestimando o poder dos detalhes, porque já vi tal coisa acontecer muitas vezes) de minhas maneiras cuidadosamente discretas e reservadas, vou atrair um único amigo íntimo, sobre o qual exercerei uma influência profunda. Esse amigo, que já será um membro importante da sociedade dos prisioneiros, me ajudará muito a ser visto como uma autoridade — reconhecida, ainda que não oficialmente — sobre a vida na prisão. Levarei anos para tornar-me uma *influência*, e talvez — e isso é que ouso sonhar, que encontrarei a prisão numa etapa de sua evolução tal que inevitavelmente virei a ser encarado como uma *má influência*... Talvez riam de mim, tal como riram do vigário de Wakefield; mas é claro que, de início, é justamente isso que desejo!

Há muitos anos descobri que me seria possível ter "sucesso" em um lugar, mas não em todos os lugares, e nunca, nunca, poderia ter sucesso "geral". No mundo, por exemplo, sou muito influenciado pela indumentária, por mais absurda que tal coisa possa parecer. Mas num lugar onde todos se vestem igual tenho o dom de saber desenvolver um "estilo" todo meu, que termina sendo admirado e imitado pelos outros. Quanto mais longa a sentença que me for imposta — se bem que volta e meia dou por mim imaginando que será prisão perpétua —, mais tempo levarei para estabelecer-me, e maior a possibilidade de que terei sucesso. Por mais ridículo que isso possa parecer, e de fato o é, aguardo ansiosamente o momento em que me tornarei diretor do grupo teatral da prisão, ou em que entrarei para o time de beisebol!

Mas, tal como fui levado a protestar contra a ambiguidade da situação dos prisioneiros que estavam ao mesmo tempo presos e fora da prisão (já vi até suas esposas lavando suas calças listradas e pendurando-as na corda!), também protestaria com veemência contra qualquer mudança ou ruptura na minha forma de vida. Por exemplo, se eu viesse a adoecer e tivesse que ir para a enfermaria da prisão, ou se pouco depois de meu encarceramento me transferissem para uma outra cela, tais acidentes me abalariam muitíssimo, e me obrigariam a reiniciar meu trabalho outra vez.

É bem natural, pois, dadas as circunstâncias, que muitas vezes eu tenha pensado em entrar para o exército ou a marinha. Já passei horas parado na calçada, examinando os cartazes dos escritórios de recrutamento: o retrato de um soldado ou marinheiro cercado de cenas representando sua "vida". Porém sei que o marinheiro pode ser transferido de um navio para o outro sem a menor cerimônia; além disso, creio que a vista do mar é algo que destoa profundamente de meu temperamento. Nas fotografias sorridentes que cercam a cabeça galante do soldado vejo-o absorto em diversas "atividades", como abrir estradas, descascar batatas etc. Além de serem poucas as possibilidades de serviço ativo, bastariam essas fotos para que eu desistisse de me tornar soldado.

Pode-se dizer — e de fato já me disseram tal coisa — que eu seria mais feliz nos tempos em que as ordens religiosas estavam no auge; e creio que isso está perto da verdade. Mas mesmo aí hesito, pois a diferença entre a Escolha e a Necessidade surge de repente para me confundir. "A liberdade é o conhecimento da necessidade": não há nenhum princípio em que eu acredite tão fervorosamente quanto nesse. E afirmo que agir desse modo é o único passo lógico que me cabe dar. Ou melhor: deixar que ajam assim comigo é o único passo lógico que me cabe dar.

1938

Gregorio Valdes
1879-1939

A primeira vez que vi um quadro de Gregorio Valdes foi na vitrine de uma barbearia na Duval Street, a rua principal de Key West. Ela fica num quarteirão cheio de espeluncas onde se vendem bebidas, de salões de engraxates e sinucas, sob uma comprida marquise de madeira que ensombreia a calçada. O quadro estava apoiado num anúncio de Eagle Whiskey pintado em papelão, em meio a outros enfeites, flores e bandeirinhas de papel crepom vermelho e verde que restavam do Natal, e anúncios de uma opereta a ser encenada na escola cubana — tudo isso coberto de poeira e sujeira de moscas e asas de cupins.

Era uma vista, uma vista de verdade, de uma estrada reta, diminuindo até desaparecer, atravessando campos verdejantes, ladeada por duas fileiras de palmeiras-reais, pintadas com tanto esmero que dava para contar sete árvores em cada fileira. No meio da estrada via-se a figura minúscula de um homem montado num burro; e ao longe, à direita, um casebre cubano reduzido a um pontinho branco parecia ter as mesmas misteriosas propriedades de perspectiva do cachorrinho que aparece em "A carriola de M. Juniot", de Rousseau. O céu era azul no alto, depois branco, depois de um lindo tom rosado, o tom de um fim de tarde tropical, quente, cheio de mosquitos. Eu sempre passava pela barbearia a caminho do restaurante e esse quadro começou a me encantar, até que entrei e comprei-o por três dólares. Minha senhoria havia aprendido a pintar a óleo no colégio de freiras; a casa era cheia de cópias de "Moça romana ao poço", "Cavalos na tempestade" etc.; ela ficou indignada e disse que pintaria um quadro igual àquele para mim, "por quinze cêntimos".

O barbeiro me disse que eu poderia ver mais quadros de Valdes na vitrine de uma pequena fábrica de charutos na Duval Street, uma das poucas que restavam em Key West. Lá havia seis ou sete pinturas: uma *Última ceia* feia, em azul e amarelo; um *Anjo da guarda* guiando duas crianças junto à beira de um abismo; um estudo de flores — todas elas cópias, e também cópias de cartões-postais locais. Gostei de um quadro que representava um sítio em Cuba, com os mesmos campos verdejantes do outro, duas palmeiras-reais e uma bananeira, uma cadeira na varanda, uma mulher, um burro, uma flor branca grande e um avião da Pan American no céu azul. Uma amiga minha comprou esse quadro, e então resolvi visitar Gregorio.

Ele morava em 1221 Duval Street, como estava escrito em todos os seus quadros, porém tinha um "estúdio" bem perto, numa casinha caindo aos pedaços, impossível de alugar. Numa das vigas da varanda via-se uma palheta pregada, com os dizeres: *G. Valdes, pintor de cartazes*. Dentro da casa havia três cômodos, e o assoalho estava cheio de buracos por onde crescia mato. Gregorio havia coberto duas paredes com cartões-postais e fotos tiradas dos jornais. Uma continha animais: filhotes no zoológico e animais selvagens na África. A outra era de reproduções de madonas e outras imagens religiosas colhidas nas revistas dos jornais. Num dos cômodos havia uma pequena Nossa Senhora de gesso, e à sua frente um copo com algumas rosas amarelas de cera semiderretidas. Nesse mesmo quarto ficavam uma cama de lona velha e uma fileira de plantas em latas. Uma delas era uma alfavaca-cheirosa, que ele me pedia que cheirasse toda vez que eu o visitava.

Gregorio era muito pequeno, magro e doentio, com um rosto infantil e olhos castanhos cansados — lembrava um pouco o *Autorretrato* de El Greco. Falava muito pouco inglês, mas era tão educado que, quando eu ia com alguém que sabia falar espanhol, praticamente ignorava o espanhol e sempre respondia em inglês, de modo que dar explicações e mesmo agradecer era coisa bem trabalhosa. Era natural de Key West, mas sua mulher era de Cuba, e o espanhol era a língua falada na casa, como costuma acontecer na maioria das famílias cubanas de Key West.

Encomendei-lhe um quadro grande que retratasse a casa onde eu morava. Quando fui levá-lo para conhecer a casa, Gregorio estava de roupa nova: chapéu de palha novo, camisa de riscado nova, abotoada até em cima mas sem gravata, as calças velhas de sempre, porém sapatos novos, cubanos, um modelo gótico complexo, em preto e branco, com bicos tão finos que deviam ser muito desconfortáveis. Dei-lhe uma foto ampliada da casa para ajudar seu trabalho, e pedi-lhe também que pusesse mais flores na casa, mais um macaco do vizinho, um papagaio e um certo tipo de palmeira conhecida como "árvore-do-viajante". Só existe um pé dessa árvore em Key West, de modo que Gregorio foi vê-la e fez um desenho cuidadoso.

Mais tarde mostrou-me o desenho, com as medidas e cores anotadas do lado, e desculpou-se por ter desenhado sete galhos em cada lado, por uma questão de simetria, quando na verdade a árvore tinha sete de um lado e seis do outro. Ele colocou flores em profusão, e o papagaio num poleiro na varanda, e pintou o macaco, num tamanho maior que o natural, subindo na palmeira.

Quando Gregorio veio entregar esse quadro, não havia ninguém em casa, de modo que ele o deixou na varanda, encostado na parede. Quando voltei para casa naquela tarde, vi o quadro ainda na rua, ao longe — uma cópia da casa de bom tamanho, em verde e branco, encostada em seu modelo igualmente verde e branco. No lusco-fusco do entardecer, as duas pareciam confundir-se, e tive a sensação de que, se chegasse mais perto, veria uma outra cópia em miniatura da casa na varanda da casa pintada, e assim por diante — como nos anúncios de Old Dutch Cleanser. Alguns dias depois, quando eu já havia pendurado o quadro na parede, convidei Gregorio para um *vernissage*, e apesar da barreira do idioma todos nos divertimos muito. Bebemos xerez, e de vez em quando o pintor dizia: "Mais vinho".

Eu nunca o vira com um aspecto saudável, mas nesse inverno, quando voltei para Key West, ele parecia muito mais frágil do que antes. Depois do Natal, só o encontrei trabalhando em seu estúdio uma vez. Tinham-lhe feito várias encomendas, e ele estava muito satisfeito. Havia trocado a pequena palheta onde estava escrito *Pintor de cartazes* por uma outra, bem maior, onde se lia *Pintor artista*. Mas a vez seguinte que fui visitá-lo encontrei--o na casa da Duval Street, e uma de suas filhas disse-me que ele estava doente, de cama. Porém enquanto ela falava Gregorio apareceu, vestindo as calças e desculpando-se por não ter nenhum quadro novo para mostrar; mas parecia muito doente.

Sua casa era uma casa cubana autêntica, muito nua, muito limpa, com uma bicicleta no estreito hall de entrada. Em torno da porta da sala havia enfeites natalinos de chenile verde; havia uma mesinha no meio da sala com um buquê de flores artificiais, cercada por seis cadeiras de espaldar reto. O despojamento de uma casa cubana, e a sensação que se tem nelas de que cada objeto está distante de todos os outros objetos, é semelhante à sensação de despojamento e distância que proporcionam os melhores quadros de Gregorio. Os únicos elementos decorativos que me lembro de ter visto na casa eram os trabalhos de crochê e os bordados feitos por uma das filhas, que estavam sempre na mesa da sala de jantar, algumas fotos — de Gregorio jovem, no tempo em que tocava trombone numa banda, um casamento etc. — e uma certidão de casamento, penduradas na parede. Além disso, no hall havia um relógio maravilhoso. O estojo era uma estátua de gesso, pintada de cor de bronze, que representava o presidente Roosevelt manipulando a roda do leme de um navio. No mostrador havia a imagem de um barman preparando um drinque, e a pequena coqueteleira mexia-se de cima para baixo num movimento coordenado com o tique-taque do relógio. Creio que essa peça fora ganha numa das tendas de bingo que surgem em Key West todos os anos, no inverno.

O estado de Gregorio foi piorando durante a primavera. Seu médico estava em Cuba, e ele se recusava a ser atendido por outro. Suas filhas diziam que, quando lhe imploravam para que as deixasse chamar um médico, ele respondia que se viesse algum ele o "jogaria fora".

Fui visitá-lo com uma amiga por volta do dia 1º de maio. Foi a primeira vez que ele não se levantou para nos receber, e nos demos conta de que seu estado era grave. A família levou-nos a um quarto junto à cozinha, com cerca de dois metros de largura, onde Gregorio jazia numa cama de lona baixa. No quarto só cabiam a cama, um armário, um pequeno lavatório e um alguidar para águas servidas, e a casa alugada estava num estado tão deplorável que entrava luz pelos buracos grandes que havia no chão. Gregorio, terrivelmente emaciado, usava uma camisa azul, a cabeça pousada num travesseiro fino; perto dele havia uma pequena imagem religiosa pregada na parede com um percevejo. Gregorio lembrava um desses painéis de retábulos mexicanos que representam uma cura milagrosa, só que no caso dele, ao que parecia, não haveria nenhum milagre.

Naquele dia compramos um dos poucos quadros que ele tinha à mão — uma natureza-morta com frutas de Key West, um coco, uma manga, sapotis, uma melancia e uma fruta-de-conde, todas dispostas de modo muito rígido contra um fundo azul. Nesse quadro, a tinta estava um pouco rachada, e examinando-o descobri uma excentricidade de Gregorio. O fundo azul prolongava-se até o tampo da mesa, e onde a tinta estava rachada via-se o azul por trás das frutas. Ao que parecia, ele achava que, como a parede estava atrás das frutas, era necessário primeiro pintá-la para depois pintar as frutas por cima.

No dia seguinte lemos na edição dominical do *New York Times* que havia uma exposição de um grupo de quinze quadros seus na Artists' Gallery, em Nova York. Recortamos a notícia e a levamos à casa de Gregorio, mas ele estava tão mal que permaneceu deitado na cama, estendendo os braços finos, dizendo "Desculpe, desculpe". Porém ficamos aliviadas quando a família nos informou que ele finalmente havia deixado que chamassem um outro médico para vê-lo.

Na noite do dia 9 de maio, ficamos chocadíssimas quando um amigo nosso cubano que encontramos na rua nos disse: "Gregorio morreu às cinco horas". Imediatamente pegamos o carro e fomos para lá. Havia várias pessoas paradas na varanda, no escuro, falando em voz baixa. Um rapaz aproximou-se e nos disse: "O velho morreu às cinco horas". Não estava sendo desrespeitoso; falava mal o inglês, e disse "velho" em vez de "pai".

O enterro foi na tarde do dia seguinte. Aos funerais cubanos, só comparecem parentes e amigos próximos, e apenas os homens vão ao cemitério, de modo que havia muitos carros estacionados à frente da casa, cheios de homens à espera. Rapidamente o caixão foi retirado, recoberto com as flores de esteva que os Valdes plantavam no quintal para vender. Depois fomos convidados a entrar, "para ver os filhos".

Gregorio era tão pequeno e tinha um jeito tão descontraído que sempre me surpreendia quando me dava conta de que ele era um patriarca. Tinha cinco filhas e dois filhos: Jennie, Gregorio, Florencio, Anna Louisa, Carmela, Adela e Estella. Duas das filhas estavam casadas, e ele tinha três netos, dois meninos e uma menina.

Quando eu lhe trouxe o recorte do *Times*, ocorreu-me que talvez Gregorio estivesse tão doente que não havia compreendido a notícia, mas a filha mais moça me contou que ele ficara um bom tempo contemplando o recorte, e repetindo para todos que ia "ganhar o primeiro prêmio de pintura em Nova York".

Ela me contou muitas outras histórias do pai. Quando os navios de guerra chegaram ao porto de Key West durante a guerra, Gregorio fez um modelo grande de um deles, exato em todos os detalhes, e o utilizou como carrinho de sorvetes, para vender sorvetes cubanos na rua. O navio atraiu a atenção de um turista do Norte, que o comprou "por oitenta dólares". Contou-me também que, quando se instalava um parque de diversões na cidade, ele passava a noite em claro, à luz de um lampião a óleo, fazendo pequenos cata-ventos para vender. Quando queria aprontar um cartaz ou um quadro, passava noites inteiras no estúdio, cochilando na cama de lona que havia lá.

Gregorio aprendera a pintar quando ele e sua mulher ainda eram "namoradinhos", disse-me ela, com um homem a quem se referem com um nome que parece "Musi" — ninguém sabe como se escreve, nem se lembra de seu nome verdadeiro. Esse velho morava numa casa de propriedade dos Valdes, mas era pobre demais para pagar aluguel, e por isso dava aulas de pintura a Gregorio como forma de pagamento.

Gregorio havia trabalhado nas fábricas de charutos, pintara cartazes, vendera sorvetes, e por um curto período trabalhara como fotógrafo, para sustentar sua extensa família. Fizera várias viagens a Cuba, e vinte anos antes trabalhara por algum tempo nas fábricas de charutos de Tampa, voltando a Key West porque sua mulher gostava mais de lá. Em Tampa também pintava cartazes e caminhonetes de entregas. Ainda existem alguns cartazes seus em Key West — um grande, da Sociedad de Cuba, e outro de uma mercearia, em particular, têm algumas das características de seus quadros. Bem perto de sua casa, em frente à Sociedad de Cuba, havia outrora um pequeno café frequentado pelos empregados de uma fábrica de charutos próxima, o Café Não Me Esqueças, Café No Me Olvidades. Há dez anos, mais ou menos, Gregorio pintou esse café numa parede do próprio estabelecimento, com o céu azul, os postes e os fios telefônicos, e o nome do café, tudo copiado com perfeição. O sr. Rafael Rodríguez, o antigo proprietário, que nos mostrou a pintura, parecia um tanto contrariado porque, tendo desaparecido tanto a fábrica quanto o café, as cores das portas e janelas mudaram de azul para laranja, de modo que a pintura de Gregorio não é mais tão perfeita quanto antes.

A história que se segue é contada pelo sr. Edwin Denby em seu artigo sobre Valdes escrito para a exposição na Artists' Gallery:

> Quando jovem, Valdes morava com um tio. Um dia, quando o tio estava trabalhando, Valdes retirou o porta-toalhas que havia ao lado da pia e colocou em seu lugar uma pintura que representava o porta-toalhas, com toalha e tudo. Quando voltou para casa às cinco, o tio foi até a pia e lavou bem o rosto; ainda curvado sobre a pia, tentou pegar a toalha. Mas não conseguiu. Com os olhos cheios d'água, olhou para a parede, viu a toalha e tentou pegá-la, mas ela não saía da parede. "Eu ri muito, muito", disse Valdes...

O ideal clássico de verossimilhança nem sempre funcionava tão bem, felizmente. Gregorio não era de modo algum um grande pintor, e, embora sem dúvida se enquadre na categoria de pintores que denominamos "primitivos", às vezes ele não era bom nem mesmo como "primitivo". Seus quadros são de qualidade irregular. Quase todos são cópias de fotos ou de reproduções de outros quadros. Quando ele copiava reproduções, o resultado muitas vezes era o pior tipo de "pintura de calendário"; quando copiava, principalmente fotos, em particular fotos de coisas que ele conhecia e de que gostava, como palmeiras, Gregorio conseguia fazer mudanças na perspectiva e na cor que davam à imagem um frescor, um achatamento e um distanciamento que a tornava peculiar e cativante. Mas ele não percebia nenhuma diferença entre os quadros que consideramos os bons e os que nos parecem fracos; ao que parece, o resultado saía bom ou mau por uma questão de pura sorte.

Há pessoas que invejamos não por serem ricas ou belas ou bem-sucedidas, ainda que tenham um desses atributos ou todos eles, mas porque tudo que são e fazem parece ter uma certa coerência, de modo que mesmo se quisessem elas não poderiam ser ou fazer coisas de outra maneira. Um traço específico de seu caráter pode parecer mais louvável em si do que outros — isso é quase irrelevante. Os heróis da antiguidade muitas vezes têm que se penitenciar e expiar crimes que cometeram sem querer; assim também, certas pessoas parecem receber certos "dons" apenas por permanecer, sem o saber, num estado de graça nada democrático. Trata-se de uma suposição que deixa obras como a de Gregorio envoltas numa certa aura de mistério. Mas sem dúvida algo que é impossível para os outros realizar através do esforço, que seria perigoso imitar, e que no entanto, tal como a virtude natural, é preciso admirar e imitar, sempre permanece misterioso.

Seja como for, ninguém poderia deixar de admirar aquelas palmeiras cheias de segredos contra um céu rosado, a "árvore-do-viajante", como "antenas em leque de uma mariposa gigantesca", ou a reprodução de uma igreja em Cuba copiada de um anúncio de bebida com uma legenda traduzida ao pé da letra do espanhol: "Igreja de Santa Maria Rosário trezentos anos construída em Cuba".

1939

Hospital Mercedes

Um dia, no verão de 1940, a seguinte notícia aparece no *Citizen* de Key West:

JOSÉ CHACÓN FALECEU HOJE

José Chacón, 84, faleceu hoje às quinze horas no Hospital Mercedes. As cerimônias fúnebres serão realizadas amanhã às 17h30 na capela da funerária Pritchard, oficiadas pelo reverendo G. Perez, da Igreja Metodista Latina.

O falecido deixa um único sobrevivente, José Chacón, seu sobrinho.

Logo abaixo, o seguinte poema:

AMIGO?

Quantas vezes não chamaste
   Alguém de amigo
Pensando que ele estaria
   Sempre contigo?

Quando estavas bem de vida,
   Corri dinheiro na mão,
Eles eram numerosos,
   E te chamavam irmão.

Agora que estás velho,
   Te sentes abandonado;
Quando eles passam na rua,
   Olham para o outro lado.

Tu então voltas cansado
   Para teu quartinho,

Relembrando os tempos de outrora.
Mas agora és um velho sozinho.

Mas há um que todo dia
Vem te fazer companhia.
Ele te toma pela mão
E ainda te chama irmão.

No seu rosto sorridente
Tu vês quanto ele sente.
Quando por fim chega a hora
Com olhos úmidos, ele vai embora.

Este foi Amigo até o Fim.

Esse breve relato da morte de um velho num lugar que é na verdade um asilo, a Casa del Pobre, me toca profundamente. E o poema, é claro, também me toca, mas não me ocorre associar os dois. Então me lembro de que conheço um homem chamado José Chacón que deve ser o sobrinho, mas que certamente não seria capaz de escrever nada semelhante a esse poema. É um cubano gordo e falastrão, dono de um pequeno café ao ar livre, *La Estrella*. Lá há sempre alguns homens tomando café e jogando dominó, mas o lucro vem mesmo é de uma sala nos fundos, onde se joga pôquer e *bolito*.* José mora no sobrado, com mulher e vários filhos; tem bastante dinheiro. Por que ele deixou o tio morrer no Hospital Mercedes, não faço ideia.

Alguns dias depois, encontro com ele na rua. José sempre fala como se estivesse furioso, mas é apenas um maneirismo um tanto vulgar. Pergunto-lhe de que foi que seu tio morreu, e ele explode, como se o velho fosse seu maior inimigo, dizendo que morreu por causa da bebida, bebida, bebida. E faz uma demonstração: rodopia, bebendo uma garrafa pelo gargalo e lutando com monstros invisíveis. Conta-me uma longa história: uma vez, seu tio bateu num homem com uma garrafa e foi parar na cadeia. Pergunto-lhe por que seu tio não morava com ele; José responde que o velho não conseguia morar com ninguém. Trabalhou fazendo charutos durante

---

* Espécie de loteria com bolinhas numeradas.

quarenta anos; então aposentou-se e dedicou-se a sua verdadeira vocação — beber. Pergunto-lhe se seu tio era um homem grande e forte. "Era, grande e forte!" E mais uma vez José afirma que, na sua opinião, o que o matou foi a bebida.

Está fazendo muito calor. O céu é de um azul espesso e vivo, a mesma cor que se vê nas metades inferiores das janelas do Hospital Mercedes, vistas de dentro, onde aguardo a srta. Mamie Harris. A srta. Mamie tem fama de santa na cidade. É uma enfermeira que mora e trabalha no Hospital Mercedes desde que foi fundado. A sala é quente e escura; fico examinando as fotos do fundador do hospital.

O Hospital Mercedes foi doado à cidade de Key West há trinta anos [em 1911] pelo sr. Perro, o mais rico fabricante de charutos daqui. (O passatempo favorito do sr. Perro era o xadrez, e a balaustrada elevada de sua fábrica, que já não existe, era enfeitada, em intervalos regulares, com figuras de cavaleiros de pedra cinzenta, bem como cabeças de cavalo no alto de torres com ameias, viradas para todos os pontos cardeais. A face interna das tampas das caixas dos charutos por ele fabricados mostrava os mesmos cavaleiros, cercados de raios de sol dourados.) Há uma fotografia ampliada do sr. Perro, amarelada e pouco nítida, na parede da sala de espera do hospital, juntamente com o original reproduzido nas caixas de charutos, uma pintura em aquarela.

Nas paredes há também dois ou três lemas, bordados com ponto de cruz em papelão perfurado; um crucifixo; e uma litografia grande, muito amarelada, representando a vida do patriota Martí, em que os principais episódios de sua vida são dispostos numa oval; no alto, Martí ascende aos céus, de toga. Além dos enfeites nas paredes, há algumas cadeiras, uma caixa de esmolas para os pobres pregada na parede e uma velha escrivaninha de tampo corrediço cheia de papéis esquecidos. O sr. Perro legou todas essas coisas ao hospital, mais cento e trinta dólares por mês para todo o sempre, juntamente com o nome de sua esposa, Mercedes.

O prédio do hospital era antes a casa do sr. Perro. Por ser muito rico, ele queria construir uma casa em estilo espanhol, como as dos comerciantes prósperos de Cuba, mas como a pedra teria de ser importada e sairia muito caro, resolveu fazer uma casa de madeira. Por esse motivo, o prédio é um pouco estranho — alto e quadrado, com janelas góticas compridas, construído como manda o figurino em torno de um pátio, porém coberto de ripas de madeira e enfeitado aqui e ali com trabalhos em serra tico-tico de sabor inconfundivelmente americano. Os quartos dos andares de cima apoiam-se em finos pilares de madeira em torno do pátio, que é um quadrado mal iluminado e úmido de cimento com um ralo no meio. Há um poço, mas não é nem um pouco pitoresco — um buraco quadrado no cimento, com um balde de ferro galvanizado amarrado a uma corda úmida. Diz-se que, tendo construído seu pátio espanhol, o sr. Perro não sabia o que fazer com ele, de modo que guardou dois cavalos ali durante vários anos.

Os quartos, oito em cada andar, são escuros, com pé-direito alto. As paredes de tábuas horizontais já foram pintadas de tons terríveis de verde, azul e vermelho, com sancas de bordas douradas de cores contrastantes, igualmente terríveis, mas agora estão tão gastas e esmaecidas quanto as paredes pintadas de túmulos antigos. As da sala de visitas são de tons diferentes de azul; as da sala de jantar (pelo menos imagino que seja uma sala de jantar, pois há no meio uma mesa redonda cercada de quatro cadeiras), de tons diferentes de vermelho-tijolo e rosa. Um dos quartos de pacientes parece ter sido verde-espinafre; um outro deve ter sido ocre. Mas todas essas cores, outrora vivas e intensas, já quase não existem. É como se tivessem passado muito tempo debaixo d'água. Todo o hospital parece ter ficado submerso: o cimento úmido, os assoalhos nus tão gastos que se pode sentir as bordas dos veios da madeira, os pilares no pátio tão devorados por cupins que parecem esponjas compridas.

Depois de algum tempo, ouço as escadas rangendo, e a srta. Mamie aparece. Ela está com um uniforme de enfermeira, branco e sujo, um cinto de couro branco estreito pendendo da cintura, meias de algodão brancas, sapatos compridos, brancos e sujos. Os cabelos grisalhos são muito curtos, o rosto é cheio de rugas indecifráveis, e na boca vários dentes estão faltando. Ela fica sempre muito perto de mim, com uma das mãos na anca e a outra normalmente no meu ombro, sorrindo, porém observando meu rosto com atenção, como uma criança desconfiada.

"Mas como a senhora consegue ficar gorducha", ela diz, com um olhar de esguelha e um beliscão. "Eu bem que queria."

Conversamos um pouco sobre o tempo; ela diz que gostaria de dar um passeio uma tarde dessas, mas acha que não vai ser possível; comenta que já está ali há trinta anos; diz que a "coletora" está em Cuba, visitando os parentes, e por isso ela anda mais sobrecarregada do que de costume. A "coletora" é uma senhora muito idosa, oficialmente a superintendente do hospital, que anda com passo lento pela cidade, de porta em porta, com uma sacola de couro falso pendurada no braço, pedindo dinheiro para suplementar a dotação mensal de cento e trinta dólares.

Depois de nossos "dois dedos de prosa", andamos pelo andar térreo para ver os "pacientes". Hoje eles são apenas quatro, e três deles, moradores permanentes. Primeiro, o sr. "Tommy" Cummers. O sr. Tommy está no Hospital Mercedes há catorze anos, e seu primo, o sr. "Sonny" Cummers, mora lá há três. A srta. Mamie sempre os chama de "senhor", e embora os dois já tenham mais de setenta anos eles continuam sendo "Sonny" e "Tommy". (Deve ser a ideia de impotência que eles conotam que torna tão melancólicos os diminutivos frequentemente usados no Sul. Ouço velhos falando em "meu paizinho", e conheço um homem de sessenta anos de idade que foi encontrado completamente bêbado sob o balcão do mercado de peixe, apenas dois dias depois que saiu de casa, dizendo: "Mãezinha, daqui para a frente vou ser um bom menino".)

O sr. Tommy está cantando hinos quando atravessamos o pátio em direção a seu quarto. Seus pés e tornozelos estão paralisados; ele fica sentado numa poltrona junto à porta com um lençol sobre os joelhos, cantando hinos, sem ritmo e fora do tom, com uma voz forte e rouca, o dia inteiro. Tem sempre a seu lado uma Bíblia grande e dois hinários, e gosta de dizer, com orgulho, que são os únicos livros que lê. Canta esses hinos em parte para fazer pirraça ao sr. Sonny, que está sentado no quarto ao lado, atrás das portas de dois batentes, e que, antes de vir para o Hospital Mercedes, não levava uma vida tão recatada e virtuosa quanto a que o sr. Tommy vem levando há catorze anos.

Quando estamos no quarto, a governanta entra. É uma senhora cubana, pequena e gorducha, com brinquinhos de ouro que tilintam. Traz num saco de papel três charutos para o sr. Tommy, o qual tira do bolso do paletó uma moeda de dez cêntimos e a entrega a ela. Assim que saímos, o sr. Tommy recomeça sua cantoria; durante nossa visita ao sr. Sonny ele está quase gritando.

O sr. Sonny está morrendo, vítima de um edema; limitamo-nos a lhe desejar boa tarde. Ele está no fundo de um dos quartos laterais, que são mais compridos, sozinho, sentado numa cadeira de espaldar reto, com os pés apoiados num escabelo. O corpo inchado está embrulhado num lençol cinzento, e a cabeça dá a impressão de ostentar um turbante branco. Ele nos saúda com uma mesura indiferente; seu rosto fino e afilado é escuro. De tal modo parece um poeta do século XVIII que, embora a srta. Mamie esteja me falando sobre o estado desesperador em que ele se encontra, não consigo dar-lhe muita atenção; fico aguardando que ele comece a recitar, a qualquer momento, de seu canto escuro:

Cease, fond Nature, cease thy strife.*

Num outro quarto grande encontra-se um negro tuberculoso chamado Milton, internado pela terceira vez. Diz a srta. Mamie: "Na verdade, não os aceitamos; eles têm o lugar deles. Mas esse está tão doente, e temos tão poucos pacientes…". Ela me faz seguir adiante sem entrar, mas vejo um negro grande, com pernas compridas e finas, estirado numa cama de lona e ferro, sob um mosquiteiro. As paredes desse quarto são de um rosa-acinzentado. Há seis camas, mas só a de Milton está feita. O quarto fica no lado do hospital onde bate sol, está quente, e tem um cheiro forte de desinfetante; e as pernas compridas e negras são estranhas, vistas atrás da aura etérea do mosquiteiro.

Então saímos para o sol, atravessamos um passadiço curto e entramos num pequeno prédio quadrado.

"Nosso hospiciozinho", diz a srta. Mamie, num tom afetuoso. "A senhora não conhece a Antoñica, conhece? Pois bem, ela não está mais maluca, não. Vou levá-la de volta para casa assim que o médico voltar no final da semana, mas enquanto isso tenho que deixá-la aqui. Ela só está aqui há três semanas."

Perto da janela, sentada numa cadeira de balanço antiquada, de espaldar alto, vejo uma criaturinha com uma camisola comprida e esfarrapada de flanela, com gola franzida. O sol bate de chapa em seu rosto; sopra direto sobre ela um vento quente que vem das brasas vivas do enorme flamboyant vermelho que se vê pela janela.

---

* "Cessa, ó tola Natureza, tua contenda." Verso de Alexander Pope.

"Ela não ouve nada e não enxerga nada", diz a srta. Mamie, "é igual a um bebezinho. Eu faço tudo para ela, igual a um bebezinho."

Ela desprende uma das mãos do braço da cadeira e a segura. A mão a aperta com força, e Antoñica levanta a cabeça, olha para a srta. Mamie e começa a falar em espanhol, com uma voz alta e áspera. Tento entender o que ela está dizendo, mas a srta. Mamie diz que não faz sentido.

"Ela é louca por mim", explica. Os cabelos da velha foram cortados bem curtos; os fios não têm mais de dois centímetros. A srta. Mamie fica esfregando a mão no crânio pequeno da outra, de um modo que me parece um tanto bruto. Mas é verdade — Antoñica parece gostar dela. Leva a mão da srta. Mamie ao rosto e continua a matraquear, mais alto ainda.

"Ela enterrou toda a família, ficou sozinha no mundo, já está com noventa e muitos", diz a srta. Mamie, numa espécie de melopeia tosca, esfregando a cabeça branca da velha e balançando a cadeira. "Louca por mim. Eu dou de comer a ela igualzinho a um bebê, igualzinho a um bebê."

Os cabelos de Antoñica, brancos como a lã, brilham ao sol. A gola franzida, o movimento forçado, os pés retorcidos que não tocam no chão, as mãos ávidas fazem-na parecer um espécime raro e delicado de macaco chinês. Mas os olhos, que são de um azul leitoso e vivo, como as chamas de um fogão a gás que acaba de ser desligado, um instante antes de as bocas voltarem a ser dois canos escuros, lhe dão uma aparência apócrifa.

Talvez ela seja um anjo, talvez ela tenha o dom da glossolalia.

Eu e a srta. Mamie voltamos para a sala de espera e conversamos mais um pouco, em pé. Sei que há quem a considere uma santa. Talvez seja, mesmo. Ela desperta os sentimentos que os santos despertam: os mais profundos sentimentos de admiração e desconfiança. Trinta dólares de salário por mês, trinta anos de trabalho desinteressado, "cuidando de tudo" com cento e trinta dólares por mês — tudo isso é incrível, a menos que realmente se acredite que ela seja mesmo uma santa.

Há outras provas de que a srta. Mamie é uma pessoa excepcional. Ela não se importa com sua própria limpeza (embora mantenha seus pacientes muito limpos). É solitária: quase nunca sai do hospital. E sua aparência — o rosto, as mãos, aqueles pés compridos e ascéticos — depõe a seu favor. E, acima de tudo, é curiosa e loquaz; surge-lhe uma expressão infantil nos olhos quando ela me segura pelos ombros, olha-me de frente e me faz uma pergunta depois da outra — faz pensar em santo Antônio saindo correndo de sua cela, segurando um viajante pelo cotovelo e lhe pedindo, com ingenuidade mas com determinação, notícias do mundo exterior. Aliás, todos os santos devem ter sido perguntadores insistentes, como a srta. Mamie.

De repente me lembro de José Chacón. Vendo a srta. Mamie agora, imaginando-a sentada paciente na boca de sua caverna à margem de um deserto sem fim, me pergunto se o velho teria sido o "leão do deserto" que a procurara rugindo, com espinhos nas patas. Pergunto-lhe a respeito dele.

"Ah, o José. Ele esteve aqui várias vezes, sete ou oito vezes."

"Ele era um homem grandalhão, não era?"

"O José? Não, não era grande, de jeito nenhum. Eu até conseguia levantar o José. Ele vinha aqui, passava uns tempos, depois melhorava e voltava para casa. Tinha problema no coração." Se ela sabe que o velho era alcoólatra, prefere não tocar no assunto.

"Como foi que ele morreu?"

"Morreu muito depressa. No dia em que ele morreu, parecia estar até bem. Achei que ia voltar para casa no dia seguinte, de tão bem que ele parecia estar. Pus a cama dele na sala da frente junto da janela para ele pegar ar. Depois fui lá empurrar a cama de volta para o quarto; ele não pesava muito, não. Estava conversando comigo, e aí, de repente, quando a gente estava chegando ali, passando pela porta" — e a srta. Mamie estalou os dedos —, "o coração dele parou, assim de repente." A cama passou pela porta e pronto, José Chacón morreu.

Naturalmente, a srta. Mamie não poderia ter sido a pessoa que foi amiga até o fim no poema. Se ela o leu no jornal, decerto não compreendeu os sentimentos nele expressos, e se entendesse os teria reprovado com veemência, em particular o autoelogio. Não posso imaginar um poema como aquele sendo escrito ou lido ali, no Hospital Mercedes. A ternura não é uma das qualidades que tornam a srta. Mamie uma santa. Aliás, é justamente a falta de ternura que a torna uma presença consoladora.

É hora de ir embora, e após uma breve conversa sobre a "coletora" e sobre finanças coloco dez dólares nas mãos da srta. Mamie, "para a caixa dos pobres", e me despeço. Enquanto me afasto, começo a perguntar: por que não pus o dinheiro na caixa eu mesma? Sei muito bem que ela não vai fazê-lo.

É um pensamento absurdo, além de injusto, porque é claro que a srta. Mamie deve ter a chave da caixa dos pobres; deve até andar com ela pendurada no pescoço. Dou-me conta de que minha dúvida é mais uma prova da santidade da srta. Mamie, e portanto da sua capacidade de despertar desconfiança. Sempre me pareceu que o motivo pelo qual desconfiamos dos santos é a natureza ambígua de todas as boas ações, a impossibilidade de descobrir por que motivo elas são realizadas. Mas esse raciocínio não explica a srta. Mamie. Ela elimina a impressão de que talvez seja uma santa pelo motivo errado, convencendo-nos de que é santa sem motivo algum para sê-lo.

Não há motivo para que ela roube ou não roube a caixa dos pobres, como não há para que ela continue ou não no Hospital Mercedes, ou trate os pacientes bem ou mal. É provável que são Simeão Estilita julgasse saber exatamente o que estava fazendo no alto de sua coluna e se sentisse muito feliz lá. A srta. Mamie não faz ideia de que o que ela faz no hospital pede uma explicação. Conseguiu transferir esse mesmo sentimento para seus pacientes, dando-lhes segurança a partir da desesperança. Simplicidade do coração, e não a vulgaridade das deduções lógicas.

Saio do prédio, e as palmas balançam-se de leve no alto das palmeiras, como cariátides pré-históricas. O Hospital Mercedes parece muito remoto, muito distante, como o leito de um rio que secou. Com o rabo do olho vislumbro uma cintilação de sal no fundo, um leve resíduo que lembra mica, um ligeiro vestígio de júbilo.

1941

Os filhos do fazendeiro

Numa fazenda grande a quinze quilômetros da cidade mais próxima, vivia um fazendeiro muito trabalhador, com mulher, três filhas e mais os dois filhos de um casamento anterior — dois meninos de onze e doze anos de idade. Sua primeira esposa fora filha de um pastor protestante, uma mulher feia e simples que dera aos meninos os nomes de Cato* e Emerson; já a madrasta deles, romântica e excessivamente generosa, pelo menos com relação a suas filhas, chamara as meninas de Lea Leola, Rosina e Gracie Bell. Havia também, como em qualquer fazenda, cavalos, vacas e galinhas, e um empregado chamado Judd.

A fazenda pertencera ao avô do pai das crianças e, embora alguns pedaços da terra tivessem sido vendidos ao longo dos anos, era ainda muito grande, até grande demais. A casa original da fazenda ficava a quase dois quilômetros da atual, à margem da estrada "velha". Fora destruída num incêndio causado por um raio dez anos antes, e os avós de Emerson e Cato, que nela moravam, foram viver com o filho e sua primeira esposa durante o período de um ou dois anos de vida que lhes restou após o incêndio. A casa antiga era baixa e comprida, e um salgueiro enorme, que milagrosamente escapara do fogo e ainda estava de pé, ensombrava uma parte do telhado. A casa nova ficava ao lado da estrada "nova", de macadame; era alta, quadrada, pintada de amarelo, e tinha um telhado de zinco reluzente.

Junto ao salgueiro, também o principal celeiro da fazenda havia sobrevivido ao incêndio, e ainda era usado para guardar feno e os principais implementos agrícolas. Como tais instrumentos são valiosos, e sempre custam mais do que o fazendeiro pode gastar, e como o celeiro ficava muito afastado da casa e seria fácil de arrombar, o empregado sempre dormia lá, num monte de feno.

A maioria desses fatos foi divulgada depois pelos jornais. Além disso, ao

---

* Forma inglesa de Catão.

que parecia, desde que Judd se tornara empregado da fazenda, três meses antes, o pai dos meninos adquirira o hábito de ir com ele à cidade, onde pernoitavam. Eram viagens "de negócios", que tinham a ver com a venda de mais um pedaço de terra, porém provavelmente os dois iam mais para beber; e enquanto isso Emerson e Cato substituíam Judd no velho celeiro, tomando conta da ceifadeira, da espalhadeira de feno, da adubadeira, do rastelo etc. — todas essas máquinas estranhas e caras, cheias de dentes e braços e garras, de atos diretos e reflexos e gestos esquisitos, que pareciam tão inteligentes mas que, no caso, eram de todo impotentes, pois ainda eram puxadas por cavalos.

Era dezembro, e fazia um frio terrível. A lua cheia estava nascendo naquela hora, e sua luz já atingia o telhado de zinco da casa e um ou outro trecho do macadame da estrada, enquanto o terreiro da fazenda continuava quase na escuridão. As crianças tinham sido expulsas de casa pela mãe, que tivera um ataque de irritação porque elas estavam atrapalhando a preparação do jantar. Embrulhadas em grossos casacos de lã, com as mãos geladas, brincavam de jangadeiros e náufragos. Havia num canto do terreiro uma pilha de tábuas, com as quais o pai delas havia muito tempo pretendia consertar algum galpão, e sobre esta pilha estavam sentadas Lea Leola e Rosina, impassíveis, enquanto Cato, com um dos paus do varal, remava. Ainda no navio que afundava — um galinheiro do outro lado do terreiro — estava a caçula, Gracie Bell, os braços esticados, olhando à sua volta apreensiva, prestes a chorar. Mas Emerson nadava em sua direção para salvá-la. Andava lentamente, encostando o calcanhar de um pé na ponta do outro a cada passo, rodando os dois braços como um moinho de vento.

"Coragem, Gracie Bell! Estou quase chegando!", gritava ele. E resfolegava alto. "Minhas forças estão se esgotando, mas vou salvar você!"

Cato gritava, sem parar: "O navio está afundando pouco a pouco! O navio está afundando pouco a pouco!".

As vozes tênues e argentinas ecoavam no campo gelado. A lua libertou-se das últimas amarras da terra e contemplou de frente a tragédia marítima imaginária que ocorria ali, tão longe do oceano. Emerson pegou no colo Gracie Bell. Ela abraçou-lhe o pescoço com força e pôs-se a soluçar bem alto, e ele começou a voltar, determinado, pisando na água com passos miúdos. Gracie Bell gritava, ele repetia: "Eu vou salvar você, Gracie Bell. Eu vou salvar você, Gracie Bell". Porém não apertava o passo.

A mãe e madrasta de repente abriu a porta dos fundos.

"Emerson!", gritou ela. "Largue essa criança! Eu já não lhe disse que da próxima vez que você fizesse a menina chorar eu lhe dava uma surra tão forte que você nem ia conseguir gritar? Eu não disse?"

"Ah, mãe, a gente estava só..."

"Mas o que é que vocês têm, crianças? Só sabem brigar, brigar, gritar, gritar, gritar o dia inteiro! E esses dois meninos — vocês são grandes demais", e por aí afora. As palavras duras jorravam, e as crianças ficaram paradas no terreiro, como atores imobilizados. Mas, como o pai delas dizia, "ela ladra mas não morde", e daí a alguns minutos, como se silenciada pela tranquilidade da lua, a mulher parou de gritar e disse, num tom um pouco mais baixo: "Crianças, por que é que vocês estão paradas aí? Venham para dentro para jantar".

Estava quente na cozinha; o cheiro de batatas fritas e a luz cálida e amarela do lampião de querosene sobre a mesa davam à cena uma aparência ilusória de paz. Os dois meninos sentaram-se de um lado, as duas meninas mais velhas do outro, e Gracie Bell no colo da mãe, à cabeceira. O pai e Judd tinham ido à cidade; esse era um dos motivos pelos quais a mãe passara a tarde inteira mais mal-humorada do que o habitual. Comiam em silêncio; só se ouviam as intervenções carinhosas da mãe dirigidas a Gracie Bell, que ela ajudava a tomar chá com leite condensado numa xícara branca. Comiam batatas fritas com pedaços de porco, fatias e mais fatias de pão branco comprado na venda e pratos de conservas, e bebiam chá quente com leite. O oleado que forrava a mesa era cor de melado claro, salpicado de pequenas papoulas amarelas, e era agradavelmente lustroso; as conservas brilhavam, massas de um vermelho-escuro cercadas de um líquido rubro transparente.

"Hoje vou precisar de migalha de pão", pensou Cato, e aos poucos conseguiu surrupiar quatro fatias de pão, passando-as por baixo das beiras do oleado e colocando-as dentro do suéter. Tinha a impressão de que seus pensamentos eram perfeitamente audíveis, e olhou desconfiado para as irmãs, para ver se elas haviam percebido alguma coisa, mas seus rostos pálidos, um tanto inexpressivos, o encararam sem nenhuma malícia. Fosse como fosse, aquela noite precisaria das migalhas; o que podia fazer?

Nas duas outras vezes em que ele e Emerson haviam passado a noite no velho celeiro, ele usara pedaços de jornal, porque não tinha conseguido encontrar pedrinhas brancas em lugar nenhum. Ele e o irmão voltaram para casa ainda semiadormecidos, no lusco-fusco azulado logo antes de o sol nascer, e Cato ficou felicíssimo ao ver os pedacinhos de papel aqui e ali ao longo do caminho. Ele os tirara do bolso e os jogara no chão de quando em quando, um pouquinho de cada vez, sem ousar olhar para trás, e havia dado certo. Mas ansiara por uma lua cheia infinita, como na história, e por pedrinhas que brilhariam "como moedas de prata". Emerson nada sabia a respeito de seu plano — seu sistema, melhor dizendo —, mas havia funcionado, apesar de seu irmão não o ter ajudado, apesar de todos os pesares.

A mãe pôs Gracie Bell no chão e começou a levar os pratos da mesa para a pia.

"Imagino que vocês dois já devem ter esquecido que esta noite vão ter que ir para o celeiro", disse ela, irônica.

Emerson protestou um pouco.

"Vão logo se vestindo e tocando para a frente que já está ficando tarde. Quem sabe um dia o pai de vocês manda consertar aquelas portas ou então manda fazer um celeiro novo. Vamos logo, vamos." Tirou a chaleira de chá do fogão.

Cato não conseguia achar suas luvas de tricô. Achava que deviam estar na prateleira do canto, junto com as pastas da escola. Procurou-as metodicamente por toda parte, até que por fim deu-se conta do sorriso sapeca de Lea Leola.

"Mãe! A Lea Leola pegou minha luva! Foi ela que escondeu!"

"Lea Leola! Você está com as luvas dele?" A mãe foi avançando nela.

"Mande ela me dar!"

Lea Leola disse: "Eu não vi porcaria de luva nenhuma". E começou a chorar.

"Está vendo o que você fez, Cato? Lea Leola, pare com essa choradeira, pelo amor de Deus, e vocês dois vão caindo fora logo. Por hoje já chega de confusão."

Na porta, Emerson disse: "Está frio, mãe".

"Os cobertores do Judd estão lá. Vamos logo, e fechem essa porta. Está entrando um vento frio."

Lá fora estava quase tão claro quanto se fosse dia. A estrada estava muito cinzenta, e o macadame estalava sob seus pés, que logo ficaram dormentes. O frio rapidamente penetrou os pelos das narinas dos meninos, que doíam, como se cheios de palhas geladas. Mas quando tentavam aquecer o nariz na lapela desengonçada do casaco, a umidade gélida era pior ainda, de modo que desistiram; limitavam-se a mostrar um ao outro o vapor branco que saía cada vez que respiravam e depois sumia. A lua estava atrás deles. Cato olhou para trás e viu que o telhado de zinco da casa brilhava, azulado, e no alto as estrelas pareciam azuis também, azuis ou amarelas, e muito pequenas; quase não dava para ver a maioria delas.

Emerson falava baixinho, sobre seu assunto predileto: o modo como ia obter certa bicicleta que vira algum tempo antes na vitrine da loja de ferragens na cidade. Falava e falava, mas Cato não prestava muita atenção, primeiro porque já sabia muito bem quase tudo que Emerson estava dizendo ou poderia dizer, e segundo porque estava esfacelando o pão que havia conseguido transferir para os bolsos das calças, duas fatias em cada um. Tinha a impressão de que o pão estava se partindo em pedaços grandes em vez de esfarelar-se, e era difícil pegar os pedaços com as unhas e jogá-los na pista de vez em quando, tirando a mão debaixo do casaco.

Emerson não via nenhuma diferença entre métodos honestos e desonestos de conseguir a bicicleta. Às vezes elaborava planos de enganar o dono da loja, fazendo com que ele lhe mandasse a bicicleta por engano; às vezes ganhava a bicicleta como recompensa por um ato de heroísmo. Outras vezes falava em apelar para um cortador de vidro. Uma vez vira o pai usar um desses fascinantes instrumentos. Se tivesse um, ele poderia abrir um buracão no vidro da vitrine da loja de ferragens à noite. Em seguida, dizia que no verão ia trabalhar na fazenda vizinha; imaginava-se realizando prodígios ao recolher o feno e ordenhar as vacas.

"Mas o velho Blackader só paga quatro dólares por semana para um garoto mais velho", argumentou Cato, sensato, "e para você ele ia pagar menos ainda."

"Mas..."

Emerson xingou e cuspiu na margem da estrada, e seguiram em frente, enquanto a lua subia mais e mais no céu.

Ouviam um zumbido vindo dos fios telefônicos lá no alto. Achavam que talvez fosse uma mistura de todas as vozes das pessoas falando ao mesmo tempo, mas na verdade não parecia um ruído de vozes. Os suportes de vidro que sustentavam os fios brilhavam, um brilho verde-claro; os postes estavam prateados de luar; e de cada um deles vinha um rugido estranho, mais grave que o zumbido dos fios. Parecia uma colmeia de abelhas. Encostaram o ouvido nas rachaduras negras fundas. Cato tentou olhar dentro de um dos postes, e quase chegou a achar que estava vendo uma massa de abelhas negras e iridescentes.

"Mas aí elas iam estar congeladas", argumentou Emerson.

"Não, porque elas dormem o inverno inteiro."

Emerson quis subir num poste. Cato disse: "Você pode levar um choque".

Assim mesmo, porém, ajudou-o a subir, agarrando suas coxas magras com as duas mãos. Mas Emerson mal podia alcançar a ponta mais baixa, e não tinha força suficiente para alçar-se.

Por fim chegaram ao lugar onde seu caminho saía da estrada, e penetraram numa plantação de milho que ainda estava cheia de caules, imóveis no frio. Cato deixou cair uma boa porção de migalhas ali, para marcar o local. Nos pés de milho, as folhas compridas e sem cor pendiam esfarrapadas, como bandeirinhas velhas de papel crepom numa quermesse que já acabou. Os caules eram mais altos do que os meninos, como árvores. Dos dois lados do caminho, marcado por sulcos de rodas, havia cercas de arame, com farpas que brilhavam.

Emerson e Cato brigavam o dia inteiro quase todos os dias, mas raramente brigavam à noite. Agora começaram a comentar o frio, numa discussão amistosa.

"Pode até nevar", disse Cato.

"Não", retrucou Emerson. "Está frio demais para nevar."

"Mas quando fica muito frio, aí neva", insistiu Cato.

"Mas quando fica *muito* frio, um frio de rachar que nem agora, não pode nevar."

"Por que é que não?"

"Porque está frio demais. E além disso não tem neve no céu."

Olharam para cima. Era verdade; fora a lua, grande e branca, o céu estava totalmente vazio.

Cato tentava não jogar as migalhas no capim seco entre as marcas das rodas, onde elas ficariam invisíveis. No fundo dos sulcos ele conseguia vê-las, pequenas e cinzentas. Agora não havia pássaros, é claro. Mas ele não conseguia decidir se seu plano realmente servia para alguma coisa ou não.

* * *

Na casa amarela, a madrasta preparava-se para deitar-se. Foi procurar um edredom extra para Lea Leola, Rosina e Gracie Bell, que dormiam todas na mesma cama no quarto ao lado. Cobriu as meninas com o edredom e prendeu as bordas sob o colchão sem acordá-las. Então, apesar do frio, ficou por um momento contemplando, intranquila, o padrão de hexágonos grandes e ramificados, desbotados, quase sem cor, à luz da lua. Aquele edredom sempre fora tão bonito! Fora sua mãe que o fizera. Qual era mesmo o nome daquele padrão? O que era mesmo que o edredom a fazia lembrar? Emergindo das formas de um jogo infantil esquecido, das páginas de um livro escolar perdido, a imagem surgiu em seu cérebro: um floco de neve.

"Onde está o diabo do celeiro?", perguntou Emerson, e cuspiu de novo.

Foi um alívio ver o velho salgueiro e puxar com força a porta do celeiro, que sempre emperrava, com mãos que já nada sentiam. De início parecia escuro lá dentro, mas logo o luar iluminou o interior muito bem. À esquerda viam-se as baias das vacas e cavalos, em desuso, as várias máquinas no meio e à direta, e no alto o feno acumulado, dos dois lados, vagamente visível. Mas estava tão frio que não se sentia o cheiro do feno.

Onde estariam os cobertores de Judd? Não os encontraram em lugar nenhum. Depois de procurarem em todas as baias e nos cabides dos arreios, Emerson jogou-se numa pilha de feno em frente do rastelo, perto da porta.

Disse Cato: "Quem sabe está melhor lá no depósito de feno". Pôs as mãos nuas num degrau da escada.

Emerson retrucou, rindo: "Estou com tanto frio que não consigo nem subir a escada".

Assim, Cato também se sentou na pilha de feno no chão, e começaram a jogar feno por cima das pernas e do tronco. Era uma sensação engraçada; o feno não tinha peso nem substância em suas mãos. Era mais leve que penas, e não parava em cima deles; além disso, pinicava um pouco.

Emerson disse que estava cansado, virou-se para o lado e xingou mais algumas vezes, de modo quase cuidadoso. Cato xingou também, e deitou-se de costas, junto ao irmão.

O rastelo estava perto de sua cabeça, e os discos chatos, de bordas afiadas, brilhavam frios. Logo atrás do rastelo via-se indistintamente o ancinho do feno. Os dentes compridos e curvos do ancinho também refletiam o luar, e de seu lugar no chão, quase na mesma altura que eles, Cato via-os formando uma onda metálica, rígida, que vinha diretamente em sua direção, pairando acima do soalho. E à sua volta, no escuro e na luz, estavam todas as outras máquinas: a adubadeira formava um vulto enorme; a ceifadeira levantava um antebraço forte orlado de dentes de serrote, como um gafanhoto gigantesco; e os pequenos forcados afiados da espalhadeira de feno estavam suspensos numa das poças de luz, uns virados para cima, os outros para baixo, como se a máquina tivesse naquele instante parado de estrebuchar, numa rigidez cataléptica.

No alto, entre os montes de feno, todas as fendas e buracos do velho telhado se destacavam, e manchinhas de luz, como se fossem lascas gélidas de lua, caíam sobre eles, sobre o amontoado de implementos, sobre o feno pardacento. De vez em quando uma ripa estalava, ou um galho quebradiço do salgueiro partia-se com um ruído seco.

Cato pensou com prazer na trilha de migalhas que deixara desde a casa até ali. "E não tem nenhum passarinho", disse a si próprio, quase exultante. Ele e Emerson sairiam logo antes do amanhecer, como das outras vezes, e Cato veria as migalhas apontando diretamente para o lugar de onde vieram, brancas e leais à luz da aurora.

Então começou a pensar no pai e em Judd, na cidade. Via o pai num restaurantezinho cheio de luzes elétricas, com paredes azuis, bem quente, onde ele comia um prato de feijão vermelho-escuro. Cato estivera lá uma vez, e fora isso que lhe deram para comer. Por algum tempo pensou, com má vontade, na madrasta e nas meias-irmãs; depois seus pensamentos retornaram ao pai, de quem ele gostava muito.

Emerson resmungou alguma coisa sobre "esse Judd", e mergulhou mais fundo no feno. Os dois estavam batendo o queixo. Cato tentou pôr as mãos entre as coxas, para esquentá-las, mas o feno atrapalhava. Parecia geada. Arranhava, e depois se derretia em contato com a pele das mãos dormentes. Dava-lhe a mesma sensação que tinha quando comia a geleia de uva azeda que a madrasta fazia todos os anos no outono, quando pequenos cristais duros, como se fossem gelo, espetavam e dissolviam-se, também no escuro, contra o céu da boca.

Pela porta entreaberta via os pés de milho muito eretos e imóveis, numa atitude suspeita. O que estaria se passando entre aqueles caules com folhas dependuradas? Não deveriam ter sido cortados? Lá estava o milho, e ali estavam as máquinas. Todo aquele milho devia ser colhido. A ceifadeira estendia um braço rígido. A grade de feno parecia a mola de uma arapuca grande, pronta para saltar.

Seus pés doíam quando Cato os mexia. Pareciam cascos de cavalo, como se estivessem com ferraduras. Ele tocou num deles — era mesmo verdade, parecia uma ferradura grande.

Pendurados nos cabides, acima dele, os arreios tinham partes de metal que brilhavam, em tons pálidos de azul e amarelo, como as estrelinhas no céu. Se os arreios caíssem em cima dele, Cato teria que virar cavalo, e estaria muito frio no campo lá fora, puxando o rastelo pesado. Também os arreios eram pesados; ele havia segurado uma coalheira uma vez, e era muito pesada. Seriam necessários dois cavalos; teria de acordar Emerson, embora fosse difícil acordar Emerson quando ele ferrava no sono.

Os discos do rastelo pareciam o costado de um navio *viking* — com aqueles escudos pendurados do lado. O rastelo era um navio que ia para a lua com um monte de escudos chacoalhando dos lados; ele tinha que pilotá-lo. Aquele assento esquisito de ferro perfurado que parecia desconfortável, e no entanto, quando a gente se sentava nele, dava uma sensação de poder e facilidade...

Mas como ele poderia ir para a lua quando a lua estava descendo atrás do morro? Lua, não: luas; havia toda uma fileira de luas. Não, deviam ser os discos do rastelo. Não, a lua se dividira num maço de luas, uma saindo da outra, para os lados, e mais outra, e mais outra, e mais outra.

Virou-se para Emerson e chamou-o pelo nome, mas Emerson limitou-se a gemer sem acordar. Assim, encaixou os joelhos atrás dos joelhos do irmão e abraçou-o estreitamente na cintura.

No dia seguinte, ao meio-dia, o pai encontrou-os nessa posição.

A notícia deu em todos os jornais: na primeira página das folhas locais, diminuindo nos jornais mais distantes até reduzir-se a um parágrafo curto nas páginas interiores nos diários do litoral. O fazendeiro sofreu terrivelmente durante um ano; por algum motivo, uma das maneiras que ele encontrou de manifestar seus sentimentos foi despedir Judd.

1948

A governanta

Minha vizinha, a velha sra. Sennett, ajustou o estereoscópio à sua vista, olhou para o cartão admirada e depois leu para mim em voz alta: "Igreja em Marselaze, França". Depois: "Paris". Concluí que "Paris" era um acréscimo por conta dela. A sra. Sennett passou o aparelho para mim. Afastei o cartão um pouco e examinei a igreja e as figuras minúsculas de um homem e uma mulher em frente a ela. A mulher trajava uma saia comprida, uma pequenina blusa branca e um chapéu de marinheiro reduzido a um pontinho. Embora estivessem ao pé da escada da igreja, o estereoscópio dava a impressão de que o casal estava a pelo menos uns quinze metros do prédio.

"É lindo", disse eu, e devolvi o aparelho à sra. Sennett. Já havíamos esgotado todos os cartões humorísticos, um dos quais mostrava uma mulher beijando o carteiro enquanto o marido, debruçado de uma janela, prepara-va-se para acertar a cabeça do carteiro. Agora só nos restavam coisas como a igreja e a "Estufa do rei da Bélgica", em que todas as flores tinham sido pintadas de vermelho, à mão.

Lá fora, a chuva continuava escorrendo pelas janelas teladas da casinha da sra. Sennett, em Cape Cod, formando efêmeros efeitos de ponto de cruz nos quadradinhos da tela. A grama e o capim alto que compunham o gramado à frente da casa, encharcados, destacavam-se contra a paisagem embaçada da baía ao fundo, onde a água tinha quase a mesma cor que a grama. As cinco crianças de que a sra. Sennett estava tomando conta brincavam de casinha, vigorosamente, na sala de jantar. (No inverno, a sra. Sennett era governanta de certo sr. Curley, de Boston, e no verão os filhos dele ficavam na casa dela em Cape Cod.)

Minha expressão deve ter se alterado. "As crianças estão fazendo barulho demais?", perguntou a sra. Sennett, e começou a percorrê-la uma espécie de onda que talvez assinalasse o início do movimento de levantar-se da cadeira. Fiz que não com a cabeça e empurrei-lhe o ombro de leve, para que ela continuasse sentada. A sra. Sennett era surda como uma porta de longa data, mas lia os lábios. Era possível falar com ela sem produzir nenhum som, e ela, por sua vez, contribuía com a parte do leão para a conversa, com uma voz alta e enferrujada que de vez em quando caía para um sussurro, um efeito um tanto estranho. Ela adorava conversar.

Por fim, quando terminamos de olhar todas as imagens, a sra. Sennett guardou o pequeno baú onde ficavam o estereoscópio e os cartões na prateleira sob a mesa.

"Quem me vê não imagina que eu sou descendente de espanhóis, não é?", perguntou ela.

Garanti-lhe, com as mãos e as sobrancelhas, que eu jamais imaginaria tal coisa, ao mesmo tempo exprimindo — pelo menos assim eu esperava — um interesse polido em saber se ela o era de fato.

"Sou, sim", confirmou. "Minha mãe tinha sangue espanhol puro. Sabe qual é meu primeiro nome?"

Fiz que não.

"Carmen. É espanhol. Era o nome da minha mãe."

Respondi: "É bo-*ni*-to", com o máximo de ênfase de que fui capaz. Satisfeita, a sra. Sennett olhou para baixo, com modéstia, e tirou uma poeirinha de cima do seio farto. "A senhora nasceu na Espanha?", perguntei.

"Não, não exatamente. Meu pai estava num navio e trouxe minha mãe de volta para a Inglaterra com ele. Eu nasci lá. E a senhora, nasceu onde?"

Respondi que nascera em Worcester.

"Que coincidência! O tio das crianças é o diretor da federação de boxe de lá. O sr. Curley, irmão do pai delas."

Indiquei com a cabeça que eu sabia quem era o sr. Curley.

"Mas quem olha para mim não diz que eu tenho sangue espanhol, não é?"

De fato, quando olhava para a sra. Sennett eu pensava mais era na Inglaterra do século dezoito e nas figuras literárias da época. Seus cabelos deviam ser muito ralos, porque ela usava sempre, dentro de casa ou fora, ou um chapéu ou uma espécie de turbante, às vezes ambos. Naquele dia o turbante era de seda preta, com um desenho branco aqui e ali. Por causa do mau tempo, ela estava também com um lenço de seda branca em torno do pescoço, que lhe dava um ar de poeta desmazelado. O rosto da sra. Sennett era largo e parecia, como as figuras nos cartões do estereoscópio, estar a duas distâncias ao mesmo tempo, como se fragmentos de uma máscara tivessem sido colocados sobre um rosto. Os fragmentos eram brancos, enquanto o rosto a seu redor era mais escuro, com rugas mais proeminentes. Tinha olheiras; parecia muito doente.

"Elas são católicas, sabe?", disse ela, num sussurro áspero, para não ofender as crianças na sala de jantar. "Eu não sou, mas o pai delas não liga para isso. Ele teve onze governantas em menos de dois anos e meio, depois que a mãe deles morreu quando nasceu o Xavier, e eu já estou com eles há cinco anos. Fui a única que conseguiu aguentar o barulho, e é claro que não me incomoda, porque não ouço nada. Tem católicos que nunca deixariam os filhos com uma protestante, mas o pai dessas crianças é um homem tolerante. Mas elas ficam preocupadas. Todo domingo eu visto as crianças e depois as levo para a missa, e elas ficam sempre me atormentando para eu ir também. Duas semanas atrás, quando elas voltaram, o Xavier chorava sem parar. Eu perguntava: 'O que é que foi, Savey?'. Mas não havia jeito de ele me responder. Até que a Theresa explicou: 'Ele está chorando porque o Francis disse a ele que a senhora vai ter que ir para o inferno quando morrer'."

Xavier havia chegado até a porta e estava escutando a história. Era o menorzinho. Os mais velhos eram os gêmeos, Francis e John, depois vinham as meninas, Mary e Theresa. Todas as crianças eram claras e bonitas. A sra. Sennett vestia macacão nos meninos e, antes de ir com eles para Cape Cod todos os verões, mandava raspar-lhes a cabeça, para depois não ter que levá-los ao barbeiro.

Ao ver Xavier, a sra. Sennett disse: "Mas que crianças barulhentas, insuportáveis!". O menino aproximou-se e debruçou-se sobre a cadeira onde a governanta estava sentada, e ela esfregou as manoplas sobre a cabecinha raspada. Em seguida, disse a Xavier que estava com uma visita, e ele voltou para a sala, onde Theresa estava agora lendo histórias em quadrinhos de jornais velhos em voz alta para os irmãos.

Eu e a sra. Sennett continuamos nossa conversa. Ambas dissemos que adorávamos a baía, e estendemos nossa afeição ao oceano, também. Ela me disse achar que não ia passar mais um inverno com as crianças. O pai delas queria, mas era demais para ela. Sua intenção era ficar ali mesmo, na sua casinha.

O tempo passava, e por fim fui embora; sabia que às quatro horas o descanso da sra. Sennett terminava, pois ela tinha de começar a preparar o jantar. Às seis, da minha casa vizinha, vi Theresa saindo na chuva com um xale cobrindo a cabeça. Vinha me trazer um bom pedaço de bolo, um quadrado com quinze centímetros de lado, quentinho, saído do forno, entre dois pratos de sopa, para não esfriar.

Dias depois fiquei sabendo através dos gêmeos, que vieram me trazer de presente lenha e frutas silvestres, que o pai deles chegaria no dia seguinte, trazendo a tia das crianças com o marido e a filha, também chamada Theresa, para fazerem um piquenique. A sra. Sennett havia prometido levar todas as crianças para um piquenique à beira do lago quando o tempo estivesse bom. Iam cozinhar ao ar livre e nadar na água doce, e levariam sabonetes para tomar banho no lago. Os homens iriam até o local do piquenique a pé, enquanto um amigo da sra. Sennett que morava na aldeia levaria as mulheres e crianças em seu carro. A sra. Sennett raramente saía de sua casa e seu quintal, e eu fazia ideia do que representava para ela a chegada das visitas e um piquenique como aquele.

Vi as pessoas chegando no dia seguinte, vindo a pé da estação com as bagagens, e vi o sr. Curley, um homem alto, de aparência ainda jovem, cumprimentar a sra. Sennett com um beijo. Nos dois dias que se seguiram, não os vi mais; também eu estava com uma hóspede, e passávamos a maior parte do tempo passeando de carro. No quarto dia, Xavier apareceu com um bilhete, dobrado várias vezes. Era da sra. Sennett, escrito com tinta azul, com uma letra esparramada, serena e ornamentada, em papel de linho:

Minha querida vizinha:

O meu amigo que ia nos dar uma carona de carro não cumpriu a promessa. Amanhã é o último dia livre do sr. Curley e todas as crianças queriam muito fazer o piquenique. Os homens podem ir até o lago a pé, mas para as crianças é muito longe. A sua amiga tem carro, e eu não queria incomodar, mas será que vocês podiam nos levar ao lago amanhã de manhã? Sei que é muita gente para um carro só, mas elas vão ficar muito tristes se não puderem fazer o piquenique. O importante é chegar lá, depois a gente volta a pé.

Atenciosamente,

Carmen Sennett

Na manhã seguinte, eu e minha amiga levamos todo mundo no carro. As crianças pareciam estar todas no colo da sra. Sennett; estavam numa animação maravilhosa. A sra. Sennett chegou a ficar rouca de tanto perguntar à tia se as crianças estavam fazendo barulho demais e — quando a tia respondia que sim — de mandá-las ficar quietas.

À tarde fomos buscar todos — ou melhor, as mulheres e crianças. Xavier trazia uma garrafa de gim vazia que, segundo a sra. Sennett, fora seu pai que lhe dera. Ela debruçou-se para a frente e gritou no meu ouvido: *"Ele gosta de beber. Mas é um bom homem"*. Os cabelos das crianças brilhavam de tão limpos, e John me disse que o lago ficou cheio de espuma de sabão.

Depois do piquenique, passei a receber uma infinidade de presentes da sra. Sennett, e eu tinha que devolver pratos vazios através das crianças várias vezes por dia. Aproximava-se o dia em que elas teriam de voltar para a escola em Boston. A sra. Sennett repetia que não ia para lá; o pai das crianças estava voltando para buscá-las, mas ela permaneceria em Cape Cod. Ele que arranjasse outra governanta. Ela ia ficar na sua casinha olhando para a baía o inverno inteiro; talvez até sua irmã de Somerville viesse visitá-la. Disse-me isso várias vezes, em voz bem alta, e seus turbantes e lenços foram ficando cada vez mais ensandecidos.

Uma tarde Mary veio me visitar, e ficamos sentadas numa velha mesa no quintal para apreciar o pôr do sol.

"Hoje o papai chegou", disse ela, "e depois de amanhã a gente tem que voltar."

"A sra. Sennett vai ficar aqui?"

"Na hora do jantar ela disse que ia ficar, sim. Que dessa vez era para valer, mesmo, porque no ano passado ela disse a mesma coisa e acabou voltando, mas dessa vez ela está falando sério."

"Ah", exclamei, sem saber muito bem de que lado eu estava.

"Foi muito triste o jantar. Chorei até não poder mais."

"A Teresa chorou também?"

"Ah, todo mundo chorou. O papai também. A gente sempre chora."

"Mas você não acha que a sra. Sennett está precisando descansar?"

"É, mas acho que ela vai acabar indo com a gente. O papai disse que se ela não fosse ele ia chorar todo dia no jantar, e aí todo mundo chorou mesmo."

No dia seguinte Xavier disse que a sra. Sennett estava voltando com eles só para "ajudar a gente a se instalar". Na manhã seguinte ela veio se despedir, com o séquito completo de cinco crianças. Estava com seu chapéu preto de viagem, de palha e cetim, com lantejoulas. Aquele chapéu alto e severo, encimando um rosto acabado, tinha um ar de nobreza espanhola.

"Não estou me despedindo por muito tempo", disse ela. "Eu volto assim que me livrar dessas pestinhas barulhentas."

Mas as crianças, agarradas a suas saias, puxavam-lhe as mangas e sacudiam a cabeça com ênfase, dizendo *"Não! Não! Não!"* sem abrir a boca de lábios tensos.

1948

Gwendolyn

Minha tia Mary estava com dezoito anos de idade e fora para os Estados Unidos, para Boston, estudar enfermagem. Na gaveta de baixo de sua cômoda, cuidadosamente embrulhada em papel de seda, estava sua melhor boneca. Naquele inverno eu passara um bom tempo com uma crise de bronquite, e minha avó por fim entregou-me a boneca para eu brincar com ela. Fiquei surpresa e deliciada, pois nem sabia de sua existência. Minha avó não se lembrava do nome dela.

A boneca tinha um guarda-roupa considerável, feito por tia Mary; as roupas estavam guardadas num baú de brinquedo de folha de flandres verde, com todas as trancas e pregos que um baú deve ter. Eram peças maravilhosas, muito bem costuradas, e até mesmo eu percebia que eram antiquadas. Havia ceroulas com minúsculos babados de renda, um espartilho com pequeninas lâminas de osso, com a camisa correspondente. Essas coisas eram extraordinárias, mas o melhor de tudo era o traje de patinação: um casaco de veludo vermelho, um turbante e um regalo de pele, já meio roídos pelas traças, e mais — o que me proporcionou uma emoção quase insuportável — um par de botas brancas de pelica envernizada, com cadarços e tudo, festões nos canos e patins pequenos demais, rombudos, mas muito reluzentes, frouxamente cosidos às solas das botas a ponto largo, com linha branca grossa.

Não me incomodavam aqueles patins mal costurados. Eles até combinavam com a personalidade da boneca, a qual, por sua vez, era uma excelente companheira para uma criança doente. Havia ficado tanto tempo guardada em sua gaveta que os elásticos de suas juntas estavam amolecidos; quando a gente a punha em pé, a cabeça caía um pouco para o lado; e a mão estendida da boneca pousava sobre a minha por um instante e depois escorregava, num gesto de cansaço. Em comparação com ela, a família de bonecos com que eu costumava brincar parecia grosseira e infantil: a boneca Campbell Kid, com uma cicatriz na testa, no lugar onde ela batera no guarda-fogo ao levar um tombo; dois índios com roupas de feltro mal-ajambradas, Hiawatha e Nokomis; e um bebê atarracado, sempre pedindo colo com os braços estendidos.

Quando eu adoecia, minha avó era muito boa comigo. Durante aquele mesmo período de bronquite ela já me deixara brincar com seu cesto de botões e com seu cesto de retalhos, e à tarde minha cama era coberta com a colcha de retalhos. O cesto de botões era grande e disforme; devia pesar uns cinco quilos, e nele havia de tudo, desde colchetes de pressão para macacões masculinos até um jogo de botões de aço com cabeças de veado cujos olhos eram de vidro verde. O cesto de retalhos era interessante porque nele eu encontrava pedaços dos vestidos de andar em casa que minha avó estava usando na época, bem como das camisas de domingo de meu avô. Mas o que mais me distraía era a colcha de retalhos. Minha avó a fizera havia muitos anos, quando colchas daquele tipo estavam na moda na pequena aldeia da Nova Escócia em que morávamos. Ela havia recolhido pequenos pedaços de seda ou veludo de cores diferentes e formas irregulares e pedira a todos os seus amigos e amigas que escrevessem seus nomes neles a lápis — às vezes, além dos nomes, uma data e mais uma ou outra palavra. Depois ela costurara linha de seda de várias cores por cima dos escritos, em ponto de cadeia, e por fim juntara todos os pedaços numa flanela vermelho-escura, em ponto de Paris. Eu já sabia ler o suficiente para reconhecer os nomes das pessoas que conhecia, e às vezes minha avó me explicava que esse pedaço de seda era do vestido que a sra. Fulana de Tal usara em sua lua de mel, quarenta anos antes, e aquele era da gravata de um irmão dela, que já havia morrido e estava enterrado em Londres, e aquele outro fora trazido da Índia por um outro irmão que era missionário.

Quando escurecia — o que acontecia muito cedo, é claro —, ela me tirava da cama, embrulhava-me num cobertor, ia para a cadeira de balanço, sentava-me em seus joelhos e punha-se a balançar a cadeira com vigor. Creio que isso dava tanto prazer a minha avó quanto a mim, pois ela punha-se a cantar hinos, com sua voz lúgubre e um tanto afetada, que de repente caía para a metade do volume habitual quando atingia as notas mais altas. Cantava para mim "Longe daqui há uma verde colina", "Haverá estrelas em minha coroa?" e "Num doce porvir". Depois cantava os hinos destinados a crianças, como:

As crianças pequeninas
  Que adoram o Redentor,
São as joias preciosas
  Da coroa do Senhor...

E também, talvez por sermos batistas — dos que se batizam na água e tudo —, cantava aquele hino em que todos os santos lançavam suas coroas (seria num acesso de pirraça?) "no mar cristalino"; "Vamos reunir-nos à beira do rio?"; e o favorito de minha avó: "Ó dia feliz, em que Jesus lavou meus pecados".

Tudo isso são prolegômenos. A história de Gwendolyn só começou no verão seguinte, quando eu estava com saúde, como sempre ficava no verão, e já nem me lembrava da bronquite, da ninhada de pintos que piava em meu peito, do estetoscópio gelado do médico.

Gwendolyn Appletree era a filha mais moça e a única menina de uma família grande, cujos filhos haviam nascido bem espaçadamente, e que morava longe, a sete ou oito quilômetros da aldeia, numa fazenda isolada cercada de abetos. Era um ano mais velha que eu — ou seja, teria uns oito anos —, e seus cinco ou seis irmãos, que deveriam estar na adolescência, pareciam adultos para mim. Mas Gwendolyn e eu, embora não nos encontrássemos com frequência, éramos amigas, e para mim ela parecia representar tudo aquilo que significava a palavra "menininha" — uma palavra um pouco repugnante, porém fascinante. A começar pelo nome belíssimo, um trissílabo dactílico que era pura música para meus ouvidos. Além disso, embora mais velha, Gwendolyn era pequenina como eu, e era loura, e tinha a pele rosada e branca, igualzinha a uma macieira em flor.* E era "frágil", coisa que eu, apesar da bronquite, não era. Gwendolyn era diabética. Era o que me haviam dito; eu tinha também uma vaga ideia de que a doença era causada por excesso de açúcar, e isso bastava para torná-la ainda mais atraente, como se quem a mordesse constatasse que ela era toda de açúcar, e que sua tez tão alva teria o mesmo gosto de um ovo de Páscoa de glacê ou dos suportes de velas de bolo de aniversário,

---

* O sobrenome de Gwendolyn, Appletree, significa "macieira".

que supostamente não eram comestíveis, só que eu sabia que isso não era verdade.

Não sei como se tratava o diabetes naquele tempo — por exemplo, se Gwendolyn tomava insulina ou não; mas creio que não. Porém meus avós criticavam muito os pais dela por não darem ouvidos aos conselhos do médico e deixarem que ela comesse tudo que desejava, até mesmo duas fatias de bolo na hora do chá; diziam que, se eles não criassem juízo, ela não ia vingar. De vez em quando ela tinha um ataque misterioso, "convulsões" ou "coma", mas um ou dois dias depois eu a via na charrete do pai indo à loja que ficava ao lado de nossa casa, com a mesma cara de sempre, acenando para mim. Às vezes traziam-na para passar o dia ou a tarde comigo, enquanto seus pais iam visitar parentes em outra cidade.

Eram ocasiões muito especiais. Gwendolyn chegava com uma boneca ou algum outro brinquedo; sua mãe trazia um bolo ou um vidro de conserva para minha avó. Então eu tinha oportunidade de mostrar a minha amiga todos os meus pertences mais uma vez. Muitas vezes ela trazia um jogo de blocos de madeira que se encaixavam com precisão numa caixa rasa de papelão. Esses blocos eram quadrados cortados na diagonal, em tons vivos de vermelho, amarelo e azul; com eles formávamos desenhos geométricos. Depois, com todo o cuidado, era possível levantar a estrutura formada e virá-la, revelando um padrão de cores diferente do outro lado. Eram desenhos simples e agradáveis à vista, como a bandeira britânica. Brincávamos juntas sem fazer barulho e sem brigar.

Antes de irem embora de charrete, os pais de Gwendolyn a abraçavam muitas vezes, lavavam seu rosto pela última vez, esticavam suas meias, assoavam-lhe o nariz, seu pai a levantava no colo e a balançava de um lado para o outro, e sua mãe dava-lhe umas pílulas brancas. Essas despedidas por vezes eram tão demoradas que meu avô saía abruptamente em direção ao celeiro e minha avó ia fazer alguma coisa na pia da cozinha, cantarolando baixinho um hino. Mas isso não era nada em comparação com as cenas de ternura encenadas algumas horas depois, quando seus pais vinham buscá-la. Nessas ocasiões, os dois quase a devoravam, alternadamente, como se ela fosse de fato feita de açúcar, tal como eu desconfiava. Eu assistia a essas cenas emocionantes com inveja, até que o sr. e a sra. Appletree iam embora na charrete, com Gwendolyn em pé entre eles, de vestido branco, os cabelos de um louro pálido ao vento, ainda recebendo beijos dos dois lados. Embora eu recebesse muitas demonstrações de afeto de meus avós, elas não podiam ser comparadas com aquilo. Minha avó ficava revoltada. "Se eles não se cuidarem, vão acabar matando essa menina de tanta beijação", dizia ela. "Beija de cá, beija de lá", exclamava meu avô, voltando ao trabalho.

Lembro-me muito bem de três episódios naquele verão em que Gwendolyn representou o papel da linda heroína — o papel que foi crescendo, crescendo, até tornar-se grande demais para o talento limitado, ainda que convincente, que ela demonstrava ter.

Uma vez fui com meus avós a um piquenique da igreja. Como já disse, éramos batistas, mas a maior parte dos habitantes da aldeia, inclusive os Appletree, eram presbiterianos. Porém em ocasiões sociais creio que as duas seitas às vezes se juntavam; ou então meus avós eram tolerantes a ponto de irem a um piquenique de presbiterianos — não tenho certeza. Seja como for, lá fomos os três, com roupas boas, mas não de domingo, levando uma cesta de piquenique bem recheada, em nossa charrete puxada por Nimble II, em direção ao rio. O lugar era lindo; os abetos e pinheiros altos chegavam até a beira da água pardacenta e limpa, até as pedras cobertas de musgos, cor de terracota; o chão estava escorregadio de tão cheio de folhas de pinheiros. As mesas compridas cobriam-se de panelas de feijão e batatas cozidas, e todas as variedades de picles e condimentos, conservas e compotas, bolos e tortas e biscoitos — tudo brilhando ao sol de fim de tarde —, e em duas fogueiras fervia-se água para o chá. Minha avó instalou-se num tronco para conversar com suas amigas, e eu fui com os meus patinhar na água. Estavam lá meu primo Billy, e Seth Hill, e mais os gêmeos McNeil, mas Gwendolyn não. Depois fui ter com meus avós para jantar — ou, como se diz na Nova Escócia, para tomar o "chá". Minha avó puxou conversa com um dos filhos dos Appletree, que estava fazendo seu prato junto a nós, perguntando-lhe onde estavam seus pais e como estava Gwendolyn.

"Nada bem", disse ele, sacudindo a cabeça como se fosse um velho. "Ontem mamãe achou que ela não ia resistir. Fui de charrete buscar o médico. Mas hoje ela está melhor."

Continuamos tomando chá e comendo em silêncio, e depois de algum tempo meu avô começou a falar de outra coisa. Mas pouco antes de terminarmos, quando começava a escurecer, e um cheiro bom e úmido de água doce subitamente veio do rio, uma charrete aproximou-se e parou junto a nós. Dentro dela vinham o sr. e a sra. Appletree e Gwendolyn — em pé entre eles, como sempre — com um de seus vestidos brancos e um casaquinho de xadrez preto e branco por cima. O casal e a menina foram recebidos efusivamente; meu avô pegou a menina e, acomodando-se num dos bancos toscos junto a uma das mesas, sentou-a em seus joelhos. Encostei-me em meu avô, mas Gwendolyn não falou comigo; limitava-se a sorrir, como se estivesse muito satisfeita com tudo. Estava mais bonita e mais frágil do que nunca, e as bochechas tinham um tom rosado muito vivo. Sua mãe trouxe--lhe uma xícara de chá fraco, e percebi a expressão no rosto de minha avó quando a viu pôr açúcar dentro. Gwendolyn estava com tanta vontade de vir, explicou a mãe, que resolveram trazê-la só um pouquinho.

Pouco tempo depois desse piquenique, trouxeram Gwendolyn para me visitar de novo, mas dessa vez ela ficaria o dia inteiro, dormiria lá em casa e ainda passaria uma parte do dia seguinte conosco. Fiquei animadíssima quando me contaram, e fiz mil perguntas a minha avó sobre o que poderíamos fazer juntas — se eu podia pular nos montes de feno com ela, se eu podia levá-la para nadar no rio. Não; essas duas brincadeiras eram muito cansativas para Gwendolyn, mas podíamos brincar de encher vidros com água colorida (feita com as tintas de meu jogo de pintura), minha brincadeira favorita na época, e à tarde poderíamos organizar um chá para as bonecas.

Tudo correu muito bem. Depois do almoço, Gwendolyn deitou-se no sofá da sala e minha avó cobriu-a com um xale. Resolvi fingir que tocava piano para ela, mas me obrigaram a parar e ir brincar sozinha lá fora. Algum tempo depois, Gwendolyn foi ter comigo no jardim, onde fizemos o chá das bonecas. Depois mostrei a ela como se prendia uma abelha dentro de uma flor de dedaleira, mas de novo minha avó pôs fim ao brinquedo, dizendo que era muito cansativo e perigoso. Houve também um toque de depravação rústica nas nossas brincadeiras. Não me lembro do que aconteceu, se é que aconteceu alguma coisa, mas lembro que fomos obrigadas a sair do banheiro caiado do celeiro depois que nos trancamos lá dentro, subimos nas privadas e nos debruçamos da janelinha, de onde se tinha uma bela vista dos olmos que havia atrás do terreno da casa. Estava começando a escurecer; minha avó foi muito severa comigo, dizendo que não podíamos jamais nos trancar ali dentro, mas fiquei indignada de ver que continuou indulgente com Gwendolyn, que estava mais angelical do que nunca.

Depois do chá, ficamos algum tempo sentadas à mesa, à luz do lampião, brincando com o maravilhoso jogo de blocos; por fim, chegou a hora de dormir. Gwendolyn ia dormir na minha cama comigo. Essa novidade me deixou de tal modo agitada que demorei muito tempo para me aprontar, mas Gwendolyn fez seus preparativos num átimo, deitou-se do outro lado da cama e fechou os olhos, para que eu achasse que ela estava adormecida. A luz do lampião refletia-se nos seus cabelos muito louros. Perguntei-lhe se ela não rezava antes de se deitar e ela disse que não, que a mãe dela deixava-a rezar deitada, "porque eu vou morrer".

Pelo menos pensei que a ouvi dizer isso. Eu não conseguia acreditar que havia de fato ouvido aquelas palavras, e é claro que não podia perguntar-lhe se ela dissera mesmo tal coisa. Com o coração batendo forte, escovei os dentes com a água gelada e cuspi na bacia de porcelana. Depois ajoelhei-me e rezei, a meia voz, enquanto o coração batia sem parar. Eu não conseguia deitar-me no meu lado da cama; por isso resolvi catar as roupas que Gwendolyn largara no chão. Coloquei-as no encosto de uma cadeira — o vestido com listras azuis e brancas, o corpete, as meias marrons compridas. Suas calcinhas tinham babados de renda, mas estavam imundas. Esse fato me chocou de tal modo que consegui recuperar a voz, e comecei a fazer-lhe mais perguntas.

"Estou dormindo", disse ela, sem abrir os olhos.

Mas, depois que minha avó apagou o lampião, Gwendolyn voltou a falar comigo. Dissemos uma à outra quais eram nossas combinações de cores prediletas, e lembro-me da sensação de profunda originalidade que senti ao afirmar com insistência — embora a ideia tivesse apenas me ocorrido naquele instante — que minha combinação preferida era preto com marrom. Vi as duas cores flutuando juntas, em pequenos retalhos de veludo, como na colcha de retalhos, ou em pequenos retângulos de esmalte, como os cartões de mostruário de cores que eu vivia pedindo que me dessem lá na venda.

Dois dias depois dessa visita, Gwendolyn morreu. Um dos irmãos veio dar a notícia a minha avó — eu estava presente, na cozinha, quando ele falou com ela —, mais uma vez sacudindo a cabeça como um velho e repetindo umas expressões tristes e antigas. Minha avó chorou e enxugou os olhos no avental, e respondeu com outras expressões igualmente tristes e antigas. O enterro foi marcado para dois dias depois, porém não me permitiram ir.

Meu avô foi, mas não minha avó. Quanto a mim, não queriam sequer que eu soubesse o que estava se passando, mas, como entre a nossa casa e a igreja presbiteriana só havia um campo aberto, ouvi as charretes passando pelo cascalho, e o sino começando a bater, e entendi perfeitamente o que era aquilo, e meu coração começou a bater forte outra vez, tão forte, me parecia, quanto o sino. Mandaram-me brincar no quintal atrás da casa, o lugar mais afastado da igreja. Mas por uma das janelas da cozinha — a cozinha era em forma de L, com janelas dos dois lados — vi minha avó curiosa arrastando a cadeira de balanço, tal como fazia todas as manhãs de domingo, para perto de uma das janelas do outro lado do L, para ver os presbiterianos indo para a igreja. Os batistas que moravam perto da igreja tinham todos esse hábito, embora não o admitissem, e mais tarde, quando se reuniam para o seu culto vespertino, diziam uns para os outros, na maior inocência: "Hoje a igreja deles encheu", ou "A sra. Peppard ainda está de cama? Não a vi hoje de manhã".

Mas naquele dia era muito diferente, e quando espiei minha avó do outro lado do L ela estava chorando sem parar, enquanto espiava as pessoas chegando à igreja. Estava com um lenço já encharcado, e balançava a cadeira devagar.

Não consegui me conter. Voltei pé ante pé para dentro de casa, pela porta do lado, e fui até a sala, que estava fechada, de onde eu podia ver a igreja também. Na janela havia compridas cortinas de renda, e do lado de fora ficavam as dedaleiras cercadas de abelhas, mas dava para ver tudo muito bem, ainda que através das cortinas. A igreja era bem grande — um prédio gótico de madeira branca, com contrafortes e uma agulha alta de madeira —, e eu a conhecia tão bem quanto conhecia minha avó. Costumava brincar de esconde-esconde entre os contrafortes com meus amigos. Os galpões para charretes, que naquele momento estariam todos cheios, ficavam nos fundos; no amplo gramado havia pilares de madeira pintados de branco com correntes dependuradas entre eles, e eu e meu primo Billy, que morava ao lado da igreja, gostávamos de nos balançar nelas.

Por fim, todos entraram, e uma porta interna foi fechada. Não, ainda havia dois homens de preto conversando na porta externa aberta. O sino de repente parou de bater e os dois homens desapareceram; senti medo de ficar sozinha na sala, mas agora eu não podia sair. Tive a impressão de que se passaram horas. Ouvi vozes cantando, mas não reconheci os hinos, ou porque eu estava nervosa ou porque os presbiterianos, como faziam às vezes, estavam cantando hinos que eram desconhecidos para mim.

Eu já tinha visto muitos enterros como aquele antes, é claro, e adorava acompanhar meu avô quando ele ia ao cemitério com uma foice grande e outra pequena para aparar a grama sobre as sepulturas de nossa família. O cemitério da aldeia era sem dúvida um dos mais bonitos do mundo. Ficava à beira-rio, três quilômetros rio abaixo, mas num trecho onde a margem era alta. Era pequeno, verde e branco, com abetos, cedros e lápides que contrastavam com o tom violeta avermelhado da baía de Fundy. As lápides eram, em sua maioria, blocos finos de mármore branco bruto, muitos deles um pouco tortos, mas havia aqui e ali algumas urnas pequenas, obeliscos e colunas quebradas. Alguns lotes eram delimitados por correntes finas, tal como na igreja presbiteriana, ou por cercas de madeira ou ferro, como se fossem pequenos jardins, e roseiras silvestres cresciam em meio à grama. Ali também havia pés de frutas silvestres, como *blueberries*, mas eu não as comia porque, como diziam as pessoas, "nunca se sabe". Porém uma vez, quando eu ia ao cemitério, minha avó deu-me uma xícara sem asa e pediu-me que lhe trouxesse umas *teaberries*, que "dão muito bem" nas sepulturas; e obedeci.

Assim, eu brincava enquanto meu avô, com seu chapéu de palha, ceifava a grama, falando-me a esmo das pessoas que estavam enterradas ali. Naturalmente, interessavam-me em particular as sepulturas de crianças, seus nomes, a idade com que haviam morrido — se eram mais velhas ou mais moças do que eu. Nas sepulturas de crianças pequenas o que mais se usava colocar era um retângulo baixo do mesmo material que as lápides maiores dos adultos, porém com um carneirinho deitado em cima. Eu adorava esses cordeiros; contava-os, acariciava-os, sentava-me neles. Alguns estavam quase totalmente cobertos de liquens secos dourados, outros de liquens verdes e dourados e cinzentos misturados, outros estavam quase perdidos no meio da grama alta, das roseiras, dos pés de *blueberry* e *teaberry*.

Porém agora, subitamente, da janela da sala, vi alguma coisa acontecendo na igreja do outro lado do campo. Algo que não pode em absoluto ter acontecido, de modo que, na realidade, devo ter visto alguma coisa semelhante e imaginado o resto; ou então eu estava de tal modo concentrada em determinada coisa que não consegui ver mais nada.

Os dois homens de preto apareceram de novo, carregando o pequeno caixão branco de Gwendolyn. Então — eis a coisa impossível — colocaram-no bem junto à porta da igreja, uma ponta na grama e a outra um pouco levantada, apoiada na parede. Em seguida, desapareceram dentro da igreja outra vez. Por alguns instantes, fiquei olhando através da cortina de renda, vendo o caixão de Gwendolyn, dentro do qual Gwendolyn, invisível, estava encerrada para sempre, ali, completamente só, no gramado junto à porta da igreja.

Então saí correndo pela porta dos fundos, assustando as galinhas brancas, e minha avó, ainda chorando, veio atrás de mim.

Se quiser, posso reviver a exata sensação daquele momento ainda hoje; mas trata-se de uma daquelas sensações terríveis que, de vez em quando, nos são impingidas. Eu a conhecia bem e a reconheci; já a havia sentido uma vez, pouco antes do ataque de bronquite do inverno anterior. Uma noite, estávamos todos sentados à mesa, com o lampião pendurado acima dela; meu avô cochilava em sua poltrona, minha avó fazia crochê, e minha tia Mary, que ainda não tinha ido estudar em Boston, lia a *Maclean's Magazine*. Eu estava desenhando quando subitamente me lembrei de algo, um presente que me fora dado alguns meses antes e do qual havia me esquecido por completo. Era uma cesta de colher morangos cheia até a metade de bolas de gude novas — feitas de louça, nos tons matizados tradicionais, vermelho, marrom, roxo e verde. Porém entre elas havia várias bolas de um tipo que eu nunca vira antes: de uma louça fina, fosca, cor creme, com riscos roxos e rosados. Uma ou duas das maiores tinham até raminhos de flores. Mas a que me pareceu a mais bonita de todas era uma bem grande, com talvez quatro centímetros de diâmetro, cor-de-rosa, vitrificada, com um brilho fosco. Ao olhá-la, eu quase chegava a chorar; aquela bola me tocava "no fundo do coração".

Pois bem, comecei a pensar nessas bolas de gude — a imaginar onde poderiam estar, onde eu as havia colocado, a cogitar a possibilidade de eu as ter perdido — até que não aguentei mais e levantei-me para procurá-las. Fui até a cozinha no escuro e tateei o fundo de um armário onde eu guardava algumas de minhas coisas. Senti as beiras de livros velhos e amassados e as quinas duras de brinquedos mecânicos, e por fim, no fundo, encontrei a cesta de catar morangos. Puxei-a para fora e levei-a para a sala.

Meus parentes não me davam nenhuma atenção. Olhei para dentro da cesta e peguei algumas das bolas. Mas o que teria acontecido? Estavam cobertas de pó e sujeira, havia pregos misturados com elas, e também pedaços de barbante; teias de aranha, velhas castanhas-da-índia azuladas de mofo; as bolas haviam perdido o brilho. A bola de gude grande, cor-de-rosa, estava lá, porém mal pude reconhecê-la, de tão suja que estava. (Depois, é claro, minha avó a lavou e ela ficou igual ao que era antes.) A chama larga do lampião começou a tremer; os cabelos louros de minha tia tornaram-se indistintos: baixei a cabeça sobre as bolas e comecei a chorar bem alto. Meu avô acordou de repente e exclamou: "Mas o que será que esta criança tem?". Todos tentaram me confortar — sem ter a menor ideia da causa de meu choro.

Cerca de um mês depois do enterro — era ainda verão — meus avós foram passar o dia com a prima Sophy, que morava "do outro lado da serra". Deixaram-me na casa de uma outra tia, a mãe de meu primo Billy, para que eu brincasse com ele. Mas em pouco tempo trocamos o quintal da casa dele pelo da minha, que era maior e mais interessante, e onde havia o prazer adicional de ficarmos sozinhos, sem ninguém nos vigiando. A tarde longa e ensolarada passou entre várias brincadeiras, discussões e reconciliações. Bebemos água em copos de geleia através de canudos feitos de cebolinha até ficarmos fedendo a cebola; disputamos a posse de insetos em caixas de fósforos. Para me provocar, Billy pisou de propósito numa das caixas, esmagando o bicho que havia dentro dela. Quando fizemos as pazes após esse ato de violência, ficamos algum tempo jogando conversa fora, falando sobre a morte em geral, como seria ir para o céu, mas estávamos ficando entediados e ousados, e por fim fiz uma travessura realmente séria: entrei em casa, fui até o quarto de minha tia Mary e peguei a boneca aposentada, embrulhada em papel de seda. Billy jamais a vira, e ficou tão impressionado quanto eu havia ficado antes.

Manuseamos a boneca com todo o cuidado. Começamos a despi-la; tiramos o chapéu, os sapatos, as meias, examinamos detalhadamente sua roupa de baixo. Então brincamos de "fazer uma operação" no estômago dela, mas a coisa não deu muito certo, porque a boneca nos inspirava um respeito que nos intimidava. Então tivemos a ideia de enfeitá-la com flores. Havia no jardim umas violetas que eu considerava minhas; colhemos algumas e fizemos uma coroa para a boneca sem nome. Deitamo-la na alameda do jardim e a cercamos com violetas e cravos-de-amor, e pusemos um cosmos rosa numa das mãozinhas moles. Ela ficou lindíssima. Aquela brincadeira era mais empolgante do que a "operação". Não sei se fui eu ou se foi Billy o primeiro a dizê-lo, mas um de nós disse, com uma felicidade intensa, que aquele era o enterro de Gwendolyn, que o nome verdadeiro da boneca, esse tempo todo, sempre fora Gwendolyn.

Porém nesse momento meus avós chegaram ao quintal e nos encontraram, e minha avó ficou uma fera de ver que eu havia ousado mexer na boneca de tia Mary. Billy foi mandado direto para casa, e já não sei mais qual foi o castigo terrível que levei.

1953

Na aldeia

Um grito, o eco de um grito; paira sobre aquela aldeia da Nova Escócia. Ninguém o ouve; o grito paira ali para sempre, uma manchinha naqueles céus de um azul puro; céus que os viajantes comparam aos da Suíça, tão escuros, tão azuis que parecem continuar escurecendo mais um pouco ao redor do horizonte — ou seria ao redor das bordas dos olhos? — a cor das nuvens de flores dos olmos, o violeta dos campos de aveia; algo que escurece nos bosques e nas águas, e não só no céu. É assim que o grito permanece suspenso, inaudível, na memória — no passado, no presente e nos anos que os separam. Talvez até não tenha soado muito alto. Simplesmente se instalou ali de modo definitivo — não muito alto, mas vivo para sempre. Seu tom seria o tom de minha aldeia. Para ouvi-lo, basta dar um peteleco no para-raios no alto da torre da igreja.

Ela estava no amplo quarto da frente, de paredes inclinadas dos dois lados, revestido de um papel de parede largo, com largos riscos brancos e dourados. Foi ela que, depois, deu o grito.

A costureira da aldeia estava ajustando um vestido novo. Era seu primeiro vestido em quase dois anos, e ela havia decidido sair do luto, por isso o vestido era roxo. Ela era muito magra. Não sabia se ia ou não gostar do vestido, e a toda hora levantava as dobras da saia, ainda livre de alfinetes e arrastando-se no chão a sua volta, com as mãos magras e brancas, e olhava para baixo, para a fazenda.

"Será que esse tom fica bem em mim? Não é vivo demais? Não sei. Não uso roupa de cor há tanto tempo… Quanto tempo? Não seria melhor se fosse preto? Acha que eu devia continuar de preto?"

Às vezes aparecem caixeiros-viajantes vendendo livros vermelhos ou verdes, com as beiras das páginas douradas, livros nada bonitos, cheios de novas ilustrações em cores vivas das histórias da Bíblia. As pessoas nessas ilustrações usavam roupas que eram parecidas com o vestido roxo, pelo menos tal como ele estava agora.

Era uma tarde quente de verão. A mãe e as irmãs dela estavam presentes. A irmã mais velha a trouxera para casa, de Boston, havia não muito tempo, e tinha ficado para ajudar. Porque em Boston ela não melhorara, depois de tantos meses — ou teria chegado a um ano? Apesar dos médicos, apesar das despesas terríveis, ela não havia melhorado nem um pouco.

Primeiro ela veio para casa com a filha. Depois foi embora outra vez, sozinha, e deixou a menina. Depois veio para casa. Depois foi embora outra vez, com a irmã; e agora estava em casa de novo.

A criança, que ainda não havia se acostumado com a presença dela, agora estava parada à porta, olhando. A costureira estava dando voltas e mais voltas, de joelhos, comendo alfinetes, igual a Nabucodonosor comendo capim. O papel de parede reluzia, e os olmos lá fora estavam pesados, verdes, e do forro de palha ainda emanava a essência do feno.

Plém.

Plém.

Ah, belos sons, vindos da ferraria que ficava depois do jardim! O telhado cinzento, com manchas de musgo, aparecia acima dos lilases. Nate estava lá — Nate, com um avental de couro, negro e comprido, cobrindo as calças e o peito nu, suando em bicas, um boné de couro negro sobre os cabelos encaracolados, secos, espessos, negros e grisalhos, o rosto negro de fuligem; limalha de ferro, suíças e dentes de ouro, tudo junto, e um cheiro de metal candente e cascos de cavalo.

Plém.

A nota pura: pura e angelical.

O vestido estava todo errado. Ela gritou.

A criança desaparece.

Mais tarde, na sombra, na varanda dos fundos, a mãe e as três irmãs bebem uma bebida azeda, rubi diluído: vinagre de framboesa. A costureira recusa-se a ficar com elas e vai embora, apertando o vestido contra o peito. A criança foi visitar o ferreiro.

Na ferraria, coisas pendem nas sombras, e sombras pendem nas coisas, e montinhos negros e cintilantes de poeira nos cantos. Junto à fornalha há uma bacia de água negra como a noite. As ferraduras voam na escuridão como luazinhas de sangue, e uma após a outra se afogam na água negra, chiando, protestando.

Lá fora, ao longo da palha do beiral, lentamente, lindamente, vespas percorrem uma madressilva trepadeira.

Cá dentro, o fole range. Nate faz maravilhas com as duas mãos; com uma das mãos. O cavalo, à espera, bate com a pata no chão e balança a cabeça, como se assentisse em um tratado de paz.

Balança outra vez.

E mais outra.

Um terra-nova olha para ele, e os dois focinhos quase se tocam, mas não chegam a tocar-se, porque no último instante o cavalo muda de ideia e vira-se para o outro lado.

Lá fora, espalhados na grama, há grandes discos de granito claro, semelhantes a mós, que servem para fazer aros de roda. Nessa tarde estão tão quentes que não se pode tocá-los.

Agora ele está amainando, o grito.

Agora a costureira está em casa, alinhavando, mas aos prantos. Há anos que ela não trabalha com um tecido tão bonito. Veio de Boston, presente da sogra da mulher, e só Deus sabe quanto não terá custado.

Antes de ela chegar com minha tia mais velha, vi minha avó e minha tia mais moça desembalando as roupas dela, as "coisas" dela. Haviam finalmente chegado, em baús, em barris, em caixas, de Boston, onde eu e ela morávamos antes. Tantas coisas ali na aldeia vieram de Boston; até eu viera de lá. Porém eu não me lembrava de ter morado em outro lugar que não aqui, com minha avó.

As roupas eram pretas, ou brancas, ou pretas e brancas.

"Olhe aqui um chapéu de luto", disse minha avó, segurando um objeto grande, diáfano e preto, com grandes rosas pretas; pelo menos acho que são rosas, embora pretas.

"Veja aquele casaco de luto que ela comprou no primeiro inverno", diz minha tia.

Mas eu sempre entendo "manhã" em vez de "luto".* Por que as pessoas usariam preto de manhã? A que horas da manhã começaria? Antes de o sol nascer?

"Ah, uns vestidos de andar em casa!"

São mais bonitos. Limpos, dobrados, duros de goma. Um com bolinhas pretas. Um listradinho de preto e branco, com laços de gorgorão preto. Um terceiro com um laço de veludo preto e, no laço, um alfinete com pérolas formando uma grinalda.

"Olhe. Ela esqueceu de tirar."

Um chapéu branco. Uma sombrinha branca, bordada. Sapatos pretos com fivelas reluzentes como a poeira da ferraria. Uma bolsa de malha de prata. Um estojo de cartões de visita, de prata, com uma correntinha. Outra bolsa de malha de prata, dobrada de modo a formar um cilindro apertado de tiras de prata, que se abre como o cabide de chapéus no hall de entrada. Uma fotografia com moldura de prata, virada mais que depressa. Lenços com finos debruns negros — "lenços da manhã". À luz forte do sol, à hora do café da manhã, eles esvoaçam.

Um frasco de perfume vazou e fez manchas escuras horrendas.

Ah, odor maravilhoso, vindo de algum lugar distante! Aqui não há cheiros assim, mas em algum lugar eles existem, ainda.

Um maço grande de cartões-postais. O elástico puído que os segura se rompe. Cato os cartões espalhados no chão.

Algumas pessoas escreviam com tinta azul-clara, outras com tinta marrom, outras com tinta preta, mas a maioria com tinta azul. De vários cartões os selos foram arrancados. Uns vêm em branco, outros trazem fotografias, mas alguns têm linhas de cristal metálico — que lindo! — prateadas, douradas, vermelhas ou verdes, ou então as quatro cores misturadas, já desprendendo-se do papelão, grudando-se nas linhas da palma de minhas mãos. Espalho todos os cartões desse tipo no chão para examiná-los. Os cristais assinalam os contornos dos prédios representados nos cartões, contornos que os prédios nunca têm, mas deviam ter —, se houvesse um jeito de mantê-los grudados. Mas provavelmente é impossível; eles se desprenderiam e cairiam e desapareceriam para sempre. Em alguns cartões, em vez de linhas em torno dos prédios há palavras escritas no céu com o

---

* Em inglês, *mourning* ("luto") e *morning* ("manhã") pronunciam-se quase da mesma maneira.

mesmo material, se esfacelando, deslumbrantes, se esfacelando, chovendo um pouco sobre as pessoas que aparecem às vezes embaixo: imagens de Pentecostes? Que são essas mensagens? Não sei, mas elas estão caindo sobre as minúsculas mãos, os chapéus, os bicos dos sapatos, o chão — seja lá onde for que estão essas pessoas.

Os cartões-postais vêm de um outro mundo, o mundo dos avós que enviam coisas, o mundo do perfume marrom tão triste, e da manhã. (Os cartões-postais cinzentos que estão à venda na loja da aldeia nem contam, de tão pouco informativos que são. Afinal, é só pôr os pés na rua que se vê a mesma coisa que eles mostram: a aldeia onde moramos, em tamanho natural, e em cores.)

Dois barris cheios de louças. Brancas, com uma faixa dourada. Alguns cacos. Uma xícara de chá branca, grossa, com uma pequena borboleta vermelha e azul; a vontade de possuí-la é tão forte que chega a doer. Outra xícara de chá, com janelinhas azul-claras.

"Está vendo os grãos de arroz?", pergunta minha avó, mostrando-me a xícara contra a luz.

Seria possível tirá-los de dentro? Não, na verdade eles não estão mais lá. Os grãos ficaram ali por algum tempo, e depois deixaram no lugar um não sei quê. Que coisas estranhas as pessoas fazem com objetos tão pequenos e inocentes como grãos de arroz! Minha tia ouviu dizer que há quem escreva o Pai-Nosso neles. E é com eles que fazem aquelas janelinhas azul-claras.

Mais cacos de porcelana. Minha avó diz que aquilo dói em seu coração. "Por que não embalaram melhor? Sabe Deus quanto isso não há de custar."

"Onde é que vamos guardar tudo isso? No armário de louças é que não vai caber."

"O jeito é deixar dentro dos barris."

"Mamãe, a senhora podia muito bem usar."

"*Não*", responde minha avó.

"Onde está a prataria, mamãe?"

"No cofre, em Boston."

Cofre. Uma palavra horrível. Corro os dedos pelas linhas ásperas, brilhantes como joias, dos cartões-postais, repetidamente. As duas ficam a mostrar coisas uma à outra, e exclamar, e conversar, e exclamar, vez após vez.

"A tal cesta de bolo."

"Da sra. Miles..."

"O pão de ló da sra. Miles..."

"Ela gostava tanto dela."

Outra fotografia. "Ah, aquela *pretinha*! Aquela amiga dela."

"Virou médica missionária. Ela recebeu uma carta dela, no inverno passado. Da África."

"Eram amicíssimas."

Mostram-me a fotografia. Também a moça é preta e branca, óculos pendurados numa corrente. Uma amiga da manhã.

E o cheiro, o cheiro maravilhoso das manchas escuras. Será de rosas? Uma toalha de mesa.

"Ela fazia umas coisas tão bonitas", diz minha avó.

"Mas veja... não está terminada."

Há dois aros de madeira clara e lisa apertados um contra o outro no linho. Há um estojo, contendo pequenos utensílios para bordar, de marfim.

Eu surrupio uma pequena agulha de marfim de ponta afiada. Para guardá-la para sempre, enterro-a debaixo de um arbusto junto ao pé de macieira silvestre, mas nunca mais consigo encontrá-la.

Nate canta e aperta o fole com uma das mãos. Tento ajudá-lo, mas na verdade é ele que faz tudo sozinho, atrás de mim, e ri quando as brasas se avivam, intensas.

"Faça um anel para mim! Faça um anel, Nate!"

Imediatamente o anel é feito; é meu.

É grande demais, e ainda está quente, azul, brilhante. Sinto o cravo de ferradura, quente, com sua cabeça achatada, pressionando a junta de meu dedo.

Dois homens observam, mascando ou cuspindo fumo, fósforos, cravos de ferradura — seja lá o que for, com uma presença muito viva; estão perfeitamente em casa. Mas o convidado de honra é mesmo o cavalo. Seus arreios estão frouxos, como suspensórios; os homens dizem-lhe coisas agradáveis; uma de suas patas está dobrada de modo artificial, que denota uma polidez afetada, de modo a expor a sola do casco, mas pelo visto ele não se incomoda. De repente surge atrás dele um montinho de esterco, simétrico. Também o cavalo está perfeitamente em casa. Ele é enorme. Seu traseiro é como um globo terrestre, pardo e luzidio, representação de todo um mundo pardo. Suas orelhas são entradas secretas para o mundo subterrâneo. Dizem que suas narinas são como veludo, e são mesmo, rosadas, com manchas de tinta como que atenuadas por uma camada de leite. Em torno de sua boca há pedacinhos de espuma cristalizada, de um verde vivo e límpido. Além disso, ele ostenta medalhas no peito, e mais uma na testa, e enfeites mais simples — anéis de celuloide vermelho e azul que se sobrepõem em correias de couro. Em cada têmpora há uma esfera de vidro transparente, como um olho, mas dentro delas veem-se as cabeças de dois outros cavalinhos (serão sonhos seus?), de cores vivas, de verdade, em relevo, só que impossíveis de pegar, infelizmente, contra um fundo de azul prateado. A sua volta estão seus troféus, e a nuvem de seu odor é ela própria uma espécie de carruagem.

Por fim, as quatro patas são besuntadas de breu, e ficam brilhando; ele exprime seu contentamento, exalando-o das narinas como se fosse uma fumaça ruidosa, enquanto se instala, andando de costas, entre os varais de sua carroça.

Hoje à tarde estava marcada outra prova do vestido, mas levo um bilhete à srta. Gurley avisando que será necessário adiar. A srta. Gurley parece contrariada.

"Ah, meu Deus. E como que…" Não termina a frase.

Sua casa é cheia de retalhos de pano e moldes em papel de seda, amarelos, picotados, com furos formando as letras A, B, C e D, e números; e linhas por toda parte, como se fosse uma forma de vegetação. À altura do peito, tem um monte de agulhas com linha já enfiada, prontas para ser usadas para fazer ninhos. Ela dorme com o dedal. Outrora um gatinho cinzento ficava deitado no pedal de sua máquina de costura, balançando-se enquanto ela costurava, como um bebê no berço, mas ele enforcou-se na correia. Ou foi invenção dela? Mas agora há um outro gato, branco e cinzento, deitado junto ao braço da máquina, correndo o risco iminente de ser costurado dentro de um turbante. Há uma mesa coberta de rendas e galões, sedas para bordado, e cartelas de botões de todas as cores — uns grandes para casacos de inverno, outros de aljôfar, outros pequeninos de vidro, deliciosos de chupar.

Foi ela quem fez o vestido que estou usando, "por vinte e cinco cêntimos". Minha avó comentou que minha outra avó certamente ficaria espantada se soubesse.

O vestido roxo está numa mesa, cercado de compridas linhas brancas. Ah, desvie o olhar antes que ele se mexa sozinho, ou faça um barulho; antes que ele repita, repita o que ouviu!

Misteriosamente, a pobre srta. Gurley — sei que ela é pobre — me dá uma moeda de cinco cêntimos. Debruça-se sobre mim e joga a moedinha dentro do bolso do vestido vermelho e branco que ela mesma fez. É uma moeda muito pequena, muito reluzente. A barba do rei George é como uma pequena chama prateada. Como elas lembram escamas de arenque ou talvez de salmão, as moedas de cinco cêntimos são chamadas de "escamas de peixe". Contavam histórias de anéis encontrados dentro de peixes, ou canivetes perdidos há muitos anos. E se a gente limpasse um peixe e encontrasse uma pequena efígie do rei George em cada escama?

Ponho minha moeda de cinco cêntimos na boca, para não perdê-la no caminho de casa, e engulo-a. Meses depois, ao que tudo indica, ela continua dentro de mim, transmutando seu metal precioso em dentes e cabelos que crescem.

Chego em casa e não me deixam subir a escada. Ouço minhas tias correndo de um lado para o outro, e parece que alguém deixa cair uma bacia de metal, com um som abafado, no tapete do corredor do andar de cima.

Minha avó está sentada, na cozinha, mexendo a pasta de fécula de batata para o pão de amanhã e chorando dentro da panela. Ela me oferece uma colher; o gosto é delicioso, mas estranho. Fico achando que estou sentindo o gosto das lágrimas de minha avó; depois beijo-a e sinto o gosto delas em seu rosto.

Ela diz que é hora de se arrumar, e eu digo que quero ajudá-la a escovar os cabelos. E o faço, a subir e descer, em pé sobre a base de sua cadeira de balanço.

Essa cadeira já foi pintada e repintada tantas vezes que ficou lisa como creme — veem-se camadas superpostas de azul, branco e cinzento. Os cabelos de minha avó são prateados, e neles ela guarda um monte de pentes de celuloide, atrás e nos lados, com listas cinzentas e prateadas, para combinar com os cabelos. O pente que fica atrás tem dentes mais compridos do que os outros, e uma fileira de pontos prateados mais fundos na parte de cima, sob uma fileira de bolinhas. Finjo tocar uma música nesse pente; depois finjo tocar uma música em cada um dos outros antes de fincá-los em seus lugares, de modo que os cabelos de minha avó ficam cheios de música. Ela ri. Estou tão satisfeita comigo mesma que não me sinto na obrigação de falar na moeda de cinco cêntimos. Bebo um gole de água gelada, enferrujada, na caneca maior de todas; e ainda não acontece nada.

Estamos esperando pelo grito. Mas não vem grito nenhum, e o sol vermelho se põe em silêncio.

Todo dia de manhã levo a vaca para o pasto que alugamos do sr. Chisolm. A vaca, Nelly, talvez pudesse perfeitamente ir sozinha, mas gosto de desfilar pela cidade com uma vara grande na mão, conduzindo-a.

A manhã está luminosa e fria. Minha avó e eu estamos de novo só as duas na cozinha, conversando. Ela diz que com a friagem vale a pena deixar o forno ligado, para fazer o pão, para cozer um pernil de carneiro.

"Você não esquece de ir até o rio? Vá com a Nelly pelo caminho do rio e pegue um bom maço de hortelã para mim. Resolvi preparar um molho de hortelã."

"Para o pernil de carneiro?"

"Tome o seu mingau até o fim."

"Acho que eu já tomei bastante…"

"Acabe logo esse mingau."

Ouvem-se vozes na escada.

"Não, agora espere", diz minha avó. "Espere um minuto."

Minhas duas tias entram na cozinha. Ela as acompanha, com o vestido branco de algodão com bolinhas pretas e um laço achatado de veludo preto no colarinho. Ela se aproxima e me dá o resto do mingau ela própria, sorrindo para mim.

"Fique em pé, quero ver a sua altura agora", ela me diz.

"Está quase batendo no seu cotovelo", dizem elas. "Veja como ela cresceu."

"Quase."

"É o cabelo dela."

Mãos pousam na minha cabeça e empurram-me para baixo; consigo escapulir. Nelly me espera no quintal, com o focinho mergulhado na gamela d'água. Minha vara espera apoiada no alizar, recoberta de casca de árvore.

Nelly olha para mim, babando fios de cristal. Começa a andar, contornando a casa, sem nenhuma expressão no rosto.

Lept, lept. Como ela é irritante!

Mas é uma vaca Jersey, e nós a achamos muito bonita. "Vista de frente", minhas tias acrescentam às vezes.

Ela para a fim de mordiscar o capim comprido em volta do mourão. "Nelly!"

Vapt! Acerto-a bem nos quadris.

Ela toca adiante, sem sequer olhar para trás. Plaft, plaft, pela calçada de terra, chegando à estrada, atravessando o prado em frente à igreja presbiteriana. A grama está parda de orvalho; a igreja é de uma brancura ofuscante. Ela tem ombros altos, e é um tanto retraída; inclina-se um pouco para trás.

Adiante, a estrada é ladeada de olmos escuros e delgados; nas valas o capim está alto e azulado. Atrás dos olmos estendem-se os campos, tranquilos, verdes.

Passamos pela casa da sra. Peppard. Passamos pela casa da sra. McNeil. Passamos pela casa da sra. Geddes. Passamos pela loja dos Hill.

A loja é uma casa alta, de um tom esmaecido e acinzentado de azul, com vitrines compridas; tem na frente um alpendre alto e comprido de cimento do mesmo tom de azul, com uma cerca de ferro para amarrar cavalos. Hoje numa das vitrines veem-se grandes cavaletes de cartão, em forma de casa — casas completas e casas sem telhado para exibir o interior dos cômodos, cada um de uma cor —, com latas de tinta dispostas em pirâmides no meio. Mas nada disso é novidade. Na outra vitrine há uma coisa nova: sapatos, sapatos descasados, sapatos de verão, cada um em cima de sua caixa, estando o outro pé dentro da caixa, no escuro. Curiosamente, as cores e texturas de alguns deles lembram giz colorido com perfeição, mas não posso parar para examiná-los agora. Numa porta, macacões enormes estão pendurados em cabides colocados bem no alto. A sra. Ruth Hill está parada à outra porta, olhando para a rua, e acena com a mão. Passamos pela casa da sra. Mahon.

Nelly retesa-se e aperta o passo, desviando-se para a direita. Toda manhã e toda tarde isso se repete. Estamos chegando perto da casa da srta. Spencer. A srta. Spencer é a chapeleira, assim como a srta. Gurley é a costureira. Ela mora numa casinha branca muito pequena, cuja porta dá direto para a calçada. Uma das janelas da frente tem cortinas de renda com uma corrediça amarelo-clara puxada até embaixo, por dentro; a outra é dividida ao meio por uma prateleira onde se exibem quatro chapéus de verão. Com o canto do olho, percebo que um deles é um chapéu de palha amarelo, com pequenos feixes de penas alaranjadas em torno da copa, porém mais uma vez não tenho tempo de examinar nada.

Há dois lilases, velhos e grandes, um de cada lado da porta da casa da srta. Spencer. Toda vez que passamos por lá, Nelly resolve esfregar-se nesses arbustos para livrar-se de todas suas moscas — de uma vez por todas, com uma única esfregadela enérgica. Então a srta. Spencer vem até a porta e lá fica, estremecendo de raiva, entre os dois lilases que ainda estremecem sob o efeito da passagem catastrófica de Nelly, e grita comigo, às vezes brandindo um chapéu em minha direção.

Nelly, inclinada para a direta, começa a correr. Vou até ela com minha vara.

Vapt!

"Nelly!"

Vapt!

Dessa vez, só dessa vez, ela obedece, e passamos sem problema.

Agora começa um trecho longo e agradável à sombra dos olmos. O presbitério tem uma grade preta de ferro com quatro pilares quadrados ornamentados, que lembram gaiolas compridas e finas, gaiolas para cegonhas. O dr. Gillespie, o ministro, aparece no momento em que passamos por lá, e aproxima-se de nós lentamente em sua bicicleta.

"Bom dia." Ele chega mesmo a inclinar o chapéu.

"Bom dia."

O dr. Gillespie usa o chapéu mais interessante da aldeia: um chapéu comum de marinheiro, de palha, só que é preto. Será possível que ele próprio o pinta em casa, talvez com lustrador de fogão? Porque uma vez eu vira uma das tias pintando um chapéu de palha de azul-marinho.

Nelly, indiferente, solta bolas de esterco. Ploft. Ploft. Ploft. Ploft.

É fascinante. Não consigo tirar os olhos dela. Depois vou examiná-las: um belo tom de verde-escuro, como que rendado e aguado nas bordas.

Passamos pela casa dos McLean, que conheço muito bem. O sr. McLean está nesse exato momento saindo de seu celeiro novo, com telhado de zinco, acompanhado de Jock, um velho cão pastor, de pelos longos, pretos, brancos e amarelos. Ele corre em minha direção; seus latidos graves, trêmulos e suaves perturbam a manhã silenciosa. Fico parada.

O sr. McLean grita: "Jock! Volte aqui! Você está querendo assustar a menina?".

Depois, dirigindo-se a mim: "Ele tem o dobro da sua idade".

Por fim, dou tapinhas na cabeçorra quente e redonda.

Conversamos um pouco. Pergunto exatamente quantos anos Jock tem, mas o sr. McLean não lembra.

"Ele não tem mais quase nenhum dente na boca, e sofre de reumatismo. Espero que ele se aguente até o final do inverno. Ele ainda quer ir comigo ao bosque, e é difícil para ele andar na neve. Vamos ficar sem saber o que fazer sem ele."

O sr. McLean acrescenta por trás das mãos, para não ferir a suscetibilidade de Jock: "*Surdo como uma porta*".

Como todos os surdos, Jock inclina a cabeça para o lado.

"Ele era o melhor cachorro para encontrar vaca aqui da região. Vinha gente lá de longe para pedir o Jock emprestado para procurar vaca. E ele achava sempre. O primeiro ano que a gente não pôde levar o Jock conosco quando a gente foi à serra pegar as vacas, pensei que ele fosse morrer. Pois é, quando os dentes dele começaram a cair ele já não podia fazer nada com as vacas. A Effie sempre dizia: 'Não sei como que a gente ia cuidar da fazenda sem ele'."

Sob uma camada excessiva de pelos pretos, amarelos e brancos, Jock sorri, mostrando como está desdentado. As sobrancelhas são duas lagartas amarelas.

Nelly seguiu em frente. Já quase chegou à casa dos Chisolm, no alto da ladeira, quando consigo alcançá-la. Entramos no terreno dos Chisolm, íngreme e nu, cheio de macieiras tristonhas, seguindo um caminho longo e íngreme. Lá do alto, porém, já no quintal dos fundos, todos sempre param para apreciar a vista.

Veem-se as copas de todos os olmos da aldeia, e depois deles, ao longe, os extensos charcos, tão verdejantes, tão salgados. Depois a Minas Basin, a meia maré-cheia ou meia vazante, a lama vermelha úmida vidrada de azul-celeste até juntar-se com as lentas águas vermelho-lilás. No meio da paisagem, como um ponteiro de relógio apontando diretamente para cima, desponta a torre da igreja presbiteriana. Estamos nas "províncias marítimas", mas isso só quer dizer que estamos perto do mar.

A sra. Chisolm me observa com seu rosto pálido e nervoso pela janela da cozinha, enquanto lava os pratos do café da manhã. Acenamos uma para a outra, mas trato de apressar-me para que ela não saia e venha me fazer perguntas. Mas piores ainda que as perguntas dela são as do marido, o sr. Chisolm, que usa barba. Uma tarde ele me pegou no pasto e perguntou como andava a minha alma. Então segurou-lhe as duas mãos com firmeza e começou a rezar, de cabeça baixa, enquanto Nelly a nosso lado ruminava. Senti que tinha uma alma, uma coisa pesada no meu peito, durante todo o caminho de volta.

Vou abrindo a série de porteiras para Nelly poder entrar no pasto onde fica o riacho, para colher a hortelã. Nós duas bebemos água, e eu pego um bom maço de hortelã, mastigando umas folhinhas, ásperas e fortes. Nelly olha para trás e volta para comer também, pensando, como sempre pensam as vacas, que talvez seja uma coisa especialmente para ela. Sua cara está junto à minha, e seguro-a por um dos chifres para admirar seus olhos de novo. O focinho é azul, luzidio, como um objeto largado na chuva. Assim tão de perto, meus sentimentos em relação a Nelly são contraditórios. Ela dá uma lambida em meu braço nu, áspera e forte também, quase me jogando dentro do rio; depois sai em direção a uma amiga malhada de preto e branco que sempre encontra aqui, mugindo para que ela a espere, até alcançá-la.

Por algum tempo, penso em não voltar mais para casa hoje, e ficar o dia inteiro aqui no pasto, onde tudo é tranquilo, brincando no riacho e subindo nos montinhos cobertos de musgo, lá no trecho pantanoso. Mas de repente me vejo diante de uma solidão imensa, sibilante, ofuscante, e as vacas estão indo para a sombra dos pinheiros, os sinos delas batendo de leve, um por um.

No caminho de volta examino os quatro chapéus na vitrine da srta. Spencer, e os sapatos de verão na loja dos Hill. Lá está o mesmo sapato branco, o de verniz preto, os de tons irreais de rosa ou azul, cores de giz ou açúcar. Ele tem correias que prendem atrás do calcanhar e em cima do pé, quatro ao todo, com dois centímetros de largura e outro tanto de intervalo entre elas, subindo a perna.

Naqueles livros feios, vermelhos e verdes, com dourado nas bordas das páginas, cheios de figuras de histórias da Bíblia, os centuriões romanos usam sapatos assim, ou bem parecidos.

Certamente são do meu tamanho. Certamente, neste verão, minha avó vai me dar um sapato desses, rosa ou azul!

A sra. Ruth Hill me dá um chocolate Moirs tirado da vitrine. "E como está ela? Sempre fomos amigas. Brincávamos juntas desde pequeninas. Desde a primeira série. Depois que ela foi embora, ela sempre me escreveu... mesmo depois que adoeceu pela primeira vez."

Então a sra. Hill me conta uma história engraçada do tempo que elas eram pequenas.

À tarde, vem a srta. Gurley, e vamos ao andar de cima ver mais uma prova do vestido roxo. Minha avó me aperta contra seus joelhos. Minha tia mais nova ajuda a srta. Gurley, entregando-lhe a tesoura quando ela a pede. A srta. Gurley está alegre e falante hoje.

Agora o vestido está menor; a saia tem dobras estreitas e uniformes; as mangas estão apertadas, com pequenas rugas nas mãos brancas e finas. Todo mundo aprecia muito o vestido; todo mundo fala e ri.

"Pronto. Está vendo? Ficou muito bem em você."

"Nunca vi uma roupa ficar tão bem em você."

"É tão bom ver você com uma roupa colorida para variar."

E o roxo é uma cor viva, como uma flor contra o fundo dourado e branco do papel de parede.

Sobre a cômoda há um presente que acaba de chegar, de um tio de Boston do qual não me lembro. É um maço de travesseirinhos de cetim, triangulares, achatados — sachês, amarrados com uma fita de cetim branco, com um botão de rosa artificial em cima do laço. Cada um é de uma cor, tons desmaiados; quando a gente os separa vê que cada um tem um perfume diferente, aromas suaves. Porém, todos juntos do jeito que vieram, têm um único cheiro confuso, poeirento.

O espelho foi tirado de cima da cômoda e colocado no chão, encostado na parede.

Ela anda lentamente de um lado para o outro e olha para o vestido no espelho.

"Acho que ficou bom", diz a srta. Curley, ajoelhada no chão e olhando para o espelho também, mas como se o vestido estivesse a quilômetros de distância.

Porém, retorcendo o vestido roxo com as mãos brancas e finas, ela diz, em desespero: "Não sei mais o que está se usando. Não faço a menor *ideia*!". O grito se transforma numa espécie de gemido prolongado.

"Ora", diz a srta. Gurley, tentando acalmá-la, "pois eu achei que ficou bom. Não ficou?" Ela apela para minha avó e para mim.

Sons leves, musicais, constantes vêm da oficina de Nate. Parece que ele está fazendo um aro de roda.

Ela me vê no espelho e volta-se contra mim: "Tire esse dedo da boca!".

Então, no instante seguinte, dirige-se de novo para mim: "Sabe o que eu queria?".

"Não."

"Eu quero uns *humbugs*. Estou morrendo de vontade de chupar uns *humbugs*. Há anos e anos que eu não provo um. Se eu lhe der umas moedas, você vai até a Mealy e compra um saquinho para mim?"

Ela está me pedindo para comprar algo para ela! Então está tudo bem.

Os *humbugs* são uma espécie de bala da qual não gosto muito. São marrons, como a água do riacho, porém duros, em forma de pequenos travesseiros retorcidos. Duram muito tempo, mas não têm o dom prodigioso de estimular a salivação que têm as balas de cereja ou de morango.

Mealy tem uma lojinha de balas, bananas, laranjas e mil e um artigos de crochê que ela mesma faz. No Natal, vende brinquedos, mas só no Natal. Seu nome verdadeiro é Amelia. Além disso, ela opera a mesa telefônica da aldeia, na sala de jantar de sua casa.

Alguém pega uma carteira preta na cômoda. Ela conta cinco grandes moedas de um pêni e as põe em minha mão, formando uma coluna, e depois acrescenta mais uma.

"Esta é para você. Senão você come todos os meus *humbugs* no caminho."

Outras instruções:

"Não corra."

"Não pare na ponte".

Vou correndo, sim, e passo pela oficina de Nate, vejo-o de relance lá dentro, manejando o fole com uma das mãos. Trocamos acenos. O terra-

-nova grande e bonito está lá de novo, e sai da oficina para correr junto comigo por algum tempo.

Não paro na ponte, mas desacelero o passo o bastante para verificar o ano de cada moeda. A efígie do rei Jorge é bem maior do que nas moedas de cinco cêntimos, pardo como um índio por causa do cobre, mas com as mesmas roupas; no pêni a gente percebe os enfeites de arminho na sua túnica.

Na loja de Mealy tem um sininho que toca quando a gente entra, para que ela saiba que um freguês chegou se estiver à mesa telefônica. Ao entrar na loja, que é escura, desce-se um degrau, o balcão fica ao lado. O pé-direito é baixo, e o chão inclina-se para o lado do balcão. Mealy é larga e gorda, e tem-se a impressão de que ela, o balcão, a vitrine, abarrotada de artigos, estão todos afundando aos poucos, até desaparecer.

Com cinco *pence* pode-se comprar uma boa quantidade de *humbugs*. Não posso ficar muito tempo escolhendo o que quero para mim. Tenho que voltar depressa, depressa, enquanto a srta. Gurley está lá e todo mundo está no andar de cima e ela ainda está provando o vestido. Sem ter tempo de pensar, rapidamente aponto para a coisa mais brilhante que vejo. É uma bola, sólida e resplandecente, recoberta de cristais de açúcar rosa e azul, pendurada, um tanto desajeitadamente, num elástico, como se fosse uma bola de borracha de verdade. Sei que não vou gostar muito do que há dentro dela, que é macio, porém dou várias voltas do elástico no braço, para que ao menos a bola não encoste no chão, e vou para casa, esperançosa.

Mas uma noite, no meio da noite, há um incêndio. O sino da igreja me acorda. Está dentro do quarto, comigo; chamas ardem no papel de parede junto à cama. Creio que dou um grito.

A porta se abre. Minha tia mais nova entra no quarto. Há uma luz acesa no corredor, e todo mundo está falando ao mesmo tempo.

"Não chore!", minha tia quase grita comigo. "É só um incêndio. Lá longe. Não vai machucar você, não. Não *chore*!"

"Will! Will!" É minha avó que chama meu avô. "Você tem mesmo que ir?"

"Não, não vá, não, papai!"

"Parece que é lá nos McLean." A voz de meu avô parece abafada.

"Ah, não diga que é o celeiro novo deles!" Minha avó.

"Daqui não dá para ver." Ele deve estar com a cabeça para fora da janela.

"*Ela* está chamando a senhora, mamãe." Minha tia mais velha: "Vou lá".

"Não, *eu* vou." Minha tia mais moça.

"Acenda aquele outro lampião, menina."

Minha tia mais velha vem até a porta de meu quarto. "É longe daqui. Bem longe. Os homens vão apagar. Vá dormir, vá." Porém deixa minha porta aberta.

"Deixe a porta aberta", diz minha avó nesse exato momento. "Ah, por que é que eles ficam tocando o sino desse jeito? Parece que é para assustar a gente. Will, *tome cuidado.*"

Sentada na cama, vejo meu avô começando a descer as escadas, enfiando as fraldas do camisão dentro das calças.

"Não faça tanto barulho!" Minha tia mais velha e minha avó parecem estar discutindo.

"Barulho! Eu mal consigo ouvir a minha voz, com esse sino!"

"Aposto que é o Spurgeon que está fazendo isso!" As duas riem.

"Deve ter sido um raio", diz minha avó. Parece ter voltado para seu quarto, como se tudo estivesse terminado.

"*Ela* está bem, mãe." Minha tia mais moça voltou. "Acho que não está com medo, não. Daquele lado da casa não dá para ver direito o brilho do fogo."

Então minha tia mais moça entra em meu quarto e deita-se na cama comigo. Diz-me que devo dormir, o incêndio é lá longe. Os homens têm que ir; meu avô já foi. Deve ser algum celeiro cheio de feno, atingido por um raio. O verão está muito quente, e tem havido muitos relâmpagos. O sino da igreja silencia, e de repente a voz de minha tia, junto a meu ouvido, fica muito alta. O último eco do sino perdura por um bom tempo.

Passam carroças.

"Agora estão indo encher os barris no rio", murmura minha tia, atrás de minhas costas.

As chamas vermelhas na parede se atenuam, depois se avivam outra vez.

Passam carroças na escuridão. Os homens xingam os cavalos.

"Agora estão voltando com a água. Vá dormir."

Mais carroças; vozes de homens. Creio que durmo.

Acordo e ainda é a mesma noite, a noite do incêndio. Minha tia está se levantando da cama e saindo do quarto, afobada. Ainda está escuro e silencioso, depois do fogo. Silencioso, não; minha avó está chorando em algum lugar, não no quarto dela. A madrugada começa a clarear. Ouço uma carroça rangendo ao longe, talvez na ponte.

Mas agora me vejo presa numa rede de vozes, as vozes de minhas tias e de minha avó, dizendo as mesmas coisas, repetidamente, ora em voz alta, ora em sussurros:

"Depressa. Pelo amor de Deus, *feche a porta!*"

"Psss!"

"Ah, a gente não pode continuar desse jeito..."

"É muito perigoso. Não esqueça..."

"Psss! Não deixe que ela..."

Uma porta bate.

Uma porta se abre. As vozes recomeçam.

Estou tentando livrar-me.

Espere. Espere. Ninguém vai gritar.

Lentamente, muito lentamente, o dia nasce. Um vermelho diferente tinge o papel de parede. Agora a casa está em silêncio. Levanto-me, visto-me sozinha, desço as escadas. Meu avô está na cozinha, sozinho, tomando chá. Também foi ele que fez o mingau de aveia. Ele me dá um pouco de mingau e me fala do incêndio, com muita animação.

Acabou que não era o celeiro dos McLean, mas o de uma outra família, afastado da estrada. Todo o feno se perdeu, mas conseguiram dar um jeito de salvar uma parte do celeiro.

Porém nem eu nem ele estamos prestando atenção na conversa; estamos atentos para qualquer ruído vindo do andar de cima. Mas a casa está silenciosa.

Depois de levar Nelly ao pasto, no caminho de volta, vou ver o celeiro queimado. Ainda há gente lá, inclusive os homens que se levantaram no meio da noite para pegar água no rio. Também ali todos parecem animados, mas o cheiro de feno queimado é horrível, enjoativo.

Agora o quarto da frente está vazio. Minha tia mais velha voltou para Boston e minha outra tia está planejando ir para lá também, dentro de alguns dias.

Apareceu um porco novo. No começo ele era uma gracinha, e escorregava no linóleo da cozinha, fazendo todos rirem. Então foi crescendo, crescendo. Talvez seja ainda o mesmo verão, porque faz um calor excepcional e acontece com o porco uma coisa pouco comum: ele fica queimado de sol. Fica todo rosado, e — o mais estranho de tudo — a pontinha do rabo enrodilhado fica tão queimada que escurece, chamuscada. Minha avó o apara com a tesoura, e ele não sente dor nenhuma.

Algum tempo depois, esse porco é abatido. Minha avó, minha tia e eu nos fechamos na sala. Minha tia toca no piano uma música chamada "Lá no campo". Ela a repete várias vezes; depois toca a *Marcha marcial dos sacerdotes*, de Mendelssohn.

O quarto da frente está vazio. Ninguém dorme lá. Nele penduram-se roupas.

Toda semana minha avó põe no correio um pacote. Dentro coloca bolo e frutas, um pote de compota. Chocolate Moirs.

Todas as tardes de segunda, toda semana.

Frutas, bolo, amêndoas-de-málaga, um lenço com renda de bilros.

Frutas. Bolo. Geleia de morangos silvestres. Um Novo Testamento.

Um vidrinho de perfume comprado na loja dos Hill, com uma borla de seda roxa afixada na rolha.

Frutas. Bolo. "Versos de Tennyson."

Um calendário, com uma citação de Longfellow para cada dia.

Frutas. Bolo. Chocolate Moirs.

Vejo minha avó preparar os embrulhos na copa. Às vezes manda-me ir à loja comprar coisas na última hora.

O endereço da casa de saúde está escrito com a letra de minha avó, com lápis-tinta roxo, indelével, no papel de embrulho alisado. A tinta não apaga nunca.

Levo o pacote até o correio. Passando pela oficina de Nate, vou para o outro lado da rua e troco o embrulho de mão, para ficar o mais afastado possível de Nate.

Ele me chama: "Venha cá! Quero lhe mostrar uma coisa".

Finjo que não ouço. Mas em todas as outras ocasiões continuo indo lá.

O prédio do correio é muito pequeno. Parece um embrulho que foi trazido pelo correio e ficou largado à beira da rua. O governo pintou a fachada de marrom, com bordas vermelhas. A terra à frente do prédio é dura de tão socada. A fachada é toda marcada e rabiscada, com iniciais gravadas a canivete. Ao cair da tarde, quando chega o correio das províncias do Pacífico, há sempre uma fileira de garotos mais velhos encostados à parede, mas durante o dia não há nada que me inspire medo. Não há ninguém à porta, e lá dentro está vazio. O sr. Johnson, o agente de correio, é a única pessoa que vê o endereço escrito em roxo, na letra de minha avó.

O correio é um pouco torto, tal como a loja de Mealy, e lá dentro tudo parece amassado, como uma manjedoura de cavalo. O sr. Johnson me olha pela janelinha no meio da fileira de caixas com frente de vidro, como um animal com a cabeça em cima da manjedoura. Mas o que o dignifica são as caixas de vidro espesso, de bordas chanfradas, com números sisudos, eretos, com bordas douradas e pretas.

A nossa é a 21. Embora esteja vazia, automaticamente o sr. Johnson olha para ela de esguelha quando me vê.

21.

"Ora, quem eu vejo. Mais uma vez. Um bom dia para você", diz ele.

"Para o senhor também."

Tenho que sair para lhe passar o pacote pela janela normal, para a parte da agência onde fica seu escritório, porque é grande demais para passar pela janelinha oficial. O sr. Johnson é muito velho e muito simpático. Perdeu dois dedos da mão direita, quando os prendeu numa debulhadora. Usa um boné azul-marinho com viseira de couro preto, como se fosse comandante de navio, uma camisa com listas marrons e um grande botão de ouro no colarinho.

"Deixe ver. Deixe ver. Deixe ver. Hummm…", diz, falando sozinho, pesando o pacote na balança, ajeitando a alavanca com o polegar e os dois outros dedos que lhe restam.

"É. É. A sua avó é muito dedicada."

Todas as tardes de segunda passo pela ferraria com o pacote debaixo do braço, escondendo o endereço do hospital com o braço e a outra mão.

Atravessando a ponte, paro e olho para o rio lá embaixo. Todas as trutas espertas que conseguiram escapar dos pescadores — durante quanto tempo? — estão saracoteando de um lado para o outro, atacando, as bobas, o para-lama submerso do velho forde de Malcolm McNeil. Esse para-lama está no fundo do rio há séculos, e dizem que é uma vergonha para todos nós. Como também o são as latas que brilham no fundo, pardas e douradas.

Vistas do alto, as trutas parecem tão transparentes quanto a água, mas quando se pega uma delas vê-se que é um peixe perfeitamente opaco, o ventre liso e branco como a lua, com um par de nadadeiras rosadas, minúsculas, pregueadas. Os salgueiros-chorões mergulham n'água as folhas estreitas e amareladas.

Plém.

Plém.

Nate está fazendo uma ferradura.

Ah, que som mais lindo e puro!

Ele reduz tudo o mais ao silêncio.

Assim mesmo, de vez em quando, o rio emite um gorgolejo inesperado. "*Slept*", diz ele; o ruído vem dos torvelinhos marrons, de bordas cristalinas, que deslizam ao longo da superfície.

Plém.

E tudo, exceto o rio, prende a respiração.

Agora não se ouve o grito. Antes soou um grito, que foi descendo lentamente para o chão numa tarde quente de verão; ou será que foi subindo, em direção àquele céu azul-escuro, escuro demais? Mas sem dúvida ela foi-se embora, para sempre.

Plém.

O som é como o de uma boia de sino no mar.

É a fala dos elementos: terra, ar, fogo, água.

Todas essas outras coisas — roupas, cartões-postais amassados, louça quebrada; coisas danificadas e perdidas, adoecidas ou destruídas; até mesmo o grito frágil, quase perdido — serão frágeis demais para que possamos ouvir suas vozes perdidas, tão mortais?

Nate!

Ah, som lindo, volte a soar!

1953

Primeiras letras

Toda vez que vejo uma série de colunas de números escritos à mão de uma determinada maneira, uma sensação estranha — como um arrepio —, em parte estética, em parte dolorosa, percorre meu diafragma. É como se visse a espinha dorsal de um peixe grande subitamente romper a superfície da água — não um peixe assustador, como um tubarão; seria mais um agulhão-bandeira. Basta que a soma dos números se aproxime de cem, mas não ultrapasse essa marca, com algarismos grandes, toscamente traçados, as colunas espremidas uma ao lado da outra, separadas por longos traços verticais, tortos, traçados à mão livre. Normalmente são a lápis, esses números que me comovem tanto, mas já os vi em lápis de cor azul ou em tinta borrada, e o efeito foi o mesmo. Uma manhã, nosso entregador de jornais, um velho italiano chamado Tony, que eu já vira muitas vezes, abriu seu livro de contas, um caderno preto, fino, com capa coberta de oleado, e nele, na vertical, formando ângulos retos com a pauta azul do caderno, ele havia anotado meus jornais a lápis, em colunas formadas dos números um, dois e três. Meu diafragma contraiu-se e imobilizou-se. Ou então Faustina, a preta velha que vende bilhetes de loteria, abre seu caderno, tão fino quanto o outro, com uma coluna vertical torta, traçada a lápis, de um centímetro de largura, para cada freguês. Ou então vejo de relance um dono de bar abrir um bloco, aparentemente feito por ele mesmo, consultar longas e estreitas colunas de números que correspondem Deus sabe a quê (quantas doses cada freguês tomou?) e depois guardá-lo outra vez debaixo do balcão.

O nome verdadeiro dessa sensação é memória. Trata-se de uma lembrança que nem preciso tentar evocar, ou recuperar; está sempre presente, clara e completa. Os números misteriosos, as colunas, que tanto me impressionaram — um mistério que jamais resolvi quando cursei a classe introdutória na Nova Escócia!

No Canadá, a classe introdutória equivalia mais ou menos ao jardim de infância; era um ano que se cursava na escola antes da primeira série. Mas nessa classe não ficávamos só conversando, construindo coisas, desenhando, brincando ou brigando. Ficávamos sentados numa fileira de pequenas carteiras aparafusadas no chão, na mesma sala onde estudavam a primeira, a segunda, a terceira e a quarta séries. Ficávamos à esquerda, bem em frente à professora, e creio que éramos sete ou oito, ao todo. Aprendíamos a ler e a escrever, e também rudimentos de aritmética, o bastante para podermos enfrentar a primeira série; por fim, aprendíamos a nos comportar em sala de aula. Ou seja: sentar com as costas eretas, não esfregar o pé no chão, não cochichar, levantar a mão quando era preciso sair da sala e ficar em pé quando nos faziam alguma pergunta. Usávamos lousas; só os alunos das séries de verdade podiam comprar blocos, lindos e gordos, com figuras coloridas de cavalos e gatos na capa, papel pardo com pauta azul. Só eles podiam se levantar para apontar o lápis em cima da cesta de papéis.

Eu tinha cinco anos. Minha avó já tinha me ensinado a escrever na lousa meu nome e os nomes de meus familiares, bem como o do cachorro e os dos dois gatos. Antes ela havia me ensinado o alfabeto; de início eu não conseguia passar da letra G, o que por algum tempo me pareceu perfeitamente suficiente. O *meu* abecedário dava uma musiquinha curta e ótima, e eu não queria estragá-la. Então um homem veio visitar minha avó e me perguntou se eu sabia as letras do alfabeto. Respondi que sim, e, marcando bem o ritmo, apresentei-lhe minha versão. O homem mexeu tanto comigo por eu parar no G que finalmente me convenci de que era necessário aprender as dezenove que faltavam. Foi só passar do G que tudo correu bem. Quando começaram as aulas, eu já conseguia ler a cartilha quase inteira, impressa em letra de mão e em letra de fôrma; e adorava todas as palavras. Na folha de rosto, via-se a bandeira, com todas as cores; e abaixo dela a inscrição: "Uma bandeira, um rei, uma coroa". Colori as ilustrações em preto e branco, que pareciam antiquadas até mesmo para mim, usando basicamente lápis de cor vermelho e verde. Nas guardas, eu havia tentado copiar os carimbos vermelhos que vira em velhos envelopes: "Brooklyn, N. Y., set. de 1914", "Halifax, ag. de 1916" etc.; mas a coisa não saiu muito boa — os círculos ficaram tortos, calombudos.

O verão antes do início das aulas foi o verão dos números, principalmente o número oito. Aprendi suas formas no calendário da cozinha e no relógio da sala, embora ainda não soubesse ver as horas. O quatro e o cinco eram meio difíceis, mas acho que me apaixonei pelo oito. A gente começava a escrever no alto, à direita, e desenhava um S para baixo. Isso não era muito difícil; o problema era acertar a linha embaixo (desenhada na lousa pela minha avó) e subir outra vez, nadando contra a corrente — ou seja, forçando os dedos já doloridos — mas sem descrever uma linha reta, e sim uma espécie de S invertido e de cabeça para baixo, e tudo isso fazendo curvas. O oito era também o que fazia o barulho mais desagradável na lousa. Minha avó me mandava praticar do lado de fora, sentada na escadinha dos fundos. Os guinchos eram lentos e horrendos.

Um par de lápis de ardósia custava um pêni. Os lápis vinham com papel fino, branco, com riscos diagonais de azul ou vermelho-claro, colado em torno deles, ficando apenas uns dois centímetros descobertos na ponta. Eu adorava a lousa e os lápis quase tanto quanto a cartilha. O que mais me dava prazer era lavar a lousa na pia da cozinha, ou na gamela de água, e depois vê-la secar. Era como nuvens desaparecendo, até que o último risco de umidade ia ficando cada vez menor, cada vez mais fino, e de repente sumia, e a lousa estava cinza-claro outra vez, e seca, seca, seca.

Eu tinha uma tia, Mary, onze ou doze anos mais velha que eu, que estava na última ou penúltima série da mesma escola. Era muito bonita. Usava uma blusa de marinheiro com gravata de seda vermelha ou azul, e prendia os cabelos castanhos numa trança que lhe descia as costas. De manhã, eu sempre acordava antes de tia Mary e comia meu mingau de aveia na mesa da cozinha, torcendo para que ela se levantasse logo. A gente pegava uma colherada de mingau, mergulhava no creme de leite e depois comia: isso era para mantê-lo quente. Além disso, tomávamos chá com leite e açúcar; o meu chá, na verdade, era só água, leite e açúcar. Enquanto fazia meu desjejum, eu ficava aguardando o som do sino da escola, desejando que minha tia se apressasse; ela quase nunca aparecia antes de o sino começar a tocar, do outro lado do rio que dividia a aldeia em duas. Então ela entrava na cozinha trançando o cabelo e dizia: "É só a *primeira* chamada!". E eu morrendo de vontade de sair pela porta afora. Mas primeiro tinha que fazer um carinho na Betsy, nossa cadelinha, e depois dar um beijo de despedida em minha avó. (Meu avô já havia se levantado e saído horas antes.)

Minha avó tinha um olho de vidro, azul, quase igual ao outro, e isso a tornava particularmente vulnerável e preciosa para mim. Meu pai já havia morrido, e minha mãe estava internada num hospital. Eu costumava pedir a minha avó, ao despedir-me dela, que me prometesse não morrer antes de eu voltar para casa; só perdi esse hábito quando começaram a fazer troça de mim. Um ano antes, eu havia discretamente perguntado a uns parentes se eles achavam que minha avó podia ir para o céu com um olho de vidro. (Anos depois fiquei sabendo que uma das minhas tias tinha feito a mesma pergunta quando tinha a minha idade.) Betsy também estava incluída nessa minha preocupação profunda, ainda que intermitente, com o além-túmulo; haviam me respondido que ela sem dúvida iria para o céu, sim, uma cachorrinha tão boazinha, que eu não me preocupasse com isso. Pois o nosso pastor gostava muito dela, e não é que um dia ela chegou a surpreender a todos entrando na igreja, num domingo de verão, quando a porta estava aberta?

Não me lembro de alguém me ter dito que chegar atrasada era uma transgressão séria, mas eu morria de medo de que tal coisa acontecesse. Assim, na maioria das vezes eu deixava Mary ainda tomando seu café da manhã e saía correndo pela porta dos fundos, contornava a casa, passava pela ferraria e já atravessava a ponte de ferro quando ela me alcançava. Às vezes eu estava quase chegando à escola quando o sino da cúpula começava a dar o segundo sinal, o que significava que devíamos entrar imediatamente. A escola era um prédio alto, nu, de madeira pintada de branco, telhado vermelho-escuro, e a cúpula de quatro lados tinha venezianas brancas. Havia duas latrinas externas, um pouco afastadas, duas casinhas pintadas de branco, uma de cada lado. Eu levava minha lousa, um trapo para lavá-la e um pequeno frasco de remédio cheio d'água. Todo mundo tinha que trazer um vidro d'água e um trapo; cuspir na lousa e limpá-la com a mão era um crime. Só os meninos maus faziam isso, e quando a professora os pegava em flagrante ela batia-lhes na cabeça com sua vareta. Imagino que a lousa molhada em si não tinha cheiro; talvez fossem os lápis de lousa; mas é claro que um trapo velho úmido tem cheiro, e talvez seja esse o odor de que me lembro. A srta. Morash pegava um trapo com a ponta dos dedos e o braço estendido e mandava o dono levá-lo para fora imediatamente, com uma interjeição de nojo.

Era esse o nome da professora — Georgie Morash. Guardei a imagem de uma mulher alta e corpulenta, muito tesa, com uma blusa masculina, uma saia reta escura, e um cinto largo, apertado, que ela com frequência ajustava na frente, usando as duas mãos. Tudo nela, na frente e atrás, parecia liso e duro; talvez ela usasse espartilho. Mas o detalhe dela de que mais me lembro, e para o qual eu mais olhava, eram os sapatos muito brancos, sapatos *oxford*, de uma brancura surpreendente, brancos como farinha, e grandes, com cadarços brancos muito bem amarrados. No meu primeiro dia na escola, tia Mary levou-me à sala das séries mais baixas e apresentou-me à srta. Morash. Ela abaixou-se, dirigiu-se a mim num tom bondoso, até mesmo deu-me tapinhas na cabeça, e embora me mandasse levantar a vista eu não conseguia tirar os olhos daqueles sapatos silenciosos, independentes, brancos como farinha.

A srta. Morash quase nunca largava sua vara. Andava entre as carteiras, olhando por cima dos ombros das crianças, verificando o que elas escreviam nas lousas, de vez em quando dando um tapa em alguma orelha, falando num tom constante, com uma voz alta e límpida. Essa voz gozava de uma certa fama na aldeia. No jantar, meu avô costumava repetir algumas das coisas que ouvira a srta. Morash dizendo para nós (ou até mesmo para mim) naquela manhã quando ele passara por lá de charrete, muito embora a escola fosse bastante afastada da pista. Às vezes, quando minha avó me mandava parar de gritar, ou falar mais baixo, ela acrescentava: "Essa Georgie!". Não me lembro de absolutamente nada que a srta. Morash tenha dito. Uma vez, estando a classe introdutória reunida em semicírculo diante de um dos quadros-negros, ela nos demonstrava (com um gesto grandioso) como se traçava o C maiúsculo; eu, distraída, contemplava o céu azul que se via pela janela, e levei uma varada dolorosa na cabeça.

Havia na classe introdutória uma outra menina além de mim, e num dia terrível ela fez xixi nas calças, bem no banco da frente, e foi mandada de volta para casa. Dois dos meninos eram índios micmac. Jimmy e Johnny Crow; tinham rostinhos morenos e cabelos e olhos negros e reluzentes; um era a cara do outro. Ambos usavam camisas de algodão azul, às vezes com um padrão de raminhos brancos, outras com pequenas âncoras brancas. Eu não conseguia tirar os olhos daquelas camisas ou de seus pés morenos descalços. Quase todos iam descalços à escola, mas eu era obrigada a usar sandálias marrons, com fivelas, contra a minha vontade. Quando, depois do meu primeiro dia de aula, lá em casa me perguntaram quem estava na classe introdutória comigo, respondi: "Manure MacLaughlin", pois foi assim que entendi o nome.* Eu conhecia estrume bem — havia uma grande pilha junto ao celeiro —, mas é claro que o nome verdadeiro era Muir, e

---

* "Manure" significa "estrume".

todos riram. Muir usava um boné azul-marinho, com uma folha de bordo vermelha e amarela bordada acima da pala.

Havia um menino pobre chamado Roustain, o mais sujo e maltrapilho de todos nós; ele na verdade já era muito grande para a classe introdutória e, quando de fato vinha à aula, tinha que fazer uma longa caminhada. Eu ouvia histórias extraordinárias sobre ele e seu irmão: diziam que o pai deles vivia dando-lhes surras, *surras de chicote*. Ainda vivíamos num mundo de charretes e cavalos (embora houvesse uns poucos automóveis na aldeia), e um dos símbolos mais sombrios, mais sinistros em nossa imaginação era o chicote. Até mesmo *sua aparência* era sinistra: comprido, flexível numa das extremidades depois do cabo, às vezes chumbado, com borlas. Quando alguém o brandia, ele fazia *lept*: de vez em quando aparecia em nossos pesadelos. Havia até mesmo uma musiquinha sobre os Roustain:

> *Sou um Roustain da serra,*
> *Um Roustain até no cheiro.*
> *Sou um Roustain da serra,*
> *Com perfume de pinheiro.*

Não apenas levavam surras do pai, mas a mãe não cuidava deles. Não havia camas de verdade em sua casa, e em matéria de comida só tinham um grande barril de melado, muitas vezes circundado de moscas. Eles mergulhavam pão no melado, quando tinham pão, e consideravam-se jantados.

No outono, as janelas da escola pareciam muito altas e claras. No parapeito, do lado da classe introdutória, havia potes cheios d'água em que brotavam feijões. A presença daqueles feijões na escola me intrigava, pois em casa eu já havia plantado no meu jardim (um quadrado com meio metro de lado) um pé de feijão-de-porco que ficou enorme, bem como rabanete e umas cenourinhas tortas. Por trás dos brotos de feijão, as grandes nuvens outonais passavam, magníficas, prateadas e deslumbrantes contra o azul profundo do céu. A toda hora eu virava a cabeça para acompanhá-las, até que a srta. Morash vinha e a virava de leve para a frente. Eu adorava ouvir os alunos das outras séries fazendo leitura em voz alta, menos quando eles gaguejavam muito em palavras ou expressões que eram fáceis de adivinhar. As histórias deles eram melhores e mais compridas que as da minha cartilha. Eu já sabia de cor "O menino de pão de mel" e "Henny Penny", e estava enjoada das duas. Ficava muito mais interessada quando a terceira série lia a história de Bruce vendo a aranha tecer sua teia. A aula sempre começava com o padre-nosso, todos sentados; então ficávamos de pé e cantávamos o hino do Canadá. Depois, às vezes — e não muito bem, porque era muito mais difícil — cantávamos também o hino britânico, mas normalmente só a primeira estrofe.

    Apenas a terceira e a quarta série estudavam geografia. No lado da sala das séries mais avançadas, perto do quadro-negro, ficavam dois mapas enrolados; um do Canadá e o outro do mundo inteiro. Quando era hora da aula de geografia, a srta. Morash desenrolava um dos mapas ou os dois, como se fossem corrediças. Eram de pano, um pano muito fino, com a superfície reluzente, e as cores eram pálidas — castanho-claro, rosa, amarelo e verde —, tudo cercado do azul do oceano. A luz que entrava pelas janelas, caindo na superfície rachada dos mapas, me impedia de vê-los com clareza da minha carteira. No mapa-múndi, todo o Canadá era rosa; no do Canadá, cada província tinha uma cor diferente. Os mapas me fascinavam de tal modo que eu queria ficar o tempo todo a enrolá-los e desenrolá-los, e tocar em todos os países e todas as províncias com a minha mão. Não ouvia com atenção os alunos recitando os nomes de capitais, ilhas, baías. Mas fiquei com a impressão geral de que o Canadá era mais ou menos do mesmo tamanho que o mundo, o qual de algum modo cabia dentro dele, ou vice-versa, e que no mundo e no Canadá o sol estava sempre brilhando e tudo era seco e reluzente. Ao mesmo tempo, eu sabia muito bem que isso não era verdade.

    Um dia, tia Mary demorou mais do que o de costume para tornar o desjejum, e por algum motivo resolvi esperar até que ela terminasse o mingau. Antes de chegarmos à ponte, o segundo sinal — o sinal que era mesmo para valer — começou a tocar. Fiquei apavorada, porque nunca antes me havia atrasado tanto, e comecei a correr a toda a velocidade. Ouvi minha tia rindo de mim. Como suas pernas eram maiores que as minhas, ela conseguiu me ultrapassar, chegou ao pátio e subiu a escada na minha frente. Entrei na sala correndo e me joguei, aos prantos, contra o vulto ereto da srta. Morash. As crianças estavam com as mãos entrelaçadas sobre a mesa, de cabeça baixa; haviam chegado a "venha a nós o vosso reino". Agarrei a saia comprida e engomada da professora, soluçando. Atrás de mim, minha terrível tia continuava rindo. A srta. Morash interrompeu a oração da turma e empurrou-nos para o vestiário, agarrando-me com força pelo ombro. Ali, cercadas por ganchos envernizados, onde havia apenas dois ou três bonés, tínhamos uma certa privacidade, embora ouvíssemos os risinhos contidos e cochichos que vinham da sala de aula. Primeiro a srta. Morash, séria, disse a Mary que ela estava *muito* atrasada para a aula a que assistia no andar de cima, e mandou-a subir imediatamente. Depois tentou acalmar-me. Com uma voz muito bondosa, tão diferente de sua voz cotidiana, penetrante, disse-me que não havia nenhum problema, que me atrasar uns poucos minutos não era caso de chorar, e que eu devia entrar logo na sala de aula para cantar as canções matinais. Limpou meu rosto com um lenço branco dobrado que ela guardava preso no cinto, deu-me tapinhas na cabeça, e até mesmo beijou-me duas ou três vezes. Isso me deixou tão desconcertada que quase chorei de novo, mas mantendo meus olhos fixos naqueles sapatos grandes, impessoais, brancos como farinha, consegui me conter. Tive que enfrentar toda uma turma debochada, e constatei que isso não era impossível. E a coisa ficou por isso mesmo, só que permaneci zangada com tia Mary por muito tempo, porque foi tudo culpa dela.

Para mim, esse foi o incidente mais dramático ocorrido na classe introdutória, e nunca mais cheguei atrasada. De modo geral, minhas primeiras experiências escolares foram agradáveis. Ler e escrever eram coisas que não me causavam nenhum sofrimento. Para mim, ler era mais fácil, mas escrever era divertido — dava-me um prazer *artístico* — e cheguei a admirar minha própria letra, escrita a lápis, quando aprendi a escrever, talvez como um jovem estudante chinês admira suas próprias pinceladas. Era maravilhoso ver que cada letra tinha uma expressão diferente, e que a mesma letra tinha expressões diferentes em ocasiões diferentes. Às vezes as duas letras maiúsculas do meu nome pareciam tristes, caídas, emburradas, mas às vezes pareciam gordas e alegres, quase como se tivessem bochechas coradas. Além disso, eu tinha à minha frente a perspectiva da "primeira série", bem como a geografia, os mapas, as histórias mais compridas e muito melhores. A única matéria que me deixava perplexa era a aritmética. Eu conhecia todos os números, é claro, e gostava de escrevê-los — acabei aprendendo a desenhar o oito —, mas quando via as crianças das séries mais avançadas na aula de aritmética, diante do quadro-negro coberto de colunas de números, aquilo para mim era completamente incompreensível. Aqueles números misteriosos!

c. 1960

A ratinha do campo

"*O relógio do vovô era alto demais para a prateleira...*" Eu conhecia muito bem essa canção, que meu outro avô cantara tantas vezes para mim. Mas esse avô de agora é que era muito alto — pelo menos para o trem em que estávamos viajando, o velho Boston e Maine, que rangia, chiava, e de vez em quando gritava, nos levando para o Oeste e para o Sul, de Halifax a Boston, atravessando uma noite negra que parecia não ter mais fim. Esse avô acendeu a luz do teto outra vez.

Havia tirado as botas. Elas estavam no chão, do lado esquerdo. O paletó, o colete e a gravata estavam pendurados num cabide à direita, a sacolejar. O resto de sua roupa ele não tinha despido, limitando-se a afrouxar os suspensórios. Antes tentara dormir no beliche de cima de nossa "suíte". Então desceu ao alto, como um deus, xingando, fez minha avó levantar-se e enfiou-se na cama de baixo. Brilhavam os cabelos prateados abundantes, a barbicha da mesma cor, o branco dos olhos, revirados para cima, como se ele estivesse em agonia. (Meu avô era vesgo. Ou, pelo menos, um dos olhos ficava virado para o lado errado, o que o tornava infinitamente interessante para mim. A meu ver, aquela vesguice era muito natural, já que minha outra avó, a do Canadá, tinha um olho de vidro.) Seus ombros estavam levantados, formando um ângulo esquisito, e uma pequena luminária translúcida brilhava por cima de um deles.

Aquela avó, também sacolejando, estava parada, impotente, vendo-o estrebuchar e gemer. Usava uma camisola comprida, roxa, e os cabelos brancos e crespos estavam amarrados num pequeno rabo de cavalo.

"Sarah! Deite-se com a cabeça para o outro lado!" Ela apagou a luz mais uma vez e obedeceu.

Do outro lado da cabine, esticando meus curtos membros no que eles chamavam de "sofá", eu os observava em silêncio, atônita, deitando-se um para um lado, outro para o outro, naquele nicho cercado de cortinas verde-escuras, misterioso, com sua iluminação teatral. Agora, muitos anos e muitas viagens de trem depois, quando penso neles, percebo com clareza que formavam uma fonte de Bernini ou um saleiro de Callini: um Poseidon forte, porém velho, com uma Nereida pequenina, velhusca, de cabelos enrodilhados. Mas naquela noite eu estava estupefata, quase escandalizada. Eu nunca vira aqueles dois *en déshabillé* antes, nem mesmo na cama. Na verdade, eu mal os conhecia.

A luzinha apagou-se. E seguimos viagem (mas é claro que não havíamos parado) pela noite adentro: *ponc-tchi, ponc-tchi, ponc-tchi*, certamente atravessando mais uma daquelas florestas escuras e peludas que eu vira pela janela antes de o cabineiro fazer as camas. Tinha a impressão de estar sendo raptada, embora soubesse que isso não era verdade. Meu sofá cheirava a carvão e fumo, e os pelos duros do veludo verde me pinicavam através do lençol. O trem descrevia uma curva comprida, dobrando com dificuldade suas juntas enrijecidas, meu sofá tentava jogar-me no chão. As paredes rangiam. *Iiiiii*, o trem assobiava, quilômetros à frente de nós, e eu me agarrava com todas as forças. Era terrível — mas era também quase um alívio — ouvir de vez em quando, em meio aos outros ruídos, meu avô rosnando feroz na escuridão completa.

De manhã, passei mal, e minha avó levou-me correndo para o banheiro estranho, todo de metal (foi a impressão que tive), na hora exata. Vomitei amarelo, dentro de uma coisa a que me referi — provavelmente pensando nos implementos agrícolas com os quais tinha mais familiaridade do que com banheiros — como "tremonha". Meu avô, que ajeitava seus cabelos brancos com *duas* escovas, como se para exibir-se, riu às gargalhadas, mostrando seus muitos dentes de ouro. Vovó ofereceu-me umas bolachas de água e sal para eu mastigar. Senti-me melhor. Continuamos a nos vestir, uma atividade complicada e constrangedora, e então o cabineiro entrou; agora era ele que ia *exibir-se*, fazendo nossas camas.

As meias brancas da véspera estavam muito sujas. "E ela só tem estas, John", disse vovó. Mais um constrangimento. Vovô parou de futricar os cabelos. Logo fiquei sabendo que ele sempre conseguia encontrar uma solução imediata e prática para quase qualquer problema, após pensar por apenas alguns instantes, tal como (segundo dizem) o duque de Wellington. "Vire-as do avesso", ordenou ele. Isso foi feito, mas agora havia fios brancos caídos sobre meus calcanhares. Porém esses fios — meus avós concordaram — ficariam mais ou menos escondidos por meus chinelos de verniz.

Vovô colocou o relógio no bolso e finalmente saiu para tomar seu café da manhã. Eu e vovó, sentadas nos bancos verdes, uma de frente para a outra, ficamos comendo bolachas de água e sal, que seriam todo o nosso café, uma examinando a outra, à luz de um raio de sol forte e empoeirado.

Lá fora havia mais florestas, mas não mais de pinheiros, e em meio a todo aquele verde via-se um ou outro amarelo, pois estávamos em setembro. Atravessamos ruidosamente várias pontes que cruzavam riozinhos azuis. Havia alguns vidoeiros. Três corvos levantaram voo de repente, voando de lado, crocitando em silêncio. Eu estava começando a gostar da viagem, um pouquinho.

Vovó usava um vestido de seda cinzento e um chapéu, e tinha o véu levantado. Estava muito limpa, tesa e chique. A gola do vestido era forrada de um filó branco e fino, e uma pequena rede de filó, esticada em barbatanas, cercava-lhe o pescoço; parecia um viveiro de peixes em miniatura. No seio esquerdo trazia um pequenino estojo de ouro redondo que continha uma fina corrente de ouro presa a seu pincenê, enrolada numa mola. Se a gente puxava a correntinha e a soltava, ela voltava para o estojo de um salto — não que minha avó deixasse alguém fazer isso, mas, enfim, podia-se imaginar. Vovó tinha olhos azuis e um nariz pequeno, um tanto arrebitado, e os cabelos brancos e crespos eram partidos no meio. Ela era muito bonita, como são bonitas as bonecas, e a essa altura já havia me dito que calçava número trinta e três. A interjeição mais forte que eu a ouvira usar era "Ora!", e de vez em quando "Homessa!".

Sim, eu estava mesmo começando a me divertir um pouco; pena que vovó falava daquele modo que me confundia. Era quase como se estivéssemos brincando de casinha. Ela falava em "vovó", "pais", "menininhas", "bem-comportadas" — coisas que eu jamais havia considerado em termos abstratos, e raramente na terceira pessoa. Em particular, percebi que ser uma "menininha" era algo muito, mas muito mais complicado do que eu imaginava: esse pensamento estava começando a me deprimir. E de repente ela me perguntou: "Onde está a sua boneca? Onde está a *Drusilla?*".

Ah, meu Deus. Lá na Nova Escócia eu tinha bonecas; e uma ou duas delas me eram muito queridas. Mas vovó concluíra que nenhuma de minhas bonecas estava em condições de poder viajar num vagão-leito. Assim, comprou a melhor que encontrou na venda de nossa aldeia, e fez para ela um vestidinho xadrez com suas próprias mãos. E como hesitei em lhe dar um nome, vovó escolheu aquele, nada simpático. A boneca (eu não conseguia chamá-la pelo nome) era completamente desinteressante, com cabelos alourados que cheiravam a biscoito velho, olhos de um azul vivo e bochechas rosadas, e era-me difícil ocultar os verdadeiros sentimentos que ela me inspirava. Mas, ao que parecia, um dos princípios de minha avó era que uma "menininha" devia viajar acompanhada de uma boneca. Assim, obediente, retirei aquele pavorzinho de debaixo do travesseiro e coloquei-o no colo até chegarmos a Boston.

Estávamos em 1917. Quando o chofer, Ronald, nos recebeu na North Station com seu uniforme escuro, perneiras de couro preto e boné com pala preta, de início pensei que fosse uma espécie diferente de soldado. Mas era velho demais para ser soldado; era casado e já tinha quatro filhos crescidos. (Mais tarde ficaríamos muito amigos: eu ia a seu lado, no banco da frente, na limusine Cadillac; ele me falava sobre o filho que estava no exército e inevitavelmente se queixava de dor nas costas.) Eu e vovó fomos levadas direto à Stern's, para comprar roupas decentes para mim. Todas as peças que compramos eram marrons: o casaco de tweed, o chapéu de pele de castor com fitas, os dois pares de botas com cadarços, as meias compridas, tudo marrom. Detestei todas elas, mas não disse nada, por uma questão de tato. Então nos encontramos com vovô no Touraine, onde almoçamos; comi frango com creme de leite, e me deram um sorvete diferente de tudo que eu já vira neste mundo — creio que devia ser *meringue glacée*.

Depois do almoço, fomos de carro para Worcester. Creio que dormi na viagem, mas lembro de chegar a uma alameda ladeada de bordos. Fiquei um tanto incomodada (afinal, havia anos que eu vinha cantando o hino nacional do Canadá) quando me explicaram que árvores eram aquelas.* A fachada da casa me pareceu vagamente familiar, o mesmo tipo de casa de ripas brancas e venezianas verdes com o qual eu já estava acostumada, só que essa era muito maior, o dobro, com duas janelas no lugar onde havia uma só nas casas da Nova Escócia e um telhado mais alto. À medida que seguíamos em direção a ela e depois a contornávamos, surgiam alas ligadas à estrutura principal: num dos lados havia uma varanda curva, um tanto

---

* O bordo é a árvore nacional do Canadá: sua folha aparece na bandeira e é mencionada no primeiro verso do hino nacional.

destoante, e no outro mais uma varanda fechada numa caixa de vidro, a estufa. Foi por ela que eu e vovó entramos na casa.

Eu havia sido trazida de volta, sem ter sido consultada e contra minha vontade, para a casa onde meu pai nascera, a fim de ser salva de uma vida de pobreza e provincianismo, pés descalços, pudins de sebo, lousas escolares anti-higiênicas, talvez até mesmo dos erres invertidos da família de minha mãe. Com esse inesperado par de avós, os quais até algumas semanas antes para mim não passavam de nomes, uma vida nova haveria de começar. Esse dia me parecia conter meses, até mesmo anos, todo um passado desconhecido que, conforme me davam a entender, eu já deveria conhecer, e um futuro estranho, imprevisível.

A casa era lúgubre, não havia como negá-lo, e todos que nela moravam pareciam nervosos e instáveis. Havia alguma coisa agourenta, ameaçadora, pairando no ar. Meu pai fora o mais velho de oito filhos. Todos haviam morrido, menos três: tia Marian, que era casada e morava em Providence; tia Jenny, solteirona, a segunda em idade depois do meu pai; e tio Neddy, o caçula. Eram estes dois últimos e meus avós que compunham a família, embora tia Jenny e tio Neddy estivessem ausentes durante boa parte dos nove meses em que morei lá.

O velho casarão branco fora outrora uma casa de fazenda afastada da cidade. Mas a cidade se esparramara e o alcançara, e seguira em frente; agora havia outras casas a seu redor, e uma linha de bonde passava junto à cerca branca de madeira que separava a rua do gramado da frente. Sem dúvida, a vizinhança estava em decadência, comparada com o que fora no passado. Os católicos havia anos queriam comprar a casa, para construir uma igreja em seu lugar. Durante todo o tempo que passei lá, o assunto esteve em discussão: vender ou não vender. Porém ainda restavam seis hectares de terra, um velho pomar de macieiras atrás da casa e umas castanheiras altas no alto do morro. Na casa de meus avós ainda havia uma mistura de vida de fazenda com vida urbana. Havia galinhas e duas vacas, e um celeiro grande também no alto do morro. A casa produzia a ricota, e às vezes a manteiga, que a família consumia. A horta era grande; nela o que mais se plantava era aipo e aspargo. Havia uma pereira, um pé de maçã silvestre, um pavilhão verde-escuro cheio de velhos ninhos de tordos e dois pés enormes de castanha-da-índia, dos quais se dependuravam dois balanços maravilhosos, com bancos largos e cordas grossas. As árvores eram bem cuidadas, remendadas com cimento, protegidas com escoras; eram muito velhas, e se espalhavam cada vez mais. Era fácil subir nessas árvores e pendurar-se não em galhos, mas em barras de ferro. Elas eram preservadas a todo custo, como os dentes do vovô.

Havia também um salgueiro-chorão, um grande canteiro de canáceas, lilases ao longo de uma cerca, lírios-do-vale à sombra delas e violetas. Atrás da casa, o gramado era cuidadosamente tratado, de modo a formar uma longa onda verde, mas sempre nasciam ervas ali, e na primavera seguinte era necessário adubar o gramado de novo, o que saía caro. A casa, segundo a vovó, tinha "cento e cinquenta anos". No sótão havia uns ratos terríveis, e à noite a gente os ouvia brigando e correndo. Os gatos eram feios, alaranjados e brancos; viviam no celeiro e fugiam de mim — ao contrário de Nanny, minha gata preta lá na Nova Escócia.

Mais tarde, ainda no primeiro dia, conheci tia Jenny, embora ela insistisse em dizer que já tinha me visto, quando eu era bebê. Não pareceu muito contente de me ver. Era muito alta — nos Estados Unidos havia muita gente alta. Chamou-me para acompanhá-la até o celeiro para pegar seu carro. Quando se virou para seguir, vi-a de lado, e surpreendi-me ao ver como ela era alta e achatada, como uma boneca de papel. Fui andando um pouco atrás de minha tia, que estava usando um blusão comprido de jérsei azul, com uma correntinha maravilhosa em vez de cinto, à qual se prendiam diversas caixas e medalhas que tilintavam quando ela andava com suas pernas compridas. Eu queria examiná-la ou fazer perguntas a seu respeito, mas não tive coragem. Saímos pela estufa e seguimos pela alameda, que subia um pequeno morro. O celeiro tinha dois andares: no térreo ficavam duas vacas; no andar de cima, cuja entrada, do lado oposto, dava para a encosta do morro, havia uma garagem ampla. Os largos portões da garagem ostentavam fileiras e fileiras de placas velhas de carros, porque toda a família adorava dirigir desde os primórdios do automóvel. Aliás, meu tio Neddy participara de uma das primeiras corridas automobilísticas, de Boston a Nova York.

Lá no celeiro estava a limusine em que viéramos da estação, e um carro azul, mais alto, feminino, o Buick de tia Jenny. Ela retirou a tampa do tanque de gasolina na parte de trás e mediu o nível de combustível com um metro. Tudo isso era fascinante, mas o que me prendeu a vista foi uma carruagem nos fundos da garagem, bem diante do nariz dos dois automóveis. Explicou minha tia: "Ah, é a carruagem da sua avó. Há muitos anos que não é usada". Era de um verde-escuro. Entrei nela pela escadinha de dois degraus. Dos lados havia luminárias negras; o interior era forrado de couro marrom-escuro e cheirava a mofo. Era a casinha mais linda que se poderia imaginar. Eu não queria mais sair dali, mas tia Jenny, tendo terminado sua inspeção, convidou-me a ir de carro com ela até a casa; assim, tive que acompanhá-la.

Também ela dirigia desde cedo, mas sempre fora péssima motorista. Tio Neddy mostrou-me, tempos depois, o lugar exato onde "a Jenny virou o carro com o papai dentro". Foi quando minha tia comprou seu primeiro carro, um Ford, e quis mostrar a vovô que sabia dirigir. Dois minutos depois que ele entrou no carro, tia Jenny contornou o canteiro de canáceas depressa demais e o carro virou, caindo desajeitadamente sobre as flores e achatando-as. Vovô nunca mais andou de carro com ela dirigindo.

Na casa trabalhavam uma cozinheira, uma empregada chamada Agnes, um jardineiro chamado Ed e seu filho. Havia uma lavadeira que vinha uma vez por semana. Tirando Ronald, o chofer, todos eram suecos, e entre si conversavam em sua língua. Acabei gostando muito de Agnes, talvez porque vovó vivia brigando com ela. Quando a empregada lustrava a linda mesa de mogno da sala de jantar, vovó ficava atrás dela, insistindo: "É *no sentido* dos veios da madeira, Agnes". Ed, o jardineiro, sempre de macacão e jaqueta de brim azul, também brigava muito com minha avó. Não sei o motivo da briga — creio que uma vez foi o método correto de plantar aipo. Fosse como fosse, vez por outra Ed largava o ancinho ou a enxada, ou parava de ordenhar a vaca, e pedia demissão. Na mesma hora seu filho assumia o trabalho que ele deixara pelo meio. Essa cena se repetia havia trinta anos. Na manhã seguinte, às sete horas, Ed estava trabalhando de novo. Outrora guiara a carruagem de vovó, porém se recusara terminantemente a aprender a dirigir automóvel. Um dia a cozinheira largou o emprego com um gesto dramático: saiu pela porta da frente no meio de uma nevasca. Nos quatro dias que se seguiram, vovó cozinhou para nós, muito mal, e vovô jantou no hotel. Então chegou a nova cozinheira, dessa vez uma sueca muito simpática, gorda e alegre. Ela e minha querida Agnes se entenderam desde o início. Até o sorumbático Ed participava das reuniões na cozinha, regadas a café. Ela fazia pães doces maravilhosos, duros, amarelos, em forma de tranças, com glacê.

Havia um cachorro, um *Boston terrier* que oficialmente pertencia a tia Jenny, cujo curioso nome era Beppo. De início ele me inspirava medo, mas logo me adotou, talvez por ter na casa o mesmo status que eu, e acabamos ficando unha e carne. Era um cachorro inteligente; usava uma coleira larga, com cravos de latão, que lhe era retirada do pescoço todas as noites, antes de ele se deitar. Todos os dias, às oito da manhã, vinha até meu quarto com a coleira na boca e batia com ela na porta, avisando que para nós dois era hora de levantar, vestir-nos e começar o dia juntos. Como a maioria dos *Boston terriers*, Beppo tinha o estômago delicado; com frequência vomitava. Pulava assustado diante de perigos imaginários, e emitia uns latidos diferentes, agudos, histéricos. Tinha olhos saltados, olhos de vítima de hipertiroidismo, que pediam compaixão e compreensão. Quando ele "se comportava mal", castigavam-no trancando-o dentro de um armário grande, que dava para a sala de costura, e lá ficava, excluído de todas as atividades, por meia hora. Uma vez eu estava brincando com Beppo e ele desapareceu; não respondia quando chamado. Por fim o encontramos dentro do armário, melancólico, virado para a parede. Estava castigando-se *a si próprio*. Depois encontramos uma pequena poça de vômito na estufa. É claro que ninguém jamais o punira por sofrer de gastrite; isso era coisa dele, fruto de sua consciência culpada, típica de um bostoniano.

Ao lado da casa — isto é, do outro lado da alameda de bordos — havia um outro casarão branco, em estilo indiano, do início do século, Vovô o construíra para tia Marian quando ela se casou, porém minha tia mudou-se de lá para nunca mais voltar, e a casa fora alugada para uma família, os Barton. O sr. Barton era banqueiro, usava chapéu-coco e tinha um carro preto reluzente. Tinham um chofer muito jovem, Richard, que usava um elegante uniforme esverdeado — mas também não era uniforme de soldado. (Ouvi dizer que ele não estava combatendo em Flandres por causa de alguma doença cuja natureza jamais consegui descobrir, por mais que bisbilhotasse.)

Em meu segundo dia na casa, vovó foi comigo visitar os Barton para que eu conhecesse Emma, que seria minha companheira de brincadeiras. A mãe não estava, e fui apresentada à avó de Emma, uma velhinha muito velha, que ficava o dia inteiro numa cadeira de rodas, tricotando, fazendo roupas para os soldados. Já havia feito noventa e duas toucas e mais de duzentas munhequeiras, e deu-me um exemplar de cada uma para eu experimentar. Era surda, e a seu lado havia uma espécie de caixa preta que a ajudava a ouvir. A avó de Emma era muito mais velha que as minhas, que já eram bem velhinhas. Sua filha era adepta da ciência cristã, mas pelo visto deixava a mãe ser manca e surda, talvez porque ela gostasse de ser assim.

Emma apareceu. Tinha cinco anos e meio, um ano a menos que eu. Era uma criança muito bonita. Imediatamente percebi a aura de riqueza que havia a seu redor, como se ela fosse uma pequena F. Scott Fitzgerald de saias. Emma cortava os cabelos tal como eu, só que os dela eram lisos, lustrosos e negros. Tinham até reflexos azulados, mas desconfio que alguém deve ter me dito isso. Os olhos eram cinzentos e a tez muito clara. Era um pouco gorducha, e estava com um macacão lindo, feito de um tipo de crepe meio esponjoso, de um rosa vivo. Ela sempre usava macacões do mesmo tecido, cada um de uma cor, com um rufo branco no colarinho. Eu imaginava, creio eu, que fosse uma espécie de traje característico dos seguidores da ciência cristã.

A avó de Emma disse: "Você não vai mostrar à sua nova amiguinha o seu quarto de brincar e os seus brinquedos?". Emma pareceu desconcertada. Respondeu, mal-educada: "Eu acabei de arrumar o quarto, e ficou um *brinco*". Era a primeira vez que eu ouvia aquela expressão, que me intrigou. Mas sua avó acabou por convencê-la a me mostrar seus pertences, e subimos juntas ao andar de cima. Ela me levou a um quartinho de paredes brancas junto ao patamar da escada, com estantes nas paredes e uma janela de sacada onde havia um poial. Eu nunca vira tantos brinquedos juntos na minha vida, a não ser nas lojas; a quantidade de bonecas era assustadora. O que mais me empolgou foi uma lata de leite em que a gente dava corda; ouvia-se uma musiquinha e de dentro da lata saía, a começar pelas orelhas compridas, um coelhinho branco e felpudo, que olhava a sua volta e depois voltava para dentro. Emma tinha permissão de ler os suplementos com histórias em quadrinhos, que me eram proibidos. Agora me parece que "Mutt e Jeff" e "Chiquinho" eram uma leitura um tanto complexa para uma menina daquela idade.

Naturalmente, eu e Emma acabamos ficando amicíssimas. Sua mãe vinha à noite com frequência para discutir com o vovô sobre a ciência cristã. Era alta, tinha olhos azuis e cabelos negros como a filha, e sua tez era bem avermelhada. Nunca conseguiu convencer meu avô, é claro — ele nem sequer frequentava a igreja; mas vovô adorava discutir com ela, e fingia concordar com alguns argumentos seus só para poder depois apontar para ela com o charuto e demolir sua lógica. Tudo isso eu compreendia, tal como Beppo, mais pelo tom das vozes do que pelo sentido das palavras, porém eu prestava muita atenção à conversa enquanto fingia estar jogando cartas ou lendo o *Literary Digest*.

Junto à casa dos Barton havia um pé de catalpa. Não sei por que essa árvore, ou talvez seu nome, me fascinava. Na verdade, não me agradavam muito suas folhas grandes e pesadas, verde-claras, e aquelas vagens grandes, mas todos os dias ou eu ou Emma dizia: "Depois do almoço a gente se encontra debaixo do pé de catalpa", Uma vez brigamos, não me lembro mais por quê. Puxei os cabelos negros e lustrosos de Emma, e ela gritou. Agnes veio correndo de nossa casa, e a empregada da mãe de Emma veio correndo da outra casa, e as duas nos separaram, e fomos proibidas de brincar juntas por três dias.

Na escola, o nome da professora era, acredite-se ou não, srta. Woodhead.* Tinha cabelos ruivos, de um vermelho muito vivo, e era linda. Gostávamos tanto dela que nem mesmo fazíamos troça de seu nome. Sentávamos em fileiras alternadas de meninos e meninas, e todas as manhãs começávamos a aula cantando "Bom dia para você, bom dia para você", fazendo mesuras para os dois lados. À minha esquerda ficava um menino muito bonito, que se chamava Royal não sei quê. Para mim, seu nome o tornava duplamente atraente,** já que viviam me falando sobre a família real inglesa, embora eu soubesse que ele nada tinha de real. Seus olhos eram escuros, e seus cabelos negros e reluzentes eram longos. No final do dia, um ajudava o outro a vestir o casaco, e uma vez, quando ele foi me auxiliar a calçar minhas galochas, olhei para aqueles cabelos compridos, para o colarinho limpo e engomado, para a gravata vermelha, e senti uma emoção forte, maravilhosa, no fundo do estômago.

---

* Um nome pouco comum, que significa, literalmente, "cabeça de madeira".
** "Royal" quer dizer "real".

Creio que cursei a escola pelo menos até o Dia de Ação de Graças, porque me lembro de ouvir falar sobre os peregrinos que fundaram a nação. A srta. Woodhead fez uma maquete da "chegada dos peregrinos a Plymouth" e instalou-a numa mesa grande. A pedra de Plymouth era a única coisa de verdade. O oceano era espetacular: a professora pegou folhas grandes de papel azul, amassou-as e depois as esticou sobre a mesa. Então, com giz, branqueou as cristas das ondas: pronto, surgiu um oceano diante de nossos olhos. Havia uns barquinhos e uns bonecos; e ajudamos a srta. Woodhead a fazer algumas cabanas de troncos de árvores. (Vinte anos depois fiquei sabendo que os peregrinos não ficaram em cabanas de troncos quando chegaram.) Mas tudo aquilo me tocava de perto: *"Terra onde meu pai morreu/ Terra dos peregrinos orgulhosos"** — por muito tempo esses primeiros versos tinham um sentido pessoal para mim. A professora pediu que trouxéssemos de casa qualquer coisa que tivéssemos como contribuição para a maquete e para a festa de Ação de Graças, e eu disse (provocando espanto e admiração entre os colegas) que na minha casa tínhamos umas arvorezinhas de verdade, do tamanho exato, com neve nos galhos. Assim, contribuí com quatro árvores da aldeia de brinquedo com que meus avós me deixavam brincar, e daí em diante, toda vez que a aldeia era montada lá em casa, ela ficava semidesflorestada.

Sempre que podia, eu explorava a casa, como se fosse um gato. Era uma velha casa colonial, de antes da independência, mas as alas e varandas que tinham sido acrescentadas não combinavam com o estilo original. A sala da frente raramente era usada. De vez em quando minha avó recebia nela uma amiga, à tarde. Mas era meu cômodo favorito. Nessa época as pessoas não ligavam para a preservação do estilo das casas velhas. Talvez por ser muito pouco usada, aquela sala fora preservada por acaso. A mobília antiga era forrada com tecido azul-cinzento; as paredes eram cobertas de papel; e tudo combinava com tudo. Havia até umas pinturas que, percebo hoje, eram arte *naïve*, obras de alguma antepassada. Era um lugar tranquilo, onde eu podia ficar sentada no tapete pensando, sem que ninguém me perturbasse. Nas duas varandas havia vidros grossos e arranhados incrustados no assoalho,

---

* Versos do hino patriótico "America".

imagino que para iluminar o porão. Para mim, esses vidros eram tão belos como se fossem jade ou malaquita. A sala de estar de vovó, que também ficava na frente da casa, com uma lareira e janelas de sacada que davam para o jardim, era conhecida como "a sala de costura", mas nunca vi minha avó costurar. Na sala de jantar, eu ficava examinando todos os pratos e xícaras que estavam em exibição em duas cristaleiras, e a prataria no aparador.

Na ala da casa que ficava aos fundos, houvera na sala maior uma mesa de bilhar no tempo em que os filhos estavam vivos; agora era usada como sala de visitas, mas continuava sendo chamada de "sala de bilhar". Nela havia várias camadas de cortinas, a última delas de veludo cor de tijolo. O tapete oriental era de um tom de vermelho um pouco mais claro. No meio da sala ficava uma mesa quadrada grande com um abajur e pilhas de revistas à sua frente. Havia alguns sofás e poltronas de couro preto. No fundo da sala, um vaso de latão gigantesco com um enorme pé de goma-elástica; vovó tinha muito orgulho dessa planta. Um piano de armário, uma lareira com guarda-fogos e tenazes de latão, peças magníficas, e, no alto do console, um par de botas de cano longo de criança, que pertenceram a meu pai.

À noite vovô instalava-se numa poltrona da sala de bilhar e lia os jornais, fumando charutos. Fumava treze ou catorze charutos por dia, e a sala sempre fedia a fumo. De vez em quando, para minha felicidade, ele substituía os charutos por um cachimbo de cano comprido. Na parede a seu lado havia um porta-cachimbos e um relevo de gesso que representava a cabeça de Dante. Eu ia para debaixo da mesa grande e fazia de conta que ela era um navio, chiando um pouco de asma. Um dos volumosos pés da mesa virava um mastro. (Uma vez haviam me levado a bordo de um navio parado no porto, e eu adorara o passeio.) Vovó lia o *Literary Digest* à luz do abajur vermelho; depois jogava paciência.

Na biblioteca, havia algumas estantes com livros de capas de couro escuro, mas eu era a única pessoa que a frequentava. Mais ou menos dois meses depois de minha chegada, criei coragem e empurrei para o lado as portas de vidro. O tapete era de um azul vivo. No meio da sala havia uma mesa de mogno, com uma escrivaninha de latão e um peso de papel em forma de três charutos de bronze perfeitos. Era pesado, mas levantei-o várias vezes e constatei que tinha cheiro de metal, não de charuto.

Com frequência me faziam perguntas de modo indireto, do tipo: "Será que tem uma menininha aqui que gostaria de estudar piano?". Um dia a srta. Darling apareceu. Eu tinha de estudar quinze minutos corridos de cada vez. As pautas eram enormes, e as notas que eu escrevia eram do tamanho de melancias. Minhas pernas não alcançavam os pedais, é claro. Mas como eu adorava o som das teclas largas e amareladas!

A guerra prosseguia. Na escola, à hora do recreio, entrávamos no salão principal marchando, uma turma de cada vez, ao som de um piano de armário que tocava uma marcha pesada, que trago na cabeça todos estes anos e até hoje não consegui identificar. Então fazíamos o juramento à bandeira e cantávamos canções de guerra: "Joana D'Arc, estão te chamaaaaando". Eu detestava essas músicas, e detestava mais ainda o juramento à bandeira. Um ano antes, no Canadá, começávamos as aulas todos os dias cantando "Deus salve o rei" e "A folha de bordo para sempre". Agora eu me sentia uma traidora. Naturalmente, queria que ganhássemos a guerra, mas não queria ser americana. Quando fui para casa almoçar, expressei essas ideias. Vovó ficou horrorizada; quase chegou a chorar. Pouco tempo depois, ganhei de presente um cartão branco com uma bandeira americana colorida no alto, contendo todas as estrofes do hino americano, em letras azul-escuras. Todos os dias eu me sentava aos pés de vovó e tentava recitar aquele poema comprido que não acabava mais. Não cantávamos a música porque vovó, como ela me explicou, era desafinada. A maior parte da letra não fazia nenhum sentido. *Entre seu lar amado e a desolação da guerra* me fazia pensar em meu pai morto, e evocava imagens estranhas em minha cabeça.

Tia Jenny organizou uma festa para levantar fundos para alguma organização, talvez a Cruz Vermelha. Permitiram-me que ajudasse a pôr a mesa. Só me lembro dos bombons e das flores com as cores da bandeira — vermelha, branca e azul. A mãe da sra. Barton continuava a tricotar toucas e munhequeiras, e vovó resolveu que eu também tinha de aprender a fazer tricô. Com um par de agulhas que me pareciam imensas, comecei a fazer uns quadradinhos para formar um cobertor, mas detestei aquilo. Relembro com prazer as cores — rosa vivo e verde-claro —, mas o tricô me parecia tão desagradável quanto a aritmética. Chegava até a pular pontos assim que minha avó saía de perto, de modo que a maior parte do cobertor acabou sendo feita por ela. Minha avó concluiu que eu não era jeitosa para trabalhos manuais. Nunca mais fiz tricô.

Lembro-me das charges sobre a guerra; tínhamos livros grandes só de charges: éramos perseguidos por imagens de capacetes alemães e mãos decepadas. Quando tia Jenny tocava em tais assuntos, os outros a obrigavam a calar-se. Por causa dos "belgas", eu sempre comia o purê até o fim. Estocávamos víveres; no armário embaixo da escada da frente havia quatro barris de açúcar, que acabou empedrando. Uma noite, na cozinha, a cozinheira ficou a martelar o açúcar com o rolo de pastel, com toda a força, mais vermelha que nunca. Havia uma atmosfera de conspiração nessa cena, que associei a tia Jenny. Como ela raramente estava em casa, fiquei pensando que o tal "esforço de guerra" de que ela participava era uma espécie de profissão que a ocupava em horário integral. Na Nova Escócia, os soldados, alguns dos quais eu conhecia, usavam lindos gorros escoceses, com borlas, cardos e outras insígnias. Quando se fardavam, usavam saiotes e bolsas de couro. Um deles veio namorar minha tia mais moça com esse traje magnífico, com uma badine na mão, e deixou-me examiná-lo dos pés à cabeça. Os recrutas que eu via em Worcester me pareciam muito sem graça. Eu sentia falta de minha gata preta, Nanny, e do gatinho cinzento, Tippy, cujo nome vinha da canção de guerra "Tipperary". Eu gostava dessa música, e também de "A longa trilha" e "Toda moça de família ama um marinheiro", muito mais do que das músicas de Worcester. Detestava acima de tudo "Joana D'Arc, estão te chamaaaaando".

Às refeições, conversava-se sobre a carestia; fiquei sabendo que um ovo estava custando cinco cêntimos. E o preço das roupas! Eu quase nunca falava, mas dessa vez achei que tinha uma contribuição a dar à conversa. Disse: "A última vez que minha tia da Nova Escócia comprou um sapato, custou três dólares". Todo mundo riu. Perdi a coragem de falar à mesa, e nunca mais a recuperei.

Domingo, no café da manhã, sempre comíamos ensopado de ostras e bolinhos de milho. Em seguida, vovó e tio Neddy discutiam; era como uma espécie de ritual dominical. Sempre discutiam até a hora de vovó colocar seu chapéu alto de cetim para ir à igreja congregacional. Eu tinha medo; achava que estavam brigando de verdade, que estavam prestes a chegar às vias de fato. Andavam lado a lado pela sala, dando voltas na sala de bilhar, até mesmo saindo e contornando a casa. Vovô, enquanto isso, lia os jornais de domingo, mas de vez em quando fazia um comentário em voz bem alta: "Eu bem que lhe disse que aquelas ações não valiam nada, Ned. Você está jogando dinheiro fora". "A Jenny não tem nada na cabeça; nunca teve. É uma boboca." Às vezes rosnava: "Por que vocês dois não vão brigar em outro lugar? Juro que me mudo para o hotel". Por fim me dei conta de que as cenas sempre terminavam com tio Neddy beijando vovó, muito satisfeito da vida, e ajudando-a a vestir seu casaco preto.

Vinha a costureira. Seu nome, curiosamente, era srta. Cotton.* Vovó gostava dela; ela almoçava numa bandeja, enquanto o canário gordo e amarelo guinchava em sua gaiola. A costureira fez quatro vestidos para mim, todos horrendos, compridos demais, escuros demais, com enfeites aproveitados de sobras dos vestidos de vovó. (Quarenta e três anos depois, não suporto pensar nesses vestidos.) Até mesmo vovô perguntou: "Os vestidos desta criança não estão muito compridos?". Sarja azul, bolsos grandes, tudo orlado com um debrum prateado que continha um fio vermelho. Então vovó resolveu que eu devia usar os cabelos compridos e em tranças, como faziam as "boas menininhas". Os cabelos de Emma eram curtos, mas pelo visto esse fato não contava a meu favor.

Uma vez meu avô pediu-me que fosse pegar os seus óculos no seu quarto, onde eu nunca havia entrado. Era quase todo branco e dourado, surpreendentemente feminino para ele. O tapete era dourado, a cama era ornada de branco e amarelo-avermelhado, e a mobília também era em branco e dourado. Havia uma cômoda alta, uma colcha branca, cortinas de musselina, uma coleção de livros encadernados em couro preto perto da cama, fotos de vovó e de meus tios com diversas idades e duas garrafas grandes e pretas (de uísque, compreendi anos depois). Havia também vidros de remédio, e mais as "máquinas". Eram duas, em caixas pretas, com baterias elétricas ligadas a coisas que pareciam estetoscópios — seriam vibradores ou algo parecido, usados para fazer massagens. Eu não imaginava o que ele fazia com essas máquinas. As caixas, abertas, pareciam perigosas. Com um gesto hesitante, estendi o braço sobre uma dessas caixas e peguei os óculos; ao fazê-lo, me vi no espelho comprido: o vestido feio, os cabelos compridos demais, a expressão triste e assustada no rosto.

Então adoeci. Primeiro eczema, depois asma. À noite, eu e Beppo nos coçávamos, eu na minha cama, ele no corredor, junto à porta de meu quar-

---

* "Cotton" quer dizer "algodão".

to. Eu rolava e me coçava, rolava e me coçava. Ninguém se dava conta de que os tapetes espessos, o vidoeiro, a torrada com leite e Beppo estavam todos contribuindo, sem querer, para piorar minha saúde. A essa altura eu já tinha que tomar o café da manhã na cama. Às vezes, por volta das dez, o tédio me fazia levantar e descer para ver tio Neddy tomando o café. Seus cabelos eram partidos no meio, o rosto era luzidio e um pouco sardento, a camisa era de um branco deslumbrante, as abotoaduras brilhavam. Eu ao mesmo tempo o adorava e detestava. Ele dizia coisas assim: "Quando eu tinha a sua idade, eu subia o morro para catar castanhas", ou "O que você precisa, mocinha…". Eu queria ter boas relações com todos, mas meu tio insistia em fazer graças que eu não entendia e falar sobre surras e outras coisas horríveis.

Mas uma noite aconteceu uma coisa maravilhosa. Eu estava dormindo quando vovó entrou no quarto e disse: "Seu avô quer que você desça para ver o presente que ele lhe trouxe de Providence". As luzes da cozinha me ofuscavam. Sobre a mesa de esmalte branco, aturdidas, piscando os olhos, três galinhas pequenas — não, duas galinhas e um galo. Eram garnisés, e eram para mim. Quando uma das galinhas ciscou o fubá que havia na mesa e cacarejou baixinho, quase chorei de prazer. Onde colocá-las para passar a noite? O problema foi resolvido usando-se um dos tanques de lavar roupas que ficavam na lavanderia, junto à cozinha. Mas as galinhas e o galo precisavam de poleiros, e vovó encontrou um pau que a lavadeira usava para mexer as roupas ao lavá-las. O pau foi enfiado num dos tanques de pedra, e as três aves minúsculas imediatamente se instalaram nele. Eram avermelhadas, sarapintadas, com cristas vermelhas, pequeninas como se de brinquedo; o galo tinha um rabo com penas compridas. Eram *minhas*, e iam morar num galinheiro especial que Ed iria preparar no dia seguinte. Foi difícil separar-me de minha pequena criação.

Uma noite me levaram até a janela do salão da frente do andar de cima para ver as árvores cobertas de gelo, iluminadas pelo lampião de rua instalado no final da alameda. Todos os bordos estavam recurvados pelo peso do gelo. Alguns galhos haviam se quebrado; os fios telefônicos estavam cobertos de gelo, bem como os olmos finos que ladeavam a rua — o brilho pálido do gelo cobria toda a paisagem, formando círculos concêntricos quando a gente apertava a vista um pouco. Meu avô, de camisola com um roupão vermelho por cima, levantou-me até a altura da janela. "Aperte os olhos, vovô", disse eu. "Com força!" E ele obedeceu. Foi um dos poucos momentos descontraídos de todo esse período melancólico.

Então Agnes foi embora. Ia voltar para a Suécia, para casar-se. Chorei e agarrei-me a suas saias, a sua mala grande, quando ela me deu um beijo de despedida. A partir daí, as coisas foram de mal a pior. Primeiro, prisão de ventre; depois, eczema outra vez; por fim, asma. Eu tinha a impressão de estar envelhecendo, até mesmo morrendo. Sentia-me *entediada* e solitária com minha avó, meu avô caladão, com Emma e Beppo, com todos eles. À noite eu brincava de acender e apagar minha lanterna, e chorava. Como disse muito bem Louise Bogan:

> *At midnight tears*
> *Run into your ears.**

Nesse período de minha vida, aprendi três grandes verdades, todas difíceis de exprimir e igualmente importantes. Eu e Emma estávamos sentadas à sombra das castanheiras, puxando conversa, como fazem as crianças tal como os adultos. Ela perguntou-me sobre meus pais. Respondi que meu pai tinha morrido; eu nem me lembrava dele. E minha mãe? Pensei por um instante e então disse, com uma voz *sentimental*: "Ela foi embora e me abandonou... Ela morreu, também". Emma ficou impressionada e penalizada, e eu senti ódio de mim mesma. Foi a primeira vez que menti deliberada e conscientemente, e a primeira vez que percebi a falsidade e o grande poder do sentimentalismo — embora não conhecesse a palavra. Minha mãe não havia morrido. Estava numa clínica psiquiátrica, pois mais uma vez tivera um prolongado "colapso nervoso". Eu não sabia, e até hoje não sei; se menti por vergonha ou por um abjeto desejo de compaixão, dramatizando o que havia de melancólico e romântico na minha situação. Mas a sensação de autorrepulsa, fosse qual fosse sua causa, era bem real. Levantei-me de um salto, para fugir daquele eu monstruoso que não conseguira impedir de mentir.

Aprendi uma segunda lição quando vovó insistiu para que eu trouxesse da escola uma outra menina para brincar comigo. Escolhi uma lourinha inofensiva; de seu nome e seu rosto não me lembro mais. Era uma tarde de

---

* "À meia-noite as lágrimas/ Escorrem para dentro dos ouvidos."

inverno, e as luzes da cozinha já estavam acesas. Sentadas no chão da sala de jantar, folheávamos revistas, e eu estava morta, morta, morta de tédio. A cozinheira começava a preparar o jantar e conversava com Agnes, que ainda estava conosco. Por trás da porta da cozinha, uma porta de vaivém, vinha a luz da cozinha. Minha suposta companheira de brincadeiras me perguntou: "Quem é que mora naquela parte da casa?". Foi a primeira vez que tive um lampejo de consciência social: percebi que aquela criança pálida e sem nome vivia num mundo mais pobre que eu (pelo menos naquele momento, pois eu nunca me sentira muito segura a respeito da minha posição), e que imaginava estarmos num apartamento. Mais que depressa, creio eu, respondi, com tato: "Ah, uma *família*...". E, como os criados estavam todos falando em sueco, a resposta funcionou.

Passado o Ano-Novo, tia Jenny teve que ir ao dentista, e me pediu que fosse com ela. Deixou-me na sala de espera, e deu-me um exemplar da *National Geographic* para me distrair. Ainda escurecia cedo, e ali dentro estava muito escuro. Havia um abajur amarelo grande num canto, uma mesa com revistas e uma espécie de lustre no teto. Outras pessoas aguardavam ser atendidas, dois homens e uma senhora gorducha de meia-idade, todos muito agasalhados. Olhei para a capa da revista — eu já conseguia ler a maioria das palavras — reluzente, amarela e branca. Em letras negras estava escrito: FEVEREIRO DE 1918. Fui dominada por uma sensação de desolação absoluta, completa. Senti-me... eu mesma. Dentro de alguns dias, eu completaria sete anos de idade. Senti que era *eu, eu, eu*, e olhei para os três estranhos em pânico. Eu era *um* deles também, com meu corpinho insignificante, meus pulmões que chiavam. "Agora você vai ver", disse algo em mim. Como que eu fora cair naquela armadilha? Eu acabaria como aquela mulher sentada à minha frente, que de vez em quando me dirigia sorrisos cheios de falsidade. A sensação terrível passou, depois voltou outra vez. "Você é você", algo me disse. "Como você é estranha, de dentro olhando para fora. Você não é Beppo, nem a castanheira, nem Emma; você é *você* e vai continuar sendo *você* o resto da vida." Era como deslizar por uma encosta abaixo, esse pensamento, só que muito pior, e rapidamente ele se chocou contra uma árvore. *Por que* eu era um ser humano?

1961

A Escola de Redação E.U.A.

Quando me formei em Vassar, em 1934, durante a grande depressão, ainda era muito difícil encontrar emprego, e os salários eram muito baixos. Talvez exatamente por isso, eu e muitas de minhas colegas nos achávamos na obrigação de arranjar emprego, mesmo que não precisássemos trabalhar. O espírito da época — e, naturalmente, de minha turma — era radical; éramos todas adeptas de um vago e puritano socialismo. Talvez julgássemos haver algo de virtuoso em trabalhar para ganhar muito menos do que nossas famílias haviam gastado com nossa educação. Foi por esse motivo, por precisar de fato de um pouco mais de dinheiro, por simples curiosidade e, creio eu, por puro masoquismo que me interessei por um anúncio publicado no *Times* de domingo. Era de um curso por correspondência, a Escola de Redação E.U.A.

Primeiro fui entrevistada pelo dono, ou presidente, como ele se autodenominava, o sr. Black. Sua primeira afirmação foi a de que "Escola de Redação E.U.A." queria dizer "Escola de Redação Estados Unidos da América", e o prazer que me deu essa explicação me prendeu de imediato. Mas agora compreendo que eu fora feita por encomenda para o sr. Black, e mentalmente ele deve ter esfregado as mãos e lambido os beiços durante nossa pequena conversa. Eu não sabia escrever à máquina — quer dizer, não da maneira correta; queria fumar durante o trabalho, o que era contrário à legislação anti-incêndio; e não tinha experiência alguma em coisa nenhuma. Mas tinha um diploma de Vassar, e havia publicado um conto e três poemas em revistas. Eu não fazia a menor ideia de minha própria força; ele provavelmente teria me aceitado mesmo se eu pedisse vinte e cinco dólares por semana em vez dos quinze que me foram oferecidos, mas é claro que esse pensamento não me ocorreu. Sem dúvida, o sr. Black já estava pensando de que modo poderia incorporar minha formação primorosa e minha carreira literária nos prospectos de sua empresa.

Porém aqui havia um pequeno problema. Ao menos durante algum tempo, eu teria que exercer minhas funções na escola com o nome de Fred G. Margolies, que era o nome não de meu antecessor, e sim do antecessor do antecessor de meu antecessor. Fiquei sabendo que alguns dos alunos do sr. Margolies ainda não haviam concluído o curso, e tinham que receber seus trabalhos corrigidos com a assinatura dele, e até que eles se formassem eu teria que ser o sr. Margolies. Depois eu poderia me transformar em mim mesma e orientar novos alunos. Ocorreu-me que talvez eu preferisse continuar sendo o sr. Margolies, se tal fosse possível. Ele também havia publicado alguma coisa, se bem que nunca consegui me aprofundar na história do curso o bastante para descobrir o quê. E ele — melhor, eles — certamente sabiam escrever cartas muito bem, ou então tinham ainda mais curiosidade que eu, ou talvez fossem apenas pessoas de muito bom coração, a julgar pelo tom das cartas que eu recebia em nosso nome. Na verdade, durante muito tempo depois desse período continuei achando que o lado neuroticamente "bonzinho" da minha personalidade era mesmo o sr. Margolies.

O curso ficava no quarto andar, o último, de um velho edifício caindo aos pedaços perto do Columbus Circle. Não havia elevador. Eu havia aceitado — se bem que "aceitado" não pode ser a palavra correta — o emprego no final do outono, e agora tenho a impressão de que estava sempre ou chovendo ou nevando quando eu emergia da estação do metrô, de manhã, no Columbus Circle, e que eu estava sempre com um vestido preto de lã, de impermeável, galochas e guarda-chuva. No corredor escuro havia três lances de escada; e a escada sempre cheirava a coisas como ferro quente, charutos, botas de borracha, caroços de pêssego — os últimos estertores das indústrias que agonizavam por trás daquelas portas assinaladas por letras.

A Escola E.U.A. consistia de quatro salas: uma antessala minúscula onde ficava uma moça sozinha, datilografando — conforme vim a constatar, batendo à máquina exatamente a mesma coisa que suas colegas estavam datilografando na sala grande a que a antessala dava acesso; creio que ela ficava ali para deter algum aluno que resolvesse inesperadamente vir em pessoa à escola. Nessa antessala havia algumas fotos na parede: retratos de Sinclair Lewis e outras pessoas que não haviam estudado lá. Depois vinha a sala grande, mal iluminada por diversas claraboias cobertas de fuligem e neve, com as luzes acesas o dia inteiro; ali trabalhavam de seis a doze moças. O número delas variava de um dia para o outro; usavam máquinas de escrever muito antiquadas para preparar as "aulas" do curso. Na outra extremidade dessa sala havia duas saletas bem pequenas, com janelas para a rua: a sala do sr. Black e a dos srs. Margolies e Hearn.

O sr. Hearn era uma mulher alta, muito corpulenta, bonitona, com cerca de trinta anos de idade, chamada Rachel, que usava óculos pretos de tartaruga e tinha um sinal preto na bochecha. Nossa sala era um pouco pequena para nós duas. Rachel fumava furiosamente o tempo todo, eu fumava moderadamente, e tínhamos que ficar com a porta fechada para que as pobres datilógrafas provisórias, que não tinham permissão para fumar, não nos vissem e entrassem em greve, ou nos denunciassem ao quartel do corpo de bombeiros mais próximo. Com a chuva e a neblina e a neve lá fora e a fumaça dentro, vivíamos num isolamento sufocante, abafado, como se num casulo. O cheiro era o de um vagão de passageiros após uma longa viagem. Trabalhávamos uma de costas para a outra, mas nossas cadeiras eram giratórias, e passávamos boa parte do tempo viradas para trás, nossos joelhos quase se esbarrando, o cigarro de uma debaixo do nariz da outra, conversando.

No início, ela me tratava muito mal. Na minha inocência, mais uma vez, não percebi que isso, naturalmente, era por conta de meu passado em Vassar e de minha carreira literária; mas em pouco tempo ela foi se tornando mais educada, e chegamos até a gostar uma da outra, moderadamente. Rachel era quem falava mais. Tinha muito a dizer; queria corrigir todas as falhas da minha formação e, como tantos outros naquele tempo, queria que eu entrasse para o Partido. Para não ter que ir à sede com ela e tirar minha "carteirinha", coisa que poderíamos fazer com facilidade na hora no almoço, assim que eu parasse com aquela absurda teimosia e me decidisse, resolvi dizer-lhe que eu era anarquista. Mas isso não adiantou muito. Apesar de meus princípios, me vi obrigada a defender o atentado de Berkman contra o sócio de Andrew Carnegie, Henry Frick, e depois disso passei horas na biblioteca da Forty-second Street consultando os livros classificados sob *An*, numa tentativa desesperada de conseguir fazer Rachel calar-se. Durante algum tempo mantive contato com uma organização anarquista (descobri que elas são difíceis de contatar) em New Jersey, a qual passou a me enviar panfletos e convites para reuniões, todos os dias, pelo correio.

Às vezes almoçávamos juntas na imensa Stewart's Cafeteria. Eu nada tinha contra os restaurantes self-service, mas eles causam uma certa indecisão: o que comer, em que mesa se sentar, em que cadeira da mesa ficar, tirar ou não o prato da bandeja antes de comer, onde colocar a bandeja, tirar ou não o casaco, largar as coisas com os comensais e ir pegar o copo d'água esquecido ou voltar com bandeja e tudo. Mas Rachel me empurrava a sua frente em direção ao balcão dos sanduíches. Era impressionante a variedade de sanduíches que se podia mandar fazer num átimo, e Rachel sempre comia três: salmão com requeijão num pãozinho, carne enlatada com picles num pão de centeio, carne defumada com mostarda em sei-lá-o--quê. Ela fazia seus pedidos aos gritos. Isso não adiantava muito, concluí, após tentar fazer meus três pedidos em voz bem alta; os sanduíches tinham todos o mesmo gosto. Passei a pedir umas maçãs cozidas, grandes, um tanto irreais, com café. Eu e Rachel, com seus três sanduíches e suas três xícaras de café pedidas ao mesmo tempo, nos sentávamos com nossas capas e galochas encharcadas, nossos almoços se confundindo na mesa, e ela me fazia sermões sobre literatura.

Ela nunca falava sobre política no almoço, não sei por quê. Tinha lido muito, e para mim, que era formada em letras, seu gosto me parecia patético. Gostava de livros grandes, com muita autoafirmação e emoção, e seu poeta favorito era Whitman. Gostava das traduções de Merejkovski, tudo que Thomas Wolfe já havia publicado, tudo de Theodore Dreiser, o ciclo Studs Lonigan de James Farrell e, mais do que tudo, Vardis Fisher — ela praticamente sabia de cor tudo que ele já havia publicado. Uma sensação de pesadelo me domina quando relembro aqueles almoços: o chão úmido e sujo de terra sob meus pés; a multidão molhada, ruidosa, a comer sob as luzes de néon; e a voz possante e inexorável de Rachel, me relatando com todos os detalhes a infindável e insuportável autobiografia de Vardis Fisher. Talvez alguns detalhes fossem acrescentados por ela, não tenho certeza; tomei a firme decisão de jamais ler os livros desse autor, que ela se oferecia para me emprestar, e até hoje não os li. Lembro que uma vez ela recitou um verso e meio de "Modern Love" de onde Fisher havia tirado três títulos consecutivos: *"In tragic life, God wot,/ No villain need be! Passions spin the plot* [...]",* e fiquei a me perguntar, em meio àquela zoeira, por que motivo Fisher não havia explorado as possibilidades de "Deus sabe", ou se um dia ainda chegaria a fazê-lo. Eu havia recentemente empreendido uma

---

* "A vida trágica, Deus sabe,/ Dispensa vilões! Movem o enredo das paixões [...]." *Modern Love* é um livro de poemas de George Meredith.

análise pormenorizada de "The Waste Land", de Eliot, e aquela colagem literária não chegou a me impressionar.

A única coisa que impressionava Rachel era o "realismo", apenas o "realismo". Mas se eu tentava argumentar, no meu velho tom de sala de aula, que havia realismos e realismos, ou lhe perguntar o que ela *queria dizer* com "realismo", Rachel voltava uma expressão feroz para mim — seus olhos brilhavam sob as luminárias da Stewarts — e em silêncio escancarava a bocarra para acomodar os vários andares de seu sanduíche. O sinal sobre a bochecha subia e descia enquanto ela mastigava. De início aqueles olhares que pareciam tabefes me inspiravam medo, mas acabei me acostumando. E quando, um dia, em nossa sala no curso, Rachel me pediu para ler uma frase que ela havia escrito para lhe dizer se a sintaxe estava correta, percebi que minha colega estava começando a gostar de mim, apesar de minha decadência burguesa e de minha falta de contato com a realidade que me levavam a buscar refúgio na infantilidade do anarquismo. Percebi também que Rachel já estava desconfiada de que havia algo de estranho nas posições políticas que eu supostamente defendia.

Arrogante, desonesta, pouco simpática, orgulhosa de ser "durona", suscetível, insensível, porém capaz de manifestar bondade ou senso de humor quando algum gesto conseguia atingi-la, Rachel era uma novidade para mim. Tinha uma característica rara que captava meu interesse: jamais falava sobre si própria. Ganhava vinte e cinco dólares por semana. Andava mal vestida, até mesmo para uma frequentadora da Stewart's naquele tempo, e suja, ainda por cima. A única coisa que fiquei sabendo a seu respeito era que tinha uma irmã, internada num sanatório público para tuberculosos, que ela visitava todos os meses, mas de quem não gostava muito, ao que parece por ela ser doente, e portanto "não servir para nada". Rachel, por sua vez, era uma mulher fortíssima, e não demorou para que eu me desse conta de que ela inspirava medo, um medo quase físico, em todo mundo naquela pseudoescola, inclusive o presidente, o sr. Black. Também não demorei para compreender que Rachel era o verdadeiro cérebro do curso, e posteriormente cheguei mesmo a suspeitar que fosse ela a verdadeira dona, e o sr. Black apenas um testa de ferro. Essa hipótese era provavelmente falsa, mas nunca descobri a verdade a respeito de nada do que se passava por lá.

Rachel fumava cigarros que eram roubados para ela por um "homem" que ela conhecia — de que modo eram roubados, e que homem era esse, jamais descobri. De vez em quando apareciam outros objetos — uma bolsa nova, uma caneta-tinteiro, um isqueiro — vindos da mesma fonte, ou talvez de um outro "homem", mas Rachel jamais falou em amor nem em relações amorosas, a não ser as de Vardis Fisher. Era de esperar que ela me odiasse; minha aquiescência tranquila e minhas correções vacilantes deviam ser difíceis de engolir; mas creio que não me odiava. Acho que tínhamos pena uma da outra. Tenho a impressão de que Rachel me via como uma pessoa marcada para morrer; eu desfrutava de minha breve existência de cigarra, meu "senso de humor", minha "cultura", enquanto tal era possível, e talvez, num futuro não muito distante, quando "a coisa virasse", ela poderia até interceder em meu favor se quisesse. Imagino que mais tarde ela pode perfeitamente ter tido sucesso no mundo dos negócios — provavelmente em algum negócio escuso, como o curso de redação, só que em escala muito maior. Rachel parecia ser atraída por tudo que era escuro e torto, como se, por acreditar que as pessoas eram levadas a usar métodos ilícitos pelas circunstâncias econômicas, não ser desonesta fosse uma desonestidade para ela. Um de seus ditos prediletos era "a propriedade é um roubo".

Pobre Rachel! Muitas vezes me inspirava antipatia, me dava um frisson, e no entanto ao mesmo tempo eu gostava dela, e sem dúvida não conseguia deixar de ouvir com atenção tudo que ela dizia. Durante várias semanas Rachel foi para mim uma espécie de oradora pública particular. O fato de não ter um "passado", nenhum contexto definível em que se situasse, a impressão que dava de ter poder, de estar apenas esperando a hora de agir: por mais falsa ou ridícula que fosse, me fascinavam. Conversar com Rachel era como olhar para um negativo contra a luz e ficar imaginando que imagens sairiam daquelas opacidades e transparências quando a foto fosse ampliada.

O curso que oferecíamos, "Aprenda a escrever", era anunciado nas revistas mais baratas, de agricultura, cinema ou faroeste. Os anúncios eram do tipo que afirma "você também pode ganhar dinheiro escrevendo", anúncios redigidos de modo convincente, porém cuidadoso. Aceitávamos qualquer aluno, qualquer que fosse seu nível de instrução, e o ensinávamos a escrever qualquer tipo de texto — reportagens jornalísticas, anúncios, romances; todo aluno receberia a atenção individual de escritores de sucesso como o sr. Hearn e o sr. Margolies. O curso completo consistia em oito aulas; o pagamento era adiantado, e o preço era quarenta dólares. No tempo em que trabalhei lá, a escola tinha apenas cerca de cento e cinquenta "alunos", porém num passado bem recente houvera muito, muito mais alunos, e isso voltaria a acontecer assim que o curso passasse por uma "revisão". Pouco antes, tinha havido uma tremenda convulsão na escola, que acarretara a perda da maior parte dos alunos, e por algum motivo tornara-se necessário rever e reimprimir tudo — todas as circulares, todos os formulários de contrato, todas as "lições". Era por isso que havia tantas datilógrafas trabalhando.

Todas essas revisões, inclusive as oito novas lições, estavam sendo feitas por Rachel. Sua mesa vivia coberta de pilhas de tiras de papel, presas por clipes, que eram pedaços do "material" antigo do curso. Havia também pilhas de circulares de outros cursos por correspondência, e um que outro manual de composição, dos quais ela extraía as frases mais dogmáticas, por vezes até parágrafos inteiros. Quando resolvia trabalhar, Rachel era rapidíssima. Sua máquina de escrever produzia um ruído equivalente ao de duas ou três máquinas sendo usadas ao mesmo tempo, e as datilógrafas nervosas iam e vinham afobadas da sala grande para nossa saleta, levando e trazendo pilhas de material, como se participassem de uma corrida de revezamento. Porém boa parte do tempo Rachel ficava a conversar comigo, ou a contemplar a neve que caía lá fora com uma expressão soturna no rosto. Uma vez perguntou-me: "Por que você não escreve um poema bonito sobre isso?". Uma ou duas vezes, com um cheiro forte de uísque, passou a tarde inteira carrancuda, mergulhada num romance proletário recém-publicado.

Raramente víamos o sr. Black. Ele recebia muitos visitantes em seu escritório, homens muito parecidos com ele, e lhes servia café instantâneo que preparava num fogãozinho; um cheiro desagradável de metanol atravessava a parede divisória e penetrava nossa sala. De vez em quando trazia café para nós duas, em xícaras de vidro baratas com bordas tão ásperas que cortavam os lábios. Ele perguntava: "E como vai nossa moça de Vassar?". Olhava por cima de meu ombro para a carta que eu estava lentamente produzindo, batendo à máquina com dois ou três dedos, e então exclamava: "Muito bem! Muito bem! Está se saindo muito bem! Eles vão adorar! Vão adorar!". E apertava meu ombro com uma força excessiva. Às vezes dizia a Rachel: "Dê uma olhada nisso. Guarde; ponha a cópia carbono no seu arquivo. Vamos usar de novo". Rachel gemia alto.

Foi ali, naquele lugar malsão, apesar de tudo que eu já lera e aprendera e julgava já saber sobre o assunto, que pela primeira vez me dei conta do poder misterioso e terrível da escrita. Ou melhor — como "escrita" tem tantos significados diferentes —, o poder da palavra escrita, ou até mesmo da Palavra com P maiúsculo, ou mesmo do Verbo, com cujo significado antes eu não havia atinado, mas que de repente se revelou a mim com toda a clareza, ainda que de modo intermitente.

Nossos anúncios especificavam que, quando um candidato nos escrevia manifestando interesse pelo curso, ele deveria mandar uma amostra de seu texto, qualquer tipo de "material", curto ou longo, para submetê-lo a nossa "análise", juntamente com um vale postal no valor de cinco dólares. Enviávamos de volta nossa "análise" e dizíamos ao candidato se ele tinha ou não talento suficiente para se tornar um escritor de sucesso. Todos os candidatos — a menos que fossem analfabetos — tinham talento. Em seguida, o candidato tinha que completar a primeira lição — creio que o nome era "Relato direto" ou então "Prosa descritiva" — e enviá-la a nós num prazo de um mês, juntamente com os trinta e cinco dólares restantes. Esse texto era "analisado" e devolvido juntamente com a segunda lição; e assim o curso prosseguia.

Já não me lembro de todas as lições, mas uma delas era "Publicidade". Pedia-se ao aluno que redigisse anúncios para frutas, pão, bebidas. Não sei por que se dava tanta ênfase a comida e bebida; talvez fosse sinal dos tempos. Uma outra lição era um conto, e havia também uma "Confissão verídica". Quase todos os alunos confundiam esses dois gêneros totalmente. E as "amostras" enviadas inicialmente tendiam a pertencer ao gênero "Confissão verídica", também. Essa amostra, expandida ou cortada, censurada ou apimentada, juntamente com a primeira carta ao sr. Margolies que a acompanhava, constituía a parte mais interessante do curso para todas as partes envolvidas. Meu trabalho consistia em redigir uma análise de cada lição em quinhentas palavras, se possível, tantas por dia quanto eu conseguisse fazer, utilizando como modelos uma coleção de lições e análises antigas. Cabia a mim também escrever uma pequena resposta pessoal à carta que infalivelmente acompanhava cada lição. Era meu dever incentivar o aluno se ele estivesse desanimado, e convencê-lo com firmeza a mudar de ideia se demonstrasse algum sinal de querer seu dinheiro de volta.

Henry James afirmou uma vez que todo aquele que aspira tornar-se escritor deve escrever em sua flâmula uma única palavra: "Solidão". No caso de meus alunos, o que eles necessitavam não era excluir-se da sociedade, e sim entrar nela. O problema deles era que "Solidão" havia sido escrita em suas flâmulas sem que eles pedissem, e era por isso que queriam tornar-se escritores. Todas as cartas que chegavam a minhas mãos, sem exceção, vinham de pessoas que sofriam de uma solidão terrível, em todas as suas formas mais conhecidas, e mais algumas formas de cuja existência eu nem sequer desconfiava. Escrever — principalmente escrever para o sr. Margolies — era uma maneira de diminuir a solidão. Ser publicado, tornar-se "famoso", seria uma solução instantânea para o problema da falta de identidade e uma fuga da solidão, porque desse modo o escritor conheceria outras pessoas, sob a forma de admiradores, amigos, amantes, pretendentes etc.

Nos formulários que preenchiam, os candidatos especificavam a idade e a profissão. Muitos eram vaqueiros e empregados de fazendas. Um deles escrevia suas lições com letra de imprensa, não do tipo que foi ensinado uma certa época nas escolas de elite, embora semelhante, mas sim com a espécie de letra de imprensa que uma criança faz quando tenta caprichar. Havia um pastor de ovelhas, um pastor de verdade, que chegou mesmo a *afirmar* que levava uma vida muita solitária, "por causa da minha profissão". Escrever o animava, porque "as ovelhas não são uma companhia muito interessante para um homem (ha-ha)". Havia também mulheres de empregados de fazenda. Muitos eram marinheiros; um, negro, era cozinheiro; havia um suboficial servindo num submarino e um faroleiro — um guardador de farol de verdade. Havia muitas "domésticas", algumas das quais se diziam "de cor", e vários estudantes que me escreviam do interior do Sul, que me informavam, como se tivessem obrigação de fazê-lo, que eram negros.

De todas as cartas e lições que li durante minha passagem pela Escola E.U.A., apenas as de uma aluna indicavam um mínimo de "talento". Era uma "criadora de gado e galinhas", uma "solteirona", como ela própria se identificava, que morava no interior do Kansas. Os contos que ela mandava, qualquer que fosse o gênero de exercício requisitado, eram contos de verdade. Os relatos dos outros alunos eram fracassos de cortar o coração — incoerentes, abruptos, atrofiados. As histórias dessa mulher se prolongavam com exuberância, como a narrativa de um bom contador de histórias, e quase chegavam a ser interessantes, com muita cor local e uma abundância de detalhes. Eram cheias de galos, cobras, raposas e gaviões, e tinham enredos dramáticos, talvez verídicos, que giravam em torno de vacas doentes ou moribundas, hipotecas, madrastas, bebês, nevascas desastrosas, tornados. Eram também dez vezes mais compridas que as histórias de todos os outros alunos. Depois que larguei meu emprego, de vez em quando folheava revistas de fazendeiros, como *The Country Gentleman*, na esperança de que ela tivesse finalmente conseguido publicar, mas nunca mais vi seu nome.

Muitos de meus patéticos candidatos davam a impressão de jamais ter lido o que quer que fosse, com a possível exceção de um único relato memorável, do gênero "Confissões verídicas". A discrepância que havia entre os textos estranhos, sem vida, desconjuntados que me enviavam e as coisas que liam em letra de fôrma simplesmente não lhes saltava à vista. Ou talvez eles imaginassem que o sr. Margolies brandiria sua vara de condão, e então os pequenos montes de melancólicos ossos verbais, como ossos de galinha ou espinhas de peixe, ganhariam carne e vida, e se transformariam em contos e romances encorpados, emocionantes, apaixonantes. Sem dúvida, haveria outros motivos, mais profundos, que os levavam a matricular-se no "curso", enviar suas "lições" e pagar a quantia absurda de quarenta dólares. Mas nunca consegui me convencer de que meus alunos realmente acreditavam que um dia iriam saber escrever, ou que teriam de se esforçar muito para conseguir tal coisa. Era como comprar um bilhete de loteria. Afinal, qualquer um poderia ganhar o prêmio, e todo mundo sabe que nessas coisas sempre tem marmelada.

Todos esses exemplos de literatura "primitiva" — o termo me parece apropriado — tinham uma característica em comum que os diferenciava da pintura primitiva: o desmazelo e a afobação. Enquanto o pintor primitivo é capaz de passar meses ou anos, se necessário, reproduzindo todas as folhas de relva de um gramado ou criando muros de tijolo em baixo-relevo, o escritor primitivo parece ter pressa em acabar logo com aquilo. Outra característica era a ausência quase completa de detalhes. O pintor primitivo ama os detalhes, e os elabora e enfatiza em detrimento do todo. Mas quando o escritor primitivo utiliza detalhes, estes são muitas vezes absurdamente inadequados, e revelam muita coisa a respeito do autor sem dizer nada de relevante sobre o assunto em questão. Talvez isso prove que têm razão os escritores profissionais que com frequência se queixam de que pintar é mais divertido que escrever. Talvez as mesmas mulheres de trabalhadores que mandavam míseros resumos de narrativas sem diálogos e sem nenhuma descrição de personagens e lugares não hesitassem em passar uma tarde inteira enfeitando um bolo de aniversário com glacê de cores diferentes. Mas a temática era igualmente banal nas pinturas e nos textos. Havia também nessa literatura a mesma tendência que há na pintura primitiva de fazer com que tudo faça sentido, ou adquira um valor moral para o mundo, atribuindo-lhe uma "moral" ou interpretação alegórica grandiosa, ainda que desajeitada. Era como se meus alunos dissessem: "Nossas experiências são verídicas e verdadeiras, e foi com base nelas que tiramos estas conclusões inimitáveis e nobres. Como nossos sentimentos são tão elevados, quem ousaria negar-nos nosso direito à Fama?".

O que poderia eu dizer a eles? A julgar pelo que me escreviam, estava claro que meus alunos mal podiam esperar a chegada de minha próxima análise. Talvez nutrissem a esperança, a cada vez, de que o sr. Margolies lhes dissesse que havia encontrado uma revista que publicaria sua lição e que o cheque seguia em anexo. Todos estavam ansiosos, embora não fizessem muito esforço; ou pelo menos achavam-se na obrigação de fingir-se ansiosos. Um homem escreveu: "Esta noite mal dormi, aguardando a sua resposta". Pediam desculpas pela demora, pela má ortografia, pelas canetas ou lápis que usavam (pedíamos que escrevessem a tinta, mas muitos não o faziam). Um rapaz desculpou-se pela letra feia, dizendo: "Estou escrevendo isto no metrô", o que talvez fosse verdade. Alguns se referiam a suas lições como "dever de casa", e dirigiam-se ao sr. Margolies como "querido professor". Uma mulher enfeitava suas lições com selos de Natal. Para minha surpresa, houve dois ou três alunos que escreveram obscenidades do tipo que um homem conta a outro, ou relataram piadas cabeludas velhíssimas.

Comecei a copiar trechos das cartas e contos que me enviavam e levá-los para casa. Um zelador de Kansas City queria aprender a escrever para publicar "um livro sobre como ensinar as crianças a serem bons radicais, do tipo George Washington ou do tipo Jesus Cristo". Uma mulher contou-me que sua mãe idosa de tal modo aprovara seu propósito de aprender a escrever que lhe dera os quarenta dólares e lhe cedera "*o nome dela* para eu assinar os trabalhos". A filha chamava-se Emma, a mãe Katerina. Eu poderia, por favor, doravante dirigir-me à filha como Katerina?

Depois da minha "criadora de gado e galinhas", meu favorito era um certo Jimmy O'Shea, de Fall River; idade: setenta anos; profissão: "aposentado". O estilo dele era o que mais se aproximava do primitivo clássico. Suas histórias eram um tanto compridas, e tal como Gertrude Stein ele escrevia à mão, com uma letra esparramada, em pedaços pequenos de papel. Havia elaborado um estilo que lhe permitia preencher exatamente uma página com cada frase. Cada frase — normalmente iniciada por *Também* ou *Sim* — começava no alto da página à esquerda e terminava com um ponto avantajado no canto inferior à direita. A bondade brilhava por trás dessas páginas com pauta azul, como se elas fossem lanternas de papel. Ele caracterizava tudo que aparecia em suas narrativas simples com três, quatro, até cinco adjetivos, e depois os repetia, como Homero, cada vez que o substantivo reaparecia. Foi o sr. O'Shea que me escreveu uma carta que exprimia o sentimento comum de que o tempo está passando e sendo desperdiçado, deslumbramento e inveja, e em parte ambição sincera:

> Eu não andava muito bem dos dentes, e tive que arrancar três dos grandes, porque eles me faziam ficar nervoso e doente às vezes, e foi por isso que eu não mandei minha lição. Estou pensando em saber escrever igual a todos os Escritores, porque acho que isso é o que pretendo mais que qualquer outro tipo de trabalho. Sr. Margolies, fico pensando como esses Escritores escrevem histórias grandes com 60 mil ou 100 mil palavras nessas Revistas, onde é que eles encontram imaginação e material para isso? Sei que há um grande campo nessa arte.

Aguentei o curso o máximo que foi possível, o que não foi muito tempo, e na mesma semana em que recebi essa carta do sr. O'Shea pedi demissão. O sr. Black implorou-lhe para que ficasse, logo agora que eu estava começando a pegar o jeito da coisa, estava produzindo cada vez mais análises por dia, e me ofereceu mais dois dólares e meio por semana. Também Rachel pareceu ficar triste com a notícia. Fomos almoçar juntas pela última vez, numa outra lanchonete, onde havia um bar, e — cada uma pagando a sua conta — tomamos um coquetel antes do almoço. Quando eu estava retirando minhas coisas da mesa, ela me deu um presente, uma brochura estranha que havia acabado de ler, obra de um chinês, escrita num estilo semelhante ao de nossos alunos. O livro relatava suas experiências como trabalhador escravo em fazendas nos Estados Unidos e em canaviais em Cuba. O relato parecia verídico, mas não era "realismo", porque o autor usava uma imagística estranha, oriental.

Cerca de dois anos depois encontrei Rachel em Times Square uma noite, quando eu ia ao teatro. Ela estava como sempre, talvez um pouco mais pesada e um pouco menos mal vestida. Perguntei-lhe se continuava trabalhando na Escola de Redação E.U.A., e como estava o sr. Black. O sr. Black, respondeu-me ela com perfeita naturalidade, estava preso, pela segunda ou terceira vez, por fazer uso indevido do correio. A Escola de Redação E.U.A. fora invadida pela polícia pouco depois de eu pedir demissão, e todas as lições, todas as cartas sinceras e confiantes de meus pobres alunos haviam sido confiscadas. Disse ela: "Eu não lhe contei quando você estava lá, mas era por isso que a gente estava revendo todo o material. A Escola de Redação E.U.A. era um nome novo; até mais ou menos um mês antes de você entrar o nome era diferente. O Black pagou uma multa alta daquela vez, e estávamos começando tudo de novo".

Perguntei-lhe o que ela estava fazendo agora, mas Rachel não me disse. Eu estava vestida para ir ao teatro, e ela me olhou dos pés à cabeça com desprezo — pelo que me pareceu — mas com tolerância, como se estivesse pensando: Mas que bela anarquista! Então o sr. Hearn e o sr. Margolies trocaram um aperto de mãos e se despediram para sempre.

1966

Viagem a Vigia

O poeta tímido, tão sujo, tão pobre, tão educado, insistiu em nos levar no carro dele. Um amigo iria junto como mecânico. O carro estava nas últimas; havia pifado duas vezes na véspera, rodando em Belém. Mas o que fazer? Eu não tinha como exibir meus dólares e alugar um carro melhor.

Ele chegou ao nosso hotel às nove (havia combinado às oito) com José Augusto, um de seus filhos, onze anos, claro, e também muito tímido. Ruy, o poeta, era moreno, calado, pesadão e mole, rosto lustroso salpicado de manchas pretas pequenas que pareciam chumbinho. Os outros filhos, quatro ou cinco ao todo, estavam em casa, com "febre". Estiveram doentes todo o tempo que passamos em Belém. José Augusto quase nunca falava, mas no decorrer daquele longo dia sua expressão foi gradualmente se tornando mais animada, mais infantil. No meio da tarde chegou a ficar irrequieto, animado; na volta, dormiu a viagem inteira nos braços do pai.

Ruy estava nervoso. Repetia de quando em quando que provavelmente não íamos gostar da famosa igreja de Vigia; ela era "barroca demais" para nós. Cada vez que ele dizia isso, nossa imaginação acrescentava mais um campanário e uma voluta um pouco mais ousada de pedra esculpida. Eu e M. afundávamos no banco de trás, tão baixo que tínhamos a sensação de que nossas nádegas roçavam de leve na pista. O mecânico, José Augusto e Ruy iam na frente. Passaram a maior parte do tempo de cabeça baixa, como se estivessem rezando. Talvez rezassem para que o coração cansado do carro continuasse batendo só mais um pouco, até terminar aquela viagem.

Havíamos conhecido Ruy apenas dois dias antes. Naquela manhã, pedi a M. para me avisar quando chegasse o momento místico em que ela trocaria de marcha e, em vez de chamá-lo de "dr. Ruy", passaria a tratá-lo de "você". Esse uso do pronome de tratamento é sempre um problema delicado, e eu queria ver como M., que tem excelentes maneiras à moda brasileira, o resolveria. Como Ruy era poeta e portanto poderia ser considerado sensível, e como o achávamos muito simpático, eu imaginava que a coisa fosse acontecer logo.

Pouco depois de sair de Belém, atravessamos um pátio de manobras aparentemente abandonado, com alguns velhos vagões de carga vermelhos espalhados; era o final da linha. Passamos por baixo de um arco cheio de arabescos, enfeitado com uma faixa comprida e desbotada e bambus cortados, já secos e escurecidos. A faixa fora colocada para comemorar a inauguração da nova estrada Belém-Brasília. Poucos metros adiante, o asfalto terminava, de uma vez por todas. Porém a ideia de que agora havia uma estrada que levava à capital animava toda Belém de modo considerável. Até Ruy, um homem resignado, falava sobre o futuro com otimismo.

Vigia ficava a cerca de cem quilômetros. Tomamos uma outra estrada, mais estreita, à esquerda, que subia e descia, subia e descia, num relevo suave, atravessando mato rasteiro. Por causa das duas chuvas diárias (estávamos na estação das chuvas), havia pouca poeira. Lentamente, lentamente, subíamos e descíamos, sobre a pista de cascalho. O mecânico calado parecia uma mãe ensinando o carro a andar. Mas depois de algum tempo o carro parou.

O homem saltou e levantou o capô. M. falava alegremente sobre assuntos variados. Após cerca de quinze minutos, o carro pegou outra vez: subimos uma ladeira suave, descemos mais depressa, subimos outra vez. O dia estava esquentando. O carro estava esquentando. Mas ainda tínhamos a impressão de estar nos arredores de Belém. Passamos por plantações de pimenta, grandes pilares folhudos. Os pés de pimenta se enroscam nesses pilares, como vagens; chama-se pimenta-do-reino porque outrora pertencia à Coroa. Dizem que toda a história de Portugal a partir do século XIV é a história da pimenta. Nos últimos anos vinha se tornando um produto agrícola importante no Norte. Ruy reclamou da pimenta, dizendo que já estavam plantando demais, como sempre acontece quando um produto começa a dar certo no Brasil, e o preço estava caindo. À esquerda, onde corria um riacho invisível, havia uma ou outra plantação de juta, de um verde vivo e tenro.

Mais pimenta. Casas esparsas de pau a pique. Um carro de boi: zebus mansos, lindos, com corcovas altas e longas orelhas pendentes, de um cinza azulado, uma bela junta de animais. Cavalos magros corriam para o mato ou permaneciam impassíveis quando os contornávamos. Uma igreja miserável de pau a pique, semipintada de azul vivo: IGREJA BATISTA. Então uma pequena ponte com metade das tábuas faltando. O mecânico saltou e ficou de cócoras, examinando-a, do outro lado, antes de a atravessarmos.

Fina, azulada, chegou a chuva matinal. O cascalho, mais escuro, espirrava dos dois lados do carro. Seguíamos devagar, como num sonho. Ruy discorria sobre T. S. Eliot. Lia um pouco de inglês, mas não falava uma palavra. Tentei contar uma história sobre Ezra Pound. Foi muito bem recebida, mas creio que não foi compreendida. Tentei contar mais algumas histórias sobre personalidades literárias. Sorrindo educadamente, Ruy esperava até que M. me ajudasse a formar as frases em português. Muitas vezes as histórias se revelavam intraduzíveis. O carro parou.

Dessa vez o mecânico demorou muito mais. M. falava de modo ainda mais animado. De repente a chuva caiu com força, em grandes cortinas brancas. Os arbustos se agachavam, o cascalho dançava. M. me cutucou, cochichou em meu ouvido: "*Agora*", e na frase seguinte que disse a Ruy usou um "você" bem audível; o momento místico havia passado. O mecânico entrou, as roupas escurecidas pela água, e disse que íamos parar na próxima cidadezinha para consertar o carro.

A chuva parou e o sol saiu. Certas variedades de folhas de plantas tropicais, vitrificadas de chuva, refletiam a luz como níquel, ou esmalte branco, mas à medida que o carro passava elas iam retornando seu tom habitual de verde acinzentado. Esse efeito confundia a vista, cansava-a. Palmeiras, mais pimenta e juta, mais arbustos. Aqui e ali uma árvore alta da selva havia sido deixada, as copas pululando de pontinhos pretos; cada árvore abrigava toda uma comunidade de pássaros. Uma castanheira-do-pará de pelo menos sessenta metros de altura estava em flor; o que denunciava esse fato era um cheiro de mil lilases no ar.

Três juntas de zebus carregados de juta. Um chuvisco leve, como um adendo ao temporal, em pleno sol. Estávamos seguindo para Nor-Nordeste, contornando a grande baía de Marajó, mas poderíamos perfeitamente estar no meio da África ou do Yucatán. (Na verdade, lembrava mesmo o Yucatán, um pouco.) Mais casebres miseráveis, com porcos, e crianças nuas luzidias de chuva. A "cidadezinha" era uma encruzilhada, com uma venda de bebidas e secos e molhados, um botequim, junto a um flamboyant frondoso.

Levamos um momento para perceber que o carro havia de fato parado; paramos de falar e saltamos.

A loja tinha sido saqueada, devastada. Mas não, era o estado normal dela. Era bem grande; as paredes não tinham cor, ou eram talvez cor de nuvem, com buracos no chão, nas paredes, no teto. Um barril de querosene cercado por uma mancha escura. Uma corda de algodão azul enrodilhada, algumas cabeças de picareta e um maço de cabos amarelo-claros, recém-cortados, de ipê duro. Enfileiradas nas prateleiras, muitas, mas muitas garrafas de cachaça, todas iguais: Esperança, Esperança, Esperança. Havia um balcão onde se podia beber. Um maço de pavios de lampião, vermelhos, dependurado ao lado de um cacho de frigideiras enferrujadas. Uma vitrine oferecia toffees escuros se desmilinguindo através dos papéis, e uns pães doces muito, muito, muito velhos. Algumas formigas enormes estavam fazendo sua colheita ali, à luz do sol. Nossos olhos registraram os anúncios de Crush laranja e guaraná nas paredes cor de nuvem; e nada mais havia para ver.

O dono do botequim havia saído com o mecânico, de modo que Ruy nos serviu duas garrafas de Crush morno e, apesar de nossos protestos, pôs o dinheiro no balcão. "Não tem queijo?", perguntou ele, fuçando atrás do balcão, como se tivesse o hábito de comer montes de queijo com Crush laranja todas as manhãs. Perguntou se queríamos toffee, e insistiu para que tomássemos mais um Crush. Depois disse: "Vamos ver a fábrica de mandioca".

Ficava logo atrás do botequim. A fábrica era descoberta, apenas três telhados de sapé em torno de postes, um dos quais parecia um cogumelo redondo. Umas doze mulheres e moças, sentadas no chão, arrancavam com faca a casca preta das raízes compridas. Éramos as coisas mais engraçadas que elas viam havia muitos anos. Tentavam não rir na nossa cara, mas era difícil. M. falou com elas, mas isso não aumentou seu autocontrole. Os zebus nos observavam, ruminando. Um motor, com correias de borracha protegidas pelo telhado de sapé, ia moendo a mandioca crua. O lugar cheirava a zebu, gasolina e gente. Todo mundo falava, mas havia penumbra e tranquilidade.

A grande atração era o chão de metal rotativo, um disco enorme, para secar a farinha. Era aquecido por baixo, onde havia um fogão de carvão, e a área era cercada por uma grade, como um pequeno rinque de patinação;

a gente podia se debruçar na grade e olhar. A farinha branca e grossa rodava lentamente, revolvida em ondas por dois homens com duas compridas enxadas de madeira. A farinha ficava cada vez mais branca, mas os homens cuidavam para que não escurecesse. No Norte, as pessoas gostam de farinha branca; no Sul, preferem-na um pouco tostada.

Quase esquecemos que estávamos a caminho de Vigia. Então o mecânico veio chamar-nos; entramos no carro, depois saímos de novo, entramos de novo, e por fim conseguimos partir. O motor agora parecia lânguido, meio adoecido, porém não se queixava, tal como o poeta.

Dez quilômetros adiante, paramos junto a uma casinha à esquerda da estrada, cercada de árvores frutíferas e bananeiras que brotavam direto da terra nua e varrida. Havia roupa estendida na cerca de arame farpado. Apareceram vários cachorros magros e uma moça muito gorda carregando um bebê, seguida de dois meninos pequenos. Todos nós trocamos apertos de mãos, até mesmo os meninos. O marido da moça, amigo de Ruy, não estava em casa, mas ela nos convidou a entrar — "para almoçar", disse a pobre mulher. Mais que depressa explicamos que havíamos trazido nosso almoço. Ruy fez as honras da casa. "Ah! A água daqui é uma delícia, não é, dona Sebastiana? É a melhor água, a única água, daqui até Vigia. Tem gente que anda quilômetros para pegar água aqui. Vocês têm que provar."

Havia uma pele de cobra pregada na parede da casa, um monstro de mais de três metros que o marido dela havia matado dois dias antes. Dona Sebastiana trouxe três potes de vidro e uma lata grande cheios de gordura que ela tirara da cobra. Disse que era o melhor remédio do mundo para uma série variada de doenças, inclusive tuberculose e "dor na perna". Então apressou-se para fazer o café.

A casa tinha vários cômodos pequenos, quase nus. Não havia vidro nas janelas, e só a sala da frente tinha assoalho. Lá também ficava o oratório, uma gravura amarelada de Nossa Senhora de Nazaré, com rosas de papel vermelhas na frente, e aquela outra luz que ilumina o mundo, a máquina de costura, uma Singer manual.

Na cozinha, dona Sebastiana abanava vigorosamente, segurando com as duas mãos um abano de palma trançada, o carvão que ardia numa gamela de barro. Admiramos um lampião de folha de flandres, feito em casa, engenhosamente construído de tal modo que, pendurado na parede, ficasse em pé. Era a única coisa que havia para admirar. "Ah", explicou ela, "foi a minha amiga que deixou para mim quando morreu. Fomos colegas de escola." Não havia quase nada na cozinha, a não ser uma ou duas panelas enegrecidas. Os únicos sinais de comida eram alguns pepinos maduros demais no parapeito da janela. Como ela conseguira engordar tanto? As xicrinhas de café, de cabeça para baixo, estavam discretamente escondidas debaixo de um guardanapo com babados, com a silhueta vermelha de um menino empurrando um carro de mão bordada nele. Dona Sebastiana não tinha açúcar refinado, e pediu desculpas pela rapadura que ela própria raspou para nós. Bebemos o café quente, ruim e triste, e saímos pela porta dos fundos para ver o rio.

Era mesmo um lindo rio. Quatro metros de largura, escuro, límpido, veloz, cheio de cascatas brancas e poças fundas com espuma nas bordas; as margens eram um sonho tropical. O rio rugia, cantava, cintilava sobre os seixos brancos. Mal sabia ele que estava prestes a desaguar na ampla baía enlameada que era a foz do Amazonas. Aquele rio compensava muita coisa, e dona Sebastiana se orgulhava dele. José Augusto e os meninos entraram na água. Os cachorros magros, dentro do rio, bebiam goles d'água e depois olhavam para nós, com ar de proprietários.

Já era uma hora, e estávamos mortas de fome. O hotel nos fornecera um almoço — uma galinha assada grande, pães frescos, manteiga, laranjas, uma boa fatia de um queijo branco desejável. Mas ninguém quis aceitar nada. Eles nunca almoçavam — que ideia! Fiz um sanduíche de galinha e ofereci-o a José Augusto. Ele ficou chocado, assustado, e chegou-se mais para perto do joelho do pai. Por fim M. e eu, constrangidíssimas, comemos um pouco. O mecânico molhou os pés, enrolou e fumou alguns cigarros de palha. Ruy deixou José Augusto aceitar uma laranja; dona Sebastiana deixou que seus filhos aceitassem duas laranjas. Então houve mais uma rodada de apertos de mãos e voltamos para nosso carro, que saiu rastejando.

Depois de algum tempo, chegamos. Mas antes, à distância, divisamos os pináculos de duas torres quadradas, de um branco deslumbrante contra um fundo de nuvens negras. A igreja parecia um touro sagrado, um grande zebu branco. Agora a estrada era plana; estávamos perto da costa. As torres da igreja eram visíveis de muito longe, muito mais altas que as copas das mangueiras verde-escuras que a cercavam.

A praça era vermelho-escura, com bancos de cimento e lampiões com globos redondos, como pérolas artificiais. Bem no meio havia um coreto azul e branco. Tudo horrível, porém tão pequeno que não estragava o efeito em absoluto — como se aquelas ridículas oferendas tivessem sido colocadas à frente do grande zebu branco sagrado, indiferente. As mangueiras, de um verde escuro, eram humilhadas pela igreja. Ao lado dela havia casinhas recobertas de azulejos góticos, azuis e brancos, ou amarelos e brancos.

Ruy nos observava. Porém gostamos muito da igreja, e lhe dissemos isso. Ele pareceu muito aliviado. A igreja dançava na luz. Subi num muro de pedra, parte das ruínas de uma outra casa abandonada, para fotografar a igreja inteira, mas não havia nenhum ponto alto de onde eu pudesse pegar tudo. Começou a chover. Tirei uma foto, pulei do muro — umas dez pessoas haviam parado para olhar para mim, todas escandalizadas —, tropecei e rasguei minha anágua, que caiu e ficou aparecendo abaixo da saia. Chovia torrencialmente.

Os outros estavam todos dentro da igreja. Era azul e branca — vazia, fria, imensa, cheia de ecos. Criancinhas nos seguiam correndo, aos gritos; o filho de Ruy juntou-se a elas. Subimos às galerias, logo abaixo da balaustrada de enormes pilares caiados. Através da tapeçaria da chuva, via-se um desenho de telhados e mangueiras, de um marrom avermelhado, até o rio, onde se destacavam os mastros dos barcos e navios. Um velho caminhão azul parou em frente à igreja e o motorista entrou também — mais um amigo de Ruy.

Apareceu o sacristão, um velho pescador. Pouco havia para ver na sacristia. Ele andou até um armário; uma multidão de crianças se apertava contra nós, exclamando: "Mostre a ela o padre! Mostre a ela o padre!". Então ele me entregou... um osso. Um crânio. As crianças estenderam os braços para tocá-lo. Ele acariciou o crânio, dizendo que era mesmo o padre Fulano de Tal, um santo de verdade. Nunca ia a lugar nenhum, só pensava em rezar, meditava e rezava sete horas por dia. Pensei que estivesse falando de algum santo esquecido do século XVII que nunca havia sido devidamente reconhecido. Não; o padre Fulano morrera dois anos antes. A toda hora eu tentava devolver-lhe o crânio. Mas ele estava entretido em me falar da doença final do padre, sua agonia, sua morte. Era a coisa mais maravilhosa que havia em Vigia. O sacristão recolocou o crânio no armário vazio. Dentro da sacristia era tão escuro que quase não víamos nada.

Saímos. Grandes nuvens carregadas arrastavam-se de um lado para o outro; o rio havia subido, começara a maré-cheia. Todas as luzes estavam acesas na pracinha triste, embora não estivesse escuro. A igreja enorme, alva e silenciosa de Vigia fazia que nos sentíssemos vagamente culpadas por abandoná-la mais uma vez. As casinhas brancas da cidade estavam arroxeando. No céu, bem no alto do céu, longos raios de sol dourados atravessavam as nuvens. A natureza estava contribuindo com toda a grandeza barroca que faltava ao lugar. Demos início à viagem de volta a Belém, e em pouco tempo começou a escurecer de verdade.

O carro não parou nem uma vez; ou melhor, só uma, para encher o tanque. Aquela viagem parecia que não ia acabar mais; todos nos calamos. O menino ferrou no sono. Não vimos luz alguma durante boa parte do tempo, e nenhum carro; vimos dois caminhões em sentido contrário e ultrapassamos outros dois. Nossos olhos fixavam-se na menor luz ou movimento — um lampião a óleo, como um lampião grego antigo, numa bicicleta; umas poucas pessoas a pé, de guarda-chuva.

Por fim, as luzes. Estávamos perto de Belém. Luzes nas paredes de pau a pique, com cartazes políticos e uma infinidade de *slogans*, todos os enes e esses ao contrário. Portas altas e estreitas, a luz franzina de um lampião de querosene, cálido, amarelo e negro. Um homem com uma lanterna — ah, ele está guiando uma vaca e seu bezerro. Cabras. Olhe, um zebu! Quase batemos nele, uma grande muralha cinzenta cheia de ossos atravessada na estrada. Ele baixou os chifres num movimento abrupto e rosnou baixinho.

De repente nos vimos na cidade. Mangueiras enormes e escuras. Carros sacolejando sobre os paralelepípedos. Como esta cidade escura parece iluminada, iluminadíssima! Na nossa escuridão, os olhos doem. A igreja de Vigia, imensa e branca, sozinha em nossas consciências, virou uma história de fantasmas.

Por fim, o hotel. São quase nove horas. Convidamos Ruy para beber alguma coisa, ao menos. Ele vem, mas só aceita mais um cafezinho. O bar vagabundo parece magnífico. Os jovens literatos estão todos lá, com seus guarda-chuvas dobrados, suas mãos agitadas, suas gravatas pretas, seus cabelos penteados para trás. Todos saúdam Ruy. Semiadormecidas, engolimos o café, enquanto Ruy, às nossas costas, paga a conta.

1967

Esforços do afeto
Memória de Marianne Moore

Na primeira edição dos *Collected Poems* de Marianne Moore há um poema com o título original de "Efforts and Affection" [Esforços e afeto]. No meu exemplar deste livro, Marianne riscou o *and* e escreveu *of* em cima. Gostei muito da mudança; por isso dou a este trabalho o título "Esforços do afeto".

Conheci Marianne Moore na primavera de 1934, quando estava no último ano de meu curso no Vassar College, através da srta. Fanny Borden, a bibliotecária da faculdade. Uma colega minha e a mãe dela, ambas mais lidas e com gostos literários mais sofisticados do que eu, já haviam me falado sobre a poesia de Marianne Moore alguns anos antes. Eu tinha lido todos os poemas dela que havia encontrado, em números antigos da *The Dial*, revistas de poesia e antologias existentes na biblioteca da faculdade. Antes não me passara pela cabeça que poesia pudesse ser assim; gostei do trabalho dela imediatamente; porém, embora soubesse que ela havia publicado um livro chamado *Observations*, não havia nenhum exemplar dele na biblioteca, e eu nunca o vira.

Como a srta. Borden me parece uma pessoa muito apropriada para ter me apresentado a Marianne Moore, quero falar um pouco sobre ela. Era sobrinha de Lizzie Borden, de Fall River, e na faculdade dizia-se que a má fama de Lizzie Borden tivera o efeito de tornar discreta a personalidade da srta. Fanny Borden.* Era extremamente tímida e reservada, e falava tão baixo que era difícil escutá-la. Era alta e magra; só usava roupas em tons de marrom e cinza, antiquadas, discretas e sérias. Andava numa bicicleta sem correia. Lembro-me de vê-la pedalando devagar em direção à biblioteca, muito alta e espigada naquele curioso veículo, que de algum modo parecia

---

* Lizzie Borden (1860-1927), suspeita de assassinar a madrasta e o pai em 1892, na casa da família em Fall River, num caso que teve ampla repercussão em todo o país. Em 1893, foi julgada e absolvida por insuficiência de provas, mas foi quase unanimemente condenada pela opinião pública. Continuou morando em Fall River pelo resto da vida, repudiada pela população da cidade.

mais feminino do que uma bicicleta normal, e a estacionava no bicicletário. (Na época não era preciso prender a bicicleta com cadeado.) Uma vez, depois que ela entrou, examinei a bicicleta, que de fato não tinha corrente, para ver se descobria como ela funcionava. Não consegui. Raramente tínhamos contato com a bibliotecária; uma vez na vida, outra na morte, quando estávamos à procura de um livro, éramos levadas à sala da srta. Borden, uma sala escura e cavernosa, cheia de pilhas de livros. Para prender os papéis sobre sua mesa, ela usava pedras lisas e redondas, bem grandes, trazidas da praia; certa vez minha companheira de quarto admirou uma delas, e a srta. Borden disse, com sua voz quase inaudível: "Você gostou? Pode ficar com ela", e entregou-lhe a pedra cinzenta, redonda e muito pesada.

Um dia fui levada à sala da srta. Borden para perguntar a respeito de um livro, já não me lembro qual. Continuamos falando um pouco, e por fim criei coragem e perguntei por que motivo a biblioteca de Vassar não continha nenhum exemplar de *Observations*, o livro da maravilhosa poeta Marianne Moore. Ela pareceu ligeiramente surpresa e indagou: "Você *gosta* dos poemas de Marianne Moore?". Respondi que gostava, e muito, dos poucos que havia conseguido encontrar. Então a srta. Borden disse, tranquila: "Conheço-a desde que ela era pequena". Em seguida, fez a pergunta que talvez viesse a influenciar toda a minha vida subsequente: "Você gostaria de conhecê-la?". Eu era muito — não, terrivelmente — tímida, e muitas vezes já havia fugido para não ser apresentada a adultos muito menos importantes que Marianne Moore, mas na mesma hora respondi: "Quero". A srta. Borden disse-me que ia escrever para a poeta, que morava no Brooklyn, e também que teria prazer em me emprestar seu exemplar de *Observations*.

O exemplar de *Observations* da srta. Borden abriu meus olhos em mais de um sentido. Poemas como "An octopus" [Um polvo], sobre uma geleira, ou "Peter", sobre um gato, ou "Marriage" [Casamento], sobre o casamento, me pareceram, como até hoje me parecem, milagres de linguagem e construção. Por que motivo ninguém jamais havia escrito sobre as coisas dessa maneira clara e deslumbrante? Mas ao mesmo tempo fiquei atônita de constatar que a srta. Borden (a qual, eu ficara sabendo, era uma velha amiga da família Moore) claramente não gostava daqueles poemas como eu. Encontrei enfiadas no final do livro várias resenhas que haviam saído por ocasião da publicação de *Observations*, em 1924, a maioria delas muito negativas, algumas simplesmente obtusas. Havia até mesmo uma paródia de

Marianne Moore assinada por Franklin P. Adams. Porém o mais revelador de tudo era o fato de que a srta. Borden não havia colocado um exemplar do livro de sua amiga na biblioteca da faculdade. (Algum tempo depois, nesse mesmo ano, comprei um que encontrei na mesa de livros usados da Macy's.)

Um dia a srta. Borden veio me dizer que havia recebido resposta da srta. Moore: ela estava disposta a me encontrar em Nova York, numa tarde de sábado. Anos depois, descobri que Marianne só aceitou esse encontro com certa relutância; ao que parecia, a srta. Borden já havia mandado várias alunas de Vassar para conhecer a srta. Moore e por vezes a mãe dela também, e em todos os casos as jovens, por um motivo ou outro, não haviam agradado. Provavelmente foi por essa razão que ela estabeleceu as seguintes condições para nosso encontro: eu encontraria a srta. Moore sentada no banco à direita da porta da sala de leitura da Biblioteca Pública de Nova York. Essas condições poderiam ter sido ainda mais severas. Mais tarde fiquei sabendo que, quando a srta. Moore estava mesmo convencida de que *não* iria gostar de uma pessoa, ela marcava encontros na mesa de informações da Grand Central Station — onde não havia lugar para sentar e, se necessário, era possível fugir imediatamente. Nesse ínterim, a srta. Borden me falou mais um pouco sobre ela: era como uma criança, uma criaturinha estranha e atraente, de cabelos vermelhos como fogo, brincalhona — e, como era de esperar, tinha o hábito de dar aos familiares e amigos nomes de bichos.

Eu estava morrendo de medo, mas vesti meu conjunto novo de meia-estação e peguei o trem para Nova York. Nunca tinha visto nenhuma foto da srta. Moore; só sabia que era ruiva e costumava usar um chapéu de abas largas. Eu imaginava uma mulher alta e intimidadora, com cabelos de um vermelho muito vivo. Cheguei à biblioteca na hora combinada, até um pouco antes, mas ela já estava lá (por mais cedo que a gente chegasse, Marianne sempre chegava antes) — e, como constatei de imediato, não era muito alta e não era nem um pouco intimidadora. Tinha quarenta e sete anos — ou seja, para mim, na época, era velha — e o vermelho de seus cabelos, misturado com branco, dava um leve tom rosado, de ferrugem; as sobrancelhas, da mesma cor, tinham laivos de branco. O chapelão preto, achatado, correspondia a minhas expectativas. Naquele dia ela estava com um conjunto de tweed azul e — como era de seu hábito nesse período — uma camisa polo masculina, com uma fita preta no pescoço. O efeito era antiquado — lembrava uma aluna de Bryn Mawr de 1909 — mas ao mesmo tempo elegante. Sentei-me, e ela começou a falar.

Tenho a impressão de que Marianne falou comigo sem parar durante os trinta e cinco anos que se seguiram, mas é claro que isso é bobagem. Durante boa parte desses anos, morei longe de Nova York e passei anos sem vê-la. Marianne foi certamente um dos maiores exponentes da arte de conversar: divertida, informativa, fascinante, memorável; sua conversa, como sua poesia, não tinha igual no mundo. Não me lembro de que ela falou nesse primeiro encontro; eu não tinha um diário, o que agora lamento. Felizmente eu não sabia das pobres meninas de Vassar que a conheceram antes de mim e que não haviam sido aprovadas por ela, de modo que comecei a me sentir menos nervosa e cheguei mesmo a falar um pouco. Ocorreu-me uma espécie de inspiração, não sei — seja como for, se tive a felicidade de me tornar amiga de Marianne, foi em parte por ter tido essa ideia. O circo Ringling Brothers and Barnum & Bailey estava em Nova York, como acontecia todos os anos na primavera; perguntei à srta. Moore (passamos mais de dois anos nos tratando mutuamente de "senhorita") se ela gostaria de ir comigo ao circo no sábado da semana seguinte. Eu não sabia que ela *sempre* ia ao circo, que nada a faria deixar de ir ao circo, e quando ela aceitou o convite voltei para Poughkeepsie, no trem sujo, felicíssima.

O circo

Cheguei bem cedo ao Madison Square Garden, conforme havíamos combinado, porque queríamos ver os animais antes que o espetáculo começasse, mas Marianne já havia chegado antes de mim. Estava carregada de bagagens: dois sacos de pano azul, um em cada braço, e duas enormes sacolas de papel pardo, cheias de alguma coisa. Ela me deu uma das sacolas. Dentro dela, explicou-me, havia pão integral dormido para dar aos elefantes; era uma das coisas de que eles mais gostavam. (Mais tarde fiquei a imaginar que talvez os elefantes gostassem igualmente de pão branco dormido, só que Marianne estava pensando na saúde deles.) Enquanto seguíamos em direção ao nível mais baixo do circo, onde podíamos ouvir os animais (e sentir seu cheiro), Marianne explicou-me seu plano preliminar. Seu irmão, Warner, havia lhe dado uma pulseira de que ela gostava muito: dois ou três fios negros de cabelo de elefante, presos com uma fivela de ouro. Um dos fios, porém, havia caído e se perdera. Como eu provavelmente sabia, são só os elefantes bem jovens que têm cabelo, o qual lhes nasce no cocuruto. Em sua bolsa Marianne trazia um robusto alicate de unhas. Eu distrairia a atenção dos elefantes adultos com o pão; se tivéssemos sorte, os guardas não a veriam no final da fila, onde ficavam os filhotes, e ela cortaria com o alicate alguns fios de cabelo de um deles, para colocar na pulseira.

Marianne tinha razão; os elefantes adoravam pão integral dormido. Começaram a barrir e a empurrar-se, disputando o petisco. Permaneci numa extremidade da fila, colocando fatias de pão na tromba dos animais mais velhos, e a srta. Moore andou rapidamente até a outra, para junto dos filhotes. Os adultos faziam tanto barulho que veio um guarda em minha direção, e com o rabo do olho vi Marianne debruçar-se por cima da corda na ponta dos pés, com o alicate na mão. Cabelo de elefante é duro; parecia-me que ela não ia terminar de cortar nunca. Mas conseguiu; triunfantes, distribuímos todo o pão e fomos ver os outros bichos. Ela abriu a bolsa e mostrou-me três ou quatro fios cinzentos e grossos, embrulhados num lenço de papel.

Detesto ver animais enjaulados, especialmente quando as jaulas são pequenas, e mais ainda quando são animais de circo, mas creio que Marianne, embora sentisse o mesmo que eu, tinha tamanho interesse por eles, e sabia tanta coisa a seu respeito que conseguia pôr de lado seus escrúpulos por algum tempo. Naquele dia, lembro-me, uma cobra com um belo desenho no couro, contorcendo-se numa jaula de vidro, pareceu levantar a cabeça de propósito para nos ver. "Veja só, ela me conhece!", disse a srta. Moore. "Ela se lembra de mim, do ano passado." Concluí que ela estava brincando, mas talvez não de todo. Então fomos nos sentar, e o espetáculo começou. Os sacos azuis continham nosso lanche: garrafas térmicas com suco de laranja, ovos cozidos (só as gemas) e mais pão integral, só que fresco e com manteiga. Lembro também, dessa nossa primeira ida ao circo (outras viriam), que havia à nossa frente um pai com três crianças pequenas, dois meninos e uma menina. O espetáculo de um grande circo é uma coisa demorada, e as crianças começaram a ficar irrequietas. Marianne debruçou-se para a frente, do modo abrupto que caracterizava todos seus movimentos, e disse ao pai que, se a menina quisesse ir ao banheiro, ela teria prazer em levá-la.

260 Cumberland Street

Após formar-me em Vassar, morei um ano em Nova York; nos trinta anos que se seguiram, esporadicamente voltei a morar na cidade por pequenas temporadas, mas foi durante esse primeiro ano que conheci a srta. Moore e sua mãe, e tornei-me íntima do pequeno apartamento em que elas moravam no Brooklyn. Ficava no quarto andar de um prédio feio, de tijolos amarelos, com um alpendre na entrada, de granito claro, e dois pilares, um de cada lado do portão, cada um com um grande globo de vidro. (Marianne dizia aos motoristas de táxi que parassem à frente do prédio das "duas bolas de naftalina".) O elevador era pequeno e lerdo. Depois de tocar a campainha, eu sempre tentava tomar o elevador antes que Marianne tivesse tempo de descer nele para vir me pegar em pessoa, mas raramente conseguia. Havia um corredor muito estreito — que se tornara mais estreito ainda com o acréscimo de estantes até a altura da cintura em um dos lados — que dava acesso a dois quartos minúsculos e terminava na sala de visitas. No alto da estante mais perto da porta da frente ficava o famoso pote de moedas para pagar o metrô (moedas de cinco cêntimos durante anos, depois de dez, depois de cinco e de dez, e por fim de 25). Toda visita era obrigada a aceitar uma moeda ao sair; isso era absolutamente *de rigueur*. Após uma ou duas tentativas de recusar, passei a pegar eu mesma uma moeda ao passar, e terminei sendo elogiada por esse gesto quando Marianne disse a uma pessoa amiga que estava protestando: "A Elizabeth é uma *aristocrata*; ela vai e *pega* o dinheiro". (Gostaria de mencionar aqui que Marianne pronunciava meu nome de um modo curioso. Dava uma ênfase enorme à segunda sílaba, E*liz*abeth. Eu achava graça nisso, principalmente quando ela usava meu nome como exclamação, fingindo estar chocada com alguma coisa que eu dissera.)

A sala de visitas e a de jantar, mínimas, eram entulhadas de móveis que claramente vinham de uma residência anterior, mais espaçosa, e nas paredes havia muitos quadros, uma mistura de coisas velhas e novas, coisas de família e presentes de amigos (a maioria destes representava aves e outros animais). Um quadro com árvores e um riacho havia sofrido um acidente no trecho, não muito nítido, que representava as árvores, e a própria Marianne o restaurara — não muito bem, não pude deixar de perceber — com, segundo ela, "azul da prússia". Marianne manifestava uma vaidade modesta a respeito de suas habilidades manuais. Junto à porta da cozinha ficava pendurado um jogo de ferramentas de carpintaria, e algumas das estantes tinham sido feitas por ela. Numa das portas havia um trapézio, preso ao dintel por correntes. Nunca vi ninguém usá-lo, mas pertencia a Marianne, segundo a qual seu irmão sempre dizia, quando a via exercitar-se nele: "Lá está a macaca sacudindo os grilhões de novo". Junto à janela de sacada da sala de visitas havia uma arca, sobre a qual ficava uma cabeça de Marianne, de bronze, feita por Lachaise. A arca estava sempre coberta de pilhas de livros novos. Quando conheci Marianne, ela fazia muitas resenhas, e depois vendia os exemplares que ganhava na rua 4 Oeste.

Sempre me instalavam na mesma poltrona e colocavam um cinzeiro numa mesinha a meu lado, mas eu tentava fumar no máximo dois cigarros por visita, ou mesmo nenhum. Tinha a impressão de que a sra. Moore não gostava. Uma vez, quando eu estava indo embora, esperando o elevador, percebi uma queimadura profunda na balaustrada da escada, e fiz algum comentário. A sra. Moore suspirou, melancólica, e disse: "Foi o *Ezra*. Ele veio visitar a Marianne e deixou o charuto aceso aqui fora porque sabia que eu *não gosto de charuto*...". Muitos anos depois, no Hospital St. Elizabeths, contei essa história a Ezra Pound. Ele riu alto e disse: "Não fumo um charuto desde os dezoito anos!". Além de me darem um cinzeiro, e às vezes até um maço de Lucky Strike, por vezes me ofereciam um cálice de Dubonnet. Eu desconfiava que talvez fosse a única convidada a beber desse Dubonnet, porque durante meses a garrafa parecia ser a mesma e estar no mesmo nível em que estivera por ocasião da minha última visita. Mas normalmente tomávamos chá, e de vez em quando convidavam-me para jantar. A sra. Moore era uma excelente cozinheira.

Quando a conheci, a mãe de Marianne estava na casa dos setenta, uma senhora muito séria, até austera, embora soubesse ser irônica, e muito religiosa. O rosto era pálido, um tanto pesado; os olhos, grandes, acinzentados; e os cabelos negros continham pouquíssimos fios brancos. Tratava Marianne como uma mãe bondosa, contida, a qual se julgava obrigada a ser firme com a filha para que ela não se tornasse frívola nem cometesse — um pecado equivalente, para ela — erros de gramática. Fora professora de inglês numa escola para meninas, e suas frases tinham um peso e um equilíbrio clássicos. Nunca ouvi ninguém falar tão devagar quanto ela. Uma frase sua, bem representativa de seu estilo, ressoa na minha cabeça há quarenta anos.

Marianne estava na cozinha preparando o chá, e eu estava sozinha com a sra. Moore. Comentei que tinha lido um poema novo de Marianne, "Nine Nectarines & Other Porcelain" [Nove nectarinas e outras porcelanas], e que tinha adorado. Respondeu a sra. Moore: "É, gostei *muito* de ver que a Marianne resolveu dar um *descanso*... aos habitantes do *zoológico*". Eu chegava a ficar nervosa quando ela demorava demais para concluir suas frases mais longas; não obstante, sua precisão extrema me parecia invejável, e por vezes eu tinha a impressão de que ela deixara sua marca no estilo de Marianne: a utilização de negativas duplas e triplas, as ironias mais leves e espirituosas — ali a sra. Moore atuara como uma espécie de baixo contínuo.

Ela escreveu-me um ou dois bilhetes lindamente redigidos sobre religião, e sei que se entristeceu ao ver que eles não surtiram efeito em mim. Toda vez que eu me despedia, a sra. Moore levava-me até o corredor, e lá, ao lado da queimadura deixada pelo charuto imaginário de "Ezra", segurava minhas mãos e fazia uma prece breve. Antes do jantar ela dava graças, e uma vez — creio que com um pouco de malícia — Marianne pediu-me que *eu* o fizesse. Felizmente, uma oração aprendida na infância brotou-me na consciência. Depois do jantar, Marianne anotou-a.

Sem dúvida, a sra. Moore e sua filha seriam consideradas "puritanas" por certas pessoas; seria mais delicado chamá-las de "excessivamente melindrosas". Isso se aplicava mais à mãe do que à filha; à medida que foi ficando mais velha, Marianne foi se tornando cada vez mais dada a chamar as coisas pelos nomes — ao menos pelos nomes arcaicos. Lembro-me de que uma vez ela estava preocupada com um amigo comum nosso cujas tendências sexuais sempre me pareceram evidentes: "O que vamos fazer com fulano? Sabe, às vezes chego a pensar que ele pode até ter caído nas mãos de um *sodomita*...!". Quase dava para sentir um cheiro de enxofre. Porém vários romances dos anos 1930 e 1940 — inclusive *Dize-me com quem andas*, de Mary McCarthy — foram levados ao porão e queimados na fornalha. Quando já conhecia Marianne e sua mãe havia um ou dois anos, publiquei um conto muito ruim e fui admoestada pelas duas por ter usado a palavra "cuspir". (Dois ou três anos depois, ralharam comigo por ter usado "privada" num poema, mas a essa altura eu já me tornara obstinada.) Uma vez Marianne me explicou as regras práticas que adotava quanto à utilização de termos indecentes: "Normalmente, eu jamais usaria a palavra 'traseiro'. Mas posso perfeitamente dizer à mamãe: 'Mamãe, tem um fio no seu *traseiro*', porque *ela* vai entender que é uma referência à lebre de estimação de Cowper, Old Tiney, que gostava de brincar no tapete e 'balançar o traseiro'!".

Mostravam-me muitas fotos antigas, e uma vez vi uma série de cartões-postais adquiridos na viagem que fizeram à Inglaterra e a Paris — na época, a única viagem à Europa que Marianne havia feito. A maioria dos cartões era de Oxford, e havia um cardápio manuscrito, incluindo a lista de vinhos, do almoço que lhes fora oferecido por George Saintsbury. Tive também o privilégio de examinar os cadernos, ilustrados com os delicados esboços de Marianne.

Além de fazer exercícios no trapézio, Marianne adorava tênis. Nunca a vi jogar, mas, a julgar pelo modo como ela falava, parecia gostar das regras e convenções do tênis tanto quanto do jogo em si. Contratou um rapazinho negro para jogar com ela, às vezes no Prospect Park e às vezes na cobertura do prédio. Acabou despedindo-o por ele não respeitar o código de boas maneiras do tênis; ao que parecia, seu maior pecado era que, em vez de dizer "Saque!", ele insistia em dizer: "O.k.!".

O banheiro do apartamento era pequeno, comprido e estreito; como se eu fosse uma criança, Marianne me aconselhava a ir lá quando achava que era hora. (Também nas estações de metrô: "Eu seguro a sua bolsa e as suas luvas, Elizabeth".) No banheiro havia um objeto que me agradava: uma caixa de engraxate tradicional, com um descanso de ferro para o pé. Numa das minhas visitas, essa caixa tinha sido recentemente pintada por Marianne, com esmalte negro; ela também pintara um cavalo de ferro fundido, que havia colocado sobre um pedaço de jornal ao lado da caixa, com sua crina ao vento. Imaginei que aquele cavalo outrora fizesse parte de um carro de bombeiros de brinquedo. Perguntei a respeito do cavalo, e a sra. Moore me explicou que uma vez ela levara Marianne, aos dois anos e meio, à casa de uma tia: o cavalo teve de ir junto. A sra. Moore entrou no quarto de hóspedes e viu que Marianne havia pegado um pedaço de renda, talvez um colarinho, e o havia colocado no cavalo. "Marianne!", exclamou ela. Pode-se bem imaginar a seriedade do momento. "Você não seria capaz de pegar a renda da tia Bee para colocar no seu cavalo, não é?" Mas a pequena Marianne, a artista intrépida, respondeu: "Bonito, mãe! Bonito!".

A sra. Moore tinha um senso de honestidade, ou de honra, que, tal como seu respeito pelas convenções, chegava a ser desconcertante. De vez em quando Marianne troçava da mãe por esse motivo, até mesmo na minha presença. Eis uma das histórias que contava: certa vez, a sra. Moore resolveu que era preciso entregar cinco garrafas de leite vazias na mercearia, para que fossem devolvidas à leiteria. Não eram retornáveis — senão isso estaria escrito nelas, no vidro, em relevo — nem do tipo das que eram deixadas às portas; mas todas vinham da mesma leiteria. O merceeiro olhou para as garrafas e empurrou-as de volta para a sra. Moore, dizendo: "Essas garrafas não são retornáveis, minha senhora; pode jogar fora". Ela as empurrou de volta em direção ao homem, replicando: "Está escrito BORDEN; elas pertencem à leiteria". O merceeiro: "Eu sei, minha senhora, mas não está escrito RETORNÁVEL. É só jogar fora". A sra. Moore disse, falando mais devagar e em voz mais baixa: "Mas elas não são minhas. São *da leiteria*". "Eu sei, minha senhora, mas eles não querem essas garrafas de volta." O pobre merceeiro estava subestimando a sra. Moore. Ela permaneceu firme, explicando-lhe mais uma vez qual era a única atitude honrosa que podia ser tomada com relação às cinco garrafas. Por fim o homem pegou-as todas, e com uma exclamação de desânimo — "Meu *Deus*, minha senhora!" — levou-as para os fundos da loja.

Como se sabe, Marianne era fascinada por roupas, e esse fascínio aumentava à medida que ela envelhecia. Ela própria contou (num artigo publicado em *The Christian Science Monitor*) que quase sempre suas roupas eram herdadas, às vezes peças muito elegantes, que haviam pertencido a amigas mais ricas. Essas roupas eram alargadas — ou, o que era mais comum, encompridadas (Marianne preferia roupas mais folgadas, como as tais "camisas polo" quatro tamanhos maiores que o dela). Os chapéus eram despidos de todos os enfeites, e as fitas mudadas de tal modo que tudo ficasse preto ou azul-marinho, e de algum modo *atenuado*. Usava chapéus do tipo Holbein/Erasmo, e mais tarde o famoso tricorne, mas nos primeiros anos de nossa amizade eram sempre chapelões chatos, de copa baixa, de feltro ou palha (no verão).

Uma vez, quando cheguei ao apartamento delas, Marianne e a mãe estavam absortas na antiquada atividade de "reformar" uma peça de roupa. Estavam transformando uns calções que Marianne usara em Bryn Mawr nos idos de 1908 em uma anágua ou combinação. Era uma bela peça, de batista branca, franzida, que chegava abaixo dos joelhos, com babados de renda e entremeios. Não cheguei a ver como ficou a peça final, mas com relação a outros projetos semelhantes fui consultada, e o resultado do trabalho me foi mostrado. "E*liz*abeth, o que você está usando debaixo do vestido? Quantas peças de baixo você usa?" Eu enumerava duas, ou às vezes três, e Marianne comentava: "Pois bem, sei que eu uso [ou: mamãe e eu usamos] muitas, até demais". E às vezes, quando eu chegava numa tarde fria de inverno com uma roupa mais convencional, Marianne me recebia com alarde: "E*liz*abeth, meias de seda!", como se eu fosse temerária, ou uma suicida em potencial. Quando tive meu primeiro contato com um editor, telefonei no dia seguinte para Marianne, e a primeira pergunta que ela me fez foi: "Como você estava vestida, Elizabeth?".

Marianne sempre usava uma trança enrolada no alto da cabeça, creio que um penteado de 1900, mais ou menos; jamais usou outro. Sua pele era clara, translúcida, embora já um pouco descorada quando a conheci. Seu rosto pálido ruborizava-se tão depressa que ela me lembrava a Rima do romance de W. H. Hudson, *Green Mansions*. Seus olhos brilhavam, mas não no sentido comum da expressão — ou seja, de que eram vivos. Eram vivos também, mas realmente brilhavam, como os olhos de um animal pequeno, e muitas vezes olhavam de relance para o interlocutor — rapidamente, ao final de uma frase que saíra particularmente boa, só para ver se ela tinha surtido efeito. O rosto era pequeno e afilado, mas não exatamente triangular, por ser um pouco assimétrico, com um queixo ligeiramente agressivo. Quando eu lhe disse uma vez que ela lembrava Mickey Rooney, na época um ator muito jovem (e a semelhança existia de fato), Marianne pareceu gostar da comparação.

Segundo ela, seu poema "Spenser's Ireland" [A Irlanda de Spenser] não era sobre o amor à Irlanda, como muita gente pensava, e sim uma *crítica* à Irlanda. No entanto, Marianne gostava de sua ascendência irlandesa; seu trisavô fugira de uma casa em Merrion Square, Dublin (uma vez fui até essa praça para ver a fachada da casa), e lembro a satisfação que ela manifestou quando o livro em que o poema foi publicado saiu com uma capa verde-escura, a cor nacional da Irlanda.

Marianne tinha um jeito de rir do que ela própria ou outra pessoa acabara de dizer, como se quisesse exprimir indignação ou reprovação fingida — um som interrompido, áspero, acompanhado do gesto de jogar a cabeça para trás e para o lado esquerdo. Era também com esse riso que aceitava os elogios, sem palavras; era uma maneira de zombar do elogio, diminuí-lo, dando a entender que ela e seu interlocutor estavam ambos muito acima de tais bobagens. Creio que Marianne é a única pessoa que já conheci que reagia aos elogios com esse gesto, ao mesmo tempo ficando vermelha de satisfação. O movimento de cabeça era particularmente pronunciado na presença de homens, pois Marianne tinha uma tendência inata a flertar.

O código de etiqueta quase chinês que mãe e filha adotavam tornava complicado o ato de dar presentes. Todos os amigos de Marianne pareciam compartilhar o desejo de presenteá-la, e isso era para eles às vezes, como diria ela, um "ônus". Nunca se sabia se o presente ia agradar, mas quando isso não acontecia Marianne sempre dava um jeito de devolvê-lo, discretamente, um ou dois anos depois. De todos os presentes que lhe dei, o que fez mais sucesso foi um par de luvas. Não sei por que Marianne gostou tanto delas, mas foi o que aconteceu; não as usou por muito tempo, mas as luvas aparecem em algumas de suas fotos, não calçadas, porém seguradas com uma das mãos. Marianne levou-as ao fotógrafo embrulhadas no papel de seda em que vieram da loja. Outro presente muito bem-sucedido foi um argonauta, que se tornou tema do poema "The Paper Nautilus" [O argonauta]:

> [...] *its wasp-nest flaws*
> *of white on white, and close-*
>
> *laid Ionic chiton-folds*
> *like the lines in the mane of*
> *a Parthenon horse* [...]*

Frutas e flores eram recebidas com gratidão e examinadas, mas eu tinha a impressão de que nunca agradavam muito. Porém uma pulseira marroquina, nada bonita, com contas de âmbar-gris, alternadamente amarelas e pretas, enfiadas num fio sujo, fez sucesso. Senti-me lisonjeada quando a vi usar essa pulseira numa leitura de poesia, e depois fiquei sabendo que, como era larga demais para o pulso de Marianne, sua mãe a costurara cuidadosamente na manga. Mas, quando alguém tentou lhe dar uma boa vitrola, o resultado foi desastroso, um drama que se arrastou por meses. Por

---

* "[...] o vespeiro de eivas/ de branco no branco e as dobras// jônicas estreitas de quitão/ iguais àquelas linhas na crina/de um cavalo do Partenon [...]." [Tradução de José Antonio Arantes. Marianne Moore, *Poemas*. São Paulo: Companhia das Letras, 1991.]

fim (a vitrola era portátil, mas muito pesada), Marianne levou-a de volta à loja, em Manhattan.

Ela gostava de exibir sua coleção de joias, que continha algumas peças belas e valiosas. Uma vez lhe dei um broche modesto, de pedras semipreciosas brasileiras, turmalinas e ametistas vermelhas e verdes; esse presente pareceu agradar-lhe tanto que lhe dei uma pulseira combinando com o broche. Alguns anos depois, escrevi-lhe do Brasil perguntando o que ela queria que eu lhe trouxesse quando fosse a Nova York, e ela respondeu: "Gosto de *joias*".

Sabendo que Marianne gostava de cobras, adquiri para ela, na Florida, quando estava morando lá, um lindo espécime de cobra-coral venenosa, com faixas de dois centímetros de largura, vermelhas e pretas, separadas por estreitas faixas brancas, uma cobra de cores muito vivas dentro de uma jarra larga e baixa cheia de líquido. Essa cobra ficou muitos anos em cima da estante do corredor, na extremidade oposta à do pote das moedas. As cores aos poucos foram esmaecendo, e o formol foi se tornando leitoso, e por fim comentei com Marianne que ela podia jogar fora a cobra-coral. Uma amiga nossa contou-me que Marianne ficou aliviada; sempre detestara a cobra. Talvez só a colocasse ali quando eu ia visitá-la.

Uma vez Marianne contou-me uma história sobre sua aversão ao vermelho. Durante alguns anos, sua médica no Brooklyn era uma turca chamada Laf Loofy, cujas opiniões ela citava com frequência, como as de uma autoridade em medicina. A dra. Loofy receitou-lhe um frasco grande cheio de pílulas vermelhas, mas antes de tomá-las Marianne as lavava com cuidado, até que a camada externa, de um vermelho muito vivo, desaparecesse. Por algum motivo, talvez problemas digestivos, ela foi obrigada a confessar o que estava fazendo à médica; a doutora custou a acreditar, e depois ficou horrorizada. Explicou que havia anos de pesquisa médica avançada, visando expressamente a saúde de Marianne, por trás daquele revestimento vermelho das cápsulas, que ela havia retirado de propósito. Marianne era completamente estoica a respeito de si própria; uma vez, num consultório em Manhattan, o médico tirou-lhe a temperatura e constatou que ela estava com quarenta graus de febre. Ele quis chamar um táxi para a longa viagem de volta ao Brooklyn, mas não houve jeito de convencê-la. Marianne cismou que ia voltar de metrô, e assim fez.

Apesar da aversão ao vermelho que passei a lhe imputar, uma vez Marianne mostrou-me uma mala redonda, de um marrom claro, que lembrava um porco, adquirida especialmente para sua primeira viagem à costa do Pacífico em que iria fazer uma leitura de poemas, dizendo: "Você vai achar um tanto *berrante*, Elizabeth". O comprido fecho ecler da mala podia ser trancado com um cadeado de um vermelho bem vivo. Respondi que não, que era uma beleza de mala. "O que ela tem de mais bonito, é claro", retrucou Marianne, "é o cadeado vermelho."

Num inverno, a sra. Moore passou muito tempo doente, acometida de herpes-zoster. Estava terminando de se recuperar quando teve de ir ao dentista, em Manhattan. Acompanhada de uma pessoa amiga que tinha carro, fui ao Brooklyn pegar Marianne e sua mãe. A sra. Moore ainda estava um tanto fraca. Estava com um chapéu de pele, redondo e chato, creio que da década de 1890, de visom ou talvez de zibelina, e, como ainda não estava podendo se pentear direito, seus cabelos surpreendentemente escuros estavam presos num rabo de cavalo pesado. O consultório do dentista ficava num andar alto de um grande edifício comercial. Havia muitos passageiros no elevador e um ascensorista. O elevador subiu em alta velocidade. O que me ficou na memória é que, quando chegou o nosso andar, para espanto dos outros passageiros, Marianne e sua mãe fizeram uma mesura para o ascensorista e agradeceram, sendo que a sra. Moore o fez de modo particularmente profuso. O rapaz não estava acostumado com tais gentilezas, mas ficou muito satisfeito e fez questão de não manusear sua manivela e fechar a porta de modo tão abrupto quanto nos outros andares. Ascensoristas, bilheteiros das estações de metrô, cobradores, motoristas de táxi — todos eram tratados com a mesma formalidade, e de modo geral ficavam agradavelmente surpresos, retribuindo na mesma moeda.

Um escritor muito conhecido e refinado, que conhecia Marianne desde jovem e era profundo admirador de sua obra, nunca foi convidado ao apartamento da Cumberland Street, embora seus amigos fossem chamados. Uma vez, inocentemente, perguntei a ela por que nunca o via em sua casa, e Marianne dirigiu-me um olhar sério, severo, dizendo: "Ele *contradisse* mamãe".

Em 260 Cumberland Street vivia-se, naturalmente, em outra época, mas era mais que isso — vivia-se em outro mundo, como se o apartamento fosse um sino de mergulhador oriundo de um universo diferente, submerso na atmosfera grosseira do século xx. Quando saíamos daquele ambiente com a moedinha na mão, a caminho da estação, e durante os 45 minutos de viagem de volta a Manhattan, sofríamos por vezes um pouco de embolia mental ou moral — tantas coisas a guardar na memória; as histórias, expressões, a cortesia inusitada, a etiqueta minuciosa e prolongada eram coisas difíceis de conciliar com o ônibus da New Lots Avenue, com a terrível viagem de metrô, no vagão sacolejante, de cara para uma fileira de rostos indiferentes. Porém jamais saí do apartamento da Cumberland Street sem me sentir mais feliz do que antes: moralmente elevada, até mesmo inspirada, decidida a ser uma boa pessoa, a trabalhar com mais afinco, a não me preocupar com o que as outras pessoas pensassem, a jamais tentar publicar algo a menos que eu estivesse certa de que havia feito o melhor de que era capaz, mesmo que levasse anos para chegar lá — ou então não publicar nada.

Para mudar a imagem do ar para a água: de algum modo, apesar de toda a pressão subáquea daquele apartamento na Cumberland Street — admoestações, reservas, princípios, estoicismo puro e simples —, Marianne elevava-se triunfante; melhor dizendo, era sua voz que se elevava, num fluxo animado e incessante de bolhas reluzentes. Eu havia estudado química no colegial; assim, imaginava ver em formação nesta água, ou através do vidro pesado que a continha, as estruturas complexas e lógicas que viriam a transformar-se em seus poemas.

Literatura e alguns literatos

Na cozinha do apartamento da Cumberland Street, certa vez vi no chão uma dessas cestas que se usam para guardar maçãs ou tomates, cheia até transbordar de papéis amassados, alguns datilografados, outros cobertos com a letra de Marianne. Essa cesta continha os rascunhos de uma resenha, não muito longa, de um novo livro de poemas de Wallace Stevens. Quando foi publicada, pareceu-me uma bela resenha, como me parece até hoje. Não obstante, Marianne não a incluiu em seus ensaios reunidos; achou que estava abaixo de seu nível de qualidade.

Se era capaz de investir tanto esforço numa resenha de duas páginas ou duas páginas e meia, imagine-se quanto trabalho não lhe terá custado um poema como "The Jerboa" [O rato-canguru] ou "He 'Digesteth Harde Yron'" [Ele "digere ferro duro"] (sobre o avestruz), com seus esquemas complexos de rima e de contagem de sílabas. Quando não estava à mesa, andava pelo apartamento com o poema no qual trabalhava numa prancheta, "mesmo quando estou espanando os móveis ou lavando os pratos, Elizabeth".

Sua utilização de rimas "leves" já foi analisada pela crítica. Por uma questão de princípios, dizia-me Marianne, ela era contra a rima. Mas quando lia um poema para mim, ou o recitava, ela claramente sentia muito prazer com as rimas; olhava por cima dos óculos de leitura e exclamava que aquilo era uma "delícia" — sua palavra predileta quando queria elogiar algo. Com evidente delícia, lia:

> *Strong is the lion — like a coal*
> *His eye-ball — like a bastion's mole*
>   *His chest against the foes:*
> *Strong, the gier-eagle on his sail,*
> *Strong against tide, th'enormous whale*
>   *Emerges as he goes.**

Admirava Ogden Nash e gostava de citar seu poema a respeito do filhote de panda, por causa da rima:

> *I love the Baby Giant Panda;*
> *I'd welcome one to my veranda.***

Uma vez a vi consultando um volumoso dicionário de rimas, e ela me disse que era mesmo "indispensável"; e uma vez elogiou-me por rimar "*antennae*" [antenas] com "*many*" [muitos].

Além da "delícia", Marianne admirava o "ataque corajoso"; por esse motivo, dizia achar uma boa ideia começar um poema com um espondeu.

Em *Observations* ela parece oscilar indecisa entre o verso livre e as formas fixas que ela própria criou, com suas variações em torno da rima "leve". Embora continuasse afirmando que desprezava a rima, durante

---

* "Forte é o leão — como uma brasa/ O olho — é como um baluarte/ Seu peito contra o imigo:/ Forte, o porfirião com sua asa,/ Forte a baleia com sua arte,/ Frente ao mar e ao perigo." Versos do poema "A Song to David", de Christopher Smart (1722-71).
** "Adoro o filhote do panda;/ Queria um na minha varanda."

alguns anos esta ainda predominou. Mas, quando lançou seus *Collected Poems*, em 1951, Marianne já havia começado a cortar de modo impiedoso alguns de seus poemas mais belos; e as maiores vítimas desses cortes foram precisamente as rimas e formas estróficas que ela havia elaborado com tanto cuidado nos anos imediatamente anteriores.

Deu-se um conflito entre as rimas e metros tradicionais durante o período de sete anos (1946-53) em que Marianne trabalhou na tradução das *Fábulas* de La Fontaine. De brincadeira, eu havia desenvolvido uma teoria nada científica segundo a qual Marianne tinha um senso de ritmo — e portanto de métrica — involuntário que era diferente do de todas as outras pessoas. Fisicamente, ela era diferente de todos; conversava de modo diferente; seus poemas revelavam uma inteligência que não era muito parecida com a das outras pessoas; e seus conceitos de métrica e rima eram diversos de todos os conceitos tradicionais. Nesse caso, por que não concluir que os velhos padrões métricos do inglês que ainda parecem (ou ao menos *pareciam*) naturais à maioria das pessoas simplesmente não eram naturais para ela? Que Marianne, desde que nascera, vivia fisicamente subordinada a um ritmo diferente? Ou talvez a explicação fosse outra, mais simples — ela teria um ouvido mais sensível do que a maioria das pessoas, e, como havia começado a escrever numa época em que a poesia estava sofrendo mudanças drásticas, ela se sentia livre para aproveitar ao máximo a situação e realizar todas as experiências que lhe davam na veneta.

Todas as vezes que estive em Nova York durante aqueles sete anos, Marianne me mostrava a fábula em que estava trabalhando (ou a lia para mim pelo telefone) e me pedia que encontrasse uma rima, ou que lhe dissesse se eu achava que a métrica estava boa. Muitas outras pessoas devem ter tido essa mesma experiência. Esses pedidos eram estranhos vindos de uma pessoa que havia chamado a atenção dos poetas contemporâneos para suas próprias deficiências, que lhes inspirara o medo de rimar "*bone*" [osso] com "*stone*" [pedra], ou de cair num padrão métrico do tipo *tatá-tatá-tatá*. Percebia-se que Marianne estava fazendo o possível no sentido de cair no *tatá-tatá-tatá* sempre que achava que era isso que La Fontaine havia feito, mas parecia que tal coisa era quase — repito a palavra — fisicamente impossível para ela. Quando eu lhe sugeria uma solução óbvia, como "*flatter*" [lisonjear] para rimar com "*matter*" [assunto], Marianne me constrangia ao elogiar minha ideia genial; ou então eu dizia: "Se você tirar (ou colocar) "*and*" ou "*the*", a métrica fica *tatá-tatá-tatá*", Marianne exclamava: "E*li*zabeth, obrigada, você salvou minha vida!". Embora meu nome também seja mencionado na introdução, não dei quase contribuição nenhuma à tradução de La Fontaine — umas poucas rimas e a regularização métrica de um ou outro verso. Porém isso bastou para me tornar mais cônscia do que nunca do quanto é rara a verdadeira originalidade, e também da espécie de alienação que ela às vezes acarreta.

Sua honestidade escrupulosa e implacável às vezes chegava a extremos de literalidade protestante, presbiteriana e escocês-irlandesa que me surpreendiam. Fomos juntas assistir a um filme excepcionalmente belo, um documentário em cores sobre a África, com manadas de gazelas e girafas correndo pelas planícies, e adoramos. Então apareceu um bando de elefantes, visto de perto, com nitidez, e o narrador fez um comentário sobre as patas e o andar desses animais. Cochichei para Marianne que eles davam a impressão de que suas patas eram levantadas do chão por fios invisíveis. No dia seguinte ela me telefonou e relembrou meu comentário sobre o andar dos elefantes, e de repente saiu-se com esta: "Elizabeth, lhe dou dez dólares por esta imagem". Muitas vezes era difícil saber até que ponto ela estava falando sério. Respondi algo do tipo "Pelo amor de Deus, Marianne, pode ficar com ela", mas creio que ela jamais chegou a usá-la num poema. Confesso que guardo um pequeno rancor: uma vez Marianne usou uma expressão minha sem me dar crédito. Pode ser uma atitude infantil de minha parte, mas quero afirmar minha autoria. Uma amiga me pedira que lhe levasse três bolas de vidro dessas usadas nas boias em redes de Cape Cod. Quando cheguei ao velho hotel onde eu morava, o mensageiro, um homem muito velho, pegou as bolas junto com minha mala, e, ao vê-lo seguir à minha frente no corredor, disse a mim mesma: "O mensageiro [*bellboy*] com as bolas de boias [*buoy-balls*]". Gostei tanto do jogo de palavras que, por vaidade, repeti a frase para Marianne um ou dois dias depois. Na quinta estrofe de "Four Quartz Crystal Clocks" [Quatro relógios de cristal de quartzo] o leitor encontrará a seguinte passagem: "[...] *The sea-/ side burden should not embarrass/ the bell-boy with the buoy-ball/ endeavoring to pass/ hotel patronesses* [...]".* Achei essa atitude tão incoerente com o caráter de Marianne que jamais

---

* "[...] O ônus litorâneo não deve constranger o mensageiro com a bola de boia que tenta passar pelas hóspedes do hotel [...]".

a entendi. Às vezes me horrorizo ao pensar quanto devo ter roubado dela inconscientemente. Talvez todos nós façamos esse tipo de coisa.

> *The deepest feeling always shows*
> *itself in silence;*
> *not in silence, but restraint.* *

Esses versos, extraídos de "Silence" [Silêncio], um poema do início de sua carreira, exemplificam uma de suas convicções. Como Auden, que Marianne admirava, ela acreditava que a elegância no comportamento — e na escrita, também — exige certa contenção. Disse-me Marianne: "O Ezra acha que todas as dedicatórias são deselegantes", mas certamente não foi apenas para evitar a deselegância que Marianne incluiu este posfácio em seus *Selected Poems* (1935): "Uma dedicatória implica um ato de doação, e ninguém gosta de dar o que é insuficiente; mas tenho na família uma pessoa próxima 'que pensa de um modo peculiar', e gostaria de acrescentar que, nas passagens deste livro em que há efeitos de pensamento ou substância, o pensamento e muitas vezes a expressão utilizada são de autoria dela". Este posfácio claramente se referia à sra. Moore, e depois que sua mãe morreu, em 1947, Marianne tornou-se mais declarativa em suas dedicatórias; no entanto, quando escreveu um acróstico a partir do nome de uma pessoa amiga — uma de suas amizades mais antigas e próximas — ela o disfarçou escrevendo-o de cabeça para baixo.

A primeira vez que ouvi Marianne ler seus poemas em público foi numa leitura realizada com William Carlos Williams no Brooklyn. Creio que cheguei um pouco atrasada. A plateia era muito pequena, concentrada nas primeiras fileiras, e fui entrando do modo mais discreto possível, descendo os degraus íngremes cobertos por carpete vermelho. Quando me aproximei das fileiras mais baixas, Marianne me viu com o rabo do olho e interrompeu o poema que lia para me fazer uma mesura e dizer: "Boa-noite!". Ela e o dr. Williams dividiam o palco alto e um tanto pequeno, lendo poemas alternadamente. Havia no palco duas cadeiras de espaldar alto, bem separadas, e cada poeta ficava sentado quando o outro estava lendo. A decoração era gótico-vito-

---

* "O sentimento mais profundo sempre se mostra em silêncio;/ não em silêncio, mas contenção". [Tradução de José Antonio Arantes. Marianne Moore, op. cit.]

riana; lembro que havia muita pelúcia vermelha escura, madeira escura, muita ornamentação gótica no madeiramento. Marianne, de chapéu e com um vestido azul, parecia muito pequena e nervosa. Tive a impressão de que Williams, nem um pouco nervoso, estava generosamente tentando deixá-la à vontade. Sempre que se revezavam diante do atril, ele lhe cochichava algo e sorria. Já não me lembro do que foi lido, a não ser de um poema de Williams a respeito de um monstro marinho, durante a leitura do qual ele produziu alguns rugidos altos e realistas.

Marianne raramente manifestava opinião a respeito de outros escritores, e nas poucas vezes que me lembro de ouvi-la fazê-lo ela fez comentários no mínimo ambíguos ou ambivalentes. Marianne elevou a níveis estratosféricos a arte de fazer críticas devastadoras sob forma de elogio tênue. Uma escritora que não me agradava nem um pouco, e creio que a ela também não, foi elogiada várias vezes por usar "uma blusa muito bem lavada". Uma vez, ao encontrar Marianne em Nova York, ela me disse que tinha acabado de esbarrar em Djuna Barnes, pela primeira vez em muitos anos, na escada da Biblioteca Pública. Curiosa, perguntei-lhe como era Djuna Barnes. Fez-se uma longa pausa, e então Marianne disse, pensativa: "Bem... ela estava muito elegante, e os sapatos estavam *muito* bem engraxados".

Não me lembro de tê-la ouvido mencionar Emily Dickinson jamais, mas numa ocasião, quando caminhávamos pelo Brooklyn rumo a uma casa de chá de que gostávamos muito, percebi que estávamos numa rua associada ao *Brooklyn Eagle*,* e comentei, de brincadeira: "Marianne, não é engraçado pensar que você e Walt Whitman passaram tantas vezes por esta mesma rua?". Exclamou ela, num tom de ferocidade fingida: "E*liz*abeth, não toque no nome deste homem!". Nunca mais o fiz. Numa outra ocasião, quando ela estava me falando sobre o tempo em que trabalhava na revista *The Dial*, perguntei-lhe que impressão lhe causara Hart Crane ao entrar em sua sala. Sua resposta foi igualmente inesperada: "Ah, eu *gostei* do Hart! Sempre gostei muito dele — era tão *erudito*!". E embora admirasse muito Edmund Wilson, e falasse com mais entusiasmo ainda sobre a sua "erudição", uma vez perguntou-me se eu já havia lido *I Thought of Daisy*, romance que Wilson publicara no início de sua carreira; quando respondi que não, Marianne quase me fez prometer-lhe que *jamais* o leria. Tinha

---

* *Brooklyn Daily Eagle*, jornal dirigido por Walt Whitman de 1846 a 1848.

tamanha devoção por W. H. Auden que fez questão de mostrar-me o gato que ele havia acariciado uma vez na casa de chá do Brooklyn, para que eu o admirasse e acariciasse também.

Recentemente, tenho lido muitas críticas feministas à poesia de Marianne; segundo uma delas, era uma "poeta que controlava o pânico apresentando-o como extravagância". Sem dúvida, a extravagância está presente em seus poemas, bem como o senso de humor (uma qualidade que, infelizmente, parece faltar a essas críticas). Mas não haverá um toque de pânico e medo mortal por trás de toda obra de arte? Mesmo assim, eu me pergunto até que ponto as críticas feministas conhecem a obra de Marianne. Será que leram "Marriage" [Casamento], um poema que diz tudo que elas estão dizendo e que Virginia Woolf já tinha dito antes? É um poema que transforma uma sensação de indignação justificada em obra de arte:

> *This institution,*
> *[…]*
> *I wonder what Adam and Eve*
> *think of it by this time,*
> *[…]*
> *Unhelpful Hymen!*
> *a kind of overgrown cupid*
> *reduced to insignificance*
> *by the mechanical advertising*
> *parading as involuntary comment,*
> *by that experiment of Adam's*
> *with ways out but no way in —*
> *the ritual of marriage […]**

Saberão elas que Marianne Moore foi feminista em seu tempo? Que participou de passeatas com sufragistas, lideradas por Inez Milholland montada em seu cavalo branco, na Quinta Avenida? Marianne contou-me que uma

---

* "Essa instituição,/ […]/ pergunto-me o que Adão e Eva/ acham dele agora,/ […]/ Inútil hímen!/ espécie de cupido demasiado grande/ reduzido à insignificância/ pela publicidade mecânica/ que passa por crítica involuntária,/ pelo experimento de Adão/ com saídas mas sem entradas —/ o ritual do casamento […]." [Tradução de José Antonio Arantes. Marianne Moore, op. cit.]

vez "subiu num lampião" durante uma manifestação em favor do sufrágio feminino. O que ela fez lá em cima, se pronunciou algum discurso e, nesse caso, o que disse, são coisas que não sei; mas o fato é que subiu no poste de saia comprida, anágua e chapelão. Talvez fosse o orgulho ou a vaidade que a impedisse de se queixar, que a fizesse filtrar sua percepção das injustiças através dos prismas dissecados por "aqueles diversos bisturis", transformando-a em poesia. Não era tão orgulhosa que não se permitisse uma ou outra queixa de vez em quando; manifestou uma raiva bem-humorada — mas raiva assim mesmo — quando sua editora adiou duas vezes o lançamento de seu livro para lançar dois jovens poetas, ambos agora quase totalmente desconhecidos. Agora que tudo pode ser dito, e feito, temos alguém que possa ser comparado com Marianne Moore, que dava o melhor de si quando criava suas próprias regras e quando essas regras eram mais rigorosas — exatamente o contrário de "liberdade"?

Pouco depois que conheci Marianne em 1934 — embora eu tenha conseguido manter a coisa em segredo por muito tempo, a meu ver —, de algum modo ela acabou descobrindo que eu estava tentando escrever poesia. Durante um período de cinco ou seis anos, de vez em quando eu lhe mandava meus poemas. Raramente ela fazia algum comentário mais extenso sobre eles, oral ou escrito; limitava-se a dizer que havia gostado dessa ou daquela expressão ou — coisa curiosa — aliteração, pois parecia-me que havia nos meus poemas um excesso de aliterações. Quando lhe perguntei como eram os poemas que ela escrevia no tempo em que estudava em Bryn Mawr, ela respondeu: "Eram *iguaizinhos* a Swinburne, Elizabeth". Às vezes sugeria-me que mudasse uma palavra ou um verso, e às vezes eu aceitava a sugestão, mas jamais sequer deu a entender que esse ou aquele verso talvez tivesse sido influenciado por (ou mesmo inconscientemente extraído de) algum poema seu, embora às vezes eu própria constatasse o fato. Os bilhetes que me mandava eram muitas vezes assinados assim: "Sua Dorothy Dix".*

Foi graças a Marianne que em 1935 meus poemas foram publicados pela primeira vez em livro, numa antologia intitulada *Trial Balances*. Cada poeta incluído tinha um padrinho mais velho, que escrevia um breve prefácio ou introdução aos poemas, e Marianne, ao saber desse projeto, ofereceu-se

---

* Autora de uma coluna de conselhos dirigida ao público feminino, publicada em todos os jornais da cadeia Hearst.

para ser minha madrinha. Eu era tímida demais para lhe pedir tal coisa. Havia escrito dois ou três pálidos pastiches de poesia do final do século XVII, intitulados "Valentines" [Cartões do Dia dos Namorados], num dos quais eu rimava *"even the English sparrows in the dust"* [até mesmo os pardais no pó] com *"lust"* [lascívia]. Ela não gostou muito dos tais pardais, e não escondeu o fato ("Os pardais da srta. Bishop não são repulsivos, apenas desagradáveis"), mas foi o seu patrocínio que me permitiu sair pela primeira vez num livro.

Um poema longo, o mais ambicioso que eu jamais tentara até então, teve o efeito de despertar imediatamente o espírito crítico de Marianne e de sua mãe. Um dia após eu o ter enviado pelo correio, Marianne me telefonou para dizer que ela e sua mãe haviam ficado acordadas até tarde da noite reescrevendo-o. (Esse é o poema em que a palavra "privada" foi censurada.) A versão revista chegou pelo correio no dia seguinte. Eu tivera uma professora de inglês em Vassar de quem gostava muito, e que se chamava srta. Rose Peebles; esse nome — não sei por quê — exercia certo fascínio sobre Marianne. O poema revisto havia sido datilografado num papel muito fino dobrado em forma de quadrado, selado com uma estrela dourada e assinado por fora: "Com amor, Rose Peebles". Minha versão original era toda rimada, com estrofes rígidas, mas Marianne e sua mãe haviam dividido as estrofes de modo irregular. Alguns versos rimavam, outros não; além de "privada", foram retirados alguns coloquialismos; e uma ou duas citações da Bíblia foram corrigidas. Mantive, obstinada, minhas estrofes e rimas originais, porém utilizei algumas das sugestões vocabulares. Infelizmente já não me lembro quais foram elas, e ficarei sem saber a menos que consiga encontrar essa correspondência fascinante.

Em 1940, Marianne deu-me um exemplar da obra de William Butler Yeats então recém-publicada, *Last Poems and Two Plays*, e embora eu não goste de certa ênfase que esses poemas dão à libidinagem — que ela também não gostava —, escrevi-lhe falando de minha admiração por "The Circus Animals' Desertion" [A deserção dos animais do circo] e seus versos agora famosos, *"I must lie down where all the ladders start,/ In the foul rag-and-bone shop of the heart"*.* Marianne respondeu:

---

* "Fico onde toda escada sai do chão,/ Na loja de osso e trapo da emoção". [Tradução de Paulo Vizioli. W. B. Yeats, Poemas. São Paulo: Companhia das Letras, 1992.]

Eu ficaria "muito decepcionada com você" se você fosse capaz de se sentir com relação a Yeats tal como o fazem alguns de seus acólitos. Um "efeito", uma sensibilidade (juntamente com uma insensibilidade?) e um gênio exaustivamente grandes para sons vocabulares e sentenças. Mas, afinal de contas, para que serve toda esta invejável aparelhagem se não para modificar nossa psicoestrutura mortal? Isso me faz pensar nos príncipes malaios — a *horda* de eunucos e bufões e criados de todos os tipos; então, subitamente, a sombrinha que protege o príncipe é baixada, porque um príncipe maior está passando. Como esse meu ato de traição para com W. B. Yeats deve tê-la feito desconfiar, fui assistir a uma palestra de Burton Holmes sobre Java, e outra sobre a Malaia.

Uma vez ela me perguntou sem mais nem menos: "Você gosta do *nu*, Elizabeth?". Respondi que sim, de modo geral. Marianne: "É, eu também, Elizabeth, mas *com moderação*". E imediatamente me fez levar um exemplar do novo livro de *sir* Kenneth Clark, *The Nude*, que ela tinha acabado de receber.

Algumas expedições

A sra. Moore contou-me uma história sobre um passeio ocorrido no verão antes de eu conhecê-las. Tinha havido uma onda de calor terrível, e Marianne estava se sentindo "excessivamente onerada" (ônus era uma palavra importante no vocabulário do apartamento do Brooklyn) e "sobrecarregada". Sua mãe concluiu que ela "devia fazer um curso sobre os mamíferos de grande porte", e disse: "Marianne, vou levá-la a Coney Island para ver Sheba", uma elefanta excepcionalmente grande e dócil que estava sendo exibida lá na época. Coney Island implica uma longa viagem de metrô, mesmo para quem mora no Brooklyn, mas apesar do calor e das multidões as duas mulheres foram. Sheba fez tudo que tinha de fazer do modo mais majestoso, e lentamente jogou com seu treinador um jogo que envolvia uma bola branca reluzente. Pedi-lhe que descrevesse a elefanta, e Marianne disse: "Estava vestida com muita simplicidade. Todo o corpo estava levemente empoado, um pó rosado fosco, e nas patas dianteiras ela usava tornozeleiras, umas bolas grandes e ocas de cobre. Na cabeça tinha três plumas brancas de avestruz". Marianne gostava de andar de montanha-russa; destemida, preferia o banco da frente. Sua mãe me contava que ficava esperando lá embaixo, vendo os carros subindo em lenta agonia, estalando, até os píncaros, para depois despencar num mergulho apavorante. Uma vez a longa trança ruiva de Marianne desprendeu-se, os cabelos foram jogados para trás, e junto com eles foram seus preciosos grampos amarelos "de tartaruga *de verdade*", que felizmente caíram no colo de dois marinheiros que estavam no carro atrás do seu. No final, eles lhe entregaram os grampos "muito educadamente".

Duas amigas de Marianne, duas senhoras idosas de Boston, dividiam uma casa de madeira branca impecavelmente arrumada no norte do Maine. Uma vez passei um dia lá, e as duas riram às custas de Marianne, dizendo que ela tinha o hábito de esconder comida. Ela riu, corou e jogou a cabeça para trás, e pareceu não se incomodar quando uma das amigas me contou que entrou no quarto de Marianne para procurar um livro e encontrou duas batatas cozidas na cômoda. Alguns anos depois, a senhora mais velha telefonou de Boston para Marianne e disse-lhe que estava morrendo de câncer. Encarava a situação de modo absolutamente estoico; estava hospitalizada e sabia que não ia durar muito tempo. Pediu a Marianne que fosse ficar perto dela até que ela morresse, e Marianne foi. No hospital, a senhora disse-lhe que ficaria grata se ela fosse visitá-la todos os dias, mas sabia que Marianne não poderia passar o tempo todo fazendo-lhe companhia; assim, tratara com uma autoescola para que ela tivesse aulas de direção. Marianne, que na época estava com quase setenta anos, achou que era uma boa ideia; sempre tivera vontade de aprender a dirigir, e aprendeu; todos os dias tinha uma aula de direção e fazia uma visita à doente. Um dia ou dois depois da morte da amiga, Marianne foi aprovada no exame de motorista. Disse que teve um pouco de problema com os sinais da Copley Square, e confessou que o "policial" que a examinara lhe dera a impressão de ser um pouco indulgente demais com ela. Comentei que esperava que ela não tivesse corrido muito; Marianne respondeu: "Não passei de setenta, Elizabeth!". Ao voltar para Nova York, mostrou orgulhosa sua carteira de motorista ao irmão, Warner, o qual, sem dúvida falando de modo muito parecido com a falecida mãe, disse: "Deve ter havido algum equívoco. É preciso devolver essa carteira *imediatamente*".

Marianne tinha um interesse profundo por detalhes técnicos de todos os tipos — de que modo se plantam as camélias; como funcionam os prismas de quartzo dos relógios de cristal; como o pangolim consegue fechar os ouvidos, o nariz e os olhos, andar sobre as beiras externas das patas dianteiras *"and save the claws/ for digging"* [e reservar as garras para o ato de cavar]; como dirigir um carro; de que modo os melhores jogadores lançam a bola no beisebol; como fazer uma figura de proa para o barco à vela de seu sobrinho. A maneira exata como se faz algo, ou como uma coisa funciona, era poesia para ela.

Marianne até aprendeu a dançar tango. Antes de comprar uma televisão, tinha o hábito de descer ao apartamento de subsolo do prédio em que morava para assistir às partidas de beisebol com o zelador e sua esposa, que tinham um televisor. Numa dessas partidas apareceu um anúncio de uma escola de dança no Brooklyn. Marianne anunciou que sempre gostou de tango, correu para seu apartamento no quarto andar, telefonou para a escola e marcou uma hora. Os jovens dançarinos de ambos os sexos talvez tenham ficado um pouco surpresos no início, mas em pouco tempo estavam disputando a honra de dançar com ela. Marianne fez um pequeno curso completo. Perguntei-lhe como se saíra no tango, e ela reconheceu que os professores acharam que a dança talvez fosse um pouco cansativa demais para ela e lhe ensinaram uma versão "modificada". Aprendeu também vários outros passos e tipos de dança mais atuais, e insistiu que todos haviam se divertido muito.

No final do inverno ou início da primavera de 1963, numa estada em Nova York, uma noite, por volta das oito, estava saindo de uma estação de metrô na Lexington Avenue a caminho de uma leitura de poesia na ACM quando percebi de repente que Marianne estava caminhando à minha frente, a uma distância de mais de meio quarteirão, sozinha, a passos rápidos, carregando uma bolsa cheia de livros e papéis. Chegou à ACM antes de mim, mas não apareceu na leitura a que fui assistir; fiquei a imaginar o que ela estaria fazendo. Mais tarde Marianne me disse que estava participando da Oficina Poética da ACM, na época dirigida por Louise Bogan. Segundo ela, estava aprendendo muitas coisas, coisas que antes não sabia; a srta. Bogan era mais uma das pessoas que ela considerava "eruditas". Pouco depois conheci a srta. Bogan numa festa, e lhe perguntei sobre a oficina e sua famosa aluna. Coitada da srta. Bogan! Sem dúvida, Marianne nem imaginava quanto sofrimento estava lhe causando. Ao que parecia, Marianne tomava notas constantemente, fazia muitas perguntas e participava das discussões de modo entusiástico. Mas os outros alunos ficavam intimidados e muitas vezes perplexos, como também ficava a própria professora, que além disso tinha a sensação de estar agindo como uma embusteira, sem nunca saber que pergunta técnica lhe seria feita em seguida.

Fui a muito poucos acontecimentos literários aos quais Marianne estava presente. Um desses poucos eventos foi a festa realizada no Gotham Book Mart em homenagem a Edith e Osbert Sitwell. Eu não havia planejado ir lá em absoluto — aliás, não queria ir; mas Marianne, que tinha um lado anglófilo, foi firme. "Nós temos que ser *gentis* com os Sitwell", disse ela.

A festa foi organizada pela revista *Life* e foi terrível. Os fotógrafos agiam como fotógrafos: esticavam fios diante de nossos pés, um gritando para o outro por cima de nossas cabeças, empurrando-nos para cá e para lá. Levaram algum tempo para separar os poetas, que eram para ser fotografados, dos não poetas, e isso foi feito de um modo tal que me fez pensar na maneira como cabeças de gado são tocadas para dentro de um vagão de trem. Os não poetas, bem como alguns poetas de verdade, sentiram-se insultados; depois o fotógrafo declarou que o chapéu da srta. Moore era "grande demais". Ela recusou-se a tirá-lo. Auden era um dos poucos que parecia estar se divertindo. Para aparecer na foto, encarapitou-se numa escada, e de lá ficou fazendo comentários alegres em voz alta. Por fim, a foto foi tirada, com uma espécie de movimento semicircular da câmara. Marianne consentiu que eu e um amigo a levássemos para jantar e depois a deixássemos em casa de táxi. Eu estava usando um chapéu de veludo pequeno, e Marianne comentou: "Pena que eu não estava com um chapéu *mínimo* como o seu". A ida de táxi até o Brooklyn na época custava mais de cinco dólares, sem contar com a gorjeta. Naquela noite, meu amigo estava pagando o jantar e o táxi. Entre comentários a respeito da festa dos Sitwell, Marianne exclamava, de vez em quando: "Sr. W____, isto é *assalto à mão armada!*".

Marianne falou-me de outra festa literária, mais elegante, a que ela fora, numa "cobertura", para comemorar a publicação de uma edição de luxo de um livro de Wallace Stevens, se não me engano. As poltronas eram forradas de "veludo cor de limão"; havia um desenho de Matisse que não a agradou muito; e ela tomou um cálice de champanhe do qual se arrependeu pelo resto da noite, porque fez seu rosto arder. Pedi-lhe mais detalhes; Marianne tornou-se irônica: "Bem, assinamos nossos nomes várias vezes, e, quando essa atividade emocionante terminou, fui embora para casa".

Às vezes íamos ao cinema juntas — lembro que assistimos a *Kon-Tiki* duas vezes. Jamais tentei levá-la para assistir a qualquer filme dramático ou "de arte". Como o dr. Sibley Watson e sua mulher eram seus amigos mais íntimos, ela certamente teria visto os primeiros filmes experimentais de Watson, como *Lot in Sodom*. Porém fiquei sabendo da triste história de dois rapazes que, ao descobrir que Marianne nunca tinha visto *O encouraçado Potemkin*, resolveram levá-la. Antes de *Potemkin*, foi exibido um curta-metragem de Walt Disney — isso foi na época em que os filmes de Disney ainda tinham encantamento e humor. Depois do cinema, foram tomar chá, e Marianne comentou exaustiva e detalhadamente o filme de Disney, e só. Por fim os rapazes lhe perguntaram o que ela tinha achado de *Potemkin*. "A vida", respondeu ela, "não é assim."

Duas vezes fomos juntas às conferências das manhãs de sábado promovidas para o público infantil no Museu de História Natural — uma vez para ver Meshie, uma chimpanzé que entrava no palco pedalando seu velocípede, e que nos ofereceu sua banana. Da outra vez, fomos ver um jovem casal que eu conhecera no México, que estava mostrando sua coleção de animais de estimação, um deles Aguilla, a águia-calva que os dois haviam treinado para caçar como se fosse um falcão. A águia foi e voltou para o México empoleirada num cabo de vassoura dentro do carro. Havia outros animais mais simpáticos: Marianne segurou no colo o jupará, um bichinho afetuoso que se agarrava na gente com a cauda. Num filme caseiro que o casal nos exibiu, o rapaz aparecia em sua biblioteca pegando um livro na estante. Ao fazê-lo, num gesto natural, ele soprava a poeira acumulada na parte de cima do livro. Marianne não conteve uma risada. Adorou esse detalhe; era um exemplo da "espontaneidade" que ela admirava tanto quanto a "delícia".

A penúltima vez que saí com Marianne foi no verão de 1968. Sua mãe já morrera havia muito tempo, e ela tinha se mudado do Brooklyn para a rua 9 Oeste, 35, em Manhattan. Eu estava hospedada ali perto, em Greenwich Village. Um dia ela me telefonou, pedindo-me para ir pegá-la e acompanhá-la até as urnas; queria votar. Creio que foi a primeira vez que me pediu ajuda. Era um dia quentíssimo. Marianne estava pronta, à minha espera, de chapéu e tudo — um chapéu no formato de sempre, de palha azul-marinho; trajava também um conjunto listrado azul e branco e tênis azuis. Estava com problemas de equilíbrio, e fora-lhe recomendado que andasse de bengala — e de fato havia uma bengala encostada à porta.

Marianne a odiava, e creio que nunca a vi usá-la. As urnas estavam bem perto dali, no porão de uma escola pública perto da Sexta Avenida; havia muita gente sentada lá, mulheres em sua maioria, conversando. A chegada de Marianne foi um acontecimento; pelo visto, as pessoas sabiam quem ela era e se aproximaram para falar-lhe; depois vieram fazer-me perguntas sobre minha amiga enquanto ela votava. Eram mães de Greenwich Village, algumas delas intelectuais e feministas. Fiquei pensando que Marianne foi provavelmente a única pessoa a votar no Partido Republicano ali naquele dia.

Eram a originalidade e o frescor da dicção de Marianne, até mesmo nas conversas mais descontraídas, bem como seu virtuosismo polissilábico, que impressionavam muita gente. Comentou ela uma vez a respeito de um poeta conhecido: "Esse homem é sarapintado de impropriedades como uma truta". Uma amiga minha contou-me que uma vez apresentou um pintor a Marianne com as palavras: "A srta. Moore é a pessoa que conheço que tem o vocabulário mais interessante". Marianne demonstrou satisfação ao ouvir isso, e um minuto depois utilizou numa frase, de modo espontâneo porém preciso, uma palavra de que já não me lembro mais cujo significado é o hábito que têm alguns animais de lamber os números fosforescentes dos relógios. Nessa mesma festa, minha amiga apresentou-lhe o crítico de arte Clement Greenberg, na época ainda relativamente jovem; para a surpresa de minha amiga — e certamente do sr. Greenberg — Marianne demonstrou familiaridade com seus escritos, e ao apertar-lhe a mão disse: "Ah, o *destemido* sr. Greenberg!".

Havia algo em T. S. Eliot, um grande amigo de Marianne, que ela achava engraçado. Quando Eliot foi visitá-la no Brooklyn pela primeira vez após casar-se com Valerie, sua jovem esposa pediu que os dois posassem juntos para que ela tirasse uma foto. Valerie disse: "Tom, ponha o braço em volta de Marianne". Perguntei a ela se Eliot havia obedecido. Marianne deu sua risada curta de quem pede desculpas, e disse: "Obedeceu, sim, mas cheio de dedos". Já perto da morte, Marianne confiou as cartas que recebera de Eliot a Robert Giroux, o qual me contou que ela havia guardado cada carta junto com o envelope em que fora enviada. Num deles aparecia o endereço de Marianne no Brooklyn, escrito na letra de Eliot, mas não vinha o nome nem o endereço do remetente. O envelope continha uma folha amarela arrancada de um bloco na qual se via um coração grande, atravessado por uma flecha, com os dizeres: "De um admirador anônimo e grato".

Os últimos anos

O dicionário define "memórias" como "narrações históricas escritas por testemunhas presenciais". Quase tudo que registrei aqui foi presenciado ou ouvido em primeira mão, em maior parte antes do período 1951-2, o ano em que (nas palavras de Randall Jarrell) Marianne "ganhou a Tríplice Coroa" (National Book Award, prêmio Bollinger e prêmio Pulitzer) e tornou-se realmente famosa. Agora era Marianne Moore, "personagem" querida do Brooklyn e de Manhattan; torcedora de beisebol; amiga de muitas celebridades mais espalhafatosas; admiradora fiel dos presidentes Hoover e Eisenhower e do prefeito Lindsay; agraciada com dezesseis graus universitários honoríficos (uma vez ela pôs na cabeça, para eu ver, seus capelos acadêmicos prediletos); a poeta que lia seus poemas em todo o país, em lugares bem diferentes do auditório no Brooklyn onde fui vê-la com William Carlos Williams nos anos 1930. Ela gostava muito das atenções que recebia, ainda que de vez em quando isso lhe parecesse um "ônus" também. Após tantos anos de vida modesta e trabalho duríssimo, ela gozou — fora os derradeiros momentos de impotência — uma velhice excepcionalmente feliz.

Uma vez Marianne comentou, após visitar seu irmão e a família dele, que o estado de ser casado e ter filhos tinha uma vantagem enorme: "A gente nunca tem que se preocupar se está ou não fazendo o que devia estar fazendo. Não dá tempo. A pessoa está sempre tendo que ir fazer compras ou levar as crianças não sei aonde. Não há tempo para ficar se perguntando: 'É isso *mesmo* que eu devia estar fazendo?'".

É claro que ela se fazia essa pergunta constantemente. Porém, tal como nas notas a seus poemas, Marianne nunca se revelava por completo. Sua tagarelice, suas tiradas espirituosas, aquele riso de quem pede desculpas, nada disso esclarecia de todo aquelas suas decisões súbitas — ou melhor, suas intuições decisivas — a respeito de o que é bom e o que é mau, certo ou errado; e seu meticuloso sistema ético às vezes me deixava perplexa. Uma das pouquíssimas vezes em que chegamos perto de brigar foi quando, nos anos 1940, eu lhe contei que estava consultando um psicanalista. Ela reagiu com violência, dizendo que a psicanálise ensinava que "o mal não é *mau*. Mas nós *sabemos* que é". Eu não havia percebido que meu analista, um médico que era quase um santo, fazia isso, mas não tentei contradizê-la, e nunca mais conversamos sobre o assunto. Jamais falávamos sobre o presbiterianismo, nem sobre religião em geral, e jamais ousei fazer mais do que zombar de leve de Marianne quando ela dizia, de vez em quando, acreditar que havia alguma substância na astrologia.

Há cerca de noventa anos, Gerard Manley Hopkins escreveu a Robert Bridges uma carta a respeito do ideal do "cavalheiro", ou do "artista" em oposição ao "cavalheiro". Hoje suas ideias podem parecer absurdamente vitorianas, mas acho esta carta relevante até hoje, e muito comovente:

> Na verdade, os poetas e artistas não são, lamento dizê-lo, de modo algum necessariamente, nem mesmo geralmente, cavalheiros. Pois um cavalheiro não se presta à concupiscência nem a outras vilezas, nem [...] assume ares de superioridade nem afetações, nem faz outras coisas que encontramos nas obras modernas. [...] Se um artista ou pensador pensa que, agindo de tal maneira, ele haveria de tornar-se grande, mesmo assim ele continuaria essencialmente inferior a um cavalheiro que não fosse artista nem pensador. E no entanto ser cavalheiro está apenas na fronteira da moralidade, e é mais uma questão de boas maneiras do que de moral propriamente dita. Nesse caso, como hão de ser inferiores a arte, a filosofia, as boas maneiras, a civilidade e tudo o mais no mundo ao menor grau de virtude verdadeira! Refiro-me à castidade mental que parece residir no âmago mais íntimo de todo o bem e constituir sua verdadeira mãe, que permite apreender de imediato o que é melhor, e, atendo-se a ele, não permitir que mais nada, seja o que for, sequer argumente em sentido contrário. [...] Afirmo, pois, e com veemência, que um cavalheiro [...] tem o direito de desprezar o poeta, seja este Dante ou Shakespeare, e o pintor, seja este Michelangelo ou Apeles, se o poeta ou o pintor demonstrar de algum modo que não é um cavalheiro. Tem o direito de fazê-lo, mas, se é de fato um cavalheiro, ele provavelmente não o fará.

A palavra "cavalheiro" nos causa constrangimento agora, e sua forma equivalente feminina, "dama", mais ainda. Mas estou certa de que Marianne teria aprovado "com veemência" a posição de Hopkins: ser poeta não era o objetivo último da existência.

Para mim é impossível tirar conclusões ou mesmo resumir. Quando tento, fico confusa, e tenho uma visão subliminar de um *M* maiúsculo multiplicando-se. Vejo-me virando as páginas de um manuscrito iluminado e encontrando aquela inicial por toda parte: o monograma de Marianne;

mãe; maneiras; moral; e dou por mim murmurando: "Maneiras e moral; maneiras em forma de moral? Ou será moral em forma de maneiras?". Já que eu, tal como Alice caindo na toca do coelho, "meio sonolenta", não consigo responder a nenhuma das duas perguntas, a formulação exata não faz muita diferença; mas a coisa *parece* fazer sentido.

c. *1969*

Ida ao botequim

Vou até o botequim comprar cigarros e uma Mirinda, um refrigerante parecido com Crush laranja, e nos vinte minutos que leva essa expedição vejo, como se diz aqui [em Ouro Preto], "o seguinte". (A leve pretensão que caracteriza as frases dos semianalfabetos. Os trabalhadores adoram a expressão: "Quero dizer *o seguinte*", dois-pontos, e então dizem. Ou então: "Agora vou dizer *o seguinte*", após o que dizem o que têm a dizer.)

É uma linda manhã de sol; nuvens brancas e macias avançam no céu, bem depressa, lançando grandes manchas de azul opaco sobre os morros verdejantes e os picos rochosos. Três de fevereiro; o verão chegou. Tudo cresceu de forma surpreendente em uma ou duas semanas. Dois tipos de ipomeia enfeitam as paredes que restam de uma casa em ruínas — uma lilás e outra de um roxo vivo, com o centro rosa, centenas de flores berrantes se escancarando ao sol. Depois das chuvas de janeiro, por toda parte as paredes e os muros de pedra estão recobertos de musgos, avencas e uma florzinha amarela miúda. Contemplo um jardim dentro de outra ruína, uma tentativa de beleza e formalidade com nove metros quadrados: há uma borda quadrada e duas diagonais, com uma roseira no meio, coberta de pequenas rosas vermelhas. Tudo irregular e desarrumado, nada podado; saem rebentos compridos dos arbustos, a balançar-se na brisa. Duas borboletas voejam: centenas de abelhas mergulham nas flores. Dois beija--flores chupam as ipomeias — um pequenino, iridescente; o outro, grande, de corpo alongado, cinza, com uma orla branca na cauda. Uma árvore (ou quase) de dálias amarelo-alaranjadas, desarrumada; flores lilás em profusão, misturadas com cebolas ao longo da borda; e um pouco de couve. No lugar onde uma cascata passa por baixo da rua e ressurge adiante, há uma profusão de lírios-do-brejo, uma planta aquática silvestre com folhas compridas e luxuriantes, grandes flores brancas e cansadas que se arrastam na água. De vez em quando seu cheiro me chega às narinas, um perfume forte demais, doce demais.

Palmira me pediu para dar uma escapulida do trabalho hoje de manhã cedo para ir benzer a garganta. O padre Antônio ia benzer gargantas na igreja às seis horas (é a festa de são Brás, padroeiro das gargantas). Áurea estava com dor de garganta; Palmira não — ao que parece, ela estava se prevenindo. Perguntei-lhe como foi a bênção. Havia "muita gente"; o padre abençoou a todos em geral, depois, junto à balaustrada, aproximou-se das pessoas, uma por uma, com os braços cruzados, ladeado por duas velas acesas, murmurando uma bênção.

O botequim é uma lojinha onde compro um litro de leite todos os dias — quer dizer, quando o leite ainda não azedou. As garrafas normalmente são deixadas na calçada, dentro de um engradado, durante toda a manhã, ou mesmo o dia inteiro, até serem vendidas. O dono é o João Pica-Pau. Mas no caminho vejo uma novidade hoje. Uma sinuca acaba de ser inaugurada, e há cinco ou seis homens e rapazes bloqueando a calçada estreita diante das duas portas abertas. É uma mesa de sinuca, creio eu, mas tão pequena que parece de brinquedo, nova em folha, coberta de feltro de um verde vivo. Dois rapazes estão jogando, quase na calçada.

Logo antes de chegar ao botequim de João Pica-Pau, que fica ao lado da barbearia, encontro três meninos em torno de doze anos; parecem ser irmãos, todos mais ou menos do mesmo tamanho, mulatos, de olhos de um cinza escuro. O mais velho e o mais moço estão ajudando o do meio, que é muito magro, depauperado, pálido, com botas calçadas sem meias. Está lânguido, mole; a camisa e as calças azuis, esfarrapadas, estão muito limpas. Ele arrasta os pés e se dobra para os lados como um caule quebrado. Sua cabeça se vira para mim, e tenho a impressão de que ele tem apenas um olho, e um buraco no lugar do outro — ou será um olho mesmo? Não tenho coragem de olhar. Seu irmão de repente passa o braço por baixo de seus joelhos, levanta-o e entra com ele na barbearia. Dentro da barbearia mal cabem a cadeira, o barbeiro, um espelho sujo de moscas e um enorme vaporizador. (Em outras vezes que passei por aqui, encontrei uma criança brincando com o vaporizador, esguichando um perfume sintético forte nos amigos que estavam do lado de fora.) Agora olho para dentro da barbearia e vejo que há *duas* pessoas sentadas na cadeira, o menino de um olho só no colo do irmão, enquanto o barbeiro corta sua longa carapinha. Todos estão em silêncio; o irmão o abraça apertado. O menino vira seu único olho para o espelho, num esforço impotente.

Na calçada, quente de sol, há um ir e vir constante. Uma senhora negra grandalhona segura uma sombrinha alaranjada, diáfana e reluzente, levantando-a tanto quanto lhe é possível, para proporcionar o máximo de sombra para si própria, o bebê em seus braços e as duas criancinhas que a seguem. Uma das "personagens" locais se aproxima de mim, uma velha maltrapilha que arrasta os pés. É gorda, e tudo nela está caído: os seios, o ventre. Leva um guarda-chuva preto à guisa de sombrinha. Os sapatos não casam; um é um tênis velho, quase saindo do pé; o outro é um chinelo preto, também velho. Seus cabelos brancos estão desgrenhados; os olhinhos lunáticos olham brilhando para mim. Duas meninas vão atrás dela, rindo baixinho. Olho séria para elas.

Chego ao botequim e constato que está fechado. João Pica-Pau estabeleceu-se na pequena loja de tecidos ao lado. Mudou-se para lá, o que significa que empurrou seu engradado de leite alguns metros para o lado e instalou sua vitrine, que contém uma variedade confusa de cigarros baratos. Vejo também sua balança vermelha, uma faca grande e um amontoado de salaminhos dentro de uma cesta, colocada no alto de uma pilha de peças de fazenda. Pelo visto, ele agora é também responsável pela venda de tecidos. Hoje os únicos produtos frescos que ele tem para oferecer são réstias de alho e uma caixa de tomates ainda meio verdes. Tomo uma Pepsi-Cola pequena enquanto ele embrulha as outras para mim. Compro também lâminas de barbear e umas balas baratas. Ele espalha as balas sobre o balcão sujo para eu fazer minha escolha.

João conta para mim, e para quem mais se interesse — há vários homens e rapazes no botequim, como sempre; um, na outra extremidade do balcão, já bem bêbado, toma cachaça pura, e o outro come um pãozinho; todos estão de olhar parado, escutando —, a briga terrível que aconteceu ontem à noite. Um homem estava com um facão, o outro com um canivete, o terceiro com um pau, e os três estavam bêbados. Ele conseguiu separá-los e fechou as portas. "Detesto briga; e a senhora?" Concordo com ele. "Alguém pode morrer", diz João. Ele queria chamar três policiais para bater nos homens com seus cassetetes de borracha — faz o gesto —, o que teria acabado com a briga, só que não tinha telefone, coisa que os homens sabiam muito bem. Mas não tinha medo deles — quer dizer, menos o do facão. É, mata-se gente demais, é fácil matar uma pessoa. João termina seu pequeno sermão afirmando: "É burrice, é um absurdo matar um homem.

Imagine só, a polícia vai e pega o sujeito, ele passa um ano na cadeia, perde o emprego, bagunça a vida dele completamente". Todos concordam com a cabeça. O bebedor de cachaça, com uma voz pastosa, pede outra. Pego minhas compras e saio do botequim.

    Volto para casa. Não, o desonesto vendedor de antiguidades me chama de sua casa azul-clara, cheia de imitações de luminárias antigas e com a área à frente coberta de mesas e armários velhos. "A senhora quer um armário antigo? Eu estou com uns três ou quatro bonitos." E atravessa a rua correndo, balançando as mãos gordas como um bebê. Sem dúvida, ele está ficando rico. Há três anos era apenas um diarista, que nada entendia de antiguidades. Agora tem fregueses por todo o estado, e ainda manda mercadorias para o Rio e São Paulo. "Quero lhe mostrar uma casa. Quero que a senhora veja porque a senhora tem muito *bom gosto*." Parei de falar com ele durante dois anos por causa de uma sujeira que ele fez comigo, em torno da mais linda estátua de são Sebastião que já vi. Voltei a falar com ele; é perda de tempo querer fazê-lo entender o que é a ética. Sua mulher gorda sorri e me acena com a mão como um bebê também.

    Em casa encontro um folheto jogado no quintal — um convite do Departamento de Turismo de Ouro Preto, chamando as pessoas da cidade e os visitantes

> para assistir ao monumental desfile das Agremiações Carnavalescas na Praça Tiradentes nos dias 7, 8, 9 e 10 do mês de fevereiro. As seguintes agremiações irão desfilar: Zé Pereira dos Lacaios, Conjunto Brito Filho, Clube Recreativo xv de Novembro, Escola de Samba Morro de Sant'Ana, Bloco Estrela D'Alva, Zé Pereira Infantil e Escola do Bairro do Padre Faria.
>
>   No dia 10 serão realizados um grande concurso pelo prêmio de melhor do Carnaval de 1970 e o grande desfile de Carros Alegóricos.

A cerca de um quilômetro e meio da cidade, subindo a serra por uma estrada de terra íngreme, chega-se a uma chapada alta. No caminho, passa-se por duas capelas ao longe, Nossa Senhora do Bom Parto e Sant'Ana. Sobe-se o morro Queimado, passando-se por campos escarpados cheios de ruínas. Após duzentos anos, algumas das ruínas voltaram a ser casas: uma bem pequenina, só quatro paredes restantes, com aberturas para uma porta e uma janela, agora tem um telhado de encerado, mantido no lugar por pedras. É difícil entender como alguém pode morar ali, mas há algumas galinhas ciscando por perto da porta e roupas secando nos arbustos mais próximos.

A menor casa de todas, de pau a pique, com varas à mostra, tem por pano de fundo uma vista magnífica, diante de um barranco de uns trezentos metros; uma das extremidades da casa se funde com a carroceria de um lotação velhíssimo. As janelas e a porta do lotação são de um verde desbotado; o telhado côncavo é preto. Será a casa uma extensão do lotação, ou será o lotação a "ala nova" da casa? Eis um pequeno e horrendo enigma diante de uma paisagem majestosa. Mas alguém mora ali! Para o leste, descortina-se uma vista magnífica, que parece seguir até a costa, quilômetros e mais quilômetros de serra azul, os morros mais próximos com picos de formas caprichosas, de pedra cinzenta, e uma cruz alta ligeiramente inclinada para o norte.

Para a esquerda vê-se o local onde antes havia um pequeno moinho que desabou. Ali havia uma estranha roda de azenha, velha, de ferro, mas há algum tempo vieram uns rapazes para fazer um filme muito pretensioso sobre a cidade, e eles a roubaram. (Esses rapazes moravam debaixo de mim; todas as noites eu sentia o cheiro da maconha que eles fumavam, e um deles, o mais jovem, ficava em casa sozinho cheirando éter todas as noites, quase me eterizando, pois meu quarto era logo acima do dele.)

Os campos estão cheios de flores silvestres. De início a gente só vê as mais altas, todas sem nome, amarelas e roxas, sementes felpudas, vagens vermelhas, e outras brancas. Depois percebe-se que todo o chão está atapetado de flores, flores menores, outras menores ainda, outras do tamanho de musgos. Colho dezenas de flores silvestres, umas pequenas, amarelas e laranja, que dão num arbusto pequeno e bonito, brilhantes como orquídeas, outras altas, isoladas, lindas, amarelas e brancas, cada uma em seu caule verde; e sinos pendentes, carmim. Antes que se tenha tempo de chegar em casa, esses sinos fecham-se de todo, para nunca mais se abrirem.

Este é o campo da Cachoeira das Andorinhas, e é aqui que o riacho desaparece, como o sagrado rio Alph do sonho de Coleridge. Ele se abre sobre a pedra vermelha, estreita-se e despenca de precipícios frios e cinzentos, desaparece sob a terra, depois brota outra vez mais adiante, agora saltando sobre pedras mais bonitas. Depois mergulha em direção ao Mundo

Subterrâneo. A gente se debruça sobre as pedras e o vê lá embaixo, descendo mais e mais, até desaparecer numa caverna, para nunca mais ser visto. Ele desce falando, falando, mas as palavras nos escapam...

1970

Recordações do tio Neddy

Está chovendo no Rio de Janeiro, chovendo, chovendo sem parar. Segundo os jornais de hoje, esta é a estação das chuvas mais chuvosa dos últimos setenta e seis anos. Além disso, está quente e abafado. O mar — no momento em que escrevo estou numa cobertura, no décimo primeiro andar de um edifício que dá para sudeste, de frente para o mar —, vejo o mar por trás de um véu de chuva, quase escondido atrás de uma mistura de chuva e neblina, coisa tão rara aqui. No limite do meu campo de visão, um navio de carga que parece vazio segue pesadamente rumo ao sul. As calçadas, com seus mosaicos, estão encharcadas; a praia está escura, úmida, alisada pela chuva; a linha da maré é assinalada por algas escuras, outra raridade. E como chove! A água entra pelas frestas das portas do terraço e das janelas. De vez em quando entra uma brisa fraca, também, trazendo um leve cheiro de podridão: alguma coisa estragada, fruta ou carne. Ou talvez seja o cheiro do bolor de meus livros e papéis velhos, ou até da camisa que estou usando, pois com este tempo mesmo as roupas emboloram depressa. Se a chuva continuar por muitas horas, o rádio vai pifar de novo, e a vitrola vai enferrujar de tal modo que não será mais possível consertá-la. Quando a maré subir, o mar pode atravessar a avenida e começar lentamente a galgar a base de nosso prédio; não seria a primeira vez.

E o tio Neddy — quer dizer, meu tio Edward — está aqui. Neste lugar tão estrangeiro e, para ele, exótico, tio Neddy acaba de chegar do moldureiro. Está ligeiramente, silenciosamente inclinado para trás, apoiado na parede amarelo-clara, cheia de manchas de umidade, olhando muito sorridente para todos aqueles que olham para ele — inclusive o gato, que ainda há pouco o examinou. Só que não se trata, é claro, do tio Neddy de verdade, tal como ele era, ou como o conheci. Este é o "Edwardinho", no tempo em que ainda não era tio, ainda não era namorado, marido, pai, avô, funileiro, beberrão nem pescador famoso — em que ainda não era nenhuma das coisas que veio a ser.

Embora me provoquem ataques de asma, adoro todos os mofos e bolores. Adoro, por exemplo, aquela poeira esverdeada, de aparência seca, semelhante ao aveludado de certos frutos, que aparece de repente na sola dos sapatos guardados no armário, nas capas de todos os livros pretos, ou escuros, na estante. E adoro a sombra negra, como uma fuligem finíssima, que brota de repente, sub-repticiamente, no pão branco, nas paredes brancas. O mofo que surge na comida floresce após um ou dois dias, e quando o tempo está quente e úmido, como agora, uma minúscula selva, em tons de verde, amarelo e carmim, às vezes começa a se formar num canto do banheiro. Essa penugem esverdeada, ou sombra de fuligem fina, tem o efeito preciso de um toque de morbidez, uma morbidez atraente — se bem que mortalidade talvez seja o termo mais apropriado. O esverdeado lembra vida, a sombra negra — embora também seja vida — evoca agonia e morte. E, agora que o tio Neddy voltou, o negro subitamente se associou a ele. Porque, depois de tantos anos, só agora é que me dou conta de que ele representava "o demônio" para mim, não um Demônio violento e ativo, e sim um diabinho negro suave, um demônio da fraqueza, da aquiescência, de um negro incerto, como o do bolor. Ele morreu — ou melhor, sua última encarnação morreu — aos setenta e seis anos de idade, já faz algum tempo, e dois ou três anos antes de sua morte eu o vi pela última vez. Não sei como ele se aguentou por tanto tempo. Já naquela época parecia bem morto, morto e ensombrado, como o mofo, como se sua vida pregressa tivesse finalmente resolvido obscurecê-lo. (Sua aparência lembrava também um pavio ressecado, na manga enegrecida de fuligem de um lampião de querosene.)

Porém ei-lo aqui novamente, jovem e limpo, aos cerca de doze anos de idade, sem nada a nos separar a não ser uma camada de verniz. Sua viúva, minha tia Hat, mandou-o para mim, despachou-o da Nova Escócia, a milhares de quilômetros daqui, juntamente com uma de suas irmãs mais moças, minha mãe, juntos numa mesma caixa grande. Por que cargas d'água minha tia me mandou a foto de seu falecido esposo? A de minha mãe era talvez de esperar, mas a de tio Neddy foi uma surpresa absoluta; e agora não consigo parar de pensar nele. Sua vida matrimonial foi um longo suplício; isso era de conhecimento geral. Será que sua presença aqui é vingança de tia Hat? O comentário final dela sobre uma guerra de cinquenta anos? E, para ele, uma última e surpreendente gota d'água? Ou será que ele veio para cá porque formava um par com o outro retrato e minha tia é neuroticamente organizada, e não suportou a ideia de desmanchar o par? Ele parece absolutamente calmo, educado — uma criança muito simpática —, quase como se estivesse satisfeito de se ver aqui, longe de tudo.

(As molduras com que vieram essas crianças ancestrais tinham trinta centímetros de largura, pintadas e repintadas com uma tinta dourada áspera e cintilante. Foram feitas para contrastar com papel de parede escuro numa sala de visitas setentrional, cheia de móveis de mogno e estofados de crina, de modo a alegrar o ambiente. Tomei a liberdade de trocá-las por molduras douradas finas, discretamente foscas, "modernas". Agora os retratos foram reduzidos à escala adequada às paredes de um apartamento.)

O tio Neddy pisa num imaginário tapete vermelho escuro, contra uma parede pardacenta. O braço direito está apoiado no espaldar de uma cadeira pequena. Essa cadeira é um portento; com certeza pertencia ao estúdio do fotógrafo — eu, pelo menos, nunca vi nada semelhante na casa de minha avó. Compõe-se de duas peças de um marrom avermelhado, aparentemente duras, ambas cercadas por franjas grossas, compridas, da mesma cor; a peça inferior é o assento, e a superior, pairando no ar inexistente, o espaldar, onde tio Neddy apoia o braço. Meu tio está com um terno preto, creio que de belbutina; o paletó tem bolsos e termina numa pala. Há um colarinho branco estreito, e punhos brancos, e sob o colarinho do paletó uma gravata formada por duas voltas de uma fita preta que parece ser de gorgorão. Talvez a expressão em seu rosto seja mais de indiferença que de tranquilidade. Há no rosto algo de deslocado, por ele não se coadunar nem com o terno nem com a cadeira. Tem-se quase a impressão de que o rosto veio de algum outro lugar, ou outro ano, e pousou na pintura. Rechonchudo (que me lembre, meu tio jamais foi nem um pouco gordo), o cabelo cuidadosamente partido à esquerda, as bochechas rosadas como as de uma menina, ou uma boneca, ele parece mais uma de suas irmãs do que o próprio tio Neddy — ao menos as versões posteriores que vim a conhecer. As calças apertadas terminam logo abaixo dos joelhos, e percebe-se a presença de três botões decorativos de cada lado. O peso está deslocado para a perna esquerda; a direita foi colocada à frente da outra, e a ponta da bota direita roça de leve o pé esquerdo e o tapete vermelho. As botas são muito pequenas, e têm botões. Apesar da expressão tranquila no rosto de meu tio, é provável que aquelas botas lhe apertem os pés. Lembro-me de ouvi-lo falar sobre as botas de bico de cobre que usava quando pequeno, mas estas não têm bico de cobre; serão decerto suas botas de domingo. Seu corpo parece ter sido muito bem empalhado. Os olhos são castanho-claros, e no esquerdo — ou seja, à minha direita — o pintor cuidadosamente colocou um ponto luminoso de tinta branca seca, como um cisco. Meu tio nunca mais voltou a ter um ar tão limpo e reluzente, tão tranquilo e piedoso, tão apresentável — pelo menos, não que eu me lembre.

Mas é claro que ele devia ter algo de piedoso, ou então uma hipocrisia tão comum na época, tão despercebida, que enganou a todos, inclusive a si próprio. Quantas vezes minha avó não me disse que, quando pequeno, tio Neddy lera a Bíblia — o Velho e o Novo Testamento — três vezes, do começo ao fim? Mesmo em menina nunca acreditei muito nessa história, mas minha avó estava tão absolutamente convencida que talvez fosse mesmo verdade. Era o tipo de coisa que se esperava de uma criança. O pequeno Edward fora também famoso por sua capacidade de decorar passagens e cantar hinos, e nisso eu acreditava, pois quando o conheci ele frequentemente citava textos — não aqueles que todo mundo costumava citar — e cantava no coro da igreja. Além disso, dava graças antes das refeições. Ou melhor, lia um texto. Pelo visto, sua capacidade de decorar tinha seus limites. Meu tio tinha um livrinho preto, com páginas amareladas e letras pretas, com iniciais vermelhas "artísticas" no alto e no meio de cada página, o qual continha duas graças para cada dia do ano. Ele segurava esse livro um pouco abaixo da quina da mesa e, de cabeça baixa, lia a graça daquela refeição para sua família, com uma voz tímida e abafada. O livrinho estava tão gasto que as páginas se soltavam. De vez em quando algumas caíam no chão, e eram catadas quando terminava a leitura da graça; enquanto isso, meu primo Billy (o caçula do tio Neddy, um ou dois anos mais moço que eu) e eu, quando estava presente, trocávamos um olhar cúmplice e ríamos baixinho. Meus avós achavam errado esse hábito de seu filho de usar um livro para dar graças. Afinal, meu avô, econômico, usava sempre a mesma graça, ano após ano, em todas as refeições regulares da família. "Ó Senhor", começava, "temos razões para agradecer a Vós" — só que eu entendia *raisins* (passas) em vez de *reasons* (razões). (Nessa mesma época, quando ouvia "como nós perdoamos a nossos devedores", em vez de *debtors* [devedores] eu entendia *taters*, uma corruptela jocosa de *potatoes* [batatas].)

Porém, quando tínhamos convidados para o almoço, ou o "chá", meu avô era perfeitamente capaz de sair-se com uma graça mais comprida e mais agradecida, ou até mesmo inventar uma adequada à ocasião.

Antes de ser estragada pela velhice ou pela bebida, a voz de tio Neddy era muito bonita, uma voz de barítono; nos domingos em que estava em condições de ir à igreja, ele aparecia na fileira de trás do coro. Nessas ocasiões usava um terno azul-marinho com colarinho duro, uma gravata com um pequeno brilhante fosco, muito parecido com o ponto branco que aparece em seu olho esquerdo no quadro à minha frente.

Porém quero tentar seguir a cronologia desse menino que na verdade não parece um menino. A cabeça semi-independente é grande demais para o corpo; e o corpo parece mais velho, e muito menos vivo, que o rosto redondo, saudável, colorido, tão ligado ao presente que parece continuar interessado nele, mesmo aqui, tão longe do mundo tão diferente onde ele viveu por tantos anos.

O primeiro incidente dramático de sua vida a respeito do qual tenho conhecimento foi o dia em que escaldou o pé. Contou-me essa história mais de uma vez, geralmente quando queria me afastar de alguma coisa muito quente. Nesse episódio figuravam as suas botas, não estas do quadro, mas as suas primeiras botas, de bico de cobre, botinhas de verdade, sem botões nem cadarços. Curioso, aproximou-se demais de uma pessoa que estava tirando canecas de água fervente da grande caldeira que ficava atrás do fogão da cozinha, e não sei como uma concha inteira derramou-se diretamente em cima de um de seus pés, calçados nas tais botinhas. A bota foi imediatamente retirada, e em seguida a meia. "E a pele saiu junto", tio Neddy dizia sempre, orgulhoso e mórbido, enquanto eu sentia uma ponta de gelo subitamente arranhar-me o fundo do estômago. Veio o médico da família, e o pobre tio Neddy ficou muito tempo sem poder andar. Sua mãe e suas irmãs — ele era o segundo filho, o único varão — diziam que ele fora muito estoico; naquele dia deu apenas um grito. Anos depois viria a realizar prodígios de estoicismo no gélido inverno da Nova Escócia. Não suportava que o agasalhassem muito; assim, saía correndo de casa e ia até a escola num frio de vinte ou trinta graus abaixo de zero, sem o casacão. Aceitava as luvas e o cachecol, mas só; repetidamente suas orelhas ficavam inflamadas por causa do frio, e uma delas uma vez congelou.

Passados esses feitos de resistência, há um longo período de sua vida sobre o qual nada sei, além de que ele lia a Bíblia. Mas não — foi o tio Neddy que arrancou com as unhas toda a cera do rosto da boneca de minha mãe, importada da França, e a mastigou como se fosse goma de mascar. A tez delicada da boneca dependia dessa cera; sem ela, seu rosto era vermelho e vulgar. O tio Neddy e minha mãe estavam brincando no andar de cima; quando minha mãe protestou, ele a empurrou escada abaixo. Então, quando mamãe fingiu desmaiar, ficando imóvel ao pé da escada, de olhos fechados, meu tio, transido de remorso, saiu correndo, encheu uma caneca grande com água gelada do poço e despejou-a nela, gritando que havia matado sua irmãzinha.

E, embora morta há mais de quarenta anos, sua irmãzinha também está aqui agora, ao lado dele. O tapete imaginário de seu retrato tem formas geométricas vermelho-escuras, verdes e azuis; ou serão ladrilhos? E a parede dela é mais escura que a dele. Minha mãe está apoiada numa mesa redonda, comum, coberta com uma longa toalha vermelha, e a perna esquerda está cruzada à frente da direita. Terá uns nove anos de idade. Usa anquinhas e um broche de ouro, mas os cabelos são bem curtos, com uma franja caída sobre os olhos; quase se pode dizer que ela parece mais masculina que meu tio.

Os quadros não têm assinatura nem data; o autor era provavelmente um retratista itinerante. Talvez tenha trabalhado a partir de fotos, pois no álbum da família aquele vestidinho reaparece. Ou será que ela tinha só um vestido bom? No quadro ele é azul-escuro, com enfeites brancos em forma de raminhos, e anquinhas e demais apêndices roxos, mais uma gola comprida de renda branca. (Na foto aparece também a boneca francesa, sentada em seu colo, grande e tesa, com botinhas brancas aparecendo sob as anáguas, as pernas gorduchas com meias listradas. Ela olha tranquila para a câmara, com uma peruca loura despenteada. O fotógrafo pintou de rosa as faces de minha mãe e da boneca. Sem dúvida, isso foi antes de tio Neddy arrancar a cera que suavizava a tez da boneca.)

Mas talvez o pintor tenha copiado os rostos — mais nítidos e claros que o resto da pintura, e, no caso de tio Neddy, sem dúvida um pouco desproporcional — dos modelos vivos, as roupas das fotos, e o resto de sua imaginação. Talvez já chegasse à aldeia com as telas semiprontas, com os tapetes irreconhecíveis, a mesa redonda e a cadeira improvável aguardando os pés e braços dos modelos. Será que o tio Neddy insistiu que o pintassem com aquela cadeira? Será que as duas crianças brigaram, há mais de setenta anos, para ver quem aparecia em que ambiente?

Pois bem, o tio Neddy cresceu; patinou muito no inverno (sem se agasalhar demais); cursou todas as séries da escola da aldeia e, ainda em tenra idade (como fiquei sabendo muito depois), começou a se apaixonar e — desgraçadamente, para ele — a "correr atrás de mulher". Até fiquei sabendo que a família se preocupou muito tempo por causa de certa "viúva". Deve ter sido nessa época que descobriu a bebida, mas esse assunto só começou a ser comentado anos depois, quando meu tio passou a dar vexames em público de vez em quando. Não sabiam o que fazer com ele; demonstrava todos os sintomas clássicos de "falta de juízo". De nada valeram as preces da família de manhã e à noite, as leituras da Bíblia na infância, o coro da igreja, a escola dominical, os cultos na igreja, as reuniões para rezar nas sextas-feiras, as campanhas anuais de renovação espiritual nas quais tio Neddy sempre se arrependia de todos os seus pecados. Numa dessas ocasiões ele chegou a fazer o juramento de sobriedade, que anos depois ainda era capaz de recitar de cor, muito embora já o tivesse violado Deus sabe quantas vezes:

> *Confiando na ajuda do Senhor,*
> *Juramos dedicar-nos a obras de amor,*
> *E nunca fazer, vender, ou dar,*
> *Beber, tomar, nem mesmo provar,*
> *Rum, conhaque, uísque, licores finos,*
> *Gim, cerveja, sidra, ponche e vinhos.*
> *Também nos absteremos de fumar,*
> *E havemos de procurar um lugar*
> *Entre os que são bons e ajuizados,*
> *E sempre agir como cristãos esforçados.*

Esse era o "Juramento da Liga da Esperança da Idade do Ferro". A "Liga da Esperança" era uma organização de membros jovens da igreja, mas por que "Idade do Ferro"? Tio Neddy não sabia, e jamais consegui descobrir. Eu tinha a vaga ideia de que teria algo a ver com a profissão de meu tio. Pois, apesar de tantos incentivos morais, tio Neddy inevitavelmente, imediatamente, voltava a dar sinais de "falta de juízo"; assim, tornou-se aprendiz de funileiro, para aprender um ofício — trabalhar com folha de flandres, instalar e consertar fogões a lenha. Então, ainda bem jovem, casou-se com a tia Hat. Mais tarde fiquei achando (eu era uma criança muito abelhuda) que foi obrigado a casar-se, mas nisso posso estar sendo injusta com ele.

Ruiva, de olhos verdes, ossuda, bonitona, tia Hat era de Galway Mines, uma espécie de cidade fantasma a uns trinta quilômetros da nossa aldeia, onde ainda se minerava e fundia ferro em pequena escala, usando métodos primitivos. Outrora fora um lugar mais próspero, mas a imagem que tenho de lá é de casas e lojas com tábuas pregadas nas fachadas, calçadas de madeira apodrecida, morros desfigurados por buracos negros ou vermelho--escuros. Lembro-me também de uma verdadeira montanha de escória, de um cinza morto, que brilhava fracamente. Muito antes de eu nascer, um desses montes de escória, que vinha crescendo havia anos, à margem do rio que, mais adiante, passava por nossa aldeia, desabou, por motivos que desconheço, causando uma inundação. Ouvi essa história muitas vezes, porque a casa de meus avós ficava na parte mais baixa da aldeia, perto do rio, e foi tomada pelas águas. A população fora alertada, mas minha avó, preocupada em salvar as crianças maiores, o relógio, a vaca e o cavalo, esqueceu-se do bebezinho (minha futura tia), e meu avô teve que voltar correndo para dentro da casa, onde a encontrou flutuando tranquilamente em seu berço de madeira, na cozinha. (Mas depois desse episódio a pobrezinha pegou erisipela.)

Se o tio Neddy era um diabinho débil, cor de fuligem, a tia Hat era um demônio de verdade, bem vermelho — cabelos ruivos, rosto sardento, dedos ossudos e avermelhados, forte, feroz, fogosa. Havia mesmo algo de demoníaco nela. Os dois diabos se complementavam. Dizia-se que a única outra pessoa ruiva da região era o pároco de Galway Mines — a única comunidade católica do condado. Verdade ou não, as matronas da aldeia tiravam desse suposto fato conclusões cruéis e protestantes.

É nesse ponto que começam as minhas recordações propriamente ditas, coisas que vi ou ouvi: tio Neddy é funileiro, casado, pai de três crianças vivas e uma ou duas já mortas. Tem uma oficina grande do outro lado do prado em frente à casa de meus avós, na única parte que não foi demolida do prédio onde outrora funcionava o curtume de meu bisavô. (A indústria local de curtume extinguiu-se antes de eu nascer, quando a casca de curtume foi substituída por substâncias químicas.) Na entrada, com portas duplas, o estabelecimento de meu tio é um lugar bastante claro; há uma grande seção onde se vendem baldes galvanizados e panelas de esmalte, de fabricação industrial, dois ou três ou mais fogões de cozinha pretos com acabamento niquelado, implementos agrícolas e caniços de pesca — pois a pesca é a paixão de meu tio. Mas à medida que se vai penetrando na oficina, o ambiente se torna mais escuro e mais soturno; o chão recobre-se de um pó negro e reluzente de cheiro acre, e a bancada de trabalho que se estende ao longo da parede ao fundo é negra, com alguns lampejos prateados. A noite desce quando se caminha em direção ao fundo da oficina, e depois a luz do dia retorna quando se chega às janelas sujas junto à bancada. O céu noturno de meu tio Neddy é cheio de coisas feitas por ele: baldes de leite cujos fundos brilham como luas; reluzentes canecas de estanho, de vários tamanhos; regadores que parecem cometas, em meio a compridos canos para chaminés de fogão, com juntas azuladas e enrugadas, como patas de elefante.

 No trabalho, tio Neddy sempre usava um boné de couro preto — mas talvez estivesse tão surrado que brilhava e parecia couro — e um macacão preto, muito preto. Mascava tabaco. Os rolos de tabaco vinham com uma maçãzinha vermelha de lata cravada num canto; ele sempre me dava essas maçãs. Adorava crianças e dava-se muito bem com elas. Quando me beijava, eu sentia um cheiro violento de tabaco marca Maçã, e seu queixo sujo de fuligem arranhava — talvez ele só fizesse a barba aos domingos. Com frequência tinha também um outro cheiro violento, e lembro-me de uma garrafa negra ou marrom-escura, sem rótulo, que ele guardava na escuridão debaixo da bancada, onde ele pudesse pegá-la para tomar um trago apressado de vez em quando.

 A funilaria era cheia de coisas fascinantes de ver, mas sem dúvida o que as tornava mais fascinantes era o fato de que, além de serem novas em folha, estavam todas no lugar errado. Quem poderia imaginar encontrar fogões de cozinha tão aconchegantes, com nomes como "Ideal" ou "Magia do Lar" escritos nas portas dos fornos, apoiados na parede, numa loja? E ainda por cima gelados, com chaleiras novinhas penduradas do teto acima deles, com maços de pegadores de tampa amarrados como se fossem ervas secas? E panelas de esmalte marrons, ou marmoreadas em azul e branco, colocadas no chão? E dezenas de canecas de estanho, iguais às que usávamos todos os dias, feitas pelo tio Neddy, penduradas no teto, novinhas e limpas e reluzentes, e não foscas e escurecidas, como as nossas lá em casa? E bombas de pia de cozinha, vermelhas ou verdes, e também as bombas mais compridas e finas para poços, largadas no chão? Além de tudo isso, havia máquinas negras fascinantes instaladas junto à bancada, operadas à mão. Uma era para fazer canos com o ferro laminado, que vinha em chapas de um azul quase negro; a outra arrematava as bordas das tiras de estanho, para não cortar os dedos das pessoas, e havia outras de funções mais misteriosas, todas negras e sinistras. Havia maçaricos e uma espécie de forja em miniatura, bigornas pequenas, tesourões de todos os tamanhos, malhos de madeira, caixas de rebites curtos e grossos, azulados, de cabeça chata, e — o melhor de tudo — solda. Vinha em bastões prateados, com o nome da marca em relevo. O que eu mais gostava de ver era tio Neddy esquentando a ponta de um bastão até derretê-lo, deixando a solda escorrer rapidamente para depois fechar uma faixa larga de estanho de modo a formar um caneco, às vezes um pequeno, para crianças, e por fim soldar a ele uma tira, com as duas extremidades dobradas na máquina usada para esse fim, e assim fazer a asa da caneca. Quando esfriavam, as gotas de solda que caíam no chão sujo podiam ser recolhidas, gotas de prata pura, frescas e pesadas, e reaproveitadas. Debaixo da bancada havia pilhas de pedaços de estanho com bordas cortantes, formas curvas, triângulos, peças com um furo no meio, como se recortadas em papel; as mais bonitas de todas eram as aparas finas de estanho, enroladas, como molas. Por vezes o tio Neddy deixava que eu o ajudasse, segurando um bastão de solda e estanhando o fundo de um balde. Isso era divertido; mas o prazer de escrever meu próprio nome com solda, em letras prateadas! Enquanto trabalhava, recurvado, cortando, martelando, soldando, meu tio mascava tabaco e cuspia, um cuspe negro e comprido, debaixo da bancada. Parecia uma lesma preta, uma lesma um tanto lépida, porém cuidadosa, deixando por onde andava uma trilha reluzente e prateada de solda.

Talvez o seu trabalho mais bem pago fosse a instalação de fornalhas, mas nisso nem eu nem Billy nos interessávamos, embora Billy às vezes acompanhasse o pai nessas ocasiões. Lá iam os dois, mais um ajudante, a lugares como Lower Economy, numa carroça vermelha cheia de peças e canos, puxada por Nimble, nosso cavalo.

Enquanto tio Neddy trabalhava, mascava, cuspia, bebia, às vezes conversando com algum freguês (havia duas cadeiras de cozinha na entrada da loja, onde às vezes os homens se sentavam para conversar, normalmente sobre pescarias), ou com uma criança para lhe fazer companhia, sua mulher limpava a casa. O dia todo ela esfregava e lustrava, lustrava e esfregava; a casa ficava ao lado da oficina, só que num nível mais alto, numa encosta coberta de grama. A casa era recoberta de ripas e pintada de um vermelho vivo, a única casa vermelha da aldeia, e, embora aparentemente fosse de bom tamanho para a família de tio Neddy, nunca estava completamente acabada: sempre havia mais uma varanda, ou um quarto adicional, sendo construído ou recoberto de ripas, mas eternamente em obras, ou por pintar. Uma varanda estreita ligava a rua a uma porta lateral, a única que era usada, e debaixo dessa varanda a encosta era coberta de morrião--dos-passarinhos. Minha avó me pedia para atravessar a rua e ir lá pegar um pouco para dar para seus canários, e tia Hat aparecia, debruçada na varanda, mal-humorada, e me perguntava o que eu estava fazendo, ou então se limitava a bater um esfregão no parapeito, bem acima da minha cabeça. Eu via aquele rosto sardento, de queixo pontudo, com olhos verdes por trás dos óculos de ouro, olhando para mim, de cabeça para baixo. Ela tinha seus dias bons e seus dias maus, como dizia minha avó, mas os maus eram mais frequentes, e nesses dias ela fazia tudo do modo mais vigoroso e violento possível. Às vezes tia Hat me mandava voltar para casa, o que eu ia fazer mesmo, e, com meu inocente punhado de morrião-dos-passarinhos, eu saía correndo.

    Seus três filhos sobreviventes — Billy e duas meninas, mais velhas que ele e que eu — todos tinham cabelos crespos, muito bonitos. As meninas já eram crescidas o bastante para se pentear sozinhas, mas, quando os cachinhos de Billy estavam sendo literalmente preparados para a escola dominical, os gritos dele se ouviam lá de casa, do outro lado do prado. Logo depois Billy chegava para ir à escola dominical comigo, o rosto molhado de lágrimas, os lindos cachinhos avermelhados formando tubos perfeitos, gotas d'água (tia Hat molhava os cachos e os enrolava em torno de um dedo com uma escova dura) pingando de cada um deles sobre o colarinho franzido branco da camisa domingueira. Nas segundas-feiras, no verão, a tia Hat lavava com muita energia as roupas da família ao ar livre, nos fundos da casa. Nos seus dias bons ela às vezes cantava bem alto, enquanto esfregava e enxaguava:

A lua brilha forte, iluminando Asa Rubra,
   A brisa está suspirando
   A coruja está chorando.
  E cá na terra o guerreiro de Asa Rubra dorme
   Enquanto ela chora, chora sem parar...

    Até hoje essa canção evoca em minha mente não uma donzela índia desconsolada, nem a imagem de uma asa vermelha, e sim uma casa vermelha, cabelos ruivos, sabão amarelo de lavar roupa e tábuas de bater roupa de ferro galvanizado (também vendidas na loja do tio Neddy; eu as havia esquecido). Nos outros dias de semana, como já disse, a tia Hat limpava a casa; era provavelmente a casa mais limpa do condado. O linóleo da cozinha brilhava; as esteiras de palha dos quartos pareciam novas em folha; os tapetes também eram como novos; o "cantinho da família" na sala, com um sofá vermelho onde almofadas vermelhas, com babados, eram dispostas, equilibradas sobre as pontas, estava sempre impecável; no console acima da estufa todas as peças de louça estavam sempre no mesmo lugar e sem um grão de poeira; e a tia Hat tinha sempre à mão uma vassoura ou escova de cabo comprido para limpar alguma coisa ou enxotar alguma criança, cachorro ou gato que lhe cruzasse o caminho. Seu estado de espírito, tal como seu rosto, parecia estar sempre a uma temperatura elevada, mas nos dias maus a temperatura subia ainda mais, e ela "descarregava", como comentava a aldeia à boca pequena, na limpeza da casa. Dizia-se também que ela era "uma dona de casa de mão-cheia", que trabalhava "como uma possessa", ou "como uma bárbara". Comentava-se além disso que, numa aldeia em que todas as janelas ensolaradas estavam cheias de vasos de plantas, em que as senhoras viviam trocando mudas disso e daquilo, a tia Hat não tinha "mão" para plantas; na verdade, com ela nada "pegava".

    Sim, minha tia era mesmo uma bárbara; as sardas eram a prova. Ela queimava-se de sol com muita facilidade. Quando fazíamos um piquenique, bastava uma hora de sol setentrional para que o V de seu pescoço ficasse em brasa. Tio Neddy exclamava, quase como se com orgulho: "O pescoço da Hat, parece que eu encostei um ferro de engomar nele!". De chapéu de palha e cardigã cinzento em vez das roupas negras da oficina, mesmo à luz do sol, assim mesmo meu tio parecia escuro. Só que agora não era mais uma lesma escura, e sim uma salamandra magra e escura, aproveitando por um momento o fogo de sua mulher.

Sua vida conjugal era um inferno; disso todos sabíamos. Minhas primas me falavam, aos cochichos, das brigas terríveis e intermináveis, à noite, sob o teto baixo e inclinado do quarto dos pais, onde as paredes eram recobertas de papel com um padrão de botões de rosa de aparência constrangida, como lábios tensos. Quando a coisa ficava muito feia, ele procurava a mãe; os dois fechavam-se na sala de visitas, ou mesmo na copa, e ficavam conversando em pé. Na nossa casa, só quem se queixava era minha avó; vovô jamais reclamava. Quando ela dizia sobre a nora alguma coisa que lhe parecia excessiva, vovô limitava-se a murmurar: "É... Que gênio!... Uma pena". (Quando eu e Billy brigávamos, ele dizia: "Os passarinhos não brigam nos ninhos", uma citação cuja origem jamais consegui encontrar e com a qual eu não concordava de todo, com base em minhas observações dos passarinhos nos ninhos.) Havia épocas em que eram frequentes essas visitas de tio Neddy, atormentado; dramas a respeito dos quais eu nada sabia estavam se desenrolando; de vez em quando eu pescava algum comentário a respeito de dinheiro, "escrituras" ou "papéis". Quando tio Neddy finalmente voltava para sua oficina, minha avó jogava-se em sua cadeira de balanço na cozinha e desabafava: "*Ela* põe a bala no canhão e *ele* dá o tiro...". Então começava a balançar a cadeira, gemendo, enxugando os olhos com a ponta do avental, de vez em quando murmurando a frase misteriosa que era uma espécie de estribilho nas nossas vidas: "Ninguém sabe... *ninguém sabe*...". Seria algo que só minha avó sabia e mais ninguém ou seria um mistério completo que ninguém sabia, só Deus, talvez? Isso me intrigava. Um dia cheguei a perguntar-lhe: "O que é que a senhora sabe, vovó, que a gente não sabe? Por que a senhora não conta para a gente? Conte para mim!". Ela limitou-se a rir, enxugando as lágrimas. Vovó ria com tanta facilidade quanto chorava, e era comum o choro virar riso (uma característica que foi herdada por seus filhos e netos). Depois disse: "Ora, menina! Vá brincar!".

De sua cadeira de balanço à janela via-se todo o prado, as pessoas a caminho da venda na esquina ou, nos domingos, à igreja presbiteriana do outro lado, um prédio alto e branco; via-se também, olhando de ângulo para a direita, a oficina de tio Neddy e sua casa vermelha. Minha avó reprovava o modo como tia Hat alimentava sua família. Era comum, por volta da hora do "chá", ver-se Billy ou uma das meninas correr até a venda e, minutos depois, voltar correndo para casa com um pão ou alguma outra coisa num saco de papel. Minha avó ficava furiosa: "Pão da loja! Pão da loja! Só isso!". Ou então: "Aposto que são enlatados! Mais bolachas de água e sal...". Eu sabia, pois eu mesma tinha visto que Billy, quando já estava grande demais para a cadeirinha de criança, continuava sendo colocado nela, espremido, e comendo "papa" na hora do "chá". A tal "papa" era um prato de sopa cheio de bolachas de água e sal nadando em leite, moles e grudentas, com bastante açúcar para ajudar a descer. A sobremesa consistia em dois pedaços de bolo-mármore, ou às vezes bolo de aveia com mel. Tia Hat não fazia pão, mas fazia bolo, e seu bolo de aveia era bom; porém — como se por pirraça — era tão duro que quase quebrava os dentes.

Às vezes eu fazia minha avó chorar sem querer, quando repetia para ela coisas que Billy me havia contado. Talvez também ele estivesse disparando balas de canhão preparadas na casa vermelha, ou pedrinhas mais apropriadas a seu bodoque verbal de criança. "É verdade que o Nimble" — o cavalo, na época o único; depois adquirimos também uma égua, cujo nome, tirado do poema de Tennyson, era, infelizmente, Maud, o nome de uma de minhas tias —, "é verdade que o Nimble é do tio Neddy? O Billy diz que é. E que a Nelly e a Martha Washington também são?" (A vaca e sua bezerra; fora eu quem dera o nome da bezerra.)

Minha avó ficou indignada. "Eu *dei* aquele cavalo para o seu tio Edward quando ele fez dez anos de casado! Só que dois anos depois ele vendeu o cavalo para mim, e até hoje diz que eu não terminei de pagar — e eu já paguei tudo! E ele vive usando o cavalo, muito mais do que nós!"

"Ah, deixe isso para lá", disse meu avô. "Isso são águas passadas."

"Ah, sei", retrucou vovó. "O Nimble, e o cobertor de couro de búfalo, e mais aquele aparelho de jantar, e mais o aluguel do banco da igreja — tudo são águas passadas. *Você* nunca lembra de nada. Mas eu não esqueço, não. Eu não esqueço." E pôs a cadeira para balançar, como se a cadeira fosse — e provavelmente era — uma máquina de memória.

Guardo ainda outras recordações do tio Neddy nesse período de sua vida, em que ele ainda tinha a oficina, e instalava fornalhas também — não sei se com muito sucesso ou não —, antes de seus negócios começarem a entrar em declínio visivelmente e antes de eu ir morar em Boston, quando então passei a vê-lo apenas espaçadamente, e cada vez menos. Uma lembrança, breve porém vívida, como um pesadelo na infância de que a gente nunca mais se esquece, cheio de detalhes nítidos e terríveis, é de certo dia de Natal. Ou talvez noite de Natal, pois tudo aconteceu quando os lampiões já estavam acesos — mas no inverno, é claro, escurecia muito cedo. Havia uma árvore de Natal grande, com um cheiro forte de abeto, na sala. A árvore estava parcamente enfeitada com papel recortado, faixas de ouropel e pipocas, e algumas raras bolas de vidro e outros objetos reluzentes: uma árvore caseira, retirada do bosque coberto de neve. Mas havia algumas cestinhas prateadas e douradas cheias de balas, feitas com tiras de metal pelas "crianças cegas", e prendedores com velas de cera retorcidas, que foram acendidas depois de muitas advertências. Uma de minhas tias tocou "Noite feliz" no piano, e enquanto cantávamos as velas tremeluziam no ritmo da música.

Tudo isso era muito bom, mas até hoje me lembro desse dia como o "Natal negro". Meus outros avós, dos Estados Unidos, haviam enviado uma caixa grande cheia de presentes. Continha bonés e cachecóis de lã para mim e para Billy, e não gostei nem um pouco dos presentes. Os de Billy eram azuis, enquanto os meus eram *cinzentos*, e odiei-os assim que os vi. Havia também luvas e meias, algumas delas vermelhas ou azuis, e mais as botas altas de borracha preta que eu tinha pedido, mas eram grandes demais para mim. Aqueles presentes, dispostos sob a árvore de Natal, à luz trêmula das velas, me pareciam todos disformes e tristes, e tive vontade de chorar. E então chegou Papai Noel, com um saco de batatas comum, pardo, sobre o ombro, com mais presentes dentro. Ele era uma figura apavorante. Não é possível que estivesse vestido de preto, mas foi essa a minha impressão, e comecei a chorar. Ele tinha neve artificial nos ombros e um boné pontudo vermelho, mas a barba...! Não era branca e fofa, porém era feita de corda, uma massa de corda esgarçada. Essa figura horrenda andava à volta da sala, fazendo gracejos com uma voz alta, grave, forçada. O rosto que se via acima da barba de corda me parecia ser de um negro. Aí dei um grito. Então esse Papai Noel saído do fundo de uma mina de carvão largou aquele saco, que parecia de carvão, e me abraçou e beijou. Entre soluços, reconheci, pelo contato com sua pele, seu cheiro, sua voz costumeira que ouvi de repente, que era apenas meu tio Neddy.

Esse Natal de pesadelo me impressionou tanto que pouco depois tive um pesadelo de verdade com o tio Neddy, ou pelo menos com a oficina dele. No sonho eu atravessava a rua e ia entrar na funilaria quando a porta foi tomada por uma égua enorme, que estava saindo de lá. A égua ocupava toda a entrada, imensa, olhei para o alto e vi seus enormes dentes amarelados, arreganhados num sorriso mau. Ela relinchou, um som estridente, ensurdecedor; senti um hálito quente saindo de suas narinas largas; o vento quase me derrubou. Tive a presença de espírito de dizer à égua: "Você é um pesadelo!", o que ela era de fato, por isso acordei.* Porém, embora acordada, ainda fiquei um bom tempo preocupada com a possibilidade de que o tio Neddy estivesse lá dentro, impedido de sair por aquele animal terrível.

Já comentei que tio Neddy era um excelente pescador; pescar era a coisa que ele sabia fazer melhor, talvez a única que sabia fazer com perfeição. (Quanto aos baldes e canecos que fazia, por mais bonitos e reluzentes que fossem, talvez fossem malfeitos.) Tio Neddy pegava trutas em lugares onde ninguém mais conseguia pegá-las; às vezes saía antes do dia nascer e chegava à nossa casa às sete horas com uma penca de trutas rosadas para o café da manhã de sua mãe. Jogava seu anzol nos riachos mais estreitos, nos lugares mais impossíveis, e pegava uma truta depois da outra. Fazia iscas magníficas, para seu próprio uso e para os amigos, e mais tarde para fregueses, pelo correio.

> *Our uncle, innocent of books,*
> *Was rich in lore of fields and brooks.* **

Esses versos de Whittier bem se aplicam a meu tio.

Se bem que, em matéria de livros, ele não era de todo ignorante. Como já vimos, lera muito a Bíblia na infância, de onde lhe viera aquele repertório de citações de que sempre se valia. Além disso, na sala de sua casa, numa prateleira no "cantinho da família" e numa pequena estante, havia uma coleção de livros um tanto heterogênea. Eu não os conhecia tão bem quanto conhecia — ao menos por fora — todos os livros que ficavam no corredor do andar de cima da casa de minha avó (*As lendas de Inglesby*; *Medicina caseira*; *Os ensaios de Emerson*; etc.), mas era por culpa da tia Hat. Toda vez que eu conseguia ficar sozinha na sala com os livros do tio Neddy ela logo me achava e enxotava. Mas assim mesmo consegui examiná-los, ao

---

* "Pesadelo" em inglês é *night mare*, literalmente "égua da noite".
** "De livros não entendia nosso tio./ Mas conhecia bem o campo e o rio."

menos alguns, normalmente sempre os mesmos. Sem dúvida, tio Neddy tinha ficado muito impressionado com o naufrágio do *Titanic*; sua modesta biblioteca continha nada menos que três livros sobre essa catástrofe, e na sala de jantar, em frente ao lugar onde ele costumava sentar-se, havia um cromo representando o afundamento no navio: o *iceberg*, o vapor subindo nos ares, os náufragos debatendo-se na água, tudo em cores. Sempre que me via sozinha na sala, atenta para a aproximação de tia Hat, eu pegava os livros sobre o *Titanic* — um deles muito grande e pesado, vermelho, com as bordas das páginas douradas — para ver aquelas ilustrações apavorantes mais uma vez. Havia também um livro sobre *A Torre de Londres*; outro sobre os festejos comemorativos dos sessenta anos de reinado da rainha Vitória; *Conselhos para os jovens* ("Evite caminhadas solitárias..."); e alguns livros religiosos. Além disso, havia uns livrinhos pequenos e gordos sobre uma personagem chamada "Dolly Dimples" que pareciam interessantes e eram gostosos de segurar; mas, quando resolvi lê-los, achei-os chatos. Porém os livros sobre o *Titanic*, com suas ilustrações, algumas delas fotografias de verdade, eram os melhores de todos.

A outra principal atração da sala do tio Neddy era um fonógrafo Edison, muito velho, que ainda funcionava. Tinha um cone marrom e dourado, e tocava uns cilindros pretos grossos. Minhas primas tinham permissão para mexer nele. Só me lembro de dois dos cilindros que havia na caixa: uma breve marcha de John Philip Sousa, ao som da qual não se poderia marchar por mais de cinquenta metros, e "Cohen on the Telephone", que eu adorava. Eu sabia que aquilo era considerado engraçado e ria ao ouvi-lo, embora não fizesse ideia de quem ou o que era o tal Cohen, nem do que eu estava rindo, e acho que o tio Neddy também não sabia muito bem, não.

Imagino que a situação de tio Neddy, seu destino e suas possibilidades não poderiam ser considerados felizes por ninguém, nem mesmo no pequeno mundo em que ele vivia, mas eu era muito criança, e fora um ou outro comentário ouvido por acaso, ou ao xeretar de propósito, e fora aquelas conversas na sala ou na copa que sempre aborreciam minha avó, nada de impróprio me chegou ao conhecimento — isto é, conscientemente — durante anos. Foi só muito depois que até mesmo eu comecei a ouvir falar das bebedeiras do tio Neddy, e a oficina entrou num prolongado processo de decadência. Na aldeia não havia nenhum lugar que vendesse bebida; a loja de bebidas do governo mais próxima ficava numa cidadezinha a vinte e cinco quilômetros da aldeia. De início, para ir lá meu tio tinha de passar o dia na charrete puxada por Nimble ou Maud; por vezes pernoitava na casa de um parente, uma sobrinha ou um primo, de meu avô. Imagino que, quando ia à cidade, tio Neddy trazia um estoque de rum, sua bebida predileta, pesada, escura e forte. Em matéria de álcool, na época eu só conhecia os vinhos caseiros que as senhoras serviam às visitas, ou o grogue quente que vovô às vezes preparava nas noites mais geladas de inverno. Mas por fim as expressões "fora de si", "exagerou na dose" e "encharcado" começaram a penetrar minha consciência, e passei a ver meu pobre tio com olhos novos e ansiosos. Numa ocasião, tiveram que retirá-lo do velório da sra. McDonald, uma velha de quem todos gostavam muito; o corpo estava sendo velado na casa da falecida. De início, pensaram que o tio Neddy estava apenas dando vazão a sua dor, ainda que de modo talvez um pouco excessivo; mas a coisa acabou "passando dos limites". Minha avó gemia ao comentar o ocorrido; gemia tão alto em seu quarto, do outro lado do corredor, que eu ouvia quase todas as suas palavras. "Ele vai envergonhar a todos nós, você vai ver... Eu nunca... *Nunca* houve um bêbado na *minha* família... *Nenhum* dos meus irmãos..." Dessa vez meu avô não disse nada.

Então tio Neddy comprou um forde de bigode. Havia muito poucos automóveis na aldeia na época; a família que antes operava a carruagem que havia muitos anos fazia a ligação da aldeia com a estação do trem, a seis quilômetros de distância, foi a primeira a adquirir um carro; além desse havia apenas mais uns dois ou três. De algum modo, o tio Neddy conseguiu comprar seu forde, e sua filha mais moça, com seus quinze anos de idade, com cachos longos, iguaizinhos aos de Mary Pickford, era quem o dirigia, a toda a velocidade, com muita perícia. Talvez levasse seu pai, correndo, até a cidade para comprar rum — fosse como fosse, o fato é que ele o comprava; e quando não tinha rum, segundo um comentário inacreditável que ouvi certa vez, bebia *baunilha*.

Enquanto isso, o estabelecimento de meu tio estava mudando. Cada vez havia mais artigos à venda na loja, e faziam-se menos coisas na velha bancada escura. Na loja viam-se mais utensílios domésticos feitos na fábrica: abridores de lata, moedores de carne, colheres de cabo comprido, jogos de caçarolas de esmalte cinzentas. Havia mais caniços de pescar, e depois fantásticas iscas coloridas, inseridas em pedaços de papelão para exposição. Os fornos agora eram todos, ou quase todos, de esmalte branco, e havia também pias de cozinha de esmalte branco, e torneiras, e bombas hidráulicas elétricas. O tabaco de mascar com a maçãzinha de lata no canto ainda estava à venda, mas junto a ele um dia apareceram barras de chocolate: Moirs e Cadbury's, puro, crocante ou em barras com seções, cada uma com um recheio diferente. Esses chocolates eram fascinantes, é claro, mas custavam cinco ou dez cêntimos, e eu e Billy raramente tínhamos mais do que um pêni com que comprar alguma coisa. O tio Neddy era muito bom para nós, como o era para todas as crianças. Costumava pegar uma barra de dez cêntimos, quebrá-la em quadradinhos e dar um para cada criança. Apareceu também um quadro cheio de números. Pagava-se dez cêntimos e furava-se um rolinho de papel numerado: quando se tinha sorte, o número era premiado e dava direito a ganhar uma caixa grande cheia de chocolate, ou uma lata de biscoitos. A loja ainda era um lugar fascinante, mas nada que se comparasse com o que fora no tempo em que tio Neddy fazia canecos e soldas.

Então fui morar nos Estados Unidos, voltando apenas nas férias de verão. Passaram-se dois ou três anos: talvez, não me lembro bem; mas um dia surgiu uma bomba de gasolina à frente da loja. De vez em quando parava um carro para encher o tanque — só de vez em quando, mas agora havia mais carros, embora a estrada ainda fosse de terra e cascalho, abaulada no meio. Eu e Billy disputávamos quem tinha visto mais caminhões, e os maiores caminhões. Quando um deles parava para encher o tanque, corríamos para examiná-lo: se era azul ou vermelho, se tinha listras brancas ou douradas ou setas, o que estava transportando, para onde estava indo. Às vezes tio Neddy pegava um regador que ele próprio fizera e punha água no radiador, que estremecia e fumegava. Num outro verão a estrada fora coberta de alcatrão. Na casa vermelha ainda havia uma ala nova aguardando a pintura; as ripas "novas" da parede já estavam ficando pardas. Num outro verão, o governador-geral passou pela aldeia e deu uma parada em frente à loja do tio Neddy para fazer um discurso. Uma menininha — não eu — fez uma mesura e entregou um grande buquê a sua esposa, *lady* Bing.

Há ainda outras recordações, mas são só estas que gosto de relembrar — são as que eu não poderia esquecer mesmo se quisesse, creio — e que evoco com nitidez, como se tivessem acabado de acontecer, ou ainda estivessem acontecendo. Meu avô morre. Minha avó vai morar com uma filha em Quebec. Entro para a escola, depois para a faculdade. Cada vez são mais raras minhas viagens à aldeia do tio Neddy. Uma vez vou pescar com ele, e ele critica minha técnica — mas, como sempre, da maneira mais delicada possível. Meu tio envelhece; está cada vez mais velho, mais magro, mais recurvo, e a barba, cada vez mais malfeita, suja de fuligem, tem lampejos grisalhos. Sua voz torna-se mais fraca, e mais aguda também. Ele sofre de úlcera no estômago. É operado, mas não para, não consegue parar, de beber — pelo menos é o que me dizem. Agora toma porres periódicos, e uma tia me diz (já sou crescida o bastante para me dizerem tais coisas): "Todo mundo sabe", e "Desse jeito ele vai acabar morrendo". Porém, quando meu tio morre, é de outra coisa muito diferente.

A última vez que o vi, meu tio estava muito fraco e muito recurvado. Os olhos do homem que outrora se abaixava para abraçar-me e beijar-me estavam na altura dos meus. Quando o beijava agora, o cheiro não era mais exatamente o mesmo: só de rum, pois ele não mascava mais tabaco. Eu sabia, e ele mesmo o dizia, que meu tio não ia ficar mais "muito tempo neste mundo". Também a tia Hat tinha envelhecido. Os cabelos vermelhos agora estavam apenas rosados; porém o queixo, as sardas e o gênio eram tais como antes. Agora não me enxotava mais de sua casa. Manifestava seus sentimentos fingindo não ver os presentes trazidos dos Estados Unidos, apertando os dentes com força e matando moscas. Havia dias em que ela se recusava a falar; em outros dias, falava — mal — de tudo e de todos. O posto de gasolina tinha outro dono e outros empregados.

Creio que em toda a sua vida tio Neddy nunca foi a lugar algum, fora, talvez, duas ou três idas a Boston, quando suas filhas se mudaram para lá e se casaram; mas nem disso tenho certeza. E agora ele está aqui, do outro lado do Equador, ao lado de sua irmãzinha, com cara de bom menino, como se fosse personagem de uma história de Horatio Alger: pobre, asseado, saudável, educado e, por causa de algum evento fortuito — por impedir que um banqueiro fosse vítima de um punguista, ou por pegar um cavalo fujão —, prestes a começar uma vida nova, uma vida de "sucesso", talvez levando sua irmãzinha junto. Suas roupas são quentes demais para o clima daqui, e suas bochechas estão tão rosadas que ele deve estar suando com aquele terno de belbutina.

Vou pendurá-los lado a lado, acima da cômoda antiga (uma antiguidade brasileira). Apesar do calor e da umidade, eles contemplam com um olhar tranquilo o invisível Trópico de Capricórnio, a chuva torrencial que ainda encobre a vista do oceano. Terei de tomar cuidado com o mofo que sempre se forma sobre telas antigas na estação das chuvas; vou limpá-los com frequência. O mofo há de ser do tipo cinzento ou verde-claro que aparece da noite para o dia nas superfícies escuras, como um espelho que se embaça quando a gente bafeja nele. O tio Neddy vai ficar encarando com seu olhar direto de menino, com seus olhos castanho-claros, os estranhos que aqui vêm — latinos de olhos negros, que ele jamais conheceu, que jamais o teriam compreendido, que para meu tio seriam apenas, se algum dia pensasse neles, "estrangeiros". Como você demorou, tio Neddy, a dar início a suas viagens!

1977

Uma nova capital, Aldous Huxley e alguns índios

Quando Aldous Huxley e sua esposa visitaram o Brasil recentemente, a Divisão Cultural do Itamarati — o Ministério das Relações Exteriores do Brasil — preparou para eles uma viagem a Brasília, a nova capital do país, seguida de uma incursão pelo sertão, para que eles conhecessem os índios iaualapitis. É comum referir-se ao Ministério das Relações Exteriores como Itamarati porque a sede do órgão é a antiga residência dos barões de Itamarati no Rio de Janeiro, uma residência bela e sólida, na verdade um pequeno palácio em escala reduzida. Por trás dos muros altos, cercados por magníficas palmeiras imperiais, há um jardim e um lago formal, com cisnes, onde têm lugar jantares diplomáticos.

A nobreza brasileira criada pelos dois imperadores era veementemente nacionalista e orgulhava-se de seu país semicivilizado, e sempre escolhia para seus títulos topônimos indígenas, como Itaboraí, Tamandaré ou Itamarati. Pode-se esquematizar um gráfico razoável da história do Brasil moderno com base nos três pontos conectados pela viagem de Huxley: passando do Itamarati para a insipidez inofensiva e democrática do nome "Brasília", e chegando às tribos cada vez mais reduzidas que vivem às margens do rio Xingu — outro nome indígena, pois aqui no Brasil, tal como nos Estados Unidos, muitos nomes geográficos ainda são os originais, ou versões aproximadas deles.

Dez pessoas participaram da viagem: Huxley e sua esposa italiana; dois funcionários do Itamarati, um deles o chefe da Divisão Cultural, José Meira Penna; Antonio Callado, redator-chefe do maior jornal matutino do Rio de Janeiro, e sua esposa inglesa; uma moça brasileira de origem polonesa que trabalha no Rio como arquiteta; um jovem inglês da Embaixada britânica; uma moça que trabalhava como intérprete dos Huxley no Rio; e eu, a única norte-americana. Todos iam a Brasília de avião a partir do estado de Minas Gerais, onde os Huxley haviam sido levados para conhecer uma ou duas cidades coloniais, e eu fiquei de almoçar com eles lá num sábado, no novo grande hotel construído por Oscar Niemeyer.

Brasília fica cerca de mil quilômetros a noroeste do Rio, no estado de Goiás; atualmente, a ferrovia mais próxima vai só até Anápolis, uma cidadezinha a 140 quilômetros de distância. São três dias de viagem, utilizando trens de bitola padrão e de bitola estreita, do Rio até Anápolis; de lá vai-se a Brasília de caminhão ou jipe. Até agora, apenas dois carregamentos de material de construção para a nova capital chegaram lá pela ferrovia; todo o resto — as quantidades imensas de cimento, tijolo, aço, vidro e madeira necessárias para começar a construir uma cidade moderna — foi transportado pelas rodovias, que são ruins — isto é, tudo que não tenha sido levado por aviões. Como a gasolina é o produto de maior peso nas importações brasileiras, correspondendo a cerca de 24% dos gastos em dólar, essa tentativa de construir uma cidade antes de lançar uma ferrovia que chegue até ela é uma das críticas mais sérias feitas à nova capital do presidente Juscelino Kubitschek.

A mudança de capital consta da Constituição brasileira desde 1891, e o assunto já era discutido em 1820. Uma das razões apresentadas de início é o fato de que o Rio de Janeiro, por ser uma cidade litorânea, estava mais exposto a ataques marítimos; e uma capital mais a oeste abriria as imensas extensões desabitadas do interior para a ocupação permanente, coisa que ainda não fora realizada (como ainda não foi) por incursões de pioneiros. A primeira razão, é claro, caducou com o advento da aviação, mas a segunda continua sendo o principal argumento dos defensores de Brasília. Há outros argumentos, alguns semelhantes aos utilizados para justificar a criação de Washington: a atividade legislativa, alegam os brasileiros, será mais eficiente e imparcial se estiver afastada das pressões das duas cidades rivais, Rio e São Paulo; além disso, se a capital for apenas a sede do governo, os senadores e deputados irão lá para se dedicar a suas tarefas de governo e depois voltarão a seus respectivos estados, em vez de se deixar seduzir pelas atrações do Rio, morando lá anos a fio e vendo seu eleitorado raramente ou mesmo nunca, como fazem muitos deles atualmente. Além disso, o Rio está muito superpovoado; falta água na cidade com frequência; e as favelas não param de crescer, com um número cada vez maior de retirantes miseráveis que vêm das regiões mais pobres ou assoladas pela seca, em busca de trabalho. Muitos deles, alega-se, passarão a ser atraídos por Brasília; e é verdade que milhares já foram para lá.

Embora todos no Brasil que já pensaram no assunto concordem que o interior do país terá de ser aberto de alguma maneira, e quanto antes, melhor, os que se opõem a Brasília acreditam que isso poderia ser feito de modo mais modesto e econômico, e mais coerente com o atual estado desesperador das finanças do país. O Brasil precisa de escolas, rodovias e ferrovias, acima de tudo; em seguida, de serviços médicos, métodos aperfeiçoados de agricultura, represas e energia elétrica, em particular no Nordeste castigado pelas secas. Esses problemas, argumentam eles, deveriam ser atacados de modo mais enérgico e sistemático, aos poucos se necessário, antes de se construir uma capital de luxo, uma extravagância exibicionista, localizada a três horas de voo das cidades dispostas ao longo do litoral. Fundar cidades pequenas e vilas no interior e estimular sua indústria e agricultura — especialmente através da construção de ferrovias e rodovias melhores, pois hoje em dia 50% da produção agrícola apodrece antes mesmo de chegar aos mercados: isso, sim, alegam os oponentes de Brasília, abriria o interior, e não uma nova capital. E por que construir uma nova capital, perguntam eles, quando, ainda que precisando de uma reforma em regra, o país já dispõe de uma das mais belas capitais do mundo, com todos os edifícios necessários para a administração governamental? Na opinião deles, as embaixadas estrangeiras levarão anos para construir seus prédios na nova cidade, embora já tenham adquirido os terrenos por praxe ou conveniência, e os senadores e deputados talvez levem ainda mais tempo para serem convencidos a permanecer em Brasília por períodos mais prolongados.

O tempo dirá de que lado está a razão, mas Brasília é o sonho do presidente Kubitschek. Ele afirmou que algum dia alguém teria de cumprir a promessa feita ao país pela Constituição de 1891, e que resolveu cumpri-la agora. Seu mandato, de cinco anos, ainda tem mais dois pela frente; no dia 21 de abril de 1960 o governo deverá dar seu grande passo.

Cheguei a Brasília sozinha numa tarde de sexta-feira, levando na mão um papel com o nome de um homem, parente de algum figurão, que deveria estar à minha espera, só que não estava. A primeira coisa que meus olhos viram quando saltei do avião foi um ponto de engraxate, composto de três tronos, encostado à parede do pequeno terminal do aeroporto. No momento eu não precisava de um engraxate, mas todos os passageiros que iam embarcar certamente sim. Era o final da estação da seca, é verdade, mas o fato é que no verão de 1958 a primeira e a última impressão que o viajante tinha de Brasília era uma vasta extensão coberta de poeira vermelha levantada pelo vento.

Dentro do terminal, tinha-se uma boa amostra da atmosfera cotidiana da maior parte de Brasília àquela altura — a atmosfera de uma pequena rodoviária norte-americana, no extremo oeste do país. Homens de jeans, com chapéus de feltro de aba larga e botas de cano alto, fazem hora tomando café e cerveja e comendo pastéis dormidos. (Ainda são poucas as mulheres em Brasília; no meu voo, eu era a única.) Há uma pequena venda de artigos variados, com latas amassadas de leite, sardinhas e palmito, cordões de linguiça seca, garrafas de cachaça, óculos escuros, comprimidos para dor de cabeça e jornais da véspera. Na parede, uma fileira de flâmulas de seda ostenta a palavra mágica BRASÍLIA; também estão à venda placas de plástico com a mesma palavra em letras douradas ao lado do perfil do homem que está por trás de tudo: Juscelino Kubitschek de Oliveira, envolto numa névoa dourada.

Os quatro ou cinco homens com cara de engenheiro — um deles levava uma régua-tê grande debaixo do braço — que haviam chegado comigo entraram em jipes e foram embora em nuvens de poeira. Por fim, desisti de esperar por meu mentor e peguei a Kombi creme com o letreiro "Brasília Palace Hotel" e também fui embora; eu era a única passageira da Kombi. Do aeroporto ao hotel são vinte quilômetros; era um dia quente, o tempo estava bom, e seguíamos a toda a velocidade pela estrada de terra irregular.

Brasília fica num planalto vazio, estéril, levemente ondulado, 1200 metros acima do nível do mar. Já haviam descrito o lugar para mim, mas eu não estava preparada para um ambiente tão inóspito e desolador: em comparação com quase qualquer outra região habitável deste país de beleza fantástica, é um lugar extraordinariamente despido de atrativos e nada promissor. Não há montanhas, nem sequer morros, nem rios que chamem a atenção (há um rio pequeno a certa distância, e dois riachos pequenos), nem árvores de porte razoável, nenhuma sensação de altitude, nem de grandiosidade, nem de segurança, nem de fertilidade; não há nem mesmo nada de pitoresco, nenhuma das qualidades imagináveis que emprestam encanto ou personalidade a uma cidade. Aquilo me lembrou — a mim e a outros que viajaram comigo, como fiquei sabendo depois — a paisagem deprimente dos arredores de Madri. As duas dádivas que a Mãe Natureza parece ter concedido a Brasília até agora são céu e espaço, e quando imaginamos aquela planície infinita coberta de prédios governamentais modernos pintados de branco, monumentos, arranha-céus, lojas e prédios de apartamentos, tal como eles foram planejados, a única beleza natural que há de restar é o céu. É bem verdade que agora planejaram construir um lago artificial; há até mesmo um iate clube delimitado no mapa da cidade; e amigos meus que estiveram lá na estação das chuvas dizem que é lindo ver as tempestades se aproximando pelo planalto, vindo de muito longe. Mas para quem está acostumado com o Rio de Janeiro, uma cidade hiperglamorosa, onde quilômetros de praias brancas, ou até mesmo uma vista da baía ao final de uma rua, compensam a maior parte dos problemas da cidade, Brasília é bem decepcionante.

Há uns poucos aglomerados de palmeiras aqui e ali, mas de modo geral a vegetação se resume a árvores mirradas e esparsas, a maioria delas conhecidas como "damasqueiros", que produzem uma fruta silvestre pequena que na verdade não tem nenhum parentesco com o damasco verdadeiro. Ao longo da estrada, até onde a vista alcança, essas árvores e o capim ficam recobertos da poeira vermelha constantemente levantada pelos caminhões. Em quase todos os caules finos das árvores, mais ou menos na metade da altura, há um ninho de formiga-branca, ou cupim, horrendo, quase do tamanho de uma cabeça humana. Perguntei a meu motorista, um rapaz melancólico, coberto de poeira, a respeito desses ninhos, e ele respondeu secamente que os cupins os constroem no meio do tronco das árvores para ficar mais perto das frutas. Separados por quilômetros de vazio, uns poucos aglomerados de telhados podem ser vistos, colônias de empregados da construção e outros novos habitantes. O maior deles, de longe, é o chamado Núcleo Bandeirante, um nome romântico, comumente conhecido como Cidade Livre. Foi inaugurado oficialmente em fevereiro de 1957, com quatrocentos habitantes, e agora tem — um fato incrível e animador — 45 mil. "Tudo de madeira", disse o motorista, uma afirmação que ouvimos muitas vezes, porque num país latino feito de pedra, mármore, azulejos e gesso, uma cidade inteira construída deliberadamente de madeira é uma curiosidade. "E livre ela é, mesmo", acrescentou ele; foi seu último comentário até chegarmos ao hotel.

Oscar Niemeyer, arquiteto mundialmente famoso, tornou-se amigo do presidente quando construiu uma casa para ele, a primeira casa moderna de Belo Horizonte, quando Kubitschek era prefeito da cidade. Mais tarde, já governador de Minas, Kubitschek encarregou Niemeyer de construir o complexo da Pampulha, nos arredores de Belo Horizonte, capital do estado.* Agora Niemeyer é responsável por todos os edifícios públicos que serão construídos em Brasília. Em 1956, abriu-se um concurso para um "plano-piloto" de uma nova cidade com 500 mil habitantes. Para os arquitetos, era a realização de um sonho; dezenas de planos foram propostos, alguns extremamente complexos e detalhados, incluindo subúrbios e cinturões agrícolas. Lúcio Costa, o mais importante dos arquitetos brasileiros da geração mais velha, amigo e protetor de Niemeyer desde que este era estudante, concluiu que num primeiro momento não seria apropriado elaborar um plano muito detalhado. Ele apresentou apenas cinco ou seis esboços pequenos, aparentemente desenhados com rapidez, em pequenas folhas de papel de qualidade inferior. Mas seu plano-piloto foi imediatamente reconhecido como um brilhante *tour de force*, e foi escolhido por unanimidade para receber o prêmio principal, no valor de cerca de 14 mil dólares.

Em conformidade com o plano, o mapa da cidade é em forma de avião, ou de ave, talvez, voltado para o leste, com um corpo de doze ou treze quilômetros de comprimento. As asas, com doze quilômetros de largura, serão os bairros residenciais; o centro comercial é a cauda; o corpo contém os bancos e edifícios de escritórios; ao longo do tórax alinham-se os ministérios das relações exteriores, e a cabeça é a Esplanada dos Três Poderes: judiciário, administrativo e executivo** — esta última é, no papel, o projeto mais espetacular e ambicioso de Niemeyer até agora. Destacados do avião ou ave, a leste de sua cabeça, ficam o Brasília Palace Hotel e o Palácio da Alvorada, a residência do presidente, os dois únicos prédios grandes que já estão prontos; aliás, com exceção de uma igreja pequena e dos fundamentos ou esqueletos de cinco prédios de apartamentos, essas são praticamente as únicas estruturas permanentes que há para se ver.

Num número recente da *Módulo*, uma revista brasileira de arquitetura, Niemeyer publicou um artigo intitulado "Depoimento", de tom elevado

---

* Na época, Kubitschek era prefeito de Belo Horizonte, e não governador de Minas Gerais.

** Nesta passagem Bishop fez várias confusões. Corrigindo seu texto, teríamos o seguinte: "Ao longo do tórax alinham-se os ministérios, formando a Esplanada dos Ministérios, e a cabeça é a Praça dos Três Poderes: Judiciário, Legislativo e Executivo". Um desses erros se repete ao longo do texto: Bishop sempre se refere à Praça dos Três Poderes como "Esplanada".

mas um tanto frouxo em termos de lógica, a respeito de seu trabalho em Brasília. Comunista, em seu "depoimento" Niemeyer se penitencia pelos erros cometidos no passado e promete sair-se melhor no futuro, como costumam fazer os comunistas. Afirma ainda acreditar que "sem uma justa distribuição da riqueza — capaz de atingir a todos os setores da população — o objetivo básico da arquitetura, ou seja, o seu lastro social, estaria sacrificado, e a nossa atuação de arquitetos relegada apenas a atender os caprichos das classes abastadas". Confessa ter agido assim no passado, ter encarado a arquitetura como apenas um "jogo" e até mesmo ter construído casas excêntricas e extravagantes deliberadamente, para que seus ricos proprietários "falassem delas". Mas a partir de agora, ele afirma, as coisas serão diferentes; ele pretende que suas obras em Brasília venham todas a ser "qualquer coisa de útil e permanente, e capaz de transmitir um pouco de beleza e emoção".

A um visitante crítico, pode parecer irônica a constatação de que há dois anos milhares de trabalhadores estejam construindo casas ou barracões de madeira e se virando como podem, enquanto os dois primeiros prédios terminados contêm em seus nomes a palavra "palácio". Há que reconhecer, porém, que além da Cidade Livre, tem havido tentativas de fornecer moradias dignas para os operários e o pessoal de escritório. Dois quarteirões, cada um contendo quinhentas casas conjugadas, projetados por Niemeyer, já foram construídos pela Fundação da Casa Popular, e cinco "superquadras" de apartamentos estão sendo feitas no momento, financiadas por cinco "institutos", um tipo de consórcio tipicamente brasileiro, que administra pensões, hospitalizações e empréstimos, e atua também, como neste caso, feito banco.

Ao final de um período de quatro anos, quando um número suficiente de residências tiver sido construído, a Cidade Livre deverá ser demolida; aliás, uma parte do lago artificial que será feito vai cobrir as ruas atuais. Os inimigos mais figadais de Brasília afirmam, céticos, que a Cidade Livre nunca será demolida, porém vai crescer, tornando-se uma favela da futura cidade, tal como as que crescem de maneira espontânea e incontrolável atualmente em torno do Rio de Janeiro.

(Há que reconhecer, também, que embora a palavra "palácio" cause estranheza para um americano como nome de uma residência presidencial, nos países latinos a palavra não tem as conotações de realeza que tem para nós. Ela pode ter apenas o sentido de "mansão", e o termo "palacete", diminutivo de palácio, é muito usado para designar casas grandes.)

Kubitschek, diga-se a seu favor, é talvez de todos os chefes de governo do mundo o que tem o gosto mais apurado em matéria de arquitetura. Os brasileiros instruídos tendem a acreditar que, embora seu país esteja vivendo uma difícil fase de transição, seja atrasado sob muitos aspectos e talvez não tenha feito grandes realizações nas outras artes, ele pode orgulhar-se de sua arquitetura contemporânea. O magnífico prédio do Ministério da Educação do Rio de Janeiro, iniciado em 1937, foi o primeiro e ainda é um dos raros edifícios governamentais a seguir o estilo internacional moderno. (A construção de Chandigarh* só foi iniciada quase quinze anos depois.) Pois Kubitschek poderia muito bem ter resolvido construir uma cidade em estilo colonial, ou greco-romano, ou até mesmo naquele estilo monstruoso de chalé suíço que por vezes é considerado apropriado para o Brasil. Em relação a sua opção em matéria de estilo, porém, as únicas críticas que ouvi até agora partiram do Exército, que não se reconhece num prédio aéreo, transparente ou flutuante. Mas é possível que, no fundo, todos os generais sonhem com ameias e pontes levadiças.

Uma amiga minha do Rio, decoradora de interiores, que havia acabado de realizar a decoração do novo hotel, fizera uma reserva para mim via walkie-talkie. O Brasília Palace Hotel é um bloco único, com 135 quartos, um quarto de largura e três andares; apenas uma pequena seção central se apoia diretamente no chão, enquanto o resto do prédio, em ambos os lados, é sustentado por pilares de concreto recobertos de alumínio anodizado preto. À noite, os pilares quase desaparecem, e o hotel parece flutuar como um transatlântico de luxo, um efeito que parece ser muito caro a Niemeyer nos últimos tempos.

A entrada, que me lembrou vagamente uma entrada do metrô nova-iorquino, é feita por uma escada que desce para um saguão no subsolo; acima dele, no térreo, há um salão amplo e agradável, cheio de cadeiras

---

* Chandigarh foi a primeira cidade planejada da Índia. Le Corbusier foi um dos arquitetos envolvidos no projeto, na década de 1950.

Saarinen* e mesas de centro com tampo de mármore. Os três andares em que ficam os quartos estão voltados para o leste, dando para o Palácio da Alvorada; três corredores percorrem toda a extensão da ala oeste do prédio. Há uma escada social, com cerca de um metro e vinte de largura, e dois elevadores pequenos (um deles não estava funcionando quando nos hospedamos lá), em cada um dos quais cabem no máximo seis pessoas, de modo que certamente haverá problemas sérios de congestionamento quando o hotel estiver lotado, com trezentos hóspedes. A parede voltada para o oeste é feita de placas grandes de cimento, com mais de dez centímetros de espessura, e em intervalos regulares foram inseridas fileiras de pequenos copos redondos — copos de verdade, os mensageiros do hotel fazem questão de informar — de modo que os fundos redondos vedam a parede pelo lado de fora. Os copos deixam a luz entrar na forma de milhares de manchas luminosas nas paredes e nos carpetes cinzentos dos corredores, um efeito muito bonito; infelizmente, porém, desde o momento em que o sol começa a descer no lado oeste do céu até a manhã seguinte, o calor torna-se infernal. Além disso, fiquei a imaginar como seria possível limpar o interior de todos aqueles copinhos? Os hóspedes mais descuidados já estavam começando a largar pontas de cigarro e coisas semelhantes nos copos mais acessíveis. Entre os andares, uma fileira de placas de cimento não recebeu os copos; os buracos dão para um vão aberto acima dos corredores, onde pequenas aberturas teladas se alternam com luminárias instaladas no teto. O objetivo é proporcionar alguma ventilação, porém não entrava ar nenhum por essas aberturas, e à noite, quando passei pelo corredor indo em direção a meu quarto, que ficava bem no final, quando chegava à porta de fórmica branca eu estava tonta de calor. Os tetos do banheiro também têm furos que se abrem para esse vão comum, o que tem a consequência desagradável de permitir que a gente ouça perfeitamente a pessoa tomando banho no banheiro ao lado, com todos os detalhes. Os quartos, porém, são amplos e frescos, e os móveis são bem dimensionados, com exceção das penteadeiras. No espelho da penteadeira, uma mulher com estatura abaixo da média (como eu) só vê o próprio queixo.

    Entre o hotel e a ala do restaurante há um pequeno espaço gramado

---

* Eero Saarinen (1910-61), arquiteto e projetista de móveis nascido na Finlândia e radicado nos Estados Unidos.

mais ou menos do tamanho de uma quadra de tênis grande, que estava sendo regado. Fora desse espaço, à frente e atrás do hotel, e por toda a extensão de oitocentos metros entre o hotel e o palácio presidencial, a poeira vermelha imperava. (Mais ou menos uma semana depois, quando o presidente Gronchi,* da Itália, visitou Brasília, uma camada fina de cimento foi espalhada sobre a área à frente do palácio.) A poeira entrava no hotel, sujava os carpetes e a roupa das pessoas, e polvilhava o piso de mármore cinzento do salão. Vi um empregado tentando limpar esse piso com uma enceradeira elétrica. Depois de traçar umas espirais grandes com contornos de poeira vermelha, ele desistiu.

Este andar, em particular, termina numa rampa curva que fica mais de um metro acima do piso do restaurante, que dá para o salão. Cactos e outras plantas escondem-se, discretas, debaixo da rampa, invisíveis para quem está no salão. A única vez que vi Aldous Huxley irritar-se durante a viagem foi no momento em que, logo depois de chegar no dia seguinte, estava caminhando no salão, contra a luz, e quase caiu da rampa. Dando claros sinais de aborrecimento, a seu modo contido, comentou que os corrimãos estavam sendo utilizados há alguns milênios, e que era "uma pena abandonar uma invenção tão útil".

À frente do restaurante fica a maior piscina que já vi: oval, com azulejos azuis, ainda sem água. A piscina presidencial, do outro lado do palácio, é maior do que o padrão olímpico, e esta do hotel é muito maior ainda. Ainda não foram construídas acomodações permanentes para os empregados do hotel. Do outro lado da piscina há uma cerca em torno de um amontoado de casebres de madeira. As camareiras, os mensageiros e os cozinheiros com seus chapéus brancos contornam o abismo de azulejos azuis e desaparecem dentro desse acampamento tosco, para o qual se tem vista direta do restaurante.

Atrás de uma parede negra curva, no piso do restaurante, esconde-se um bar com balcão, e lá há também uma fonte de aborrecimento para o grupo de Huxley — uma versão brasileira de muzak,** que era ligada a todo volume por duas horas durante o almoço e o jantar. A comida não era má, levando-se em conta que tudo tem de ser trazido em caminhões ou aviões de Anápolis, no mínimo; quase não havia legumes, mas não faltavam abacaxis

---

* Giovanni Gronchi (1887-1978), presidente da Itália entre 1955 e 1962.
** Música de fundo que se ouve em elevadores, salas de espera de consultórios, restaurantes etc.

ou papaias entregues via aérea, para nos abastecer de vitaminas, bem como as macias maçãs *delicious*, tão comuns aqui quanto nos Estados Unidos.

Naquela noite de sexta-feira eu e mais dois casais distantes jantamos sozinhos no enorme restaurante; a música enlatada combinava perfeitamente com o consomê enlatado, e os garçons ociosos ficaram a olhar para nós. Depois do jantar dois casais mais jovens apareceram no salão, cada um com um bebê numa cesta e uma criança maior. Uma das mães, de calça xadrez, brincava de pique com o filho; a outra balançava a cesta do bebê com o pé enquanto lia um romance policial.

Esta vida familiar tranquila, sem os pais, prosseguiu na manhã seguinte. Por volta do meio-dia, quando as pessoas do meu grupo deveriam chegar, alguns carros vieram do aeroporto, em alta velocidade, e no mínimo quarenta homens e mulheres elegantes desceram ruidosamente a escada do saguão subterrâneo. Todos tinham vindo de São Paulo num voo especial para participar de um banquete e de um baile que o presidente Kubitschek ia lhes oferecer no hotel naquela noite. Aquele salão quase deserto, um ambiente curiosamente familiar, de repente encheu-se de mulheres com vestidos-saco cobertas de joias e homens com ternos risca-de-giz. Fui informada de que festas assim ocorrem em todos os fins de semana; atualizando para a era do jato o costume hospitaleiro de "mostrar a casa às visitas", típico do Brasil, Kubitschek convida grupos do Rio, São Paulo, Porto Alegre e outras cidades. Uma vez vieram num voo especial todas as alunas de um colégio de freiras, a convite do presidente. Os relatos sobre essas festas, é claro, aumentam ainda mais a indignação dos que se opõem a Brasília por motivos econômicos: além do que se gasta nas festas, argumentam eles, consome-se muito combustível, além dos milhares de litros que abastecem os caminhões e aviões usados para trazer materiais de construção.

Cinco ou dez minutos depois chegaram os Huxley e seus acompanhantes: muito silenciosos, trazendo livros e máquinas fotográficas, um pouco cansados da viagem, porém com expressão atenta e curiosa, em comparação com o grupo mais deslumbrado que ainda continuava gravitando em torno dos funcionários do hotel. Laura Huxley e Maya Osser, a arquiteta brasileira de origem polonesa, são velhas amigas minhas, e eu conhecia a maioria dos outros por alto, ou ao menos já fora apresentada a eles.

Huxley, como todos sabem, é alto, pálido e magro, mas sem dúvida parece ainda mais alto, pálido e magro no Brasil, onde os homens, em sua maioria, ao menos para os padrões anglo-saxônicos, são baixos e morenos. Além disso, embora os brasileiros ainda julgassem que estávamos no "inverno" e, apesar do calor, usassem gravatas e ternos escuros, Huxley sempre trajava ternos beges ou cinza-claros, ou então uma jaqueta esporte branca, e sua gravata preferida era uma compridíssima, clara, de cetim, com um estampado de cavaleiros persas. Seus cabelos compridos, penteados para trás, são de um tom uniforme de castanho grisalho; os traços fisionômicos são grandes, mas bem proporcionados; os dentes são bonitos. Laura Huxley é cerca de vinte anos mais moça que o marido; é pequena, esbelta e loura, com uma cabeça um tanto grande e olhos enormes de um tom acinzentado de verde, muito espaçados, um estilo de beleza italiano bem à Campigli.* É uma pessoa educada, simpática e animada, falando francês, italiano ou inglês, conforme a necessidade. Tal como Huxley, é fascinada por remédios, mescalina e propaganda subliminar, só que num nível mais pessoal e prático; aliás, ela adora medicar as pessoas, e de vez em quando distribuía comprimidos especiais para alguns de nós. Quanto a Huxley, é difícil saber até que ponto ele está observando e, como de modo geral fala muito pouco, o que está pensando. Por efeito de uma disciplina de longa data, seu distanciamento britânico parece estar recoberto por uma camada de desprendimento oriental, ou talvez apenas místico. Seu olho defeituoso é um pouco vesgo, e essa característica, que sempre me parece curiosamente atraente, no caso dele acentua ainda mais seu olhar velado e misterioso. Quando observa algo de perto, uma fotografia ou uma pintura, por vezes tira do bolso uma pequena lupa com armação de osso, ou então, no caso de objetos distantes, um telescópio em miniatura, e muitas vezes, quando está sentado, protege o olho saudável cobrindo-o com a mão. Sua paciência é ilimitada, ele nunca parece cansado (sempre que alguém levantava esse tipo de preocupação, sua mulher nos garantia que ele *jamais* se cansava) e demonstra, com um sorriso simpático, pequenos arroubos de interesse. A impressão que dá, porém, é de que está absorto numa meditação interior, muito distante das atividades humanas talvez frívolas propostas pelo Ministério das Relações Exteriores brasileiro, e todas nós, em graus variáveis,

---

* Massimo Campigli (1895-1971), pintor italiano.

conforme com o temperamento de cada uma, agíamos em relação a ele um pouco como se fôssemos anfitriãs nervosas.

Após o almoço e duas horas de descanso, levaram-nos para fazer um breve passeio turístico por Brasília, começando pelo Palácio da Alvorada. Kubitschek, nesse ínterim, havia chegado para a festa no seu Viscount particular. O presidente mandou a velha Lincoln conversível que ele mantém em Brasília buscar os convidados de honra. Antonio Callado e sua mulher os acompanharam; fui com o resto do grupo na Kombi creme, seguindo a Lincoln. O palácio é contornado por uma cerca de arame farpado, e junto ao portão há uma guarita, onde ficam dois soldados com capacetes metálicos, munidos de fuzis-metralhadoras. O carro presidencial entrou pelo portão escancarado, porém as sentinelas, que não tinham sido avisadas a respeito do outro veículo, não nos deixaram entrar, fechando o portão bem na cara da Kombi. O motorista tentou explicar, mas o jovem soldado disse "Não, não!" com firmeza e por fim um tanto irritado, abraçado a sua arma. O jovem inglês saltou da Kombi, exclamando "Isto é um absurdo!", à maneira inglesa tradicional. Então alguém voltou para o hotel, trouxe a senha, ou ao menos uma permissão para que entrássemos, e finalmente abriram o portão para nós, e pudemos nos juntar aos outros.

O Palácio da Alvorada é uma caixa de vidro grande, retangular e esverdeada (por efeito do Ray-Ban), emoldurada ao longo do comprimento por colunas curvas, de cor creme, dez nos fundos, numa sequência ininterrupta, e oito na frente, com um espaço para a entrada. Visto de fora, é sem dúvida um dos mais belos de todos os prédios construídos por Oscar Niemeyer. As colunas, em particular, são um triunfo arquitetônico: afinal de contas, inventar uma nova "ordem" de coluna não é pouca coisa. Imagine-se uma cadeia formada por enormes papagaios de papel branco, pousados de cabeça para baixo, depois agarrados por mãos gigantescas e apertados pelos quatro lados, fazendo-os assumir curvas elegantes, que se terá uma ideia bastante precisa dessas colunas. São cobertas por placas de um mármore brasileiro cristalino, e a base delas — isto é, a ponta dos papagaios invertidos — teoricamente se reduz a pontos de dimensão zero; na verdade, a base que repousa sobre o chão tem apenas cerca de quinze centímetros de largura. No seu artigo publicado na *Módulo*, Niemeyer afirma que por meio dessas dimensões delicadas ele queria dar ao palácio "leveza e dignidade [...] como se pousasse no solo, suavemente". E sob esse aspecto seu sucesso foi completo, ainda que a atmosfera extraterrena do resto da cidade, no momento, venha acentuar essa impressão — os soldados incongruentes, o hotel estranho e desajeitado, as palmeiras e os barracões improvisados, todos parecem que acabaram de aterrissar — o efeito do palácio é absolutamente original, e no entanto causa a impressão imediata de ser uma obra-prima de leveza e graça.

Todos nós ficamos fascinados por essas colunas; por algum tempo, elas foram apalpadas, fotografadas e comentadas, sendo que Huxley e mais alguns chegaram mesmo a descer das varandas compridas para olhá-las por baixo. (As colunas rapidamente tornaram-se um símbolo de Brasília, figurando repetidamente em revistas e jornais, bem como nas flâmulas de seda, no papel de carta de hotel e nas pastas pretas de couro artificial, fechadas com zíper, que os hóspedes ganham como brindes.)

A entrada do palácio é flanqueada por espelhos-d'água, cujo fundo é do mesmo mármore utilizado nas colunas; num deles há uma estátua de bronze que representa duas figuras femininas vazadas, de autoria do escultor brasileiro Ceschiatti;* no outro há uma placa fina, como se fosse uma placa sinalizadora, com uma inscrição em bronze. Mostraram-nos também um pé de magnólia na frente do palácio, com cerca de um metro de altura, plantado pelo secretário Dulles** alguns dias antes. (Cerca de uma semana depois, o presidente Gronchi plantou um cipreste italiano em Brasília. Havia um plano de plantar palmeiras-imperiais em torno do palácio, mas recentemente resolveu-se adotar outra variedade de palmeira, típica da região, o buriti, que não é tão alto e elegante quanto a palmeira-imperial, mas é uma bela árvore também.) A varanda ou sacada do palácio prolonga-se para fora do prédio do lado esquerdo, depois traça uma espiral ascendente, formando uma capela pequena e exuberante, ainda que sua forma lembre um caracol — uma espécie de gesto leve, um aceno latino que conclui a dança estática das colunas interligadas. Pelo menos a ideia é essa; para a maioria de nós a capela pareceu fora de escala, talvez um pouco pequena para as colunas. A fachada, que parece um caracol com uma vela de barco, tem no alto uma fina cruz de metal que dá um arremate perfeito, porém a

---

* Alfredo Ceschiatti (1918-89).
** John Foster Dulles (1888-1959), secretário de Estado (equivalente a ministro das Relações Exteriores) norte-americano durante o governo Eisenhower.

pequena janela aberta no mármore abaixo dela, um buraco quadrado que dá para o espaço, parece um pouco teatral, ainda que evoque as janelinhas das igrejas das primeiras missões no Brasil.

Dentro do palácio, lamento dizer, o efeito de frescor e leveza graciosa desaparece. A decoração foi feita por Niemeyer e sua filha; as cores são muitas vezes berrantes, e a mobília dá a impressão de ser escassa e mal disposta — mas é claro que muitos acréscimos e modificações vão ser feitos. Nossos pés afundaram em carpetes quentes, de um tom de vermelho alaranjado, muito espessos ("Espuma de náilon?", alguém perguntou ao secretário que estava nos ciceroneando), estendidos entre paredes cobertas de espelhos e azulejos dourados reluzentes. Uma rampa sem corrimão, forrada de carpete vermelho (ficamos sabendo que o secretário Dulles por um triz não caiu dela) sobe à direita, levando ao Salão Nobre. Lá encontramos um piano de cauda e alguns grupos de sofás, poltronas e cadeiras de couro, algumas das quais, à primeira vista, lembravam a cadeira Barcelona de Mies van der Rohe; quando nos sentamos nelas, porém, constatamos que eram imitações menores e não muito confortáveis.

Talvez valha a pena observar que o Brasil, tal como a Itália, a Espanha e Portugal, nunca adotou os conceitos de conforto doméstico que temos nos países do Norte. Até recentemente, todas as camas eram duríssimas, sendo às vezes feitas de couro ou palhinha, porque as camas duras são mais frescas nos climas quentes; os pisos eram de pedra, lajotas ou tábuas de jacarandá; e as cadeiras e sofás, quando copiados de modelos estrangeiros, muitas vezes eram de palhinha em vez de estofados. Nas casas coloniais, as paredes grossas, os pés-direitos altíssimos e as janelinhas pequenas com gelosias refrescavam o ambiente e eram apropriados ao clima; o interior "moderno", com móveis macios e baixos, cores claras e grandes vidraças, não foi completamente adaptado (até agora) ao clima do Brasil.

Fomos talvez excessivamente críticos, enquanto íamos em bando de um cômodo a outro; creio que apenas Huxley não fez nenhum comentário sobre o calor e o excesso de luminosidade. Em cada extremidade da caixa de vidro que é o palácio fica uma sala comprida, e em cada uma delas há uma mesa longa com cadeiras. Uma é a sala de jantar formal, e a outra a sala de despachos. Em ambas, só há cortinas dos lados, ou seja, nas extremidades da caixa, de modo que o sol da tarde entra pela fachada de vidro do prédio; a madeira das mesas já estava rachada. As paredes internas são recobertas com grandes painéis quadrados, profundamente corrugados, de jacarandá, a madeira mais bela do Brasil. Nos trechos mais altos das paredes, que ficam na sombra, o efeito é belíssimo, lembrando a textura de casco de tartaruga, mas nas partes mais baixas, castigadas pelo sol, a madeira também está ressequida e baça. Suando, de vez em quando desabando nas cadeiras mais próximas, perguntamos a nosso guia, de modo nada delicado, se não havia ar-condicionado, mas ele respondeu que não era necessário.

Uma escada suspensa eleva-se diretamente do Salão Nobre, também coberta de um espesso carpete vermelho alaranjado. No andar de cima, as paredes dos corredores são recobertas de pau-marfim, de um delicado tom de castanho-claro. Vimos apenas um dos quartos, um quarto de hóspedes comum, com duas camas e cortinas de chintz, mas o banheiro anexo era realmente magnífico, de metal cromado e mármore cinzento, com uma banheira quadrada abaixo do nível do piso, cuja borda se curvava das extremidades para o meio, como se fosse uma cama de casal vergada. Sob as janelas do quarto, dando vista para a piscina, há uma sacada coberta, de placas de mármore verde polido, um belo material, mas que certamente não combina com a estrutura leve do prédio e o delicado revestimento de madeira do interior.

No momento, as paredes do palácio estão quase nuas; no térreo há duas tapeçarias e umas poucas pinturas pequenas de Emilio Di Cavalcanti.* Essa austeridade e ausência de ornamentação fez Huxley lembrar-se de uma visita muito diferente que ele fizera certa vez ao Palácio de Buckingham, onde todas as paredes são inteiramente recobertas de pinturas, e as mesas estão atulhadas de fotografias que documentam incidentes na vida da família real. Reunidos em torno de Huxley, no corredor quente do andar de cima, ficamos a ouvi-lo discorrer por um bom tempo, com muita graça, a respeito do quarto de George V.

Lá fora, os operários estavam colocando ladrilhos azul-turquesa na piscina cavernosa, enquanto três ou quatro soldados, com seus fuzis-metralhadoras, olhavam para eles — por curiosidade, por falta do que fazer, ou talvez por obrigação. No meio da piscina há uma estrutura alta, uma imitação de pedra ou ilha, de forma irregular, em cima da qual vão plantar um jardim — formando um ângulo agudo. Porém, pelo que me disseram

---

* O nome correto é Emiliano Di Cavalcanti (1897-1976).

depois, Niemeyer não está gostando deste detalhe "moderno" mas curiosamente pseudogótico, e talvez venha a alterá-lo.

À direita fica o alojamento dos empregados, uma ala comprida, subterrânea, com telhado plano e uma fileira de janelas estreitas logo acima do nível do solo, ligada ao palácio por uma passagem subterrânea. A meu ver, trata-se de uma solução pobre, para não dizer deprimente, para o problema do que fazer com os quarenta e tantos serviçais de que o palácio necessita. Vá lá que a caixa de cristal não seja o lugar deles, mas não falta espaço em todas as direções, e dinheiro também, ao que parece, para que eles ao menos possam ficar acima da terra, tal como seus patrões. Antigamente os escravos eram muitas vezes alojados nos porões úmidos das casas do Rio; mesmo agora, os quartos e banheiros de empregada dos apartamentos mais novos e luxuosos de Copacabana são chocantes para os estrangeiros; mas em Brasília, às vezes chamada de "a cidade mais moderna do mundo", um arquiteto como Niemeyer — logo ele! — não deveria ter achado necessário pôr os criados no subsolo.

Quando saíamos do palácio, dei-me conta de que seus aspectos mais decepcionantes me faziam lembrar, de algum modo, a casa que Niemeyer construiu para seu próprio uso em 1954, numa encosta perto do Rio, e quando voltei para casa reli o que Henry-Russell Hitchcock tinha a dizer a respeito dessa construção em seu livro *Latin American Architecture*.* Confirmando minhas suspeitas de amadora, encontrei esta passagem: "O pavilhão contém apenas os cômodos principais e a cozinha. Tudo mais está escondido sob o terraço, sem nenhuma relação com o pavilhão acima. Talvez apenas o arquiteto que a projetou e sua família considerem confortável essa residência [...]". A casa de Niemeyer, naturalmente, não lembra de modo algum o Palácio da Alvorada de Brasília, pois foi projetada "em diálogo com a paisagem" com uma série de curvas que se entrelaçam, "numa harmonia entre o perfil arrojadamente arredondado dos morros e as curvas sinuosas de seu projeto". O diálogo de Niemeyer com os espaços planos e vazios de Brasília resultou nessa caixa transparente, sustentada em colunas graciosas, porém essencialmente austera; mas em ambos os casos a solução que ele propõe para os problemas práticos parece ter sido a mesma: colocá-los

---

* Henry-Russell Hitchcock (1903-87), historiador da arquitetura norte-americano, autor de *Latin American Architecture since 1945* (1955).

embaixo, ou no subsolo, como uma dona de casa preguiçosa que enfia seus petrechos domésticos embaixo de uma cama enganosamente bem arrumada.

A sudeste do palácio vê-se ao longe um pequeno triângulo branco: é a "Ermida de São João Bosco",* uma cópia fiel, em mármore branco, de uma tenda de índios — isto é, de índios norte-americanos, com uma entrada triangular aberta mas uma cruz no alto, em vez das pontas das traves de sustentação da tenda. Um dos livretos sobre Brasília explica a presença dessa capela um tanto surpreendente:

> No livro *Memórias biográficas*, vol. XVI, páginas 385 e 395, encontramos a história da profecia de são João Bosco. Segundo o texto, dom Bosco, no dia 30 de agosto de 1883, teve uma visão num sonho. Citamos o trecho que diz respeito a Brasília.
> "Entre o paralelo 15 e o 20, no lugar onde um lago se formou, nascerá uma grande civilização, e isso acontecerá na terceira geração. Ali também será a terra prometida."
> Estamos exatamente na terceira geração. A grande civilização que está sendo construída (e que é Brasília) está localizada entre os paralelos 15 e 20. O lago será formado pelos ribeiros Torto e Gama.
> Desse modo o sonho profético de dom Bosco será realizado.

Laura Huxley conhecia a vida deste santo italiano, fundador da ordem dos salesianos (muito ativa no Brasil), e queria muito seguir a pé em direção à "ermida". Mas lhe foi explicado que a capela ficava, na verdade, a cerca de um quilômetro e meio de distância, e que naquele momento a luminosidade estava começando a assumir um tom rosado uniforme, sinal de que o súbito pôr do sol tropical estava começando. Quando nos afastávamos, membros da Guarda Especial de Brasília passaram por nós, em marcha solene, na troca da guarda, pisando forte com suas botas pesadas; em seus uniformes verdes amassados, eles sempre lembram vagens murchas.

No salão do hotel, antes de sairmos, Maya, a moça polonesa, havia encontrado por acaso outra ex-refugiada polonesa, a condessa Tarnovskaia,

---

* O nome correto do monumento é Ermida Dom Bosco.

que nos convidou a todos para ir ao Hotel Santos Dumont, na Cidade Livre, tomar um drinque antes do jantar. A condessa havia aberto há algum tempo um cinema em Anápolis, e pouco depois da fundação de Brasília abrira outro na Cidade Livre. Naquela época, a cidadezinha tinha trezentos habitantes, e o cinema funcionava num galpão de madeira; agora a condessa é dona do maior prédio de lá, de ferro corrugado, com trezentos lugares, e existe até outro cinema a lhe fazer concorrência. A condessa é jovem e bonitona; falando um inglês excelente, ela nos disse, com a maior tranquilidade: "Adoramos isso aqui! É claro que há muitos incêndios. O banco ao lado pegou fogo ontem. Ficamos um pouco preocupados com o cinema, mas tudo terminou bem. Pena que vocês perderam, foi emocionante!". De blue jeans e um chapéu de palha amarrado à cabeça com um lenço branco que também lhe envolvia o pescoço, ela e sua linda filha, de olhos negros, também de jeans e camisa cáqui, pareciam protagonistas de um filme de faroeste dos antigos, em tons de sépia, pois as duas, como de praxe, estavam cobertas de poeira.

Fomos de carro em direção à cidade, passando por cima da cabeça da ave, onde será construída a Esplanada dos Três Poderes. Atualmente, é um cenário confuso e ruidoso de terraplenagem, caminhões e buldôzeres, numa atividade que não cessa dia e noite. Alguém atrás de mim tentava explicar o projeto da Esplanada. "Veja bem, é um retângulo triangular", ele repetia a toda hora.* O inglês estava tentando encontrar o terreno comprado por seu país para futuramente construir a embaixada, e quando lhe foi indicada uma área indefinida, coberta de arbustos mirrados e infestada de cupins, ele exclamou: "Ah! Que decepção!" com tamanho desânimo que todos riram.

Passamos pelas "superquadras" de apartamentos que estão sendo construídas pelos institutos; era difícil dizer muita coisa sobre aqueles esqueletos de aço e cimento, além de que são muito altos e ficam muito próximos uns dos outros; mais uma vez, havendo espaço infinito para todos os lados, é difícil entender por que construir esses prédios tão colados, com pátios e passagens não muito maiores dos que há no Rio — onde isso tem explicação, pois lá resta muito pouca área de construção, e o valor dos terrenos é maior do que em Nova York.

---

* Dado o precário domínio do português de Bishop, é possível que a expressão fosse "triângulo retângulo" (em inglês, *right triangle*). Por não conhecer o termo, ela o teria traduzido literalmente.

As ruas de Brasília foram projetadas de modo a não precisar de semáforos, substituídos por viadutos e passagens subterrâneas. Como a atual capital do Brasil é famosa pela velocidade terrível dos veículos, o desrespeito aos sinais de trânsito, os motoristas de ônibus enlouquecidos e as altas taxas de acidentes, eis aqui uma inovação que foi bem recebida por todos.

Escurecia quando chegamos à Cidade Livre, mas não estava tão escuro que não pudéssemos vê-la: quase igual àquela velha cidadezinha de fronteira dos filmes da Metro-Goldwyn-Mayer, só que no mundo real, e muito maior. As ruas de terra são largas e não têm calçadas — "Imagine como deve ser quando chove!" comentávamos uns com os outros —, e as casas de madeira, com telhados de cumeeira, algumas com frontões, foram construídas bem próximas umas das outras, de todas as formas, tamanhos e cores. Passamos pelo cinema de ferro corrugado e por um galpão vermelho bem grande, onde uma placa com letras brancas, na empena, anunciava: IGREJA PRESBITERIANA.* O tráfego é basicamente de caminhões, de todas as marcas e idades, e jipes, jipes e mais jipes, americanos, ingleses e brasileiros, alguns carros velhos e até mesmo alguns homens a cavalo, todos levantando nuvens espessas de poeira.

O Hotel Santos Dumont é um prédio baixo, que só se distingue dos outros pela presença de uma placa e de umas poucas cadeiras de metal colocadas numa faixa estreita de cimento ao nível da rua. Lá dentro, porém, nos sentimos transportados para uma dessas novas e pequenas boates ou cafés de Greenwich Village — novas porque todas as cores eram bem vivas, praticamente as únicas cores vivas que vi em toda Brasília. Era uma sala retangular com cerca de dez metros de comprimento, com um balcão de bambu envernizado e dois rapazes com túnicas em estilo militar; as toalhas de mesa eram escarlate, havia cadeiras pretas de encosto de arame e cortinados em torno das janelas, de tons vivos de verde e amarelo. Havia música; olhei para a vitrola e vi discos de Villa-Lobos, Stravínski e Bartók. Tudo isso fora trazido de caminhão, numa viagem de no mínimo mil quilômetros. O Santos Dumont estava modestamente fazendo o possível para ser um lugar chique e alegre, e creio que todos nós lhe fizemos os melhores votos de sucesso.

* Bishop grafa "presbiteriana" com "y" no lugar do primeiro "i".

Juntaram-se mesas, e a condessa Tarnovskaia, agora de banho tomado e toda elegante, com um vestido estampado indiano e uma bandana, pediu *whiskey sours*. Mas no nosso pequeno grupo, talvez um pouco intimidado pela presença de Huxley (que comentara uma ou duas vezes a respeito do excesso de bebida e fumo nos Estados Unidos), a maioria não quis álcool, preferindo suco de laranja, que misteriosamente estava no cardápio. A condessa Tarnovskaia, a filha dela e um senhor polonês gordo e louro que também estava hospedado no hotel haviam acabado de voltar de uma caçada de três semanas, para os lados do oeste, e a condessa começou a nos falar sobre a experiência. Não haviam tido sorte; a intenção era caçar onças, mas não encontraram nenhuma, e em vez disso tinham matado um grande número de animais a que ela se referia, com os olhos faiscando, como *"stags"* [veados machos]. Fora a primeira caçada de sua filha; a menina, disse a mãe, com orgulho, "matou doze jacarés". Mudando de assunto, a condessa começou a falar das tendências assassinas que ela observava no Brasil em geral e em Brasília em particular. "Eles gostam de matar", disse ela a Huxley, com uma linda vivacidade, e narrou um caso recente de assassinato gratuito. Na ponta da mesa onde eu estava, sendo os Huxley, Maya, o inglês e eu totalmente contrários à matança de animais ou seres humanos (e julgando eu, com base na minha vivência do Brasil, que os brasileiros são o povo menos sanguinário do mundo), a conversa começou a morrer; Huxley, que até então não dissera quase nada, protegeu os olhos com a mão e pareceu perder-se numa meditação, enquanto tomava seu misterioso suco de laranja.

Em seguida, a condessa contou uma história a respeito de seu cinema que ilustrava um pouco melhor o caráter nacional. Os 45 mil habitantes da Cidade Livre vêm, em sua maioria, do interior, do "norte" ou do "sul" — e é difícil compreender o quanto esses termos de direção tão comuns ainda exprimem de imensidões desconhecidas, ou quase desconhecidas, no Brasil —, pessoas do interior, simples e tradicionalistas, denominadas "candangos".* Um dos filmes exibidos havia pouco tempo fora *E Deus criou a mulher*. A plateia, em que os homens eram muito mais numerosos que as mulheres, assistiu em silêncio, pensando só Deus sabe em quê, até que chegou a cena de nudez. Assim que Brigitte Bardot desabotoou o primeiro botão, a projeção foi interrompida de repente, e as luzes se acenderam. O projecionista, que

---

* Bishop grafa a palavra como "condangos".

sem dúvida já vira o filme, disse: "As senhoras e senhoritas queiram por favor sair e esperar lá fora". E elas saíram, sem reclamar, e ficaram esperando na rua poeirenta, formando um pequeno grupo à frente do cinema. As luzes se apagaram, e os homens assistiram à cena de sexo que se seguiu. Mais uma vez a projeção foi interrompida, as luzes se acenderam, e as mulheres foram convidadas a voltar para ver o resto do filme ao lado dos homens.

Perguntamos o que estava em cartaz naquela noite, pensando em talvez ir assistir. Era um espetáculo itinerante de esquetes, canto e dança, e a condessa, que estivera presente num dos ensaios, não recomendava.

Saímos do hotel e fomos caminhar pela rua principal. Quase todos os prédios têm seus próprios geradores de eletricidade (consumindo mais gasolina preciosa a cada minuto), que produzem uma espécie de música de fundo de motores a pulsar e gemer e fazem as luzes variar de um prédio ao outro, em diferentes tons de amarelo, azul e cinza, pontuados aqui e ali pelo amarelo profundo dos lampiões a querosene e pelo brilho azulado das luminárias a gasolina. Seguimos pela rua, observando as barbearias e farmácias* (umas e outras muito movimentadas), mercearias, armazéns, pontos de engraxates e oficinas de sapateiros — nas quais predominam as botas, pois toda a população masculina de Brasília usa botas de cano alto, que em sua maioria têm uma seção sanfonada acima do tornozelo. Pensões, dormitórios e restaurantes; bancos e agências de empresas de aviação, às quais um revestimento de madeira na parede e um vaso com uma palmeira emprestam um ar espúrio de cidade grande. Algumas lojas de mobília oferecem móveis novos, mas em sua maioria elas estão abarrotadas de móveis usados baratos, entre os quais sempre se incluem os guarda-roupas estreitos, típicos dos países em que não há closets. O Açougue Bom Jesus, com carnes suspensas de um tom violeta emprestado pela luz dos lampiões a gasolina, que sibilam. (E de onde terá vindo essa carne?) Depois, pequenas lojas com fachadas de vidro, exatamente iguais às lojas do mesmo tipo que são vistas em todo o Brasil: roupas malfeitas, camisas e blusas e lingerie rosa e azul, cintos e bolsas de plástico, e enfileirados à frente de tudo, guarda-chuvas, pretos para os homens, vivamente coloridos para as mulheres — porque no Brasil todos, por mais pobres que sejam, com a possível exceção dos índios que vamos conhecer, têm guarda-chuvas. E também roupas para bebês,

---

* Bishop usa a grafia "pharmácias".

sapatinhos de crochê e babadores, e até mesmo camisinhas de pagão, de tecidos reluzentes como marshmallow, porque todos os brasileiros, por mais pobres que sejam, também fazem questão de gastar dinheiro para enfeitar seus bebês. Uma canção popular, cantada em inglês, era tocada a todo o volume numa loja que vendia rádios e vitrolas.

Aproveitamos nossa caminhada para comprar maços de cigarros, caixas de fósforos e dropes Salva-Vidas para presentear os índios no dia seguinte. Antonio Callado, que no nosso grupo era quem tinha mais experiência com os índios, entrou numa loja cheia de botas, chapéus de feltro, facões e armas, e nela comprou anzóis e linhas de náilon para pescar. No posto indígena aonde íamos, o rádio estava quebrado havia mais de um mês, e não existia outra maneira de avisá-los de nossa chegada; assim, ele comprou também salsichas, porque talvez o estoque de provisões de lá não fosse suficiente.

Alguns de nós nos reunimos num bar estreito, que fazia ângulo reto com a rua, com paredes pintadas de um tom escuro de verde-mar. Lá dentro, sedutora como uma sereia em sua caverna, havia uma moça bonita, rechonchuda, de cara amarrada, cabelos oxigenados e uma suéter preta muito decotada. No balcão, um casal de crianças pequenas, de bochechas vermelhas, claramente filhos dela, olhavam fixamente para o único freguês, um homem que tomava cerveja. Laura Huxley resolveu tirar uma foto das crianças com sua Polaroid, iluminando a cena com os faróis da Kombi, e elas fizerem pose, tímidas, piscando. De vez em quando o marido da moça enfiava a cabeça pela cortina de florezinhas que havia no fundo do bar, para nos vigiar. A moça era filha de imigrantes libaneses e falava um pouco de francês. Perguntamos se ela gostava de morar em Brasília, ou na Cidade Livre, e ela respondeu na mesma hora: "*Je le déteste!* — Mas meu marido até gosta". Eram de São Paulo, e ela sentia falta da cidade; faziam parte de uma nova classe, urbana e sofisticada, sem as maneiras formais e antiquadas dos candangos. Quando fomos embora, ela, toda lânguida, segurando a foto que secava, quase se esqueceu de dizer "Obrigada". Ela não teria estranhado Brigitte Bardot nem um pouco.

Em seguida, rodamos os 25 quilômetros de volta ao hotel (e as distâncias parecem ainda maiores do que são, talvez por não haver quase nenhum ponto de referência na estrada) e fomos comer; o jantar só acabou depois das onze. A notícia de que Huxley estava hospedado lá havia se espalhado entre as pessoas que tinham vindo de São Paulo para a festa; antes do jantar o funcionário do Itamarati mais alto fora confundido com Huxley, e outra mulher do grupo foi tomada por sua esposa, e pediram autógrafos a ambos. Quando a confusão foi desfeita, Huxley e Laura amavelmente assinaram o nome nos menus do jantar (*Bife Strogonoff*). Huxley não se incomodou por não ter sido reconhecido; durante o jantar relatou outro episódio recente em que uma confusão semelhante ocorrera. Antes de vir para o Brasil ele fora ao dentista em Beverly Hills, e ao sair do elevador cruzou com uma mulher que estava entrando. Ela olhou para ele, deu um passo atrás, atônita, e perguntou: "Desculpe, mas o senhor não é o marido da Theda Bara?".

Depois da meia-noite, sem conseguir dormir por causa da música que vinha do restaurante do hotel, onde a festa do presidente estava acontecendo, fiquei olhando da cama para o aquário luminoso, azul-esverdeado, do Palácio da Alvorada, ao longe. É uma pena, pensei, as colunas em forma de papagaios de papel não serem iluminadas à noite. Tal como estão, o efeito se perde depois que escurece, porque elas aparecem apenas como sombras disformes sobre a caixa de vidro brilhante. Mas certamente no futuro elas vão ser iluminadas.

No dia seguinte, domingo, fomos ver os índios. Às 6h30, reunimo-nos à frente do hotel na madrugada úmida e fria; a Kombi devia estar lá, mas por conta da confusão que deve ser inevitável numa cidade em construção, ela nos deixou esperando por quase uma hora; para nos aquecer, ficamos andando com passos rápidos pelo estacionamento asfaltado. Huxley, com suas pernas de cegonha, andava mais depressa do que todos sem fazer esforço, e nós, formando um grupo friorento, contemplando aqueles passos gigantescos, carregados de botas, cestas e chapéus, ficamos a comentar, em voz baixa, e em português, que ele estava "muito conservado". Éramos um grupo bem intelectualizado. Íamos conhecer um dos povos mais primitivos do mundo, depois dos pigmeus africanos, levando exemplares de *Eclipse de Deus*, de Martin Buber; *As portas da percepção* e *Céu e inferno*, de Huxley, em português, e *Eminência parda*, em inglês. Levávamos também, para as horas vagas da viagem, um grosso tomo em francês intitulado apenas *Platão* e uma edição de bolso de *O moinho do rio Floss*.*

* Romance de George Eliot (1860).

Por fim a Kombi chegou, e refizemos o caminho de volta ao aeroporto, pela estrada vermelha. Havia pássaros cantando, mas não muitos, e os cupins trabalhavam com afinco em seus feios ninhos vermelhos. Aqui e ali elevavam-se plumas de avestruz de poeira, caminhões a transportar cimento, vigas ou terra, e um ruído incômodo de buldôzeres vinha dos lados da Esplanada dos Três Poderes.

Às oito decolou nossa aeronave, um DC-3 da Aeronáutica brasileira. Era um avião agradável, se a palavra pode ser usada para qualificar um avião; novo, sem os estofamentos e cortinas habituais, porém com bancos de pelúcia azul e encostos reclináveis. Tinha capacidade para 24 passageiros, e embora alguns homens desconhecidos tivessem se juntado a nosso grupo, mesmo assim sobrava tanto espaço que podíamos baixar o encosto do banco à frente para nele apoiarmos os pés, como fazíamos nos trens quando crianças.

Lá embaixo, o continente descortinava-se em direção ao oeste, um mapa pardacento, em baixo relevo e tamanho natural. Ao longo das rugas do terreno há árvores; os riachos menores são de um tom opaco de verde-oliva. De vez em quando sobrevoamos um trecho mais elevado, com rochas desmoronadas que lembram fortalezas; talvez fossem essas formações, observou Callado, que deram origem à lenda da cidade perdida que o coronel Fawcett buscava; aquilo era o território de Fawcett. Depois de algum tempo vimos um rio grande e azul, o Araguaia, correndo para o norte, como fazem todos os rios, para juntar-se ao Amazonas, a mais de 1500 quilômetros dali. Callado, que estava com um traje de dril cáqui, caminhou pelo corredor dando a cada um de nós um comprimido antimalárico, tirado de um frasco enorme: "É mais para efeito psicológico", ele explicou, "se bem que pode ser que a gente encontre mosquitos transmissores de malária". Até ficar quente demais, os homens da Aeronáutica permaneceram com suas elegantes túnicas de lã azul-cinzenta, com bibicos da mesma cor. Eram simpáticos e hospitaleiros, e começaram a nos servir comida de imediato: sanduíches, depois jujubas, e por fim café adoçado servido em copinhos de papel, ao menos três vezes, mas isso é *de rigueur* em qualquer avião brasileiro, e por vezes até mesmo nos ônibus. Depois o avião ficou cheirando a laranja, quando um aviador simpático descascou uma bandeja inteira de laranjas para nós.

Começamos a ler trechos dos vários livros que havíamos trazido, trocando de exemplares entre nós; mudávamos de lugar para conversar, como quem troca de parceiros numa dança. A jovem intérprete comeu uma barra de chocolate grande e dedicou-se à leitura de uma revista chamada *Lady* (que se pronuncia "Lá-di"). Ela entregou a revista a Huxley. Havia uma fotografia dele de página inteira, numa entrevista coletiva recente no Rio; na foto, Huxley protegia os olhos e tinha uma expressão muito triste. A mulher dele ficou indignada com a expressão: "Ah, por que será que eles sempre o fotografam com essa cara! Ele não é assim, não, absolutamente!". O que mais me incomodou foi a legenda em letras garrafais: DIZ O VELHO HUXLEY... e alguma coisa a respeito da paz mundial. Huxley não sabe português, mas sabe espanhol, e eu temia que ele reconhecesse a palavra "velho", que é parecida nos dois idiomas. Fiquei a debater comigo mesma se seria melhor explicar ou não dizer nada, e resolvi ficar calada. Afinal, naquele contexto a palavra parecia ter uma conotação afetuosa, ou então tinha apenas o sentido de que ele era famoso há muitos anos. (Nas últimas duas semanas, Huxley estava fazendo sucesso no Rio; nas livrarias havia muitos livros seus, em cinco idiomas, e a imprensa só o tratava com elogios rasgados e grande respeito.)

Um dos homens que se juntara a nosso grupo era um tipo exuberante; não conseguia ficar parado em seu lugar, porém andava de um lado para o outro pelo corredor, com um chapéu de gaúcho, de couro, amarrado embaixo do queixo. O outro era um velho miúdo, com orelhas grandes e olhar melancólico. Fiquei sabendo que ele era o homem que deveria ter me recebido no aeroporto dois dias antes; naquele exato momento, ele confessou, era para estar recebendo um grupo que chegava do Rio, mas em cima da hora resolvera vir conosco. Levava uma prancheta em que a primeira folha ostentava o nome "Aldous Huxley" em letras maiúsculas. Apresentou a prancheta a Huxley e lhe pediu que escrevesse uma mensagem — suas impressões de Brasília, ou qualquer outra coisa — para uma coleção de mensagens de celebridades que vinham conhecer Brasília, que ele estava organizando e que seria guardada num museu a ser construído na cidade. Huxley pegou a caneta e começou a trabalhar, e depois de rasgar duas ou três folhas de papel produziu algumas frases sobre a experiência interessante de voar do passado (as cidades coloniais de Minas) para o futuro, a novíssima cidade de Brasília. Dois dias depois, esse texto foi publicado nos jornais do Rio como sendo um telegrama que Huxley enviara ao presidente Kubitschek, dando uma impressão um tanto estranha do estilo telegráfico de Huxley.

Agora estávamos voando mais para o norte do que para o oeste, e a paisagem havia mudado gradualmente. Sobrevoamos o rio das Mortes, e depois o rio das Almas. A algumas áreas Callado dava o nome de "matas de couve-flor". De fato, vistas de cima, as árvores da floresta lembram couve--flor, e mais ainda brócolis, se bem que nesta região a mata não seja tão fechada, nem tenha um tom de verde tão vivo, quanto na Amazônia. Por fim, alguém exclamou: "Olha! Uma aldeia indígena!". E era mesmo: numa clareira junto a um riacho lamacento, lá estavam cinco telhados de folhas de palmeira trançadas, e dois ou três botes pequeninos parados na margem. Logo adiante havia uma pista de pouso, uma fita de vermelho desbotado de três ou quatro centímetros largada sobre a selva. Era o posto de Xavantina, uma referência aos índios xavantes, outrora guerreiros ferozes, conhecidos pelas fotos em que aparecem posando numa perna só, com os cabelos em mechas compridas. Nosso destino, porém, era mais adiante: os iaualapitis do Posto Capitão Vasconcelos, à margem de um pequeno afluente do rio Xingu.

Callado, que era responsável por este trecho da viagem de Huxley, começou a ficar um pouco nervoso. Explicou-nos que não deveríamos ter expectativas excessivas em relação aos índios que íamos conhecer; afinal, eles estão num posto, são misturados, por vezes cinco tribos diferentes estão lá ao mesmo tempo, e os que moram no posto em caráter permanente "não são interessantes", segundo ele, como o são os que vivem em suas aldeias, inteiramente isolados. Alguns deles por vezes usam uma camisa ou uma calça (mas para eles o único motivo compreensível para usar roupas é proteger-se dos mosquitos), e um dos homens fora levado ao Rio uma vez, para ver o Carnaval.

Por fim apareceu outra pista de pouso, e outra clareira à margem de mais um riacho, desta vez de águas límpidas, e os telhados eram ovais. Voamos em círculos sobre uma área com buritis e um pé alto de ipê,* totalmente florido, sem uma única folha — é uma das mais belas árvores florescentes do Brasil. Enquanto o avião descia, víamos os índios saindo das casas e correndo por uma estrada rústica em nossa direção, e quando desembarcamos já havia cinco ou seis homens a nossa espera, seguidos por mulheres com crianças de colo. Estavam muito satisfeitos por nos ver, sorrindo efusivamente, pegando com avidez nossas mãos, a esquerda ou a direita, para apertá-las; dois ou três dos homens disseram "bom dia, bom

---

* Bishop escreve "îpé".

dia", em português. Mais índios chegavam o tempo todo e vinham apertar nossas mãos, com força ou de leve, sorrindo, com expressões deliciosamente francas e alegres, exibindo os dentes quadrados e espaçados.

Os iaualapitis são de baixa estatura, porém bem proporcionados, os homens quase gorduchos, com músculos lisos, ombros largos e peitos lisos e largos. Andam inteiramente nus, usando apenas colares de conchas e cinturões de contas e conchas; as mulheres usam um *cache-sexe* simbólico feito com uma folha de palmeira dobrada, formando um pequeno retângulo com cerca de quatro centímetros de comprimento, sustentado por um fio fino, feito com a mesma palmeira. Esta peça de vestuário quase invisível é importante; por vezes elas param e viram-se de costas para ajustar o fio. O cabelo é muito abundante e surpreendentemente fino e lustroso; as mulheres usam-no comprido, com uma franja; os homens adotam um corte em forma de cuia. Seus corpos quase não têm pelos; os fios ocasionais que nascem são arrancados. Em sua maioria, os homens tingem mechas de cabelo ou toda a cabeleira com uma tinta vermelha e grudenta feita com urucum, o único corante, e a única cor, que eles possuem; alguns polvilhavam com urucum as orelhas, o pescoço e o peito, de um vermelho bem vivo. A pele é fina e macia, um tom moreno escuro. Algumas das crianças, meninas, tinham duas linhas negras paralelas traçadas nas pernas, do lado de fora, e a testa de uma delas estava pintada de vermelho vivo, dando a impressão de que ela sofria de uma dor de cabeça terrível. Tanto os homens quanto as mulheres levam os bebês no colo, e além de colares de conchas muitos usam também contas de vidro azul e branco. Um dos bebês, uma menininha de cerca de dez meses, estava encantadora, vestida apenas com um colar de pérolas falsas de seis voltas. Os índios são limpos e cheiram bem (eles tomam banho de rio várias vezes por dia) — porém as crianças têm o rosto imundo, sujo de lama. Apesar disso, os homens da Aeronáutica pegaram as crianças (inclusive a menina do colar de pérolas) do colo dos pais e ficaram a carregá-las. Havia uma atmosfera simpática de reencontro de velhos conhecidos.* Callado e os pilotos conheciam a maioria dos homens; alguns deles falavam um pouco de português, e uma conversa simples e repetitiva se manteve

---

* No original, *"Old-Home-Week atmosphere"*, referência a uma tradição da Nova Inglaterra, em que antigos moradores de uma cidadezinha retornam a ela por uma semana para reencontrar amigos de infância.

incessantemente durante toda a nossa visita. Huxley foi apresentado como "um grande capitão",* e deixou que o apalpassem com admiração.

Havia muita poeira, e o calor era forte; seguimos pela estrada e chegamos a uma área ampla, com chão de terra batida, onde havia quatro casas. Uma enorme porca preta, com seus filhotes, saiu correndo quando nos viu; havia também muitos cachorros magros. Mais índios vinham nos conhecer, olhar para nós e segurar nossas mãos com suas mãos duras e quentes, às vezes nos apalpando discretamente para saber se éramos homens ou mulheres, já que as mulheres do grupo estavam de calça comprida. Todos os índios estavam nus em pelo, com exceção de um velho com uma camisa do Exército e duas moças com vestidos de algodão estampados de florezinhas vermelhas e brancas. Uma delas, de catorze ou quinze anos, estava já no final da gravidez; a outra, mais velha, era anã ou corcunda, uma criaturinha estranha e melancólica que víamos a toda hora andando de um lado para o outro durante nossa visita, como se trabalhasse mais do que os outros, ou como se quisesse dar a impressão de que era tão ativa quanto qualquer um.

De repente apareceu um homem branco, de meia-idade, magro, com uma barba de uma semana no rosto claro, trajando calça e camisa, porém descalço. Era o responsável pelo Posto Capitão Vasconcelos, Cláudio Villas Bôas, um dos três irmãos que trabalham há muitos anos para o Serviço de Proteção ao Índio. Como o rádio estava quebrado, ele só ficou sabendo de nossa vinda quando ouviu o motor do avião, mas não manifestou o menor espanto até o momento em que viu Huxley. Foram-lhe apresentados Huxley e Laura. Em português, com uma voz fraca, Villas Bôas exclamou: "Mas é o *Huxley? Contraponto?*".** E por um momento pareceu prestes a desmaiar. Segurou a mão de Huxley e ficou a falar com ele em português, com os olhos cheios de lágrimas. Neste momento outro homem branco, vestido e descalço, apareceu, saído do nada, um rapaz alto, bonito, com cara de bebê e uma espessa barba negra. Também ele exclamou, só que com um sotaque de inglês de classe alta: "Huxley! Por essa eu não esperava!". Era um aluno de pós-graduação de Cambridge, historiador, que havia chegado ao posto um mês antes. Estava preparando uma tese sobre os efeitos do contato entre

---

* Em português no original.
** O título do livro está em português no original.

duas culturas diferentes, e também escrevendo um livro. "Ou melhor", disse ele, "eu tenho mais é que escrever esse livro, porque ele já está vendido."

Seguindo Villas Bôas, todos nós penetramos no interior escuro de uma das casas; ela estava ligada a outra menor, com paredes que não chegavam ao teto e uma mesa grande; e uma terceira cabana conectada a ela fazia as vezes de cozinha. Huxley subiu numa das redes e deitou-se (parecendo muito bem instalado); Villas Bôas ficou de cócoras a seu lado, à maneira dos índios, e com duas ou três pessoas atuando como intérpretes, começou a falar com Huxley com uma voz enferrujada e nervosa, como se há anos aguardasse uma oportunidade de falar com ele. Nós nos reunimos em torno deles para escutar, e foi uma cena tensa e comovente: a grande cabana escura, o grupo heterogêneo de brancos vestidos cada um a seu modo, o círculo de índios nus e sorridentes, e Huxley, balançando-se de leve, as pernas compridas tocando o chão, passivo e atento. Villas Bôas disse-lhe que tinha lido todos os seus livros já traduzidos para o português, falou da importância que sua obra tivera para ele, e passou a discorrer sobre os livros do avô de Huxley.* Então falou sobre os anos em que vinha trabalhando no Serviço de Proteção ao Índio, como é difícil ajudar os indígenas, uma batalha perdida contra a doença e a corrupção; mesmo com a ajuda dos médicos do Exército, ele vive com medo de infecções trazidas por forasteiros, pois basta uma pessoa com sarampo, por exemplo, para dizimar várias aldeias. Os índios não são proprietários de terra alguma; não há reservas onde eles possam se refugiar se as terras em que eles vivem forem vendidas. Embora isso provavelmente não vá acontecer tão cedo, o fato é que a terra está sujeita à especulação, e a criação de Brasília fez com que essa possibilidade ficasse mil quilômetros mais próxima. Em toda a região do Xingu, calcula Villas Bôas, só devem restar agora cerca de 3500 índios.

Laura Huxley, que havia saído da casa, estava aproveitando sua Polaroid; aqueles índios sabiam muito bem o que era uma câmara fotográfica e gostavam de posar, enfileirados, um com o braço no pescoço do outro. Os que estavam do lado de dentro se reuniam em torno de nós, não exatamente pedindo, mas certamente desejando os presentes que sabiam que havíamos trazido, e um pouco constrangidos distribuímos nossos míseros cigarros, fósforos e dropes Salva-Vidas. Uma mulher a toda hora me beliscava de leve,

---

* Thomas Henry Huxley (1825-95), biólogo, grande defensor da teoria da evolução de Charles Darwin.

pedindo: "Caramelo? Chocolate? Caramelo?",* e lamentei não saber que esses doces eram os prediletos. As redes estavam se enchendo; o homem com o livro *Platão* estava reclinado numa delas, um dos pilotos brincava com um bebê em outra, e o homem do chapéu de gaúcho ocupava uma terceira rede com outro bebê, que agora estava usando o chapéu. Também eu me deitei numa rede e olhei para cima. Os telhados altos são muito bem-feitos, com folhas de palmeira dobradas sobre galhos horizontais, formando camadas superpostas, e a cúpula extensa se sustenta no alto com uma armação de galhos que não foram descascados. Ali havia pombos, que arrulhavam, e um casal de periquitos. Uma espetacular arara azul e amarela, empoleirada na parede da sala de jantar, encarava-nos e falava sem parar em nu-arua-que, imagino — o grupo linguístico a que pertencem os iaualapitis. Alguns mutuns — uma espécie de peru, negro e reluzente, com uma crista que parece um pente com pontas arredondadas e manchas verdes dos dois lados da cabecinha elegante — andavam por entre nossas pernas, a cacarejar. A sombra, as vozes contidas, as carícias e os sorrisos e as redes a balançar-se, tudo inspirava tranquilidade e devaneio, uma sensação terra a terra, até mesmo nostálgica, de estar de novo no chão depois de três horas de voo.

Ouvi um índio fazendo perguntas ao aviador na rede ao lado da minha. Ele queria saber o nome de Huxley, qual das mulheres era dele e quantos filhos eles tinham. O aviador respondeu as perguntas; o índio ficou examinando Huxley, a sorrir, repetiu todas as perguntas e recebeu as mesmas respostas. (As conversas com os índios, explicaram-me, têm o andamento de uma geleira. Uma narrativa simples pode se prolongar por horas, até mesmo por dias.) Como sabe todo aquele que já viu fotos de Huxley na capa de seus livros, ele é um homem muito bonito, aristocrático, mas a opinião final do índio, expressa, com muito tato, em voz baixa, foi: "Feio... feio...". E naquelas circunstâncias Huxley não parecia feio, e sim muito alto, branco, refinado e deslocado.

Depois de algum tempo saímos e fomos até o rio, onde alguns dos nossos foram nadar, e os índios, sociáveis, caíram n'água também. Normalmente as aldeias ficam a uma distância de mais de um quilômetro dos rios, para fugir dos mosquitos, e a população inteira atravessa a floresta, enfileirada, todas as manhãs, ou de manhã e à tarde, para tomar banho de rio.

---

* Em português no original.

Um índio jovem era visitante da tribo dos caiapós, que está em contato com os brancos há apenas dois anos. (Ainda estão sendo contatadas tribos novas, enquanto outras já são conhecidas há dois séculos.) O visitante usava calça e camisa, cabelo longo escorrido nas costas e amarrado com uma fita branca, e no lábio inferior uma placa oval de madeira, com dez centímetros de comprimento, tingida de vermelho do lado de baixo. Era um rapaz alegre, conversador ("Simpático, mas meio bobo", Callado observou); quando lhe pediram que posasse para uma foto, teve a delicadeza de despir-se. Quando veio nadar conosco uma espécie de nado de peito, jogava água dentro da boca com a placa de madeira, bebendo como se fosse um pato. O rapaz inglês chamava-o de "Ronny", um nome relativamente parecido com seu nome indígena cheio de vogais.

Como estávamos no final da estação da seca, a água do riacho batia apenas na cintura, mas o fundo estava limpo e arenoso, e havia ondulações verdejantes no terreno, trepadeiras e touças de palmeiras delicadas; lembrava as xilogravuras nos livros antigos sobre explorações. O barco de "Ronny" estava na margem, cheio de maços de folhas de palmeiras que ele levaria para sua aldeia. A construção do barco era simples: um tronco de árvore é cortado ao longo do comprimento e escavado com cunhas; a casca da árvore é então rasgada com gravetos, as pontas dobradas para cima, deixa-se a madeira secando e pronto, sem muito trabalho tem-se uma ótima canoa leve. Depois fomos para a margem, tirando mais fotos. Os índios adoraram as fotos da Polaroid (quem vai à floresta deve sempre levar uma câmara Polaroid e bastante filme), e por um triz não as rasgavam para ver logo como tinham saído; alguém surrupiou com muito jeito do bolso de Huxley algumas fotos que não ficaram boas, guardadas ali por Laura. Uma nuvem de borboletas pierídeas de um amarelo claro pousou, trêmula, na lama úmida à beira-rio, como se fosse o início de uma regata; entre elas havia alguns exemplares magníficos de uma espécie que eu não conhecia, que quando fechava as asas ficava idêntica a uma folha prateada seca, e quando as abria eram duas faixas de veludo de um tom vivo de vermelho rosado. Huxley ficou entusiasmado com essas borboletas, abaixando-se lá do alto para examiná-las de perto com sua lupa.

Então fomos chamados para o almoço: as salsichas que havíamos trazido, uma panela de feijão-mulatinho e duas travessas de arroz mal cozido. (A comida habitual é mandioca; o arroz fora um presente recebido pouco antes.) "Ronny" vestiu as calças e ajudou a nos servir, enchendo de água os canecos de metal, manejando a concha cheia de feijão aguado, enquanto o disco de madeira no lábio subia e descia de modo simpático. Os índios impediram que a arara azul e amarela pulasse sobre a mesa e ficaram bem perto de nós, observando cada bocado e sorrindo enfaticamente cada vez que alguém olhava para eles. Eu estava usando brincos de ouro pequenos, e de vez em quando alguém beliscava de leve o lóbulo de minha orelha. Depois do arroz com feijão serviram mais cafezinhos; acendemos cigarros para os índios, que cuidadosamente acenderam cigarros para nós, e uma moleza tomou conta de todos.

Depois de uma sesta de meia hora, fomos convidados para uma luta, realizada em nossa homenagem. Dois dos rapazes mais esguios se enfrentaram, enquanto os outros se instalavam em faixas de sombra ao lado das casas para assistir. Os homens ficam acocorados, quase de quatro, trocam um aperto de mãos forte e depois um agarra a nuca do outro e aguentam firme, ainda abaixados e rosnando ruidosamente — os únicos sons produzidos por eles que poderiam ser qualificados como "selvagens". O objetivo da luta é derrubar o adversário e imobilizar seus ombros contra o chão, mas quando um dos homens percebe que é mais forte que o outro ele raramente conclui a luta à força. Ele simplesmente relaxa, os dois se levantam, sorriem e saem andando abruptamente, cada um numa direção. Os homens nus, rápidos, pintados de vermelho, batendo os pés e rosnando na terra cheirando a urina, mais parecem galos de briga do que qualquer outra coisa.

Em seguida, fomos visitar a maior das casas, com mais de dez metros de comprimento, escura e suja de fuligem. Os homens balançavam-se nas redes, as mulheres ocupavam-se com mandioca e panelas de barro colocadas no chão. Os homens pediram mais cigarros, e para agradá-los acendi um cigarro para cada um com meu isqueiro. O único velho do grupo deu um sorriso maroto, e vi, guardados na rede entre seus pés fortes e enegrecidos, quatro maços inteiros que já havia obtido e várias caixinhas azuis de fósforos Fiat Lux. Numa das extremidades da casa havia uma cerca feita com gravetos e folhas de palmeira, da altura de uma pessoa. O aluno de Cambridge nos explicou que atrás dela havia uma menina que estava sendo submetida ao ritual de iniciação da puberdade. "A gente pode olhar pela cerca; essa parte não é a que é realmente secreta", ele disse. Na escuridão, dava para ver que havia um puxado, com pouco mais de meio metro de base, anexado à parede do fundo. Dentro dele, silenciosa e invisível, a menina permanece por três meses, ou seis em algumas tribos, saindo apenas à noite para pegar um pouco de ar fresco. Ao final da iniciação, ela está muito fraca, e sua tez está bem mais clara do que o normal. A anã do vestido vermelho entrou com uma panela de água e outra de arroz, e as largou no chão, sem dizer nada. Uma enorme cabaça preta lustrosa pendia de uma viga no telhado, acima de nossa cabeça. Alguém perguntou ao aluno de Cambridge por que aquela cabaça estava ali. "Ah, é só porque eles gostam dela", ele nos explicou, acrescentando, inocente: "Eles também são seres humanos, não é?".

Nesta região, faz bastante frio à noite. Os índios, nus, aquecem-se fazendo pequenas fogueiras embaixo das redes, e por causa da fumaça elas também servem para afastar os mosquitos da malária. Uma mulher levava no colo um bebê muito doente, o único índio doente e magro que vimos; todos os ossos da criança eram visíveis, e a tosse parecia bronquite. Creio que todos nós tivemos a mesma sensação de horror, o mesmo impulso de fazer alguma coisa, sem poder fazer nada. Os índios adultos eram todos bem jovens; o da camisa do Exército era o único grisalho e desdentado. Eles morrem cedo e têm poucos filhos; além disso, as altas taxas de mortalidade infantil fazem com que cada casal só tenha um ou dois filhos. Vi alguns frascos usados para injeções espalhados pelo posto, e nos traseiros redondos e morenos dos índios havia marcas de vacina (os traseiros arredondados e as pernas, lisas como pernas de crianças, em ambos os sexos, são muito bonitos).

A menos de um quilômetro da aldeia há uma roça de mandioca, a única atividade agrícola que eles praticam; a mandioca, depois de ficar de molho e ser ralada, estava secando numa armação do lado de fora da casa, formando bolos brancos de cheiro azedo. A dieta básica consiste em mandioca e peixe; não há sal, e raramente se come carne. Há uma frutinha silvestre, oleosa, de gosto forte, chamada pequi, a qual, segundo se acredita, dá uma contribuição essencial à dieta, só que ninguém sabe exatamente qual. Callado pediu em vão que nos servissem um prato, uma espécie de panqueca fina de mandioca torrada, recheada de peixe e pimentão vermelho — a única comida desses índios, explicou-nos ele, que os brancos conseguem comer. Mas naquela semana haveria uma grande cerimônia fúnebre com vários dias de duração, e tudo que eles tinham em matéria de peixe estava sendo defumado para a ocasião. A morte — do chefe de outra aldeia — ocorrera algum tempo antes, mas as festividades tinham sido adiadas, até que houvesse um estoque adequado de peixe.

Foi também uma pena não podermos ver os índios pegando peixes com arco e flecha; com extrema habilidade, eles conseguiam fisgar os peixes em água corrente, levando em conta a refração da imagem, não errando quase nunca. As crianças brincam com arcos e flechas malfeitos, e na ponta de suas flechas há pequenas cabaças furadas, de modo que elas emitem um apito prolongado quando lançadas. Os iaualapitis não fazem cerâmica nem cestas. Há séculos, uma tribo produz determinado artigo, potes, arcos e flechas, cestas, colares de conchas etc., e troca-o pela especialidade de outra tribo. Não realizam nenhum trabalho, nada que nós consideremos trabalho; como os portugueses descobriram no início da colonização do Brasil, se forem obrigados a trabalhar de modo constante eles rapidamente adoecem e morrem. São delicados uns com os outros e com as crianças; tanto assim que quando uma mãe começou a esfregar o rosto do filho à beira do rio, e o menino começou a gritar de modo perfeitamente normal, aquele som inesperado e destoante nos assustou a todos. Eles nunca batem nos filhos nem os castigam; aliás, não têm nenhuma noção do que seja castigo. Se um índio mata outro, todos lamentam profundamente, inclusive o próprio assassino, que pode dar algum presente à viúva, mas não se faz mais nada. Toda a propriedade é comum, e o Serviço de Proteção ao Índio, por uma questão de tato, não dá mostras de que guarda coisa alguma trancada; é claro que algumas coisas são trancadas, mas eles deixam que os índios remexam em boa parte dos pertences do Serviço.

Nossos pilotos queriam voltar para Brasília antes que escurecesse, se possível, porque a pista de pouso não era muito bem iluminada; assim, por volta das quatro da tarde, com alguma relutância, reunimo-nos e fomos caminhando de volta para o avião. Lá chegando, demos pela falta de uma pessoa; a jovem intérprete havia desaparecido com o rapaz de Cambridge. Assim, sentamo-nos à sombra de uma asa e esperamos; nós e todos os membros da tribo que cabiam embaixo da sombra ficamos bem apertados, tentando conversar da melhor maneira possível. O homem do chapéu de gaúcho tinha uma boa provisão de arcos e flechas e duas lanças. A essa altura, estávamos com sede e cansados; desviamos a vista enquanto ele saltava de um lado para o outro, cheio de energia, numa espécie de dança de guerra inventada por ele mesmo. Nosso piloto apareceu, nu da cintura para cima, muito satisfeito, com um pequeno papagaio verde no ombro; ele o trocara pela camisa. Uma menininha com listras pretas nas pernas apoiava-se em meus joelhos, e o homem que tanto admirara meus brincos apoiou-se no meu ombro e perguntou meu nome pela décima vez, enquanto um amigo dele, de ar mais inteligente, repetiu-o corretamente. "Laura" era fácil para eles; "Aldous" era mais trabalhoso, e eles diziam seus próprios nomes repetidamente, apontando, arrulhando como pombos. O admirador dos meus brincos examinou meu relógio de pulso e então me perguntou mais uma vez se eu era solteira. Apontou para o próprio peito e disse que era viúvo, depois falou algo em nu-aruaque para o amigo mais inteligente, que começou a rir. Ele havia perguntado se eu não queria ficar lá e me tornar sua mulher. Essa pergunta provocou muitas risadas entre os índios, e ainda que me sentisse lisonjeada por ter sido escolhida, eu temia que ele tivesse dito aquilo apenas para não ser o índio que jogou fora a pérola, mais valiosa do que toda a sua tribo.

Além da lupa e do telescópio em miniatura, Huxley tinha uns óculos estranhos, de plástico preto, com um número incontável de furinhos, como se fosse uma peneira, no lugar das lentes. Segundo ele, aqueles óculos eram uma velha invenção chinesa, que serviam tanto para miopia quanto para hipermetropia. Laura comentou que os óculos eram ótimos também para dormir, e quando finalmente entramos no avião ela os colocou e adormeceu na mesma hora. Todos nós cochilamos também, e bebemos água morna e acabamos com os sanduíches, que já estavam ficando murchos; parecíamos todos um pouco esgotados e distantes. Tentamos retomar a leitura de *Eminência parda*, *Eclipse de Deus* e "Lá-di", mas sem muito sucesso. Lembro-me de ter falado sobre *O moinho do rio Floss*, como se num sonho, e de ter conversado com Huxley a respeito de Ezra Pound e T. S. Eliot — melhor dizendo, Huxley falou sobre as lembranças que tinha deles, com sua habitual delicadeza. Depois discorreu sobre a Utopia, tema de seu próximo romance.* A Utopia dele é uma ilha, creio que no oceano Índico, em que se combina o que há de melhor nas culturas oriental e ocidental. É uma sociedade "onde os homens podem realizar seu potencial melhor do que em qualquer outra civilização, do passado ou do presente". Parecia muito natural ouvi-lo falar sobre essa sociedade num avião a 1500 metros do chão, vindo de uma das sociedades mais primitivas que ainda existem

---

* *A ilha*, publicado em 1962.

na Terra, indo em direção a mais uma tentativa de criar "a cidade mais moderna do mundo".

Pouco depois de anoitecer estávamos em casa — isto é, em Brasília. Nosso micro-ônibus não estava a nossa espera, e fomos levados para o hotel num caminhão novo em folha, pintado de amarelo vivo, com bancos na carroceria. De repente esfriou muito; o Cruzeiro do Sul brilhava no céu; o motorista se perdeu e fomos parar outra vez no Palácio da Alvorada.

De banho tomado, silenciosos, pedindo Cafiaspirinas uns aos outros, alguns com os cabelos ainda molhados, reunimo-nos para mais um jantar tarde da noite, ao som da música enlatada ligada especialmente para nós. A mesa era bamba — todas as mesas eram bambas —, e o velho garçom italiano veio correndo colocar um calço de papel debaixo de uma das pernas, exclamando com irritação: "*Tutti moderni! Tutti moderni!*", e depois conversou num tom passional com os Huxley, em italiano, sobre esse assunto.

Durante o jantar, Callado nos falou mais, com seu jeito simpático e inglês excelente, sobre o Serviço de Proteção ao Índio e os três irmãos Villas Bôas. Filhos de uma família de classe média paulista, tendo apenas instrução primária e não contando em absoluto com a aprovação dos pais, os três desenvolveram a mesma paixão pelos índios e dedicaram a vida a eles. Os índios parecem inspirar um afeto profundo em quase todos aqueles que são obrigados a trabalhar com eles; todos nós havíamos notado como tinham sido amáveis e simpáticos os homens da Aeronáutica. Ou talvez isso seja em parte um efeito do jeito infantil e encantador dos próprios índios, e em parte um efeito do velho dom colonizador dos portugueses; eles eram (como ainda são) quase inteiramente livres de preconceitos de raça e cor e tratavam os povos desconhecidos que encontravam com a mesma familiaridade bem-humorada e afetuosa com que tratavam outros portugueses. Callado falou também do fundador do Serviço, o famoso general Rondon, mestiço descendente de índios (que, no tempo em que era capitão, uma vez acompanhou Theodore Roosevelt numa caçada no Brasil);* ele havia morrido poucos meses antes. Huxley ficou muito impressionado com o lema que Rondon criou para o Serviço: "Morrer, se preciso for; matar, nunca".

---

* Em 1913, quando viajou com Roosevelt para a Amazônia, Rondon era coronel. (N. E.)

Na manhã seguinte, partimos bem cedo outra vez em direção ao aeroporto pequeno e superlotado. Três mulheres da alta sociedade de São Paulo, que tinham vindo para a festa do presidente, estavam no aeroporto, comentando entusiasmadas o quanto haviam gostado de Brasília. Os Huxley seriam os primeiros a partir, com destino a São Paulo; os demais iríamos todos em outro avião para o Rio. Alguns de nós levávamos as sacolas pretas um pouco fúnebres que havíamos ganhado no hotel. Os Huxley carregavam uma delas, além de várias sacolas de companhias aéreas; Huxley observou que hoje em dia era assim que se devia viajar, levando apenas algumas sacolas como aquelas penduradas no ombro. O chefe da Divisão Cultural do Itamarati estava se esforçando ao máximo para arrancar de Huxley algum comentário final, esclarecedor e conclusivo, sobre Brasília, mas não estava conseguindo muita coisa. Huxley só disse que gostaria de voltar dentro de dez anos. Eu, porém, pensei que em dez ou vinte anos tudo estaria na mesma: Brasília, os iaualapitis, o continente sul-americano estariam sendo vistos *sub specie aeternitatis*.

Um ou dois dias depois, em seu jornal, o *Correio da Manhã*,* Antonio Callado publicou um relato da viagem intitulado "Um sábio entre os bugres". Sobre Brasília, ele comenta, entre parênteses:

> É uma Cidade de Consumidores, plantada num deserto onde não se vê um pé de couve. Durante muito tempo vai sugar, com o mata-borrão daquele seu pó vermelho, as energias do país. [...] Mas uma cidade não começa pelas ferrovias e pelas hortas? Brasília vive em grande parte de uma ponte aérea, como Berlim ao tempo do assédio russo. Por outro lado só tem palácios e as favelas da "cidade livre", *old fashioned* no bar do hotel e cachaça nos verdadeiros "saloons" de uma fantástica Praia do Pinto.** No entanto, em outros setores, há uma teutônica preocupação com problemas que ainda não nasceram: o aeroporto fica a milhas de tudo, a prevenir futuros congestionamentos, quando um aeroporto provisório podia ficar no quintal do hotel.***

---

* Sem til no original.
** Referência a uma favela que ficava à margem da lagoa Rodrigo de Freitas, no Rio de Janeiro. Removida após um incêndio no final dos anos 1960, boa parte da área dela é hoje ocupada pelo conjunto habitacional de classe média conhecido como Selva de Pedra, no Leblon.
*** Antonio Callado. "Um sábio entre bugres". *Correio da Manhã*, Rio de Janeiro, p. 4, 21 ago. 1958.

Outro escritor inglês, mais direto que Huxley, escreveu:

Tenho a forte convicção de que ninguém pode determinar que em tal lugar será construída uma grande e próspera cidade. Ninguém pode determinar tal coisa, ainda que deixe [...] um legado de prestígio suficiente para obrigar seus sucessores a concretizar seus desejos.

Há muita terra desolada no país, mas creio que não há terra mais desolada em seu estado natural do que três quartos da área em que se pretende erigir a cidade. [...] Há um mapa detalhado, e levando consigo esse mapa pode-se perder nas ruas [...] como quem se perde nos desertos da Terra Santa. Em primeiro lugar, ninguém sabe onde ficam os locais, nem tem certeza de sua existência; além disso, entre uma e outra futura localidade a terra é selvagem, sem caminhos, sem pontes, sem habitantes, e desolada.

Eu, por mim, não creio em cidades feitas assim. A meu ver, é o comércio que escolhe a localização de todas as grandes congregações de seres humanos. De algum modo misterioso, ele determina o que quer e, tendo-o feito, faz com que milhares de homens se reúnam em torno de suas propriedades.

Esses são alguns dos comentários mais suaves de Anthony Trollope* a respeito da cidade de Washington em 1861. Os Estados Unidos do século XIX e o Brasil do século XX talvez não sejam, na verdade, comparáveis; o fato, porém, é que Trollope e sua mãe, e tantos outros que profetizaram fracasso, enganaram-se a respeito de Washington; assim, nós norte-americanos devemos ter muito cuidado ao fazermos previsões a respeito de Brasília. Mas o tom dos comentários de Callado parecem exprimir os sentimentos referentes ao tema de todos os brasileiros inteligentes que conheço. Com um misto de desespero e resignação, eles esperam que as coisas acabem bem. E devemos também, talvez, dedicar um pouco de esperança aos índios.

1958

---

* Romancista inglês (1815-82). Visitou os Estados Unidos, e em 1862 publicou um relato de viagem intitulado *North America*. Sua mãe, também escritora, havia morado lá trinta anos antes, publicando em seguida um livro sobre a viagem, com críticas severas ao país.

Na ferrovia chamada Encantado

No hemisfério Ocidental, é raro uma cidade completar quatrocentos anos; por isso, o Rio de Janeiro está comemorando seu quarto centenário durante todo o ano de 1965.

Começou à meia-noite da virada do ano, ou mesmo algumas horas antes. Houve um magnífico desfile de bandas e dançarinos na avenida Presidente Vargas,* no centro da cidade, até que — exatamente à meia-noite (horário local) — o papa Paulo VI apertou um botão no Vaticano e iluminou, com um novo conjunto de holofotes, a imagem do Cristo Redentor que domina a cidade do alto do morro do Corcovado. Aviões da Aeronáutica sobrevoaram o local, despejando uma "chuva de prata" de pedaços de papel laminado com o nome do banco estatal.

Era também a noite de Iemanjá, a deusa do mar, e seus adoradores formaram multidões em Copacabana e nas outras praias. Trincheiras formando desenhos cabalísticos haviam sido escavadas na linha da maré alta, e dentro delas foram colocadas milhares de velas brancas acesas. A areia estava coberta de flores brancas, lírios em sua maioria, e bebeu-se uma grande quantidade de uma bebida alcoólica "branca" chamada cachaça. Fileiras de moças e mulheres, todas de branco, de mãos dadas, e homens de branco, sozinhos, entraram na água cantando hinos a Iemanjá e jogando seus ramos de flores o mais longe possível da areia.

Todas essas atividades juntas formavam uma mistura bem carioca: latina e africana, católica e pagã; vagamente militar, com um toque de progresso; um pouco desorganizada, mas com muita beleza inesperada.

A maior festividade do ano — o Carnaval, os quatro dias que precedem a Quarta-Feira de Cinzas — já terminou. Como sempre, a primeira noite,

* No original, "avenida Getúlia Vargas".

a de sábado, foi marcada pelos bailes a fantasia, dos quais o mais luxuoso é o do Teatro Municipal. Esses bailes, na verdade, são concursos de fantasias. Gasta-se o que se tiver de gastar, e os vencedores invariavelmente apresentam um traje do mais extravagante mau gosto.

A noite de domingo é a do desfile dos dançarinos — primeiro os frevos, uma dança enlouquecida do Norte [Nordeste], que se dança agachado; depois, as dezenas de "escolas" de samba, cada uma com centenas de componentes vestidos de verde e rosa, prateado e azul, vermelho e branco. Como manda a tradição carnavalesca, esses desfiles duraram a noite toda (e não devemos esquecer que estamos na estação das chuvas no Rio), sendo as melhores escolas escaladas para se apresentar no final, dançando corajosamente na avenida ao raiar da madrugada.

Na noite de terça desfilam os ranchos, enormes carros alegóricos, muitos deles mecanizados, com rodas a girar, flores a se abrir, gigantes a revirar os olhos. Este ano, em homenagem ao quarto centenário, muitos deles representavam cenas reais ou imaginárias da história da cidade.

Durante todo esse tempo, ninguém trabalhou. Os edifícios públicos, os bancos e as lojas ficaram todos fechados. Embora agora os mais ricos e mais sofisticados costumem fugir do Rio no Carnaval, as ruas estavam apinhadas de gente todas as noites. Durante o dia, a população ficava em casa, recuperando-se. No entanto, os casos de alcoolismo e desordem foram surpreendentemente pouco numerosos. Este ano, os tradicionais lança-perfumes, frascos que lançam jatos de éter perfumado, dando um susto e causando uma sensação de frio intenso na pele, foram oficialmente proibidos por serem perigosos. Eles já haviam sido proibidos antes — e o efeito foi igualmente pífio.

Quem vem ao Rio de Janeiro costuma exclamar: "Que cidade linda!". Mais cedo ou mais tarde, porém, os mais perceptivos observam: "Não, não é uma cidade linda; é apenas o cenário mais lindo do mundo para uma cidade".

A baía de Guanabara é uma das maiores baías de entrada estreita no mundo, e muitos viajantes consideram-na a mais bela. Em torno dela, picos aguçados de granito erguem-se quase diretamente da água, com formas caprichosas que inspiraram nomes bem simples aos marinheiros portugueses que foram os primeiros a chegar aqui: Pão de Açúcar, Gávea, Leme, Dois Irmãos, Corcovado.

Por estarem as montanhas tão próximas do mar, a umidade dos ventos marítimos rapidamente se condensa, e nuvens excepcionalmente baixas formam-se em torno delas. O resultado é uma umidade considerável; os mais exigentes reclamam que a prataria fica escura muito depressa, que os sapatos mofam nos armários. Mas a umidade também empresta à atmosfera uma suavidade que é um dos encantos do Rio. Embora objetos distantes sejam vistos com nitidez, ficam banhados numa luminosidade rósea ou azulada — um efeito onírico e delicado.

As montanhas de granito ainda estão cobertas de uma variadíssima vegetação tropical. Das árvores pendem cipós, e palmeiras acenam do alto dos picos — vistos por entre os quarteirões da cidade e acima dos prédios — com um toque romântico diferente do que se vê em qualquer outra cidade.

Um cenário muito bonito, mas pouco adequado ao planejamento urbano. Há quatrocentos anos a cidade vem se espraiando pouco a pouco por entre as montanhas, em todas as direções — e acabou crescendo como uma estrela-do-mar torta.

Como costuma ocorrer nas capitais (e o Rio foi a capital até a inauguração da recém-construída Brasília, em 1960), a maior parte da população veio de outro lugar. Os brasileiros mais pobres de todos — os nortistas e nordestinos — vêm chegando em número crescente há mais de vinte anos. Agora eles chegam amontoados em ônibus velhos ou em caminhões com bancos chamados "paus de arara".*

Alguns encontram trabalho; outros ficam desempregados. Alguns tentam outro paradeiro. Mas pouquíssimos voltam para a terra natal, porque a vida na cidade — por mais miserável que seja — é mais divertida e satisfatória que a vida nas cidadezinhas e vilarejos de onde eles vieram.

Essas pessoas incham as tristemente famosas favelas do Rio. Pessoas mais ambiciosas e prósperas, jovens inteligentes buscando formação universitária também vêm aos bandos para o Rio. Muitos dos cariocas "autênticos" na verdade são cariocas apenas de primeira ou segunda geração — suas famílias mudaram-se da velha fazenda para a cidade em caráter permanente.

---

* No original, Bishop escreveu, em vez de "paus de arara", "arraras".

Embora São Paulo seja agora uma cidade muito maior e mais rica, um grande número de intelectuais prefere morar no Rio. Pois o Rio ainda é ao menos a capital intelectual do país. Com seus extremos de riqueza e miséria, a cidade reflete a inflação causada pela industrialização a toda a velocidade buscada pelo ex-presidente Juscelino Kubitschek e pela corrupção que floresceu durante seu governo e o de seu sucessor, João Goulart. O Rio é uma cidade que reflete as incertezas vividas por todo o país desde que um golpe militar ocorrido em março e abril do ano passado derrubou Goulart e instalou em seu lugar o marechal Humberto Castelo Branco na presidência da república. Enfim, aos quatrocentos anos de idade, o Rio é uma cidade que se tornou decadente.

Está em andamento a campanha "Pinte o Rio", na qual os jornais publicam fotos de presidentes de companhias de tinta doando latas de tinta às madres superioras de orfanatos. A limpeza dos prédios é muito necessária; até mesmo Copacabana, bairro com fama de chique, está cheio de edifícios residenciais de dez andares com paredes manchadas e descascadas.

Em alguns trechos da cidade há placas novas nas ruas, algo que também faz muita falta. Essas novas placas se iluminam à noite, o que é bom, porque hoje em dia o Rio é uma cidade muito escura; mas nas placas há anúncios ao lado dos nomes das ruas, e elas têm sido criticadas por serem comerciais e de mau gosto.

Em contraste com o estado geral de decadência, o novíssimo Parque do Flamengo ostenta uma praia nova, jardins, um coreto e pista de dança ao ar livre, um teatro de marionetes e passeios de bondinho para as crianças. O parque é de longe o melhor presente de aniversário recebido pelos moradores da cidade, e embora apenas três quartos dele estejam prontos, dezenas de milhares de cidadãos já o frequentam.

O Parque do Flamengo é estreito, mas tem mais de seis quilômetros de comprimento, estendendo-se a partir do centro comercial da cidade ao longo da orla da baía de Guanabara, em direção ao sudoeste. Sua aparência atual lembra um atol tropical verde que acaba de emergir do mar, mas na verdade o parque é fruto de três anos de muito trabalho sobre uma extensão medonha e nada promissora de lama, terra, canos e pistas expressas, conhecida há tempos como "o aterro". É a única contribuição estética do governo Carlos Lacerda para a cidade e seus subúrbios.

As praias, em sua maioria, vêm sofrendo algumas reformas. Em Copacabana, recentemente foram derrubados os postos de salva-vidas — tão subitamente quanto costuma ocorrer com os pontos de referência de Nova York. Há anos que os cariocas dizem: "Eu moro entre o posto 3 e o posto 4", ou "Vamos nos encontrar no posto 6"; vai ser estranho não contar mais com esses marcos.

Por causa do quarto centenário, os hotéis estão lotados de turistas brasileiros e estrangeiros. Americanas idosas, com vestidos estampados e óculos escuros, caminham pelas calçadas de mosaicos com ar decidido, procurando o que fazer. O problema é que não há muito o que fazer. O Rio ainda não está verdadeiramente preparado para turismo* em grande escala. A piada do momento é referir-se ao "quarto centenário" como "quarto sem ter nada". Pronunciadas depressa, as duas expressões soam bem parecidas. Enquanto isso, dois ou três transatlânticos de luxo chegam toda semana, trazendo mais turistas.

Foi lançado um barco para passeios turísticos, algo de que o Rio estava necessitado há muito tempo, pois a maior atração da cidade ainda é a baía fabulosa com suas ilhas. Oito gôndolas estão sendo feitas para a Lagoa, uma ampla extensão de água na zona sul da cidade. Segundo os jornais, são "cópias exatas de um modelo de bronze que o governador Lacerda trouxe da Itália" e terão "toldos de veludo vermelho". As gôndolas virão com motores também, que serão úteis quando o calor for grande demais para remar. Dois bondinhos novos vão começar a fazer o trajeto de ida e volta ao pico do Pão de Açúcar. Mais uma vez segundo os jornais, a "visibilidade" será melhor nos novos do que nos antigos. Isso é difícil de acreditar: como seria possível melhorar aquele panorama?

Embora o ritmo da cidade aumente cada vez mais, ainda há tempo no Rio de parar e ficar olhando. Os homens se reúnem nos cafés do centro ou em torno das bancas de jornal para discutir os últimos lances da política ou olhar para as moças que passam. Os visitantes sempre se espantam de ver o número de homens que estariam — no dizer de Henry James — em

---

* Bishop grafa "tourismo".

downtown [centro da cidade] em Nova York, mas estão nas praias do Rio às dez horas da manhã num dia útil. Isso não quer dizer que os cariocas não trabalhem muito, quando trabalham. É só que o jeito deles é diferente.

Na verdade, muita gente tem mais de um trabalho. Com a inflação atual, é difícil entender como os trabalhadores ou a classe média conseguiriam sobreviver se todo mundo — até os mais humildes, a babá e o vendedor de loterias — não tivesse um segundo "negocinho" nas horas vagas.

Falou-se em estender o Carnaval por uma semana inteira, em homenagem ao quarto centenário, em vez dos quatro dias de praxe, mas até mesmo o Rio desanimou diante dessa perspectiva, e a ideia foi abandonada. Mas os sambas de Carnaval estavam no ar com semanas de antecedência; todas as noites havia grupos cantando e dançando nas ruas, batucando, ensaiando. O trânsito parava, ou contornava os carnavalescos, e a meninada corria atrás. Nenhum carioca resiste a esse ritmo: a cozinheira samba na cozinha, e na sala de visitas os convidados se remexem inconscientemente (o termo é "rebolar"*) enquanto conversam.

Os sambas, as marchas** e outras canções carnavalescas são a poesia viva dos cariocas pobres. (As palavras "rico" e "pobre" ainda estão em uso aqui, mesmo que tenham saído de moda nas regiões mais prósperas do mundo.) Eles sempre fizeram essas canções com base no que estivesse lhes passando pela cabeça: obsessões, modas passageiras, caprichos e queixas; amor, pobreza, bebida e política; o amor que têm pelo Rio, mas também os três eternos problemas da cidade: água, luz e transporte. Como diz um velho samba:

> *Rio de Janeiro,*
> *Cidade que nos seduz!*
> *De dia falta água,*
> *De noite falta luz.****

---

* Em português no original.
** Em português no original.
*** "Vaga-lume", marcha de Vitor Simon e Fernando Martins (1954).

Um dos sambas deste ano exprime a reação sincera das massas à "revolução" da primavera* passada:

> *Cassa o mandato dele!*
> *Eu que não tenho nada*
> *Pra ninguém fiscalizar*
> *Eu quero é gozar!*
> *A justiça chegou!*
> *Não há filho pra pai*
> *Eu vou pra Espanha;*
> *Você vai pra Uruguai.***

E eis aqui a versão deste ano para a queixa anual referente à Central do Brasil, a estrada de ferro que milhares de trabalhadores dos subúrbios ao norte da cidade pegam para ir ao trabalho. A queixa é dirigida ao presidente Castelo Branco:

> *Marechal, ilustre marechal,*
> *Olha o problema*
> *Do subúrbio da Central*
> *Eu tenho pena do Juvenal*
> *Pendurado o ano inteiro*
> *Num vagão da Central*
> *Trabalha no Leblon*
> *E mora no Encantado,*
> *Chega sempre*
> *No trabalho atrasado.****

---

* Note-se que Bishop fala em "primavera" pensando no hemisfério Norte; no Rio de Janeiro, é claro, final de março e início de abril correspondem ao outono.

** "Cassa o mandato dele", de Paquito, Romeu Gentil e Moreira da Silva (1965). Observa Armando Olivetti Ferreira, em sua tese *Recortes na paisagem: uma leitura de Brazil e outros textos de Elizabeth Bishop*, que Bishop traduziu o último verso como se o sentido fosse "Você vai pro Uruguai", quando a referência seria ao quartel da Polícia do Exército na rua Barão de Mesquita, junto à rua Uruguai, onde "se interrogavam e detinham, no Rio de Janeiro, prisioneiros políticos naquela época" (p. 406).

*** "Juvenal", de Wilson Batista e Jorge de Castro (1965). No original, uma nota explica que Leblon e Encantado ficam "em lados opostos da cidade". Ferreira comenta que Bishop traduz "Encantado" (aqui e no título do artigo) como *Delight* ("Delícia").

Por conta de sua topografia difícil, embora exuberante, os problemas de trânsito do Rio são um pesadelo pior ainda do que o das outras cidades grandes. O governador Lacerda nomeou um oficial da Aeronáutica durão, o coronel Fontenelle, para tentar resolvê-los. Para começar, confundindo e enraivecendo todo mundo, o coronel mudou a mão de quase todas as ruas de mão única; depois resolveu atacar o problema do estacionamento em filas duplas, triplas e, dizem alguns, por vezes quádruplas. O sistema por ele empregado é simples: a polícia esvazia os pneus dos carros estacionados em lugares proibidos.

É necessário reconhecer que essa medida, considerada "dura" demais pelos tolerantes cariocas, em parte deu certo. O fato é que a velocidade dos ônibus aumentou. Este ano pelo menos três sambas fazem referência à campanha do coronel Fontenelle (com os ruídos apropriados). O mais curioso é que esses sambas foram compostos, e quase sempre cantados (com os sibilos correspondentes), por gente que nunca teve carro na vida e não tem esperança de um dia vir a ter.

As letras dos sambas não têm graça sem a música, e alguns dos mais duradouros e musicalmente mais belos têm as letras mais banais. O amor — passageiro ou sério —, a infidelidade, a prostituição, as blitze policiais, em que os suspeitos são enfileirados (tema de um samba muito bonito deste ano), o luar, as praias, os beijos, as decepções amorosas e, mais uma vez, o amor:

> *Vem cá, mulata*
> *Tem paciência*
> *Você é o coringa*
> *Da minha sequência*
> *Pimenta do meu pastel*
> *Ameixa do meu pudim*
> *Você é a lua do meu céu*
> *Meu pacotinho de amendoim.* *

Não há como saber por quanto tempo o samba ainda vai resistir ao comercialismo, à televisão, ao rádio: já há sinais de deterioração. É particularmente mortal a novidade de tocar os sambas em alto-falantes durante

---

* "Vem cá, mulata", de Fernando Roberto, José Garcia e Jorge Martins (1964).

o Carnaval, de modo que as pessoas não cantam mais como antes, ou não conseguem cantar.

Ironicamente, o que talvez venha a se tornar o verdadeiro beijo da morte para a espontaneidade do samba é o fato de que os jovens ricos, depois de anos de empolgação com o jazz americano, agora o descobriram. Até alguns anos atrás, apenas pouquíssimos brasileiros, intelectuais em sua maioria, que se interessavam pela cultura popular do país, levavam o samba a sério ou frequentavam os ensaios das grandes escolas nos morros.* Este ano, multidões de jovens compareceram, um dos sintomas, talvez, de uma nova consciência social depois da "revolução". E alguns dos sambas deste ano demonstram uma autoconsciência, e até mesmo uma autocomiseração, que está muito distante do velho espírito do samba.

Também há poetas compondo canções populares, talvez inspirados no exemplo de Vinicius de Moraes, autor do libreto do filme *Orfeu negro*. Ele tem se apresentado numa boate, a Zumzumzum,** cantando suas próprias canções. Um jovem imitador de Ievtuchenko,*** do sul do Brasil, declamou seus poemas numa sala lotada no Rio, com suéter vermelha, calça branca, sapato sem meias e cabelo caindo nos olhos. Seu livro intitula-se *A geração traída*.**** O fato é que uma convicção — mais ou menos explícita, e mais ou menos justificável — de "traição" parece ser a atitude tanto dos ricos quanto dos pobres, e para os ricos mais jovens um toque de subversão é considerado chique. O Castelinho é uma boate nova na praia de Ipanema, e seus clientes jovens e ricos são apelidados "comunistas do Castelinho" — ou seja, esquerdistas de salão.

Há várias semanas, o espetáculo mais popular é *Opinião*, título tirado de um samba de Zé Kéti, um compositor negro e favelado. Compõem o

---

* Em português no original.
** O nome correto da boate era Zum Zum.
*** Ievguêni Ievtuchenko (1933-), poeta russo.
**** Identificado por Ferreira como o catarinense Lindolf Bell (1938-98). Bishop talvez faça referência ao seu "Poema das crianças traídas".

elenco Nara Leão, uma das primeiras jovens cantoras de "boa família" já surgidas no Rio, que representa a classe dominante penitente; o próprio Zé Kéti, representante do morro; e um jovem negro do Norte, João Batista do Vale, o trabalhador expropriado que vem para a cidade grande. Os três se encontram, contam suas histórias, cantam, andam de um lado para o outro, sentam-se em caixotes etc., acompanhados por bateria, flauta e violão. Joan Baez e Pete Seeger estão populares agora, e por isso algumas músicas norte-americanas um tanto irrelevantes, *spirituals* e canções de prisioneiros, também fazem parte do espetáculo. A sentença de morte de Tiradentes, o herói nacional condenado por se rebelar contra Portugal em 1792, é lida em voz alta. Contam-se piadas do tipo: "Vermelho? Essa cor está fora de moda".

O que é deprimente em *Opinião* para um espectador norte-americano não é a "mensagem" vaga do espetáculo (considerada ousadamente esquerdista no Rio), nem seu amadorismo (que é até encantador), e sim a sensação súbita, melancólica e irreal de *déjà-vu*: é tudo muito parecido com o teatro universitário do início dos anos 1930, com mineiros do Kentucky, punhos cerrados e poses forçadas.

Há também outras peças. Uma delas é *Todos eram meus filhos*, de Arthur Miller; *Como vencer na vida sem fazer força** está há muito tempo em cartaz. E também a *Mirandolina* de Goldoni, e coisas mais típicas — peças como *A moral do adultério*,** *Vamos brincar de amor em Cabo Frio**** e *Quanto mais nua, melhor*.**** De modo geral, o teatro no Rio está bem mais atrasado que as outras artes, e o trabalho dos atores parece uma relíquia milagrosamente preservada num bolsão histórico, desde 1910, mais ou menos.

A pergunta que está sempre no ar é: quando serão realizadas as eleições? De início, estavam prometidas para este ano; agora foram adiadas para 1966, mas ninguém tem certeza da data, nem do ano. Carlos Lacerda é o único candidato à presidência até agora. O ex-presidente Kubitschek se autoexilou — passa a maior parte do tempo em Paris —, e seus direitos políticos foram cassados por dez anos.

---

* Musical de Frank Loesser e Abe Burrows, baseado no livro de Shepherd Mead. No Brasil, foi traduzido por Carlos Lacerda e dirigido por Harry Woolever e Sérgio de Oliveira.
** Peça de Luís Iglesias.
*** Musical de Sérgio Viotti, com músicas de João Roberto Kelly.
**** Peça de Walter Pinto.

Se os seguidores de Kubitschek conseguissem encontrar uma maneira de contornar esse fato, é provável que ele quisesse se candidatar de novo. Embora seus inimigos afirmem que as maiores causas da inflação foram sua política de promover o progresso industrial a qualquer preço e a construção de Brasília, e acusem seu governo de corrupção, mesmo eles concordam que Kubitschek era um realizador. E seus muitos defensores, em particular os que enriqueceram durante seu governo, estão ansiosos para vê-lo de volta ao poder.

A propaganda pró-Kubitschek está chegando aos píncaros do absurdo. O pobrezinho mora num apartamento pequeno em Paris, *dirige o próprio carro*, e — a pior privação de todas para os brasileiros, tão apegados à família — até hoje não conhece seu neto mais moço. Seus inimigos deram a esse movimento o nome bem carioca de "operação coitadinho" — um exemplo esplêndido do diminutivo de "coitado", uma das exclamações mais pronunciadas pelos brasileiros, que têm o coração mole mas também sabem ser irônicos.

Muitos ficaram decepcionados quando o presidente Castelo Branco anunciou que não ia se candidatar para um mandato completo. Tinham esperança de que ele o fizesse, ou então julgaram cedo demais para que ele tomasse tal decisão. Castelo Branco não tem quase nenhum atrativo demagógico para as massas, tampouco fez esforços nesse sentido. É um homem melancólico, ainda enlutado pela morte da esposa, ocorrida no ano anterior à sua chegada à presidência, e trabalha muito para realizar a tarefa quase impossível que só aceitou com relutância.

Castelo Branco sempre foi respeitado; agora parece estar aumentando a admiração e a simpatia por ele. Sua dignidade impecável, sua recusa a fazer jogos políticos, promessas e belos discursos, sua preferência por apelar para a lei e não para as emoções em situações de emergência — tudo isso representa algo de novo no Brasil, e uma novidade bem-vinda depois do clima de histeria dos últimos anos.

A imprensa é livre, ainda que nada confiável e muitas vezes difamatória, e as prisões políticas, que floresceram depois do golpe da primavera, já quase não ocorrem. As acusações de brutalidade contra a polícia e o Exército e as denúncias de tortura cessaram, e só podemos desejar que o que os brasileiros consideravam uma vergonha nacional tenha sido finalmente atacada, com firmeza.

* * *

A inflação cria uma atmosfera única. É possível percebê-la até mesmo na maneira como as pessoas manuseiam o dinheiro; notas velhas e amassadas, formando maços embolados. Nos ônibus, os trocadores não dão troco nem esperam receber o valor exato; simplesmente não há dinheiro miúdo. Nas lojas, em vez de troco dá-se uma bala para o filho do freguês. A tabela dos táxis sofreu tantos aumentos que os taxímetros estão totalmente defasados. Atualmente, o preço de uma corrida é o dobro do valor registrado pelo taxímetro, de dia. À noite, é mais ou menos o que o taxista cobrar.

No Rio, a inflação já quase perdeu o poder de chocar as pessoas; pelo menos, não se comenta o assunto o tempo todo como se fazia há coisa de um ano. O salário mínimo subiu várias vezes, mas continua insuficiente. Os pobres aceitam a inflação com mais estoicismo do que qualquer outra classe, já que não tinham economias para perder. Alguns dos ricos estão sem dúvida enriquecendo mais ainda. É a pequeníssima classe média que mais sofre. Todos os olhares estão cravados na cotação do dólar, como se fosse uma espécie de estrela Polar, e o clima geral é de entorpecimento, porém com um pouquinho mais de esperança que antes.

Pela primeira vez, o governo brasileiro está seguindo um esquema de planejamento econômico; o fluxo de capital estrangeiro aumentou, e o ritmo da inflação sem dúvida diminuiu. Os preços da gasolina e do pão estão nas nuvens, porque o governo suspendeu os subsídios absurdamente caros. O combate à inflação tem de ser realizado lenta e cuidadosamente no Brasil. Por causa da ignorância e do alto nível de analfabetismo da população — bem como de sua tradicional atitude de desconfiança — não há como explicar para o povo as medidas agressivas tomadas contra a inflação. O governo não tem coragem de interromper projetos de obras públicas, mesmo que estejam fazendo rombos no erário; tal medida seria considerada excessivamente "dura". Os salários e os preços vão continuar subindo por algum tempo, embora esteja previsto que estacionem este ano.

Mas apesar do estado de abandono, da escassez de bens, das mudanças para pior que ocorrem de modo súbito e desconcertante nos produtos básicos e na inflação, a vida no Rio tem suas compensações. O Carnaval terminou, mas daqui a pouco é dia de São João, a segunda melhor festa do ano; depois vem São Pedro. Para os intelectuais, uma grande mostra de pintura francesa contemporânea será inaugurada em julho, em homenagem ao quarto centenário, e depois vêm da Espanha um balé e uma ópera de Manuel de Falla. Haverá também uma série de concertos com peças do padre José Maurício, um sacerdote compositor carioca do século XVIII.

Muito mais duradoura e importante, porém, do que essas pequenas atrações, numa cidade que é agora essencialmente provinciana, é outra compensação para aqueles que são obrigados a enfrentar as dificuldades da vida no Rio. Um exemplo diz tudo. Recentemente, um anúncio enorme mostrava uma jovem cozinheira negra entusiasmada por um novo fogão a gás, debruçada sobre ele em direção à sua patroa branca, que por sua vez se debruçava do outro lado, as duas se beijando no rosto.

Vá lá que a situação não é utópica, do ponto de vista social, e que o anúncio é uma bobagem — mas seria possível ver coisa semelhante num outdoor ou num jornal em Atlanta, Geórgia, ou até mesmo em Nova York? No Rio, ninguém fez absolutamente nenhum comentário sobre este anúncio, nem contra nem a favor.

1965

Correspondência com Anne Stevenson, 1963-5

Caixa postal 279, Petrópolis
Estado do Rio de Janeiro, Brasil
22 de janeiro de 1963

Cara sra. Stevenson:

Acabo de receber uma carta de Marianne Moore na qual ela me diz que a senhora gostaria de algumas informações a meu respeito para a Twayne Publishers Author Series... Não me lembro bem do que se trata, se bem que imagino que eu devia saber — poderia me dar algumas informações? Segundo ela, a senhora teria dito que eu tenho "desprezo pela crítica profissionalizada". Mas não creio que isso seja verdade, e gostaria de saber de onde saiu essa ideia. (A menos que "profissionalizada" queira dizer alguma coisa muito ruim!) Seja como for — se eu puder dar alguma ajuda, terei o maior prazer. Às vezes as cartas demoram para chegar; às vezes, apenas quatro ou cinco dias.

Atenciosamente,
Elizabeth Bishop

Caixa postal 279, Petrópolis
Estado do Rio de Janeiro, Brasil
18 de março de 1963

Cara sra. Elvin:

Depois de lhe garantir que o correio aqui era relativamente rápido, é claro que por acaso eu estava "no interior", como eles dizem — na verdade, no litoral —, por um longo período durante o Carnaval, e lá não recebo correspondência. Vou lhe mandar hoje apenas um pequeno bilhete para lhe dizer que recebi sua carta, sim, e que volto a lhe escrever ainda nesta semana.

Obrigada por me enviar os regulamentos da Twayne's US Author Series. Entendi alguma coisa, mas não muita! Quem é o editor encarregado dos poetas contemporâneos, quais são os outros poetas incluídos etc.? A senhora acha que a sra. [Sylvia E.] Bowman teria a bondade de me enviar um ou dois dos livros já publicados? Por favor, não fique achando que estou interferindo ou que sou uma pessoa difícil — é só porque sou curiosa por natureza.

Gostaria muito de ler suas análises dos meus poemas. A senhora tem intenção de publicar alguma coisa numa revista, talvez antes do lançamento do livro?

Seja como for — tenho um novo livro pronto — 20-25 poemas, alguns dos quais a senhora talvez já tenha visto em revistas — e acho que devia receber um exemplar assim que possível. O título é *Questões de viagem*, o nome de um dos poemas, e se tudo correr bem a Farrar, Straus & Cudahy deve lançá-lo ainda este ano. Vou escrever para eles pedindo que lhe mandem um exemplar — a menos que eu consiga encontrar todos os originais aqui esta semana. Creio que se a senhora escrever para a Farrar, Straus & Cudahy certamente eles lhe mandarão um exemplar gratuito de *The Diary of Helena Morley* (*Minha vida de menina*), o livro brasileiro que traduzi alguns anos atrás. (Vou escrever para meu agente* a respeito dos poemas e mencionar essa tradução também.) O título inglês foi escolhido contra minha vontade — muito ruim, a meu ver; a melhor resenha que vi foi a de [V. S.] Pritchett em *The New Statesman & Nation*. Minha introdução talvez seja de algum interesse para a senhora, na qualidade de crítica — o diário em si, talvez apenas enquanto mãe de uma filha!

O verbete biográfico no "Who's Who" [Quem é quem] está correto — ou estava, na última vez que eu o consultei. Porém jamais morei em Worcester — saí antes de completar um ano, e só passei alguns meses lá quando tinha seis--sete anos, com meus avós paternos. O resto da infância passei com meus avós maternos na Nova Escócia — principalmente longas temporadas no verão, mas comecei a frequentar a escola lá — e com uma tia muito dedicada, em Boston ou nos arredores da cidade, até ir para o colégio interno aos dezesseis anos. Também passei o verão numa colônia de férias em Cape Cod por seis anos seguidos. Jamais morei na Terra Nova — fiz uma caminhada lá num verão, no tempo em que estudava em Vassar. Depois de Vassar, já morei em Nova York, Paris, Key West, México etc. — principalmente Nova York e Key West até mais ou menos 1948. Então, desde o final de 1951, Brasil — com várias viagens aos Estados Unidos, é claro, uma delas de oito meses, mais ou

---

* Brandt & Brandt — os originais estão com eles. (N. A.)

menos. Achei muita graça no recorte do jornal de Worcester... (Também já li duas ou três vezes que nasci no Maine, ou que morei lá — não posso imaginar de onde saiu isso. Já fiquei várias vezes na Deer Isle (ou será Island?), visitei Robert Lowell em Castine etc. — só isso.) Publiquei dois contos autobiográficos, "Gwendolyn" e "Na aldeia". Este último foi incluído na recente antologia da *New Yorker* — e se atém aos fatos — embora com uma certa compressão temporal. Robert Lowell comprimiu ainda mais, recentemente, num poema bem curto que foi publicado na *Kenyon Review*, chamado "The scream" [O grito]. Eu poderia lhe dar muito mais informações se a senhora quiser! Porém, para os seus propósitos, talvez não seja necessário. Minha ascendência é ¾ canadense e ¼ da Nova Inglaterra — tive ancestrais que lutaram dos dois lados da Guerra da Independência. Meus ancestrais maternos eram, alguns deles, tóris, que foram embora do norte do estado de Nova York e receberam terras na Nova Escócia, cedidas pelo rei Jorge III. Um dos meus bisavós era proprietário e comandante de um navio — de um barco, creio — e desapareceu no mar ao largo da Sable Island numa tempestade famosa que afundou quarenta ou cinquenta navios. (Também já estive na Sable Island, através do Serviço Canadense de Faróis.) Esse ramo da minha família pelo visto gostava tanto de viajar quanto eu — dois, talvez três, dos filhos do comandante, meus tios-avôs, foram missionários batistas na Índia.

A senhora tem razão, sou grande admiradora de [Paul] Klee — mas na verdade "O monumento" foi escrito mais sob a influência de uma série de *frottages* de Max Ernst que eu possuía, chamada *História Natural*. Sou apaixonada (acho que posso dizer isso) por pintura; aliás, gosto muito mais de falar sobre pintura do que sobre poesia, de modo geral. Gosto igualmente de música — se bem que estou menos informada nesse campo, por estar morando no Brasil. Na próxima encarnação eu gostaria de ser pintora — ou compositora — ou médica — cheguei a pensar a sério em estudar medicina por alguns anos, e até hoje me arrependo de não ter estudado. Também me interesso muito por arquitetura e ajudei a traduzir um livro enorme sobre arquitetura brasileira contemporânea [*Arquitetura moderna no Brasil*, de Henrique Mindlin] alguns anos atrás.

Quero pôr esta carta no correio, por isso tenho que ir a Petrópolis logo — moro a cerca de treze quilômetros do centro, embora no momento eu passe parte do tempo aqui e uma parte no Rio — a oitenta quilômetros daqui. Enquanto estiver em Petrópolis esta semana vou lhe escrever outra carta —

respondendo as suas perguntas a respeito de datas e lugares — se bem que pelo visto não há nenhuma regra a respeito de *lugares* — poemas — depois, durante ou antes. E vou mesmo tentar mandar o outro livro para a senhora, em forma de originais — ou então pedir que lhe mandem um exemplar.

 Queria muito ler as suas análises — mas a meu ver todo mundo tem o direito de interpretar a sua maneira, é claro, e por isso, como eu disse, por favor não fique achando que vou "interferir". Meu único pedido com relação a isso talvez seja totalmente desnecessário. É que estou um pouco cansada de ser sempre comparada com Marianne, ou associada a ela — e acho que ela também está muitíssimo cansada! Somos muito amigas há trinta anos —, mas tirando um ou dois dos meus primeiros poemas, e talvez algumas preferências temáticas no início da minha carreira, nem eu nem ela entendemos por que motivo os resenhistas sempre insistem em falar nela quando discutem minha poesia. Uma diferença entre nós é que sempre tive um "ouvido" bem tradicional, do tipo *tatá-tatá*. Talvez seja apenas mais uma prova de que os ~~críticos e~~ resenhistas muito raramente dão atenção ao que eles estão lendo e *simplesmente um repete o que o outro diz*.

 Espero que a sua filhinha esteja melhor, e meus sinceros pêsames pela morte da sua mãe. Creio que a senhora trabalha como professora, não é? De quê, e onde? Volto a escrever daqui a alguns dias.

 Atenciosamente,
  Elizabeth Bishop

Desculpe esta carta mal datilografada — a máquina que tenho aqui é muito diferente da que uso no Rio, e levo alguns dias para me adaptar a ela.

Caixa postal 279, Petrópolis
Estado do Rio de Janeiro, Brasil
20 (?) de março de 1963

Cara sra. Elvin:

 Enviei-lhe uma carta muito apressada dois dias atrás e agora vou tentar responder as suas outras perguntas. Vou escrever também hoje mesmo para o agente — Carl Brandt, 101 Park Avenue, para ver se ele pode mandar lhe entregar uma cópia dos originais do novo livro, quase completa — vou também falar no *Diary* de Helena Morley.

Não há nenhuma lógica a respeito de onde e quando foram escritos os poemas. Os cinco primeiros do livro que imagino que a senhora tenha foram escritos em Nova York, em 1934-5. "Uma pintura grande e feia" foi escrito ~~muitos anos~~ depois, em Key West. (Os poemas de memórias tendem a surgir de tempos em tempos onde quer que a gente esteja, na minha experiência. Quer dizer, os poemas sobre as memórias da infância.) "O homem-mariposa" é outro poema bem antigo, e "Country to the City", a sextina "Um milagre matinal", "O amor dorme" são de Nova York, posteriores, depois do meu primeiro inverno em Paris, creio eu. "A erva" foi escrito em Cape Cod (a fonte desse poema me parece tão óbvia que tenho certeza de que a senhora já percebeu a esta altura!). "Paris, 7 da manhã" foi mesmo escrito em Paris, "Quai d'Orléans" também, mas na segunda estada lá — entre as duas vem a Flórida —, e "Cirque d'Hiver" foi escrito numa outra temporada em Cape Cod. A senhora me pergunta a respeito do título — o Cirque d'Hiver ~~usava~~ tinha mesmo um grupo de poneizinhos treinados, com plumas de avestruz etc. — mas acho que o título tem mais a ver com a atmosfera do lugar do que com qualquer outra coisa. (Também este poema a senhora provavelmente vai perceber de onde foi tirado, se bem que acho que foi inconsciente.) Todos os outros do primeiro livro são de Key West — menos "Anáfora" — a primeira estrofe me veio em Puebla, quando os sinos da catedral bateram a poucos metros do meu travesseiro, ou pelo menos foi essa a impressão que tive — e um ano ou dois depois eu o terminei em Key West. De modo que, como fica claro, não há nenhum sistema por trás deles.

Uma primavera fria não está em ordem cronológica. Há alguns poemas ainda de Key West, de duas viagens à Nova Escócia, uns poucos de Nova York e, no final, do primeiro ano no Brasil. O poema sobre a srta. Moore foi escrito no lugar de um "ensaio" para um número ~~comemorativo~~ de aniversário da *Quarterly Review*.

O livro que a senhora vai receber tem, como não poderia deixar de ter, muita coisa sobre o Brasil. Mas o único poema amazônico (a menos que eu consiga terminar um outro para incluí-lo no livro também) foi escrito <u>antes</u> da viagem que fiz pelo rio Amazonas. Há também alguns poemas de memórias.

"Varick Street" — tive uma água-furtada na King Street em Nova York por muitos anos (os prédios foram derrubados depois), entre a Sexta Avenida e a Varick Street, e quando fazia calor ela era muito barulhenta. Utilizo material onírico sempre que tenho a sorte de conseguir algum, e este poema em particular é quase todo tirado de um sonho — fiz apenas algumas mudanças de ordem —; o mesmo quanto a "Chuva na madrugada" e a maior parte da primeira estrofe de "Anáfora". Os últimos versos da primeira estrofe de "No pesqueiro" — "Ele raspou as escamas" [*He has scraped the scales*]* etc. — eram também um *donnée*, como dizia [Henry] James, num sonho. Mas nada disso tem nada de excepcional, certamente.

Estudei música — piano e contraponto — por alguns anos, e tenho um cravo aqui, se bem que, devo confessar, toco muito pouco. É difícil ouvir boa música no Brasil,** tirando gravações — e elas também não são fáceis de conseguir — mas ouço muitos discos. ("Galos", eu me lembro, foi um poema que me deu muito trabalho, e uma gravação de [Ralph] Kirkpatrick — tive algumas aulas com ele há muito tempo — de Scarlatti me ajudou a retomar um ritmo em particular.) Gosto de [Anton] Webern — com base no disco que tenho — talvez porque ele trabalhe em escala pequena e me lembre Klee*** (creio que eles eram amigos). Não gosto muito de coisas grandiosas, excessivas — mas por outro lado, às vezes gosto, sim... Tenho muita admiração pela poesia de Robert Lowell, e boa parte de *Lord Weary's Castle* é o que há de excessivo...

Eu e ele somos amicíssimos desde 1946, se não me engano — e [Randall] Jarrell também é meu amigo, se bem que, é claro, eu raramente tenha contato com ele. Os Lowell vieram me visitar aqui no verão passado. Creio que eu e ele gostamos muito do MAR, o que parece uma bobagem — mas nós sempre acabamos indo nadar quando nos encontramos! Mas moro há tanto tempo longe de Nova York que não tenho tido muita vida "literária", tirando alguns períodos ocasionais. Edmund Wilson me ajudou muito uma vez ao publicar "Galos" no suplemento literário de *The Nation*, que ele editava na época. Jarrell também tem sido muito bom, como crítico — de modo geral, acho que tenho tido muita sorte quanto a isso.

[Alexander] Calder é meu amigo (*não muito íntimo*) e vem ao Brasil de vez em quando, e Loren MacIver, a pintora americana, também é uma velha amiga minha — desde cerca de 1938 —, *Fizdale & Gold*, os pianistas,

---

* "There are sequins" [Ele tem lantejoulas]. (N. A.)
** É difícil para mim — pode ser que exista e eu não esteja sabendo. (N. A.)
*** Também gosto muitíssimo de [Kurt] Schwitters — tenho um aqui que exige cuidados constantes por causa do cupim e do mofo. (N. A.)

são velhos amigos meus. Calder também é uma pessoa que, embora muito diferente de [John] Dewey, impressiona a gente pela *honestidade* antiquada, intransigente, típica da Nova Inglaterra — e pela doçura, tal como Dewey.

É claro que li toda a geração da srta. Moore a partir de mais ou menos 1928, e sem dúvida aprendi muitíssimo com eles. Vejo Marianne, [E. E.] Cummings (nós tivemos a mesma empregada em Nova York por alguns anos), o dr. [William Carlos] Williams, [Hart] Crane, [Robert] Frost como Heróis... Escrevi um poema sobre [Ezra] Pound (saiu na última antologia da *Partisan Review*) que exprime meus sentimentos em relação a ele de maneira bem precisa, acho. Curiosamente, foi musicado por Ned Rorem, e eu soube que foi cantado alguns dias atrás no Carnegie Hall por Jennie Tourel. (Ela já tinha cantado o poema aqui e ali antes — mas agora deve estar com uns oitenta anos, não é...?) Espero que a gravação chegue aqui direitinho.

Sempre quis — como muitos outros poetas, creio eu — fazer canções realmente "populares", e não "eruditas". Uma coisa que me agrada muito no Brasil é a música popular — os sambas anuais são, ou eram (agora têm excesso de influência americana, infelizmente), muitas vezes música folclórica espontânea de qualidade excepcional, e tenho muita vontade de escrever um texto sobre eles — mas recolher canções aqui é dificílimo. Há também uma tradição viva, no interior, de baladas — notícias, histórias antigas etc. —; como poesia não são tão boas quanto os sambas, mas mesmo assim são coisas maravilhosas. Além do *Diary* que traduzi e do livro sobre arquitetura contemporânea, recentemente fiz algumas traduções de poemas brasileiros. (Eu aviso quando forem publicadas — acho que algumas devem sair na *Poetry*.) Mas na verdade não gosto muito de traduzir, nem acredito muito em tradução, e as minhas versões são um tanto literais — ao contrário das de Lowell —, de modo que só traduzo os poemas que se deixam passar para o inglês sem perder muita coisa — o que é muito limitador, é claro.

Outro amigo que me influenciou — <u>não</u> com seus livros, mas com seu caráter — foi John Dewey, que conheci muito bem e de quem gostava muito. Ele e Marianne são as pessoas mais verdadeira e *naturalmente* "democráticas" que já conheci, creio eu. Acho que ele foi a pessoa mais bem educada com quem já tive contato, e sempre tinha *tempo*, se interessava por tudo — não havia detalhe, plantinha ou pedra ou gato ou velha que para ele não tivesse importância.

Bem, se a senhora tiver mais alguma pergunta, por favor me diga. Dentro de cerca de três semanas vou fazer uma viagem, "para o interior", de verdade dessa vez, e vou ficar sem acesso ao correio por duas ou três semanas, provavelmente. Talvez valha a pena acrescentar uma coisa — pode ser que seja só porque eu fui à Europa mais cedo do que a maioria dos meus poetas "contemporâneos" — sou um pouco mais velha do que alguns deles — mas é estranho, muitas vezes sinto que sou um membro retardatário da geração pós-Primeira Guerra Mundial, e não um membro da geração pós-Segunda Guerra Mundial. Talvez os anos em que morei em Key West tenham a ver com isso. (Até ela morrer, Pauline Hemingway foi uma das minhas melhores amigas lá etc.) Mas acredito também que o Cal (Lowell) e eu, de modos muito diferentes, somos ambos descendentes dos transcendentalistas — mas talvez a senhora não concorde.

Mais uma vez, peço desculpas pela má datilografia — eu já não sou muito boa nisso, mas este teclado, com todos os Çç e §§ fora do lugar, não ajuda.

Espero que sua filha tenha ficado boa da brotoeja.

Atenciosamente,
    Elizabeth Bishop

44 Porter Street
Watertown, Massachusetts
28 de março de 1963

Cara srta. Bishop,

Estou encantada com as suas duas cartas — realmente, nem sei como exprimir *o quanto* estou encantada. Fiquei muito preocupada depois de lhe mandar minha carta em... foi em fevereiro? Pensei que tinha feito perguntas bobas, ou perguntas que a senhora não ia poder, ou não ia querer, responder. Achei graça de ser chamada de "crítica" (um nível acima de resenhista?), pois sou uma amadora crua, que prefere lecionar ou criar filhos ou escrever poemas a essa tarefa terrível de tentar dizer mal o que outra pessoa disse bem. Mas gostei, quando voltamos de uma viagem a Vermont no início da primavera, na semana passada, de encontrar as ruas cheias de crianças, as roupas penduradas nos varais (pois Watertown é Watertown, "medonha, mas animada"), a primavera tendo chegado e a sua carta na nossa caixa de correio. Vou tentar respondê-la item por item, como a senhora fez com a minha, e depois passar para a sua segunda carta, que chegou hoje.

Vou escrever hoje para a srta. Bowman e pedir a ela que mande à senhora (e a mim) alguns dos livros que já foram escritos. Conheço um professor simpático e bem-intencionado em Ann Arbor (não quero que esses adjetivos sejam entendidos como desdenhosos) que escreveu um livro sobre [Richard] Wilbur e está escrevendo outro sobre Lowell. O livro sobre Wilbur já está terminado, eu acho. Fora isso, não sei quem mais a srta. Bowman encontrou para acrescentar à sua lista de escritores famosos escrevendo sobre outros mais famosos ainda. Don Hall diz que ela é "biruta". Creio que ele quer dizer que ela é um pouco dispersiva e não sabe o que quer. Não tenho notícia dela desde que me mudei de Ann Arbor (fiz o mestrado lá no ano passado), de modo que esse é mais um motivo para eu escrever a ela.

Embora não tenha planos de publicar nada numa revista, eu queria muito conversar com o Robert Lowell sobre a impressão que me causaram os seus poemas. Ele está dando aulas em Harvard neste semestre; fui uma semana atrás com uns amigos meus a uma oficina de poesia que ele dá no teatro Loeb, e combinei com ele de lhe mostrar o que eu tinha escrito. Então voltei para casa e concluí que tudo teria que ser *re*escrito, e ainda não criei coragem de ir falar com ele. Sou muito lerda, a senhora vai ter que me perdoar. Mas eu prefiro esperar anos a produzir uma coisa malfeita. Pretendo finalizar um plano de ação, por assim dizer, de doze a quinze páginas, que vou mandar para a senhora e para ele.

Sim, gostaria muito de receber o seu novo livro, e estou muitíssimo grata à senhora por ter escrito ao seu agente. Vou escrever a ele também para que ele saiba que eu existo mesmo. É claro, estou muito ansiosa para lê-lo, e também o *Diary of Helena Morley*. Vou dar uma olhada na resenha de Pritchett e também nos seus dois contos publicados quando voltar à [biblioteca] Widener. (Devo confessar que morro de medo das estantes das bibliotecas — fico adiando minha ida tal como faço com relação ao supermercado.) Agradeço, também, as informações que a senhora me deu sobre a sua infância e as suas origens. Será que podia me falar um pouco sobre os seus pais? A senhora chegou a conhecê-los? Que tipo de pessoas eles eram? O seu pai era negociante ou algo assim? Não responda se não quiser, é claro. Gostei dos seus ancestrais marinheiros.

Que bom que a senhora gosta — com paixão — da pintura. E da música e da arquitetura. Eu já estava desconfiada disso, e foi bom ter a sua confirmação. Uma das coisas que estou dizendo a respeito da sua poesia é que ela é visual, mas não o que eu chamo de Impessoal. Isto é, a sua percepção dos lugares e das pessoas é expressa em termos visuais. Há uma interação entre o mundo animado e o inanimado que indica que a senhora faz a distinção entre eles a fim de mostrar de que modo eles se assemelham. Tudo que a senhora descreve parece também, como disse o Philip Booth numa resenha, "contribuir para a construção de um todo metafórico". Mas as suas metáforas, embora por um lado sejam tão exatas quanto pinturas, são na verdade, por outro, abertas. Isso é o que mais me atrai em poemas como "O iceberg imaginário", "A baía", "O peixe", até mesmo "Cirque d'Hiver". Tenho a impressão de que, embora os seus temas não sejam o que a senhora chama de "excessivos", eles ecoam com certa excessividade que os torna, de um modo inesperado, poemas grandes e não triviais. Se o poeta deve comentar sua época (foi [Stephen] Spender quem disse isso?), a senhora certamente o faz, ainda que de modo oblíquo, mesmo num poema tão leve quanto "O cavalheiro de Shalott" (dei esse poema na minha turma de último ano do secundário agora no outono, e os alunos adoraram — estávamos "estudando" [Alfred] Tennyson). Como certamente não estou impondo interpretações pomposas ao seu "Cirque d'Hiver", "Mais de 2000 etc." ["Mais de 2000 ilustrações e uma concordância completa"] (uma referência à concordância da Bíblia?) e "O homem-mariposa" se eu disser [que] eles dizem alguma coisa "forte" a respeito da vida contemporânea.

Bem, isso é muito difícil. Melhor eu mandar para a senhora um ensaio mais organizado na semana que vem. Espero que chegue aí antes da sua ida para o interior. Só mais uma coisa sobre os poemas. Concordo que não se deve "insistir" na senhora e em Marianne Moore toda vez que se fala sobre uma das duas; a meu ver, sua maneira de escrever é bem diferente. Se eu mencionar Marianne Moore será como sua amiga, e não como uma "influência". Essa palavra detestável!

A sua segunda carta contém tantas informações maravilhosas e necessárias quanto a primeira. Eu sei que o lugar onde a senhora escreveu um poema não tem muito a ver com o modo como eles surgiram, mas mesmo assim o que a senhora diz é interessante; eu me pergunto se as pessoas não gostam de ficar sabendo dessas coisas. Obrigada também por me falar da origem onírica de "Varick Street", "Chuva na madrugada", a primeira estrofe de "Anáfora" (essa estrofe me intriga). Qual o sentido do título — a palavra quer dizer uma expressão repetida no início ou no final de cada verso sucessivo, segundo meu dicionário, mas o seu poema repete alguma expressão? Ah, sim, e eu queria também lhe perguntar a respeito da sua utilização de contagem de sílabas.

"Galos" dá a *impressão* de ter sido escrito contando sílabas, mas acho que não foi. O ritmo parece mais sutil... como a senhora dá a entender, é ouvido e não contado.

    Interessou-me a informação de que a senhora foi amiga de John Dewey. Meu pai é filósofo — C. L. Stevenson, escreveu um livro sobre ética chamado *Ethics and language* e vai dar as conferências Alfred North Whitehead aqui em maio —, ele tem a mesma qualidade de humildade e honestidade... mas não tem nada de transcendentalista. A senhora pergunta a respeito de mim. Sim, estou lecionando como horista na Cambridge School este ano, mas não vou continuar depois do verão. O Mark (Elvin) é o meu segundo marido; (a Caroline é minha filha de um desastroso primeiro casamento) nos casamos agora mesmo em novembro, quando nos conhecíamos há apenas um mês, mais ou menos. Ele é inglês, historiador, sinólogo, linguista, brilhante e sensível, mas não está muito bem. Tem um olho para pintura e música contemporânea (também gosta de Webern) muito melhor do que o meu, e conta histórias maravilhosas das mitologias chinesa, japonesa, indiana e sumeriana à Caroline. Ela o adora. Estudei violoncelo quando estava fazendo a graduação em Michigan, e ainda toco em quartetos de cordas quando tenho tempo. Minhas duas irmãs são violinistas, e meu pai é um ótimo pianista. A Caroline é carinhosa, bonita, passional e vaidosa. Tenho alguns temores a respeito do futuro dela, mas muitos deles são coisas de imaginação de mãe, creio eu. Já lhe dei uma ideia de quem sou. Acho que no fundo eu me considero é poeta. Estou lhe mandando estes porque a meu ver eles "seguem" a senhora até certo ponto. Li os seus poemas pela primeira vez apenas no inverno passado. Mais uma vez, muito obrigada pela paciência e ajuda.

Caixa postal 279, Petrópolis
Estado do Rio de Janeiro, Brasil
24 de agosto de 1963
(no Rio)

Cara sra. Elvin:
    Obrigada pelo seu bilhete de 14 de agosto — estou no Rio no momento, e ele só chegou às minhas mãos ontem. Lamento que a sua primeira carta tenha se perdido — creio que eu a avisei! Ainda bem que a senhora recebeu o *Diary*, e eu também escrevi para a Brandt & Brandt pedindo que lhe mandassem cópias dos poemas que estão com eles — não sei exatamente quantos

são, mas em sua maior parte pertencem ao próximo livro. (Se um poema intitulado "Chapéus trocados" estiver entre eles, por favor o desconsidere.) Como o livro anterior foi publicado há oito (?) anos, acho que a senhora devia conhecer alguns poemas mais recentes.

Pelo visto, a senhora está aproveitando bem o verão, e andou por todos os lugares nos Estados Unidos onde nunca fui (com exceção de New Orleans; lá eu já estive). E acampando também — meu Deus!

Gostaria de saber como vai a Phyllis Armstrong — creio que continua na biblioteca. Eu gostava dela, e ela foi uma excelente secretária para todos os poetas que já trabalharam lá. Mas a senhora precisa entender que nós nunca fomos muito "íntimas"; que ela só me conheceu muito por alto, e num período de nove ou dez meses, que foi provavelmente o pior da minha vida, há muito tempo, em 1949-50. Eu não gostava de Washington, nem da biblioteca — e temo que a Phyllis talvez tenha lhe dado uma impressão falsa sobre mim, como uma pessoa sorumbática e reclusa. Se a senhora tiver oportunidade, seria muito melhor conversar com alguns dos meus amigos e colegas — Randall Jarrell, Robert Lowell, por exemplo — ou May Swenson, Howard Moss, ou a pintora Loren MacIver. Esses são todos velhos amigos meus que teriam uma visão mais correta de mim.

Eis uma foto de Robert Lowell comigo, tirada quando ele me visitou aqui no ano passado.

Não me incomodo com críticas a meu *trabalho*. ~~Mas~~ Aquela estada em Washington ainda continua sendo um pesadelo para mim, e o tempo que vivi lá, por sorte, foi completamente diferente da maior parte da minha vida!

Aguardo com ansiedade os seus capítulos em setembro.

Atenciosamente,
  Elizabeth Bishop

Caixa postal 279, Petrópolis
Estado do Rio de Janeiro, Brasil
2 de outubro de 1963

Cara srta. Elvin:

Obrigada pelas cartas. Estou passando esta semana no interior, e por isso eu as recebi em primeira mão e rapidamente. Gostei do que a senhora disse na carta de 24 de setembro, no segundo parágrafo, a respeito dos poemas. Mas... ah, meu Deus — "a lua acha graça em tudo" — como foi que isso apareceu aí? Isso está errado — saiu de uma coisa que nunca terminei, que mal comecei a escrever, se não me engano. Por favor, jogue isso fora, e também o poema intitulado "Chapéus trocados" se ele voltar a aparecer? Não sei exatamente o que foi que a senhora recebeu. Tenho mais ou menos dezoito poemas para o próximo livro, mas não estou satisfeita com eles e espero acrescentar mais alguns.

Como trabalho muito lentamente, quem sou eu para criticar alguém por ser lerdo? Por favor, não se preocupe com isso.

A respeito da Phyllis Armstrong — sim, eu estava um pouco nervosa. Como já disse, eu gostava dela e creio que ela gostava de mim. Mas naquela época — 1949-50 — tive a impressão de que ela entendia muito pouco de poesia, não sabia distinguir a boa da ruim, não parecia entender "o princípio da coisa" em absoluto — e não compreendia, ou compreendia mal, os diversos poetas também, provavelmente. Sem dúvida ela aprendeu, ou teve de aprender, muito desde aquela época, coitada! E foi um ano ruim para mim.

Agora a carta nº 2 — a "Cronologia" — vou simplesmente ler tudo fazendo umas poucas correções e respondendo as suas perguntas à medida que elas forem surgindo.

Meu pai era empreiteiro, o filho mais velho de J. W. Bishop (originário da Prince Edward Island, de modo que minha ascendência é ¾ canadense). Cinquenta anos atrás, a firma Bishop era muito conhecida — construía edifícios públicos, universidades, teatros etc., não casas. (Muitos prédios em Boston, inclusive a Biblioteca Pública, o Museu de Belas-Artes etc.) Meu pai morreu quando eu tinha oito meses.

Fui morar com meus avós maternos numa cidadezinha muito pequena chamada Great Village, na Nova Escócia, e comecei a estudar, apenas as "primeiras letras", lá. Passei um inverno com meus avós paternos em Worcester. Então fui morar com uma tia, casada mas sem filhos, em Boston e nos arredores da cidade por alguns anos, até que fui para o colégio interno. Eu costumava voltar a Great Village no verão e em outras épocas, e também fui para uma colônia de férias em Wellfleet (que não existe mais) durante seis verões, onde me apaixonei pelo iatismo. Na infância, minha saúde era muito ruim, e minha escolarização foi irregular até eu me matricular em Walnut Hill — por isso eu era sempre um ou dois anos mais velha do que a média das colegas na faculdade.

O sobrenome de solteira da minha mãe era BULMER (e não Blumer, como a senhora escreve).

Sim, comecei a faculdade achando que ia me formar em música, depois mudei para literatura. (Agora me arrependo de não ter me formado em grego e latim.) Estudei cravo por pouco tempo na Schola Cantorum em Paris, e por menos tempo ainda com Ralph Kirkpatrick. *Tenho um cravo Dolmetsch comigo aqui.*

Só fui para Key West em 1937 ou 38 — apenas para uma pescaria. No ano seguinte voltei e fiquei morando lá de modo intermitente por cerca de nove anos. No último ano, eu tinha também uma pequena água-furtada — de verdade — em Greenwich Village. Fui a Yaddo uma vez por pouco tempo, no verão (1947?) e depois por mais tempo — 1950.

Já não me lembro do que fiz com o dinheiro da bolsa Guggenheim! Gastos gerais, provavelmente.

Eu queria mais era me esquecer do livro sobre o Brasil!* Ele é tão mal escrito, não tem praticamente uma única frase tal como eu escrevi originalmente; os primeiros três capítulos são os que estão mais próximos do original. Mas você não menciona o *Diary of Helena Morley*, e dele eu não me envergonho.

"Na aldeia" é verídico — apenas um pouco resumido. "*Gwendolyn*" *também.*

Por favor, pode dizer que sou amiga da Marianne! Eu a conheci em 1934 através da bibliotecária da faculdade, que era uma velha amiga dela, e foi uma das grandes sortes da minha vida. Mencione também o Cal (isto é, Robert Lowell) e o Jarrell (embora eu não tenha contato com ele há alguns anos) (se você quiser). O Cal é um dos meus melhores amigos, e tenho a maior admiração pelo trabalho dele.

A meu ver, os fatos biográficos não são muito importantes nem interessantes. E eu me mudei tanto, principalmente ao longo da costa, que não sei direito as datas exatas.

No poema sobre Pound, "Visitas a St. Elizabeths", os personagens são baseados nos outros pacientes internados lá, um imenso hospício público em Washington. Durante o dia, Pound ficava numa enfermaria aberta, de modo

---

* O livro, intitulado *Brazil*, foi publicado pela Time-Life em 1962. A autoria foi atribuída a "Elizabeth Bishop com os editores de *Life*". Bishop nunca se conformou com as mudanças drásticas que foram impostas a seu texto original.

que as visitas a ele eram frequentemente interrompidas. Um rapaz costumava nos mostrar o relógio dele, o outro apalpava o assoalho etc. — mas naturalmente é uma mistura de realidade com fantasia. O poema foi publicado na *Partisan Review*, e não na *Kenyon* como a senhora diz. Isso não é muito importante — mas eu publiquei muita coisa na *Partisan*, de longa data, e os editores sempre foram meus amigos, me deram mais um prêmio etc.

A senhora quer saber o nome da amiga com quem fiz a caminhada na Terra Nova — não éramos amigas "literárias" e infelizmente perdemos contato há anos, de modo que acho que não é importante.

Comecei a publicar no primeiro ou no segundo ano da faculdade. Creio que de início foram um conto e um poema, talvez dois, numa revista chamada *The Magazine*, editada por alguns anos por Yvor Winters. Antes disso eu havia recebido uma menção honrosa (pelas mesmas contribuições, creio) num concurso literário para estudantes promovido pela *Hound & Horn*. Trabalhei no jornal da faculdade de modo intermitente e fui a editora do livro do ano da minha turma (mas isso não teve *nada* a ver com literatura). Mary McCarthy, Eleanor Clarke, a irmã de Eleanor, Eunice, e eu, e mais duas ou três outras, fundamos uma revista literária anônima, que nos parecia "avançada". Deu tão certo que nos convidaram para entrar para a nossa antiga inimiga, a revista literária oficial da faculdade. (Mas eu NÃO fazia parte do GRUPO de Mary McC — e que é tema do recente romance dela [*O grupo*]. Ela estava um ano à minha frente.) A história mencionada por Robert Lowell, creio eu (porque ele gosta dela) deve ser a intitulada "Na prisão". Saiu na primeira antologia da *Partisan Review* — mas foi publicada depois da faculdade. O primeiro poema meu que eles publicaram, se não me engano, foi "O amor dorme". Pelo menos eu me lembro de receber uma carta da Mary McC quando estava em Paris, dizendo que a *PR* estava voltando a publicar e perguntando se eu não queria mandar um poema para eles, e acho que foi esse que mandei.

Durante a guerra trabalhei por pouco tempo para a Marinha, na fábrica de instrumentos ópticos na base de submarinos de Key West — eu fazia binóculos. Desenvolvi alergia aos ácidos utilizados para limpar os prismas, e por isso tive que parar, mas eu gostava do trabalho — e também da fábrica.

No México, conheci Pablo Neruda, e agora me dou conta de que ele teve mais influência sobre mim do que percebi na época. Estudei espanhol com um refugiado, amigo dele, lemos muita poesia — Lorca, Neruda, os poetas espanhóis mais antigos etc.

Acho que respondi as suas duas cartas. Não estou preocupada com o tempo, de modo que a senhora também não deve se preocupar com isso. Creio que a senhora tem razão a respeito do meu antropomorfismo — embora as pessoas falem, ou falassem antigamente, contra isso, parece que é um ingrediente mais ou menos constante em todos os tipos de poesia em todas as eras, em graus variáveis. Sim, eu gostaria muito de ver o livro sobre [Conrad] Aiken da Twayne — tomara que ele chegue aqui direitinho. Entendo o que a senhora quer dizer com os problemas "mecânicos" — também temos esses problemas aqui, e mais o racionamento de energia, por causa da seca — o que nos obriga a usar velas e lampiões a querosene durante algumas horas todas as noites. No interior, isso é até natural, mas em apartamentos, lojas, restaurantes etc. no Rio, é muito estranho.

Atenciosamente,

Elizabeth Bishop

P.S. Reli esta carta e me dei conta de que, sem querer, acabei transformando minha companheira de passeio num mistério. O nome de solteira dela era Evelyn Huntington, e ela estava um ou dois anos à minha frente. Lamento ter perdido contato com ela e espero voltar a vê-la algum dia, porque era uma moça muito alegre — e nós nos divertimos muito. Ela trabalhava na saúde pública — se a senhora quer *nomes*, é só pedir — mas imagino que o resumo biográfico seja resumido. Outras colaboradoras da nossa revista anônima na faculdade eram Frani Blough Muser (que mais tarde foi editora da *Modern Music* por muitos anos) e Margaret Miller, que trabalhou no Museu de Arte Moderna de Nova York por vinte anos, se não me engano. Nós todas éramos interessadas em arte, música e literatura "modernas" — alunas do segundo e do terceiro ano na época, acredito.

Creio ter mencionado que a meu ver John Dewey também me influenciou — NÃO os escritos dele, que praticamente não li, mas sua personalidade. O poema "Uma primavera fria" é dedicado a sua filha mais moça, uma velha amiga minha, embora bem mais velha do que eu. O livro *Uma primavera fria* é dedicado à dra. Baumann, minha médica em Nova York por muitos anos — agora é também a médica dos Lowell e de muitos amigos meus — ela é clínica geral.

44 Porter Street
Watertown, Massachusetts
28 de outubro de 1963

Cara srta. Bishop,

 Recebi sua carta de 2 de outubro já faz algum tempo. Creio que deveria tê-la respondido de imediato para tranquilizá-la a respeito do correio, mas eu queria lhe mandar algo mais do que isso. A senhora é muito generosa a respeito do ritmo tão lerdo do meu trabalho, mas estou conseguindo melhorar, e continuo lamentando não saber trabalhar mais depressa. Mesmo assim, acho que tenho finalmente um esboço que vai funcionar. Na semana que vem ou na outra, na pior das hipóteses, vou lhe mandar vinte ou trinta páginas de um primeiro rascunho — um rascunho ainda muito inicial, infelizmente, mas que já inclui alguns comentários sobre "O peixe", "O iceberg imaginário", "Chemin de fer", "The Colder the Air", "O amor dorme", "Cape Breton", "No pesqueiro", "Galos" e "Mais de 2000 ilustrações etc." e vários outros poemas. Certamente, a lista parece um saco de gatos, mas pelo menos estou satisfeita por já ter o esqueleto de um livro. Agradeço muito as suas correções e emendas. Vou tentar incluí-las já em sua forma final na medida do possível, e mandá-las — para que eu tenha certeza de não estar cometendo nenhum erro terrível. A senhora tem toda razão — devo ter omitido *Helena Morley* no esboço que lhe enviei. Por esquecimento, pois admiro muito esse trabalho, especialmente porque a senhora parece ter feito uma tradução de verdade, e não uma reinterpretação. Sou muito desconfiada em relação à maioria das traduções, embora não tenha nada contra imitações explícitas como as de Robert Lowell. Nelas não parece haver nenhuma pretensão de precisão. Por outro lado, as traduções de Neruda feitas por Ben Belitt, que estive lendo esta semana, não me parecem confiáveis. Germânicas e esvaziadas, completamente destoantes do espanhol. Infelizmente, meu espanhol é tão precário que preciso de uma tradução literal para poder ler com um mínimo de velocidade. Fiquei feliz de saber que a senhora gosta dele. (De Neruda e não de Belitt.) Embora na sua poesia eu nunca sinta a violência que percebo na dele, nem tampouco a sensualidade, existe alguma afinidade real. Especialmente nos poemas sobre o mar e sobre animais.

 Enviei o volume sobre Aiken, brilhando como um sinal vermelho, na semana passada. Acho que não vai lhe dizer muito a respeito do que estou fazendo, porém. Não sou acadêmica, e também acho que não faz muito sentido estimular a atual mística do culto ao autor escrevendo muito a respeito da vida dele. Um dos meus problemas ao dar início a esse livro é decidir o quê, exatamente, é importante na sua poesia. O rascunho que segue talvez lhe dê uma ideia das minhas conclusões. Pode ser que a senhora não concorde, mas acho que ao menos vai lhe interessar. É claro que terei prazer em fazer revisões e repensar coisas. Seja como for, fiz uma série de incursões — no transcendentalismo, no imagismo, na arte alemã contemporânea — quer dizer, contemporânea dos anos 1930 e 40 — e foi muito bom para mim, pois aprendi muita coisa com essas circum-navegações. Meu marido, que é sinólogo mas também tem conhecimentos extraordinários de filosofia e arte, me disse que também Wittgenstein, além de Klee e Ernst, esteve interessado, a certa altura de sua carreira, na natureza da visão. Em seus cadernos ele escreve: "Tudo que vemos poderia ser diferente; tudo que descrevemos também poderia ser diferente". Essa ideia aparentemente vem de Hegel — um fato que não é levado em conta pela maioria dos filósofos positivistas de hoje, que traçam uma distinção entre Atualidade e Realidade que é semelhante à dos transcendentalistas e, aliás, à de muitos místicos. Esse tipo de pensamento pode estar por trás de poemas "surrealistas" como "O monumento", e até mais, por trás da inversão da realidade indicada por "O mapa" e pelas últimas duas ou três estrofes de "O amor dorme". Talvez isso seja de mais interesse para mim do que para qualquer outra pessoa, porém. Meu pai — que uma época estudou com Dewey — é razoavelmente bem conhecido como seguidor de Wittgenstein, e é razoavelmente detestado pelos poetas teóricos que interpretam erradamente o que ele faz. Para você ver como minha formação não é nem um pouco transcendental.

Mas vamos a meu esboço. Por ora não vou dar maiores detalhes, os quais vou deixar para a próxima carta.

Capítulo I. A VIAJANTE Um relato simples, razoavelmente austero, da vida e das viagens, e também dos amigos, como Marianne Moore e Robert Lowell, que afetaram a sua escrita. Como tantos poemas seus têm a ver com viagens e o litoral, vou usá-los como ilustração de vez em quando. Outras fontes de poesia, sonhos, quadros e uma empatia pelas pessoas naturais, desprovidas de sofisticação ("Jeronimo's House", "Cootchie", até mesmo *Helena Morley*), vão entrar também no capítulo introdutório, de modo que um leitor que não conheça nada sobre a sua poesia terá uma ideia do que tem pela frente, ao menos.

Capítulo II. A ARTISTA Não estou muito segura a respeito do título deste capítulo. Acho que a senhora é mais uma "artista" do que uma "escritora" — isto é, uma pessoa preocupada com a forma. O que a senhora tem a dizer é em grande parte a maneira como o diz, nas histórias tanto quanto nos poemas. Nisso é como Webern, que definiu a vida, creio eu, como uma busca pela forma. "Viver é defender uma forma." E também como Wittgenstein, que não conseguiu transformar sua filosofia num sistema por ser incapaz de não pensar com clareza. Neste capítulo vou mencionar sua predileção por Klee e Ernst — artistas de temperamentos muito diferentes mas que trabalhavam na mesma atmosfera na Alemanha, e que devem ter tido algum efeito sobre a senhora. Quanto ao temperamento, a senhora provavelmente se assemelha mais a Klee do que ao exuberante Ernst, mas "O homem-mariposa" e "O monumento" e alguns dos poemas sobre dormir (ou não dormir) têm muito a ver com Ernst. Creio que tanto Klee quanto Ernst utilizaram alucinações e sonhos o quanto puderam, e vou mencionar isso. Mas a meu ver é importante entender que eles, e também a senhora, me parece, consideram a experiência onírica como parte do contínuo da experiência em geral. Isto é, não se trata de uma personalidade partida, e sim de uma sensibilidade que se estende de modo igual ao mundo subconsciente e ao consciente. Essa foi uma das descobertas dos surrealistas e dos simbolistas também. Ou será que estou enganada? O que acha?

Capítulo III. AFINIDADES Este capítulo parte da sua ideia de que a senhora é uma "descendente" dos transcendentalistas. Creio que mais de Thoreau do que de Emerson e alguns dos outros. Para os transcendentalistas mais intelectuais, a Natureza era o que Emerson chamava de "um sonho e uma sombra", um véu em que Deus era imanente. Eles presumiam que uma ordem moral estava presente no Universo, e que o homem interpretava essa ordem através de suas observações da Natureza e, tal como Wordsworth, recuperava o conhecimento da imortalidade e da eternidade. É difícil alguém hoje em dia encarar as coisas de modo tão simples. Porém, depois que a metafísica se esvai, o que resta é uma consciência extraordinária da natureza em si, dos animais como animais, das plantas como plantas — as ideias de Thoreau, do começo ao fim. Há um poema sobre o mar que vou citar, em que Thoreau diz que preferiria "caminhar na praia" catando pedrinhas e conversando com marinheiros naufragados a mergulhar nas profundezas do mar onde há menos pérolas. Vou fazer essa citação com relação a "O iceberg imaginário". Acho também que não é mais possível prever finais grandiosos para a humanidade. "Cirque d'Hiver", "É, até aqui chegamos nós dois" [*Well, we have come this far*]. E também o "metade basta" [*half is enough*] de "O cavalheiro de Shalott", não são ideias nem um pouco transcendentalistas.

A meu ver, Emily Dickinson se afasta do transcendentalismo na direção de Thoreau. Para ela, há um quadro de referência teológico, é claro. No entanto, ela opta pelo mundo real quando ele parece entrar em conflito com o Céu. Naquele poema maravilhoso "*I cannot [live] with you/ it would be life*",* ela qualifica o paraíso como "*sordid*" [sórdido]. E o poema "*Because I could not stop for death*"** segue, quanto ao pensamento e à imagem, o seu "Chemin de fer". Eu me pergunto se teria razão ao detectar um tom de perda em muitos dos seus poemas. Perda da religião que Emily Dickinson tinha. Entendo todo o "Chemin de fer" como uma parábola, um verdadeiro *concetto*,*** em que o lago e o velho eremita podem ser compreendidos como símbolos da igreja, e de Cristo, talvez. Não sei se eu devia sobrecarregar o poema de "significado", mas é assim que eu o entendo. Além disso, as suas peças líricas utilizam rimas incompletas, tal como fazia E. D. E a senhora também personifica, de vez em quando, tal como ela. "*A warning to the startled grass/ That darkness is about to pass.*"**** Também na sua sextina "Um milagre matinal" há, a meu ver, uma referência à Eucaristia… uma alusão que é frequente em Emily Dickinson. A sua visão é bem mais complexa do que a dela, e a meu ver aquele poema em particular lida com a visão tal como faz Ernst, mas suas implicações são menos amargas. Há uma citação maravilhosa de Hofmannsthal que vou mencionar com relação à sextina… que fala sobre o colapso do mundo visível: "Minha mente obrigava-me a ver todas as coisas numa proximidade insólita; tal como

---

* "Não posso viver sem ti —/ seria vida."
** "Por não poder parar para a morte."
*** Na literatura barroca, figura retórica engenhosa e extravagante. (N. E.)
**** "Aviso à grama espantada —/ A hora do escuro é chegada."

uma vez vi um pedaço de pele do meu dedo mínimo sob uma lente de aumento, e parecia uma paisagem cheia de sulcos e cavernas, assim também agora se passava com as pessoas e o que elas diziam e faziam". Isso tem a ver com a migalha de pão que se transforma numa mansão. Eu amo esse poema.

Hesito ao mencionar, como última *Afinidade*, os imagistas, porque tantos críticos colocam a senhora ao lado deles. Há, porém, algo a ser dito aqui. Quando um poeta "pinta quadros" ou imagens, ele também, como o pintor, *interpreta*. Isto é, ele escolhe como apresentar uma coisa, e a apresenta de um modo que diz algo. O que ele diz, é claro, está aberto a interpretações de um tipo secundário. Creio que a senhora tem razão ao dizer que o leitor deve entender os seus poemas como quiser. Não obstante, o poeta limita a tela. William Carlos Williams limitava suas telas. Eu sei quais são as ideias morais dele a respeito da vida, muito embora ele seja fiel a seu lema: *"no ideas but in things"* [ideias, só nas coisas]. O mesmo se dá com a senhora. Quando os pelicanos colidem "com uma força *excessiva*" [*unnecessarily hard*], é a senhora que os vê, e que introduz a qualificação. Não acho que isso seja errado — pelo contrário, é necessário e faz com que o poema ganhe ressonância. Mas acho importante mencionar que o imagismo não está tão distante da corrente principal da literatura inglesa quanto as pessoas supõem.

Capítulo IV. PRECISÃO E RESSONÂNCIA Creio que já lhe falei sobre essa minha teoria. O sucesso da poesia imagista, a meu ver, depende da tensão mantida entre as descrições precisas e seus significados possíveis. Isso tem a ver com o que observei acima a respeito da interpretação. A precisão pura e simples é tediosa, como um livro didático. (Vou encontrar mais exemplos para ilustrar.) Por outro lado, muitas vezes incomoda mais ainda ler poemas que tentam ter ressonância sem precisão. Sob esse ângulo, toda a carreira de Ezra Pound pode ser entendida como uma busca por ressonância, por vezes conseguida, como nas traduções do chinês, por vezes fracassando por completo, como nos *Cantos* mais obscuros porque as alusões não são suficientemente precisas. Como estou ansiosa para pôr esta carta no correio, vou deixar os exemplos tirados de seus poemas e contos — "Na aldeia" é cheio de ressonância — para uma carta posterior.

Capítulo V. FONTES DE RESSONÂNCIA Há fontes comuns de ressonância — por exemplo, metáfora, alusão literária, alusão a fenômenos e origens sociais comuns. Elas são encontradas com frequência nos seus poemas, e vou dar exemplos. Mas creio que há duas ou talvez três fontes de ressonância que a senhora, de certo modo, desenvolveu. A primeira eu denomino *ambiguidade das aparências*. A migalha de pão pode ser uma mansão. O mapa pode ser mais real do que o território; a tapeçaria da paisagem de repente se levanta e vai embora diante da chegada dos cristãos. [...] com essa ambiguidade visual, está a possibilidade de inversão — correção, quase, através da inversão.

Em "O amor dorme", por exemplo, o homem que "vê" é o homem que vê a cidade invertida como correta. (Será isso também uma utilização da teoria da óptica?) E em "Insônia", a imagem da lua no espelho é mais correta, ou parece mais verdadeira, do que a própria lua. Eu poderia encontrar muito mais exemplos — nos poemas novos também.

Outra fonte de ressonância é, a meu ver, a maneira como a senhora usa a personificação. Porém creio que há diversos tipos de personificação. Normalmente a falácia patética é um recurso — dizer uma coisa por meio de outra —, metáfora pura. Como em "a superfície pesada do mar,/ inchando aos poucos, como quem *pensa* em transbordar" [*the heavy surface of the sea,/ swelling slowly as if* considering *spilling over*] ou "A lua no espelho da cômoda/ está a mil milhas, ou mais/ (e se olha [...]" [*The moon in the bureau mirror/ looks out a million miles*]. Isso é muito comum em poesia, e não me parece que a senhora exagere no uso da personificação. Há momentos em que a paisagem parece estar menos personificada do que vivificada — ela ganha vida própria, tal como Neruda dá vida ao mar, aos animais e às plantas. "Flórida" começa com uma personificação comum — os tangarás estão "envergonhados" [*embarassed*] e as aves estão "histéricas" [*hysterical*], mas então a paisagem começa a ganhar vida. As tartarugas não são semelhantes aos homens, e sim a si próprias, as conchas jazem impotentes na praia. Talvez eu esteja exagerando. Mas tenho essa mesma impressão de vida dos animais em "O peixe" e em "O tatu".

Mas isso ainda precisa ser muito mais elaborado — e não estou certa de que preciso fazer essa distinção. Mas sem dúvida é verdade que a senhora muda as características das coisas vez após vez. Isso tem um nome oficial — metonímia ou sinédoque.

CAPÍTULO VI, o último capítulo ainda não tem nome. Vou tentar resumir o que disse e comentar a "contribuição da poeta à literatura americana". Como acho que há de fato uma contribuição, espero não parecer muito obtusa. Quero mencionar *Helena Morley* outra vez, e a sua percepção da verdade do mundo infantil — sem nada de sentimental, no seu caso — como de qualquer um que conheça bem as crianças. (Não tenho a menor paciência com as pessoas que não têm simpatia por nenhuma criança, mas têm pela sua própria infância relembrada. Até mesmo algumas mães não se dão ao trabalho de compreender seus próprios filhos, mas ficam rememorando os seus tempos de menina como se tivessem sido criadas numa espécie de idade de ouro.)

E chega. Eu me pergunto se a senhora vai conseguir ler isto. Escrevi na afobação porque [vou] sair daqui a pouco. E até acho que nem tudo que eu disse é razoável. Mas me diga o que acha.

Samambaia, 30 de dezembro de 1963
nome do lugar, treze quilômetros de P—
quer dizer "giant fern" — Petrópolis é sempre o endereço
para correspondência

Cara sra. Elvin: (ou será que posso chamá-la de Anne?)

Tenho duas cartas longas para você, uma escrita há mais de um mês, e eu as trouxe (depois de passar uma semana em Cabo Frio) aqui para o interior e tentei reescrevê-las mais de uma vez. Desculpe minha lerdeza — elas respondem a sua carta de 28 de outubro. Achei sua carta muito boa e estava tentando fazer justiça a ela. Recebi também o livro sobre Aiken, muito obrigada. Por um lado, gostei muito de tê-lo comigo — mas agora lamento ter lhe dado o trabalho de enviá-lo, porque enquanto ele estava no correio toda a coleção apareceu na Biblioteca Jefferson, em Copacabana, pertinho de onde eu moro no Rio. Dei uma olhada neles e peguei *Edward Taylor* para ler (um pouco chato!). Eles parecem muito eruditos; a sua carta é muito erudita! Hegel, Wittgenstein etc. — fico muito lisonjeada. Sempre fui fraca em matéria de filosofia, e por isso me impressiona ver que você me associa a esses cérebros. Tal como M. Jourdain falando em prosa — pelo visto, eu estava filosofando sem saber que estava.

Outra coisa — por favor, não peça desculpas pela sua datilografia ou sua ortografia — eu também não sou muito boa nessas coisas.

E obrigada pelo lindo desenho chinês. Em troca, vou lhe mandar (está pronto para ir para o correio há semanas, mas ainda não o despachei porque queria antes terminar a carta) uma xilogravura brasileira *muito tosca* — das que são usadas nas capas dos livrinhos de baladas [cordel] que ainda são vendidos aos milhares aqui, principalmente no Norte [Nordeste]. Creio que, tecnicamente, mil anos separam o seu desenho da minha gravura. O poema que vem com a gravura, porém — sobre um assassinato espetacular —, segue uma forma portuguesa antiga e muito rígida, quase como Camões. Espero que você esteja animada com a viagem à Inglaterra, e quando é mesmo que você vai? No sábado o adido cultural americano veio passar o dia aqui, e trouxe com ele um jovem casal — Tom Skidmore — que está aqui estudando história do Brasil para ensinar em Harvard no ano que vem. Por acaso você o conhece? A mulher dele é inglesa. Eu ia perguntar a ele se conhecia você, mas acabei perdendo a oportunidade. Estou no interior há cerca de dez dias — e pretendo passar aqui o fim de semana. Esta é a minha casa de verdade, mas nos últimos três anos tenho passado muito pouco tempo aqui porque — talvez eu já tenha lhe dito isso antes — a amiga com quem moro está trabalhando para Carlos Lacerda, o governador do estado da Guanabara (onde fica a cidade do Rio), e por isso a gente tem que ficar na cidade. Depois de dar uma olhada no livro sobre Aiken, algumas coisas me vieram à mente — uma delas é que, na cronologia, acho que você podia colocar o nome da Lota — eu devo muito a ela; o meu próximo livro de poemas vai ser dedicado a ela, e nós somos amigas há vinte anos, mais ou menos. (Nós também somos donas desta casa, que ainda estamos construindo juntas.) Algo assim: "Novembro de 1951 — viajou para a A. do S. com o dinheiro recebido do Bryn Mawr [College]. Parou no Rio para visitar Maria Carlota de Macedo Soares, uma velha amiga, adoeceu — e acabou ficando" — e fui ficando. Diga isso com as suas próprias palavras.

Isto não é para o seu livro, ~~especialmente~~ mas quanto mais eu examinava aqueles livros, mais eu me perguntava como é que você vai conseguir escrever um sobre mim! — só para sua informação. A Lota preside a equipe que está transformando um enorme *aterro* na baía do Rio num parque. Tem cerca de cinco quilômetros de comprimento, cheio de estradas, praias, playgrounds etc., um tremendo empreendimento para esta cidade falida — e enquanto Lacerda continuar no poder, estamos mais ou menos presas no Rio. Esse parque está muito mal descrito [no] último livro de Dos Passos [*O Brasil em movimento*] (eu *não* o recomendo). Vou guardar o resto para a carta que espero terminar e despachar amanhã. Um ótimo Ano-Novo para você — e muito obrigada pela sua carta e pelo seu cartão.

    Com um abraço da
        Elizabeth

                        Comecei lá — agora estou no Rio, 20 de janeiro —
                                          dia de São Sebastião
                                  Samambaia, 8 de janeiro de 1964

Cara Anne:

    Espero que você tenha recebido o envelope grande que lhe mandei registrado. O correio anda maluco nos últimos tempos — tenho recebido revistas de setembro, e uma carta grande, cor-de-rosa, endereçada ao "Bispo da Igreja Metodista do Brasil".

                                 *

    Continuando minha resposta. Tendo lido o livro sobre Aiken, acho que você podia também dizer na cronologia: "1916. Mãe enlouqueceu em caráter permanente, após várias crises. Viveu até 1934". Jamais ocultei esse fato, embora não goste de dar muita importância a ele. Mas é claro que é um fato importante, para mim. Não voltei a vê-la nunca mais.

    Moro numa casa muito "moderna" nos arredores de Petrópolis, de propriedade minha e da Lota — ela já havia começado a construí-la quando vim para cá, e desde então continuamos a trabalhar na obra, embora ela tenha ficado mais ou menos pronta sete anos atrás. Ela recebeu um prêmio de Gropius e apareceu em muitas exposições, revistas e livros. Estou dizendo isso não para contar vantagem, mas porque me interesso por arquitetura e, se eu disser que — acho que é uma boa casa — não uma casa imponente, com acabamento refinado, nada disso — isso seria difícil aqui, mesmo se tivéssemos dinheiro. Na *L'Architecture d'Aujourd'hui* de junho-julho de 1960, pp. 60-1, há umas fotos razoavelmente boas da casa, embora na época ela ainda estivesse inacabada. (Caso você esteja interessada!) Fiz a bobagem de não tirar cópias em carbono das cartas que mandei a você, e por isso talvez eu esteja me repetindo, mas uma outra coisa que fiz depois que vim morar no Brasil foi trabalhar num livro grande chamado *Contemporary Brazilian Architecture* [*Arquitetura moderna no Brasil*], de Henrique Mindlin. Traduzi uma parte do texto para a edição em língua inglesa e tentei a melhorar a introdução que o autor escreveu, mas não tive muito sucesso. Também fiz o livro sobre o Brasil da Life World Library Series, em 1962 (mas será que já disse isso antes?). Assumi essa tarefa pelo dinheiro e tive muitos aborrecimentos com os organizadores até terminá-la. Acabo de me recusar a fazer uma revisão do texto para uma nova edição — o capítulo sobre política está desatualizado, basicamente. Fiquei muito incomodada com esse livro. O texto é mais ou menos meu, mas está cheio de erros de gramática, clichês etc. que eles acrescentaram. Não fui responsável pelas legendas (a maioria das quais totalmente erradas!) nem pelas fotos, embora eu batalhasse para incluir fotos melhores, e consegui que eles publicassem algumas. Mas — imagine um livro sobre o Brasil sem um único pássaro, bicho, borboleta, orquídea, árvore florida etc. Eles também tiraram todas essas coisas do meu texto, e os parágrafos sobre naturalistas famosos etc. Recentemente, porém, alguns amigos meus que vieram para cá fazendo turismo me disseram que acharam esse livro muito "útil" (há muito pouca coisa sobre o Brasil em inglês), de modo que agora estou encarando a coisa com mais tranquilidade. Mas se você vir esse livro, por favor seja indulgente!

Essas coisas não têm muito a ver com poesia, é claro. Você também falou sobre traduções na sua carta. Será que você viu uma pequena série de traduções que saiu na *Poetry* de novembro? — trechos de um poema longo de João Cabral de Melo Neto. Vou também publicar em breve duas séries de poemas de Carlos Drummond de Andrade, uma na *Poetry* e outra na *New York Review* [*of Books*]. Não levo muito a sério traduções de poesia e raramente tento fazê-las — só quando vejo um poema de alguém que acho que vai ficar bom em inglês, com menos perdas do que costuma acontecer. Isso quer dizer que não é necessariamente um dos melhores poemas do autor. As minhas traduções são quase tão literais quanto possível — essas de poetas brasileiros estão nos metros originais, até onde os metros do inglês correspondem aos do português — pois os dois sistemas são diferentes. Eu não tentaria o tipo de "imitação" que o Robert Lowell faz, se bem que ele compõe poemas brilhantes bem a sua maneira desse jeito, com frequência. As traduções de Ben Belitt (as quais você menciona) são HORRÍVEIS — já viu o Rimbaud dele? —, uma tristeza, porque está claro que ele se esforça muito.

A *Kenyon Review* vai publicar, no número de primavera ou de verão, três contos bem curtos que traduzi de uma escritora brasileira, Clarice Lispector. Espero não fazer mais nenhuma tradução por algum tempo.

As melhores traduções de poesia, a meu ver, são aquelas da série Penguin Poets, em que um texto direto em prosa aparece no rodapé — pelo menos as das línguas que eu conheço um pouco me parecem muito boas. Você mencionou uma vez o Ievtuchenko. Ele me parece terrivelmente arrogante. (Eu leio russo o bastante para perceber como são as rimas, normalmente.) Já Pasternak a gente tem a impressão de que ele certamente é bom — e me surpreendo como Iessiênin parece bom — mas estou apenas adivinhando e palpitando. Nunca gostei tanto de Rimbaud quanto no verão que passei lendo a poesia dele na Bretanha, totalmente sozinha, num tempo em que eu sabia pouquíssimo francês. (Se bem que continuo a achá-lo magnífico, é claro.)

Você menciona Neruda outra vez. Como já devo ter dito, meu poema dedicado a Marianne Moore foi baseado num poema sério dele, um dos melhores. (O meu não é sério.) Como eu estava interessada no surrealismo muito antes de conhecê-lo, acho que a poesia dele não teve muita influência sobre a minha. Mas gosto de algumas coisas dele — até mais ou menos, e inclusive, o poema sobre Machu Picchu. De lá para cá o que ele escreve é mais propaganda, e ruim. Ele foi o primeiro poeta realmente comunista que conheci, na verdade, o único bom poeta comunista que já conheci (ruins existem muitos, aqui e em outros lugares — quer dizer, Brecht, imagino, é outro que é bom) — um homem triste, que tem consciência, isso ficou claro para mim, de que traiu seu próprio talento. Ele disse muitas coisas que me deram essa impressão, e chegou a me dizer para NÃO ler alguns dos poemas dele, poemas políticos (eu o conheci durante a guerra), porque eles não eram bons. Conheci Neruda por acaso; NÃO gostei das posições políticas dele. Eu tinha recomendações para ~~muitos~~ do outro partido no México, e conheci e gostei do Victor Serge etc.

Nunca estudei "Imagismo" nem "Transcendentalismo" nem nenhum ismo conscientemente. Só fiz ler todos os poemas que caíam nas minhas mãos. Aos quinze anos, apaixonei-me por Whitman; aos dezesseis alguém me deu um livro de Hopkins que tinha acabado de ser relançado (eu já decorara o pouco de Hopkins que havia na antologia de Harriet Monroe). Nunca gostei muito de Emily Dickinson, tirando alguns poemas sobre a natureza, até que saiu aquela edição completa há alguns anos, e eu li tudo com mais cuidado. Continuo odiando aqueles poemas do tipo ah-como-tudo-é-doloroso, mas admiro muitos dos outros; de modo geral, gosto mais de expressões do que de poemas inteiros. O que mais admiro é a ousadia dela de fazer aquilo, totalmente sozinha — um pouco como Hopkins, sob esse aspecto. (Tenho um poema sobre eles, comparando-os a dois pássaros que se engaiolaram a si próprios, mas está inacabado.) Isto é esnobismo — mas não gosto dessas pessoas sem senso de humor, tipo Martha Graham, que gostam de Emily Dickinson...

 Na verdade, acho que meu gosto é em boa parte determinado pelo esnobismo. Tive muita sorte de ter tido, durante a maior parte da minha vida, alguns amigos espirituosos — espirituosos mesmo, inteligência rápida, fantasias mirabolantes, comentários que fazem a gente chorar de tanto rir. (Hoje em dia creio que há uma tendência no mundo literário a achar que qualquer crítica demolidora ou muito irônica é "espirituosa", e qualquer "ambiguidade" agora é considerada "espirituosa" também, mas não é a isso que eu me refiro.) A tia de quem eu mais gostava era uma mulher engraçadíssima: a maioria dos meus amigos mais próximos sempre foram pessoas engraçadas; a Lota de Macedo Soares é engraçada. A Pauline Hemingway (a segunda mulher de H), muito amiga minha até morrer em 1951, foi a pessoa mais espirituosa, homem ou mulher, que já conheci. A Marianne era muito engraçada — Cummings também, é claro. Talvez eu precise de pessoas assim para me animar. Elas costumam ser estoicas, nem um pouco sentimentais e fisicamente corajosas. O senso de humor dos brasileiros pobres é, no fundo, a única coisa que torna esse país suportável a maior parte do tempo. Mas eles não são "corajosos" — muito pelo contrário — só que as inúmeras piadas políticas, letras de sambas, apelidos etc. são brilhantes e consoladores — infelizmente, quase nunca traduzíveis. Só o humor deles consegue às vezes adoçar este caos repugnante de ganância e corrupção.

 Tenho uma vaga teoria segundo a qual se aprende mais — eu aprendi mais quando alguém de repente fez troça de alguma coisa que era levada a sério até então. Quer dizer, a respeito da vida, do mundo etc. Isso também é uma forma de esnobismo. Não gosto de pessoas extremamente livrescas (por acaso até gosto de algumas, mas acho que elas seriam melhores se *não* fossem tão livrescas), e não gosto de escritores que só conseguem falar sobre casos literários, ou que se preocupam em atribuir aos outros escritores seu lugar correto na hierarquia. A crítica é importante, "há que arrancar as ervas daninhas" (R. Lowell), mas *eu* é que não quero fazer isso. Tenho a impressão de que a arte provavelmente se viraria sem a crítica mais ou menos da mesma maneira, provavelmente. Confio no meu gosto e de modo geral não tenho vontade de explicá-lo — ao mesmo tempo, às vezes lamento não saber explicá-lo melhor.

Você menciona Ernst outra vez. Ah, meu Deus — eu não devia nem tê-lo mencionado, porque de modo geral eu o considero um pintor horrível. Gostei daquela *História natural* que mencionei, e suas fotocolagens ainda parecem brilhantes. De Klee eu gosto, é claro, e Schwitters — mas por outro lado — eu gosto de muitas pinturas. Alguns [Georges-Pierre] Seurats, por exemplo — um pequeno, tranquilo, cinzento e azul, de uma praia em Honfluer, com paus fincados na areia — no Museu de Arte Moderna de Nova York — eu daria tudo para ter pintado aquilo! Volta e meia fico pensando que não segui a minha vocação, e até pinto de vez em quando — mas não pinto bem, não, de modo algum. Mas também gosto igualmente de música, e é disso que mais sinto falta aqui. Creio que devo ter o tal "temperamento artístico"...

Agora vou fazer uma confidência. A Pauline Hemingway que mencionei acima enviou meu primeiro livro a Ernst, em Cuba. Ele escreveu para ela que havia gostado, e, referindo-se a "O peixe", creio, que "gostaria de entender tanto do assunto quanto ela". Dando o devido desconto pelo exagero para agradar sua ex-esposa — esse comentário, na verdade, para mim é muito mais importante do que qualquer elogio nas revistas literárias. Eu sabia que no fundo o sr. H e eu somos de fato muito parecidos. Só gosto dos contos dele e dos dois primeiros romances — alguma coisa nele deu tragicamente errado depois disso — mas ele tinha uma visão correta de muitas coisas. (NÃO sobre matar animais. Eu também gostava de pesca submarina, e ainda pratico de vez em quando, mas sem muito prazer, e quando eu era mais jovem e mais durona gostava de touradas, mas acho que agora não conseguiria assistir a uma tourada até o fim.) H fez o comentário horrendo de que os críticos de NY eram como "minhocas dentro de um vidro". Talvez [Edward] Gibbon tenha se expressado melhor: "Uma nuvem de críticos, de compiladores, de comentadores, ocultava a face do saber, e o declínio do gênio foi logo seguido pela corrupção do gosto".

Não gosto de discussões (uma pena, pois agora moro num lugar onde as discussões, principalmente sobre política, constituem a ocupação principal...) e concordo com D. H. Lawrence, que disse que detestava gente discutindo política e as notícias que todos haviam lido nos mesmos jornais. Tenho admiração tanto por Hemingway quanto por Lawrence — e outros também — por viverem no mundo real e saberem fazer coisas. Sou um pouco vaidosa a respeito da minha própria capacidade de fazer coisas, talvez — ou talvez eu apenas tenha tido sorte quanto aos meus interesses, vivências e amizades.

(E talvez, por outro lado, eu tenha apenas dissipado minhas energias.) Mas muitas vezes fico pasma com a impotência, ignorância, péssimo gosto, falta de conhecimento mundano e falta de observação em escritores que são muito mais talentosos do que eu. A falta de observação é a meu ver um dos pecados capitais, responsável por boa parte da crueldade, feiura, chatice e falta de educação — e da infelicidade geral, também.

Isso pode não ter muito a ver com as artes nem com a minha poesia — fora o fato de que eu talvez exprima algumas dessas ideias nos meus poemas; eu própria não sei dizer muito bem. Naturalmente, estou me referindo a algo mais do que "observação" ou saber tomar conta de um bebê, remar ou entrar numa sala de visita! (Alguns dos críticos marxistas já disseram isso, creio eu.) Trata-se de viver numa realidade que atua nos dois sentidos, nas fontes não intelectuais da sabedoria e da empatia. (E é claro que tanto Hemingway quanto Lawrence cometiam às vezes crueldades horríveis — por que foi que escolhi esses dois?) Um exemplo melhor, e de um autor que tenho lido e relido desde que vim para o Brasil, é Tchékhov. Quem dera que mais artistas pudessem ser *bons* como ele além de bons artistas. Ele faz com que a maioria dos outros pareçam animais — e no entanto ele não sacrificou nada à sua arte. Tenho a impressão de que eu morreria feliz se conseguisse escrever uma história — ou poema — sobre o Brasil que chegasse aos pés de "Os mujiques".

Vamos aos seus capítulos. I. A maioria dos meus poemas que ainda consigo aturar foram escritos antes de eu conhecer Robert Lowell e de ler o primeiro livro dele. Porém, de lá para cá ele tem me influenciado bastante, sob muitos aspectos. Ele é uma das pouquíssimas pessoas com quem eu consigo falar sobre literatura com liberdade e naturalidade, e ele é extraordinariamente ágil, modesto e generoso nesses assuntos. Com exceção de Marianne, no entanto, quase todos os meus amigos até Cal (Lowell), e depois dele, não são escritores.

II. Concordo com você, sim. Acho que era isso que eu estava tentando dizer na minha falação acima. Não se trata de "personalidade partida". Os sonhos, as obras de arte (algumas), vislumbres do surrealismo da vida cotidiana, o qual sempre funciona melhor, momentos inesperados de empatia (será isso?), captam uma visão periférica do que quer que seja que a gente nunca consegue ver de frente, mas que parece importantíssimo. Não consigo acreditar que somos completamente irracionais, e olhe que sou uma admiradora de Darwin! Mas lendo Darwin, a gente admira a solidez da argumentação que ele vai desenvolvendo a partir daquela infinidade de *observações* heroicas, quase inconscientes ou automáticas — e então vem um súbito relaxamento, uma expressão descuidada, e a gente *sente* a estranheza do empreendimento dele, vê o jovem solitário, fixando a vista nos fatos e nos pequenos detalhes, afundando ou mergulhando impetuosamente no desconhecido. Creio que o que a gente quer na arte, ao vivenciar a arte, é a mesma coisa que é necessária para criá-la, uma concentração completamente inútil, em que a pessoa se esquece de si própria. (Nesse sentido, é sempre uma "fuga", você não concorda?)

III. Creio que só li a poesia de Thoreau muito recentemente, aliás, só li a prosa. Mas concordo com o que você diz. Ao mesmo tempo, sempre achei que uma das percepções mais extraordinárias do "mar" está em "L'Éternité", de Rimbaud:

> *C'est la mer allée*
> *Avec le soleil.**

Isso se aproxima daquilo que é chamado, creio eu, de "revelação anestésica" (William James?). Dois dos meus poetas favoritos (não melhores poetas) são [George] Herbert (eu o leio constantemente quase que desde sempre) e Baudelaire. Não consigo nem tentar conciliar os dois — mas você sem dúvida é uma moça muito inteligente e talvez consiga!

Creio que você tem razão a respeito da "sensação de perda", e creio que é óbvio de onde ela vem — não é uma coisa religiosa. Nunca fui religiosa de modo formal, e não tenho crença. Não gosto do didatismo, para não dizer condescendência, dos cristãos praticantes que conheço (mas talvez seja falta de sorte da minha parte). De modo geral, eles me parecem estar mais ou menos caminhando em direção ao fascismo. Mas tenho interesse pelas *religiões*. Gosto de ler, por exemplo, Santa Teresa, muito, e Kierkegaard (que eu devorava muito tempo atrás, quando ele ainda não estava na moda), Simone Weil etc. — mas em matéria de pessoas, prefiro Tchékhov. Fico horrorizada com o

---

* "É o mar que se evade/ Como o sol à tarde." (Tradução de Ivo Barroso. Arthur Rimbaud, *Poesia completa*. Rio de Janeiro: Topbooks, 1994.)

catolicismo, ou a falta de catolicismo, neste país católico, ao mesmo tempo em que tenho muito interesse pela arquitetura produzida por ele. (Nos Estados Unidos, por exemplo, é uma barbaridade e uma vergonha que só agora, no ano passado, o clero tenha assumido uma posição sobre as relações entre as raças que devia ter adotado séculos atrás.) No entanto, existiram *alguns* cristãos bons! Tal como aqui, no meio da inércia generalizada e da corrupção quase total, de vez em quando a gente encontra um perito de verdade em alguma coisa, trabalhando na obscuridade, honesto e dedicado. (A maior autoridade daqui em borboletas trabalhou anos como carteiro — o que é uma das condições sociais mais baixas que há no país — e foi reconhecido, recebeu medalhas etc. na Europa, antes que o Brasil soubesse da existência dele. Mas por favor, não vá concluir que tenho uma atitude romântica em relação a tais pessoas. Elas surgem, na Igreja ou no Estado, ou nas artes, apenas em quantidade suficiente para que a gente tenha alguma esperança.)

Você menciona Williams. É possível que eu tenha sido influenciada por ele. Sempre acompanhei o trabalho dele, é claro, e de modo geral prefiro seus poemas mais sóbrios, impressionistas, não quando ele está tentando ser profundo. (Dos poemas mais recentes eu gosto mesmo de "Asphodel".) Mas essa prolixidade de Williams é cansativa (tal como a de Pound). Ele tinha aquela teoria sobre linguagem meio boba — mas acaba de me ocorrer (tenho ouvido música contemporânea na vitrola) que *talvez* ele tenha mesmo realizado algum avanço, tal como fizeram os compositores por volta de 1900, e que um novo conjunto de regras pode surgir e passar a ser seguido de agora em diante, tornando o tipo de poesia que ele faz mais interessante e gratificante — como a "serialização" na música. Essa minha ideia não tem nada de preciso — mas a impressão que eu tenho é de que tanto ele quanto Pound, e seus seguidores, seriam muito melhores se a gente pudesse se firmar na percepção de algum "sistema" na obra deles… (Depois de uma hora lendo W., eu fico com vontade de ler [A. E.] Houseman, ou então um hino de [William] Cowper. Aliás, eu conheço muitos hinos — depois do culto na igreja — eu frequentava na Nova Escócia, no colégio interno, e cantava no coral da faculdade — e muitas vezes eu percebo ecos desses hinos nos meus poemas.)

Wallace Stevens me influenciou mais, a meu ver. Na faculdade eu sabia o "Harmonium" quase todo de cor. ("Wading at Wellfleet", eu acho, é o único poema meu que mostra essa influência de modo bem claro.) Mas me cansei dele, e agora o considero romântico e insubstancial — mas ele me anima muito, porque, apesar de suas teorias críticas (muito românticas), Stevens realmente se divertia bastante com aquelas palavras estranhas, e descobriu uma maneira superior de se divertir. Cummings muitas vezes também fazia a mesma coisa, você não acha?

Acabei perdendo o fio da meada do seu capítulo. Bem — sim, eu normalmente prefiro poesia com forma. Fiquei muito envolvida com a poesia lírica dos séculos XVI e XVII durante anos (e continuo até hoje, de certo modo). Passei dias na Biblioteca Pública de Nova York copiando canções de mascaradas etc. (Agora elas podem ser encontradas em livros, mas havia muitas que não estavam disponíveis naquela época — os anos 30.) Também escrevi mais de dez imitações precisas de [Thomas] Campion, [Thomas] Nashe etc. quando estava na faculdade (uma ou duas foram publicadas naquele livro *Trial Balances*, se não me engano). Tenho um fraco por hinos, como já disse — e pelo "Castaway" [O náufrago], de Cowper etc.

Mas não é necessário lhe dar uma lista das minhas leituras ecléticas.

Você deve ter razão a respeito da Eucaristia em "Um milagre matinal". Eu nunca havia reparado nisso até que um brasileiro, católico, é claro, traduziu o poema para o português uns meses atrás e me disse a mesma coisa.

IV. Creio que essa observação é interessante, e com base no que você diz, concordo.

V. Isso me parece muito relevante, também. É estranho, isso que você diz a respeito da "óptica" em "O amor dorme", porque eu estava lendo, ou tinha acabado de ler, a *Óptica* de Newton mais ou menos nessa época. (Se bem que, mais uma vez, eu só pensei nisso depois que você levantou a questão!) (Creio que o homem no final do poema está morto.) Correndo o risco de parecer [Jean] Cocteau — acho que eu lhe disse que trabalhei na oficina de óptica da base de submarinos de Key West por uma temporada muito curta, durante a guerra, não foi? O que eu mais fazia era limpar e ajustar binóculos. Tenho certeza de que já lhe disse isso — eu gostava do trabalho, mas tive que largar por conta de uma alergia aos ácidos usados para limpar os prismas.

VI. Isso vai ser difícil — minha "contribuição"! Por causa da minha época, do meu sexo, situação, educação etc., o que eu escrevi, até agora, é um tipo de poesia que me parece um tanto "preciosa", embora eu seja totalmente contra o preciosismo. A gente gostaria que as coisas fossem diferentes, que fosse possível começar de novo. Quase dá para ter inveja daqueles poetas russos, um pouco — que se acham tão importantes, e talvez sejam mesmo. Pelo menos o partido tem medo deles, enquanto que eu duvido que qualquer poeta americano (com exceção do Pound, coitado) jamais tenha incomodado muito o nosso governo. Por outro lado, me lembro de que no final do século XVI os poemas que chegavam a ser *publicados* eram encarados com desdém; a poesia realmente boa circulava de mão em mão. De modo que acho que ninguém devia se preocupar muito com a posição que tem, e sem dúvida nunca a respeito de ser ou não ser "contemporâneo".

Minha visão é pessimista. A meu ver, continuamos sendo bárbaros, bárbaros que cometem centenas de indecência e crueldades a cada dia de nossas vidas, como talvez as pessoas do futuro consigam perceber. Mas acho que devemos ser alegres apesar disso, às vezes até mesmo impetuosos, para tornar a vida suportável e nos mantermos "novos, tenros, vivos".

Eu levaria meses para responder a sua carta de modo apropriado, por isso vou mandar logo esta bagunça. Por favor, me faça qualquer pergunta que você quiser. Só lhe peço, porém, que não cite minhas palavras exatas sem me avisar, está bem? — porque acho que me exprimi muito mal. Provavelmente eu não devia ter incomodado você com tantas informações sobre as coisas de que eu gosto e não gosto. Seria ótimo se você pudesse viajar até aqui — aposto que a gente conseguiria ter um monte de ideias interessantes em poucos dias.*
Por favor, me avise quando você for à Inglaterra. Tudo de bom para você no Ano-Novo — pois o ano ainda era novo quando comecei esta carta.

Afetuosamente,
Elizabeth

Pós-escrito. Escrevi que o "surrealismo da vida cotidiana" sempre funcionava melhor, — ou era mais surpreendente — do que qualquer coisa que consigam inventar — isto é, para aqueles que têm olhos para ver. Ontem tive um bom exemplo do que eu quis dizer com isso e com alguns dos meus outros

---

* Talvez eu vá visitá-la aí... (N. A.)

comentários que preciso acrescentar. Fui ver *O processo* — *The trial* — que é absolutamente *horrível*. Você já viu? Não leio o livro há muito tempo — mas apesar da morbidez de Kafka etc., gosto de me lembrar que quando ele lia suas histórias em voz alta para os amigos, normalmente tinha que parar porque não conseguia conter o riso. O tempo todo, fiquei pensando que qualquer dos filmes de Buster Keaton nos dá a sensação da tragédia da situação humana, a estranheza de tudo, além de ser *divertido* — exatamente tudo que o pobre Orson Welles estava desesperadamente tentando fazer com uma mão muito pesada. Eu não gosto de *peso* — de modo geral, da arte germânica. Muitas vezes ela envolve um autocentramento completo — como em Mann e Wagner. Acho que a gente pode ser alegre e ao mesmo tempo profundo! — *ou seja, como ser grave sem gemer*.

Os sonetos "terríveis" de Hopkins são terríveis — porém são curtos, e seguem a forma.

Talvez em última análise se trate de uma questão de "boas maneiras", não sei. O bom artista pressupõe certo grau de sensibilidade na sua plateia, e não tenta se flagelar para obter empatia ou compreensão. (É a mesma coisa que me leva a achar que os "cristãos" que conheço também não têm boas maneiras — eles se recusam a pressupor que as outras pessoas também podem ser boas, e assim com frequência adotam uma atitude condescendente sem se dar conta disso. E — pensando bem — o mesmo se dá com os comunistas! Tenho conhecidos de extrema-esquerda que vêm aqui e ficam me falando nas favelas, perguntando se já fui lá — depois de doze anos —, como é que eu posso suportar morar aqui etc...)

44 Porter Street
Watertown, Massachusetts
29 de janeiro de 1964

Cara Elizabeth,

Recebi, sim, a sua xilogravura de Ano-Novo. Eu e o Mark gostamos muitíssimo dela — que assassinato mais decoroso! Gostei de receber seu bilhete junto com ela, pois estava começando a achar que, apesar de ter registrado minha carta, ela havia se extraviado. A sua chegou junto com uma nevasca cerca de duas semanas atrás. Então ontem, com uma segunda nevasca (estou começando a achar que deve haver uma ligação), veio a sua carta de sete páginas! Adorei ver que você parece compreender e até mesmo gostar do que continuo vendo como uma confusão informe de ideias. Concordo com quase tudo que você diz, de modo que escrever esse livro se tornou um prazer, e não o fardo que de início achei que ia ser. (Concordo com as suas ideias a respeito da alegria e da profundidade de modo enfático. Creio que foi por isso que gostei tanto de seus poemas quando os li pela primeira vez. Especialmente porque essa maneira de pensar está fora de moda, ou parece estar, entre os poetas que escrevem hoje, poetas, infelizmente, da minha geração, que parecem ser totalmente desprovidos de discernimento. E eu também me sinto tal como você em relação a escritores e círculos literários. Quando morava em Michigan, dois anos atrás, eu conhecia muitos literatos, gostava dessas pessoas, mas achava que elas nunca encaravam nada na vida que *não* fosse literatura. Terrivelmente limitadas como pessoas, embora eu nunca tivesse essa impressão sobre os músicos, por exemplo, ou sobre os físicos. Por outro lado, pouquíssimos dos músicos e cientistas que conheço leem poesia. Muito preocupante.)

Guardei uma cópia carbono da carta que lhe enviei em outubro, e tenho consciência de que quebrei minha promessa. Eu pretendia mandar a você algumas partes do texto completo, mas, como sempre, acabei não completando nada que ficasse como eu queria antes de novembro, e em seguida tive um aborto espontâneo que me deixou muito deprimida (a gente se dá conta do quanto há de fortuito nas coisas, como os gregos, à mercê do destino), de modo que não consegui escrever nem ler praticamente nada. Então veio o Natal e toda aquela bobagem. O terrível dilema de criar um filho neste mundo contaminado — bom, não vou continuar, mas vou pedir que você seja paciente. É difícil arrancar poemas do contexto do que estou escrevendo. Quero terminar os três capítulos do meio — sobre a Artista, Precisão e Ressonância (quase terminei este último e gostei) e o problema da ambiguidade — antes de começar a trabalhar no primeiro, que vai ser mais fácil. Acho que, com base nos seus comentários a respeito da "contribuição" (e quero evitar essa palavra — e também evitar palavras como "influência" e os "ismos" tanto quanto possível. Muito melhor me limitar a exemplos concretos), vou tentar mencionar as suas ideias com relação à necessidade de uma profundidade alegre. "*Awful but cheerful*" [Medonha, mas animada], um dos seus melhores versos, a meu ver. Você diz que se considera "esnobe" e que acha os seus poemas "preciosos". Bom — é verdade, se é esnobe se opor à mediocridade que é publicada e publicada e elogiada e elogiada por toda parte hoje em dia, e se "preciosa" quer dizer uma espécie de determinação implacável no sentido de exprimir pelo menos os seus sentimentos sinceros a respeito do mundo. Sendo quem é, você não conseguiria escrever como uma camponesa sem ser falsa. A arte é sempre preciosa, no outro sentido do termo, no sentido de que é rara. Como você diz, sendo as circunstâncias tais como são, não se pode fazer de conta que se é natural e primitivo — quando ao menos no meu caso, e no caso de todo mundo nos Estados Unidos, as cidades estão submersas em espirais de superestradas, e a gente planeja visitar, de carro ou de avião, lugares que deveriam, quanto ao estado de espírito e temperamento, estar a meses de distância. Desculpe. Estou me afastando do assunto. (Creio que ninguém está mais bem situada para falar sobre o dilema em que se encontram os poetas americanos, em contraste, como você observou, com os russos.)

Desde que escrevi aquela primeira carta, cheguei à conclusão de que o meu capítulo sobre a artista deverá incluir isto: que a forma é uma tensão na sua obra entre o seu lado que eu vejo como da Nova Inglaterra, marcado por franqueza, humor, reticência, até mesmo certo pendor pelo macabro, e uma atitude "modernista" mais sofisticada e europeia. Talvez eu não esteja me exprimindo com clareza. Mas o que você há algum tempo chamou de transcendentalismo não é Emerson & Cia., embora o pessoal de Concord tivesse muitas qualidades do caráter da Nova Inglaterra; o que eu acho que você queria dizer, porém, é que, em forma e conteúdo, a sua poesia em certos aspectos é muito Nova Inglaterra. Por exemplo, o número de poemas que você escreveu sobre o mar. A maneira como você conhece o *frio*, e tudo o que é ligado a ele. Você parece adorar as superstições e os efeitos macabros sem acreditar — e no entanto você acredita, também, como Hawthorne e Melville, embora tenha mais humor que eles. O conto "Na prisão" para mim parece Poe. Escrito no estilo dele, pelo menos. Você entende o que estou dizendo? Creio que há mais verdade nisso do que na ligação com os transcendentalistas, especialmente porque todos eles, com exceção de Thoreau, eram otimistas ingênuos do tipo que não existe mais (fora, talvez, nas Igrejas sulistas! Houve uma época em que eu dava aulas em Atlanta, Geórgia, e nunca ouvi bobagens como as que os pregadores diziam aos pais respeitáveis das minhas alunas. Há muito tempo que tenho vontade de escrever um conto baseado num sermão que ouvi uma vez. "As placas sinalizadoras do pecado." Mas nunca consegui captar o tom exato).

Gostei muito de ficar sabendo todas essas coisas a respeito de seus gostos em matéria de leitura. Sim, Tchékhov é muito bom. O Mark me deu uma brochura com os contos de Isaac Bábel no Natal; e os dele também são esplêndidos. Como os de Tchékhov, só que mais duros e fortes, sem sacrificar as nuanças. Alguns são horríveis. Você certamente os conhece, mas se não tiver o livro eu lhe mando um exemplar. Outro presente, *O livro do travesseiro*, de Sei Shônagon, o diário de uma dama da corte japonesa do século X, traduzido com comentários excelentes de Arthur Waley, talvez lhe interesse também. Uma sociedade tão inocente, tão literária e tão imoral. Me fez pensar em *Helena Morley*, não que Sei Shônagon seja parecida com ela de alguma maneira, mas porque o diário tem a mesma dualidade de autorrevelação inocente. Vou lhe mandar esse livro se você não tiver. (Eu realmente *adoro* mandar livros para pessoas que gostam. De modo que você não deve ficar constrangida.) Outro livro que o Mark me apresentou este verão foram os quatro volumes de R. H. Blyth sobre o haicai. Um pouco repetitivo, mas excelente quanto à poesia. Diferente do "gênero" moderno de texto crítico. Você conhece? O que torna o Mark extraordinário é ele ter uma gama tão *imensa* de interesses e conhecimentos (mas ele não é "livresco" de uma maneira orgulhosa ou nefasta) e conseguir ver a nossa era como parte de um espectro histórico. Isso é fácil de falar, mas ele consegue mesmo, de modo que não cai em nenhuma moda. Às vezes é difícil conviver com ele, porque quase sempre tem razão! As críticas que ele faz ao meu pensamento analítico me deixa furiosa. Mas é bom para mim, e este livro vai ser bom, se acabar mesmo ficando bom, por causa dele e de você. Estamos lendo *A sociedade do anel*, de J. R. R. Tolkien, para a pequena Caroline Margaret toda noite depois do jantar. Eu e o Mark adoramos, mas o livro está um pouco acima do nível da Margaret. Você conhece? Proporções épicas. O conto de fadas supremo.

Tem centenas de coisas que eu poderia dizer a respeito da sua carta, mas não quero escrever demais hoje porque penso que você deve receber esta carta logo. Acho que vou parar agora para ir ao correio. Mais tarde, nesta semana ou na próxima, volto a escrever. Tenho algumas perguntas sobre os poemas mais novos. Ah, eu gostaria muito de poder ir ao Brasil, mas acho que nunca vamos ter dinheiro para isso. A Inglaterra eu conheço bem — fiz um casamento, desastroso, na Inglaterra logo depois que me formei na Universidade de Michigan, em 1954, e morei em Londres por seis anos. A Margaret nasceu lá. Naquela época, porém, eu não tinha mentalidade para compreender nada.

Espero poder voltar. Adoro a Irlanda e a Escócia, mas Cambridge é um lugar curioso, se bem que curiosamente duro.

Com muito afeto,

Rio, 16 de fevereiro de 1964

Cara Anne:

Foi um elogio ser chamada de "esteta da turma"... Eu e mais duas amigas fomos caricaturadas, em Vassar, com a legenda: "O tipo superior". Muito obrigada por se oferecer para me enviar livros, e vou mesmo aceitar *O livro do travesseiro*, de Sei Shônagon, por já ter ouvido falar muito nele. Mas se for caro *você tem de me deixar pagar*. Já dei de presente aqui dois exemplares daquela edição de Isaac Bábel que você mencionou, para você ver como eu gosto dele. Bábel é excepcional. Aquele relato curto dos vermelhos tomando um velho mosteiro (meu exemplar está no interior, e por isso não posso lhe dar o título) é uma das melhores reportagens curtas que já li. Ele é o outro escritor, ao lado de Tchékhov, que me dá vontade de que surgisse algum gênio brasileiro que escrevesse desse jeito — só que o Brasil é mais próximo de Tchékhov, um país claramente "feminino", enquanto Bábel é um escritor masculino. Se é que se pode fazer esse tipo de distinção — mas comparado com a Inglaterra, ou a Alemanha, o Brasil é claramente "feminino".

Eu gostaria que você de algum modo deixasse claro que se estou aqui há tanto tempo é por motivos pessoais. Eu preferiria morar no meu país se pudesse. Mas meus sentimentos em relação tanto aos Estados Unidos quanto ao Brasil parecem um sismógrafo durante um terremoto, o tempo todo, sem dúvida. Minha última viagem aos Estados Unidos foi no final de 1961, e fiquei horrorizada com Nova York às vésperas do Natal — estava muito pior do que antes. Agora estou horrorizada com as coisas aqui, porque a situação está se deteriorando muito depressa. Mas ninguém que não more nesse país pode entender o que está acontecendo, de modo que não vou [...].

Por favor, desculpe esta longa digressão — na verdade estou tentando me animar — as coisas aqui vão tão mal — falando inglês. Escrevi alguns poemas sobre o Brasil recentemente — um deles você vai ver em breve na *New York Review*, e outro — uma balada *fausse naïve*, bem comprida —, na *New Yorker*.

Lamento muito saber do aborto espontâneo, porque sei que os efeitos são muito negativos... Quando mesmo você vai à Inglaterra? Há uma vaga possibilidade de que eu também vá passar um ou dois meses lá, talvez em abril. Não vou há tanto tempo para lá que é difícil tomar a iniciativa, mas estou com vontade de fazer turismo e ver algumas coisas literárias que não vi nas minhas viagens de muito tempo atrás. Uma vez rodei de carro boa parte da Irlanda e me diverti muito — provavelmente no tempo em que você ainda nem era nascida! Se eu for mesmo, certamente vou tentar encontrar com você em algum lugar.

Alguns dos poemas de Robert Lowell, os dois primeiros livros, sem dúvida, são dificílimos — tem uns que só consegui entender depois que ele me explicou. Mas aí eles fazem muito sentido. Ele escreveu alguns poemas realmente bonitos nos últimos dois anos — umas peças líricas muito bem acabadas — e musicais, também — dois deles são, a meu ver, dos melhores da obra dele. Quanto ao Randall, eu acho que — bom, acho que o sentimentalismo é deliberado, entende? Ele está tentando recuperar o *sentimento*, talvez — mas acho que nós não conseguimos mais acreditar nisso hoje em dia. Creio que ele foi influenciado uns anos atrás, mais do que devia, por [Édouard-Joachim] Corbière. Já Frost é um caso complicado — muito do que ele escreveu era um tanto óbvio para mim, tendo morado na Nova Escócia, mas o tipo de coisa que quando abordo tento não cair no sentimentalismo. Detesto a filosofia dele, o que dá para eu entender — acho uma coisa *mesquinha* —, mas ao mesmo tempo tenho a maior admiração pela técnica dele. "Two Tramps in Mud Time", por exemplo — é ou não é uma recusa da generosidade? (E ele era mesmo um horror, nem um pouco generoso, pelo menos como interlocutor.) Bem — como o Cal sempre diz —, "Todos nós temos defeitos" — e em matéria de poesia nós temos mais é que ser gratos pelo que temos. Todos eles conseguem se elevar acima dos defeitos, de vez em quando. Eu me interesso pelo [John] Berryman, e gostaria que ele publicasse aquele poema comprido em breve. É uma pena eu não entender nada de poesia chinesa — em Washington, um professor que já foi missionário, um velho muito simpático, me falou muito sobre o tema no ano em que passei lá e me esclareceu algumas coisas — e fiquei devidamente impressionada com a sofisticação e elaboração etc.

[Karl] Shapiro, Winters etc. — me parecem melancólicos — o problema é como ser amargo de modo justo porém *impessoal*, não é? (Até mesmo as decepções de Marianne Moore às vezes vêm à tona de modo excessivamente claro, a meu ver — mas por outro lado, ela tem aquela esperteza irlandesa e acaba conseguindo evitar muita coisa... Ela é maravilhosa!)

Não — só tenho umas duas brochuras pequenas a respeito do haicai — e não sei se o Donald Keene (?) é mesmo bom (os livros também estão lá no interior). Nunca li Tolkien, depois de uma tentativa há alguns anos — não achei tempo para ler, sinal de que não devo ter gostado muito! Para crianças — bem, continuo achando que Beatrix Potter era uma ótima estilista em prosa... Tenho muita admiração por Jemima Puddle-Duck, Tom Kitten etc., e apresentei a série (juntamente com o ensopado de peixe da Nova Inglaterra) a muitos brasileiros. Mas isto é conversa fiada, e preciso trabalhar. Folgo em saber que você parece estar feliz no casamento. Como um tio muito burro da minha amiga Lota costumava dizer:* "Prefiro que meus amigos sejam ricos. Gosto mais de amigos ricos felizes do que de amigos pobres e infelizes".

Com afeto,
Elizabeth

44 Porter Street
Watertown, Massachusetts
6 de março de 1964

Cara Elizabeth,

Como vê, estou lhe mandando um cronograma revisto, que eu espero que você corrija, emende, corte etc., como achar melhor. À medida que vou trabalhando no primeiro capítulo, constato que talvez eu precise de mais informações factuais, e se você não se importa, vou fazer algumas perguntas antes de tentar responder de modo apropriado a sua longa carta. Acho que o pouco que vou escrever em matéria de biografia não precisa ser muito detalhado, mas por outro lado é melhor também não parecer evasiva, e, pior ainda, cometer erros.

1. A respeito da família da sua mãe: seu avô era comandante de navio tal como os ancestrais? Toda a família dele era da Nova Escócia? E eram duas ou três tias? Talvez valesse a pena saber o nome da sua tia de Boston — aquela de quem você gostava porque ela era engraçada. E tem alguma coisa que você lembra em particular a respeito das pessoas da sua infância? Quem foi que apresentou a você a música, a poesia...

---

* Como se ele tivesse feito uma descoberta. (N. A.)

foram professoras? Pode-se dizer muita coisa a respeito da sua infância na Nova Escócia com base nos dois contos publicados na *New Yorker*, e também a gente sente a atmosfera em poemas como "Cape Breton", mas eu gostaria de ser um pouco mais precisa a respeito das pessoas e dos lugares exatos. ~~Desculpe, mas eu tenho que ter uma imagem visual das coisas para poder escrever sobre elas.~~
2. Você diz que estudou na Schola Cantorum, em Paris, e depois com Ralph Kirkpatrick. Quando foi isso?
3. Eu gostaria de saber quem você conheceu quando foi a Paris por volta de 1935. Havia muitas "coisas no ar lá". Penso em Gertrude Stein, Hemingway, D. H. Lawrence, os surrealistas, pintores e poetas como André Breton. Um grande período de florescimento naquela curiosa euforia do entreguerras. E mais as pessoas da *Partisan Review*, tão fervorosas e decididas a ser "liberais" sem saber das consequências. Outro dia eu estava na biblioteca folheando uns números antigos da *PR* e fui tomada por uma sensação terrível da ousadia e, no fundo, da futilidade de tudo aquilo. Creio que na época deve ter sido empolgante. Outra coisa: quando foi que você conheceu Calder, Dewey, Loren MacIver, Randall Jarrell? Você parece ter tido muita sorte em matéria de amigos. Concordo quando você diz que pertence à geração pós-Primeira Guerra Mundial. Ou, pelo menos, acho que a gente tem que fazer uma distinção entre "você naquela época" e "você no Brasil". O que me leva aos poemas.
4. O que me impressiona no livro de 1956 é uma consciência maravilhosa da ambiguidade das coisas. "Faustina", por exemplo… a *impossibilidade* de conhecer os pensamentos dela, que podem ser uma coisa ou outra. Ou o final de "Galos", em que o sol "renascido/ fiel como um inimigo/ *ou* como […] um amigo" [*climbs in/* […]/ *faithful as enemy*, or *friend*]. Esse tipo de incerteza é talvez característica da época e também talvez de você. Os poemas novos, tirando "Questões de viagem" e "Brasil, 1º de janeiro de 1502", não me parecem emergir do mesmo tipo de incerteza ou sensação de urgência, e sim, na verdade, de um clima novo e uma cultura nova. Eles têm as mesmas qualidades de descrição exata, mas a perspectiva é diferente. Até mesmo os poemas sobre a infância — "Sextina"] e "Primo Arthur" [sic; "Primeira morte na Nova Escócia"] e "Manners" são "distanciados" (será isso mesmo o que eu quero dizer?) da sua visão antiga. Eles não parecem ser a mesma coisa exatamente… enquanto que os poemas

brasileiros chegam a ser quase categóricos. "Manuelzinho", por exemplo, e a curiosa mistura de superstições e misticismo e absurdo em "O ribeirinho".

Entenda que não estou criticando esses poemas novos. Gosto muito de muitos deles — e além disso, como você vê, eu não sei exatamente dizer o que eu quero dizer a respeito deles. Assim, acho que vou falar menos sobre eles do que sobre os outros. "O peixe", "O iceberg imaginário", "O mapa", "O homem-mariposa", "Cootchie", "Flórida", esses todos me parecem obras-primas — cada vez melhores quanto mais eu os leio. Mas a menos que você me considere terrivelmente "datada" eu preferia não lidar com o que provavelmente deveria ser chamado de "cenário poético contemporâneo". É uma coisa lamentável, de modo geral, a meu ver, e acho que os seus poemas não têm muito a ver com isso.

Percebo que estou "totalmente vaga de novo", como diria o Mark. Bom, talvez você possa me ajudar. Eu queria mesmo era agradecer a sua longa carta e lhe garantir que não vou citar nada sem lhe perguntar antes. Há um trecho que eu gostaria de usar, se eu puder, ou se você aprovar. Ele tem a ver com o que você diz a respeito do "surrealismo da vida cotidiana, o qual sempre funciona melhor". Segundo você, é o seguinte:

"Não se trata de 'personalidade partida'. Os sonhos, as obras de arte (algumas), vislumbres do surrealismo da vida cotidiana, o qual sempre funciona melhor, momentos inesperados de empatia (será isso?), captam uma visão periférica do que quer que seja que a gente nunca consegue ver de frente, mas que parece importantíssimo." E depois aquilo que você diz sobre Darwin, que teria construído uma argumentação com base numa "infinidade de *observações* heroicas", "e então vem um súbito relaxamento, uma expressão descuidada, e a gente *sente* a estranheza do empreendimento dele, vê o jovem solitário, fixando a vista nos fatos e nos pequenos detalhes, afundando ou mergulhando impetuosamente no desconhecido…"

É nesse ponto em que racionalidade e irracionalidade se encontram que seus poemas "pegam fogo" para mim. A ressonância deles, as percepções *reais* — não apenas as belas descrições — provêm da consciência central… a coisa mais difícil e esquiva no mundo de se capturar.

Há duas semanas dei um pulo em Ann Arbor para visitar meu pai… e para ser eu mesma por um tempo. Enquanto estava lá, fiz uma espécie de sumário vitoriano de todo esse livro... todas as ideias explicitadas de modo esquemático com referências aos poemas etc... agora estou encaixando o que já estava escrito no meu esquema (e jogando muita coisa fora). Assim, ao que parece o livro vai mesmo acabar saindo, apesar das viroses, dores de ouvido e resfriados que infernizam a minha família — até o gato está resfriado! Ainda não vi a fotografia da sua casa — vou fazer isso, ainda bem que você mencionou *L'Architecture d'aujourd'hui*. Espero que eu tenha incorporado ao cronograma tudo aquilo que você sugeriu. Não, não fui ver *O processo*, e não vou ver depois da sua descrição. E ando relendo Tchékhov. Sim, sim, sim. Você escreveu algum conto sobre o Brasil? Não sei, mas fico achando que você devia... O que será que dá boa prosa mas não é poesia? — mas talvez seja.

Estou tomando conta da filhinha de uma amiga e da minha também — a gente se reveza —, e eu queria que você visse as passas e biscoitos de trigo integral se acumulando em torno da máquina de escrever. E o leite derramado! Acho que terminou a hora da literatura. Mais uma vez, obrigado pela boa vontade, ajuda e paciência de ler as cartas que eu lhe mando.

Respostas às suas perguntas de 6 de março — [de 1964]
1. Meu bisavô (pai da minha avó materna) é que era comandante de navio. William Hutchinson.* Ele morreu no mar — junto com toda a tripulação — numa famosa tempestade ao largo da Sable Island quando minha avó tinha nove anos. Não — Cape Sable, creio eu — são dois lugares diferentes, mas Cape Sable estaria no caminho da entrada da baía de Fundy. Melhor não dizer nada. Uma vez fui à *Sable Island* (como já lhe contei, eu acho) num barco do Serviço Canadense de Faróis, por volta de 1949.

Minha avó materna tinha quatro irmãos; três deles eram missionários batistas na Índia, e o quarto, um pintor que passou a maior parte da vida na Inglaterra, George Hutchinson. (Dizem que "Our Lady of the Snows", de Israel Zangwill,** é sobre ele, mas nunca li.) Um dos outros foi também presi-

---
* O nome correto do pai da avó materna de Bishop era Robert Hutchinson, conforme ela dirá na carta de 5 de maio de 1964.
** O livro de Zangwill inspirado na vida de George Hutchinson é *The Master*. Robert Louis Stevenson, cujo livro *A ilha do tesouro* foi ilustrado por Hutchinson em 1894-5, é autor de um poema chamado "Our Lady of the Snows".

dente do Acadia College na Nova Escócia, e um outro lecionou lá etc. Parece que os Hutchinson tinham inteligência, talento e eram um tanto excêntricos. Como acho que já lhe disse — um deles escreveu romances ruins, entre eles o primeiro romance publicado em *telugo*.

Meu tio-avô George virou marinheiro aos catorze anos mais ou menos (ele aparece em "Uma pintura grande e feia"), mas na verdade nunca foi professor; não sei por que eu disse isso. Por alguns anos. Antes disso ele já havia começado a pintar quadros de navios para os armadores de lá; em Great Village havia estaleiros na época, como em muitas cidadezinhas da Nova Escócia. Mas a coisa acabou por volta da virada do século. Quanto aos Bulmer, não sei muita coisa. Como já disse — eles eram tóris do estado de Nova York, que receberam fazendas na Nova Escócia na época da Independência, com acréscimos mais recentes escoceses, escócio-irlandeses e ingleses. A mãe da minha avó materna, porém, era inglesa — londrina —, o que provavelmente explica os muitos anglicismos que minha avó usava, como *"hard as the knockers of Newgate"* [duro como as aldrabas de Newgate]. Tenho muitas anotações da minha tia Tia *Grace* a respeito deste ramo da família — o navio em que chegou a minha bisavó, a viagem terrível que ela fez etc. —, mas acho que não vão lhe interessar.

Do lado da minha mãe, tive três tias: Maud, Grace e Mary. Você não precisa mencionar os nomes, a meu ver — morei com a Maud, e a tia de quem eu mais gostava — e gosto — é a Grace. A Mary é só doze anos mais velha do que eu — ela é mencionada nas duas histórias. As duas últimas ainda estão vivas, no Canadá; a tia Maud morreu por volta de 1942 — não tenho certeza. Ela e o marido se hospedaram perto de onde eu morava em Key West, em dois ou três invernos, ou durante parte dos invernos. Havia também um irmão, o tio Arthur — o do poema. O pai deles, meu avô, era o meu predileto entre os meus avós. Ele era dono do curtume da cidade, até que a indústria de curtume deixou de existir lá — os buracos continuavam no lugar, e também uma parte do prédio, quando eu era pequena. Também tinha uma roça, como quase todo mundo lá em Great Village. Ele era um amor; muito doce, religioso, e sabia lidar com crianças ("Manners" é sobre ele). Era deão da igreja Batista, e quando passava o cesto para recolher o dízimo ele sempre me entregava escondido uma daquelas balas brancas, fortes, de hortelã com a palavra CANADA escrita nelas (creio que existem até hoje).

Great Village é uma aldeia muito pequena e bem preservada — pelo menos estava na última vez que fui para lá, em 1951 —, parece uma aldeia da Nova Inglaterra, as casas todas brancas, olmos, uma igreja branca grande no meio (projetada, se não me engano, pelo meu tio-avô George).* Fica numa região de terra fértil, em torno do fundo da baía de Fundy: uma terra de um vermelho escuro, pinheiros azuis, bétulas, um rio bonito que deságua na baía depois de passar por um brejo de água salgada — restos dos velhos diques da Acádia — é a terra de Evangeline [do poema épico de Henry Wadsworth Longfellow] — já Cape Breton é bem diferente; a população é esparsa, muita floresta, muitos lagos — dizem que lembra a Escócia, e lá há mais falantes do gaélico do que em qualquer outro lugar do mundo. Passei um verão lá — foi em 48, creio eu, quando escrevi alguns poemas sobre o lugar. Minha mãe começou a trabalhar como professora aos dezesseis anos (como faziam, em sua maioria, os jovens mais despachados naquela época), e a primeira escola em que ela lecionou ficava na parte baixa de Cape Breton — e os alunos praticamente só falavam gaélico, de modo que a coisa não foi fácil para ela naquela escola, ou talvez numa outra, mais perto de casa — ela sentia tanta falta da família que os pais levaram o cachorro deles para alegrá-la. Escrevi uma história e um poema sobre esse episódio, mas por enquanto nenhum dos dois ainda está no ponto.

Estudei por muito pouco tempo numa escola interiorana de verdade, em que as crianças escreviam em lousas e havia várias turmas misturadas na mesma sala — não todas, porque era em CV que ficava a escola da região, e portanto ela era bem grande. A gente levava uma garrafa d'água e um trapo para limpar a lousa — os meninos malcomportados usavam cuspe. Um indiozinho micmac, Jimmy Crow, fez a primeira série comigo; os outros colegas, quase todos, tinham nome escocês e cara de escocês. O Muir MacLaughlin, eu era bem pequena e por engano o chamei de "Manure" [esterco] — a última vez que estive lá encontrei-o trabalhando numa loja, ele me reconheceu e me lembrou dessa história. O nome da professora era Georgie Morash, e eu me lembro dela perfeitamente. Ela cantava no coral — tal como vários parentes meus —, lembro-me muito bem das pessoas do coral porque, durante o sermão, eu ficava olhando para elas, uma por uma. A srta. Patriquin (tia da Gwendolyn "Applyard",** cujo sobrenome verdadeiro era Patriquin) ensinava

---

* A igreja presbiteriana. (N. A.)
** O sobrenome correto da personagem do conto "Gwendolyn" é "Appletree".

religião para a turma de crianças pequenas da qual eu fazia parte. Ela depois enlouqueceu, e andava pela aldeia atrás dos meninos malcomportados com uma faca de carne na mão. Minha tia Mary e eu íamos juntas para a escola nessa época. Ela me fazia chegar atrasada, e eu ficava chorando no vestiário (sempre fui excessivamente pontual) até que a srta. Morash vinha me consolar. A Mary era muito bonita e tinha muitos pretendentes. Isso foi no tempo da Primeira Guerra Mundial — os rapazes da aldeia (um regimento que usava saiotes) vinham se despedir, as roupas deles eram maravilhosas, é claro. A maioria não voltou — quase todos os rapazes daquela cidadezinha minúscula, na faixa dos dezoito aos vinte e dois anos, morreram numa das grandes batalhas — os canadenses eram os primeiros, é claro — e a aldeia ficou toda de luto — mas isso foi depois que eu saí de lá. (Mais de vinte rapazes, se não me engano.) Eu tinha uma *dachshund*, a "Betsy" — foi dada à minha mãe quando eu nasci, e ela a mandou para GV, para ser cuidada pela mãe dela —, o único cachorro dessa raça que já tinha sido visto lá, é claro, e virou um personagem no local. Os garotos mais crescidos se reuniam na ponte, e a Betsy tinha medo deles — assim, para ir de um lado a outro da aldeia para encontrar com meu avô, voltando da fazenda etc. — ela dava uma tremenda volta e atravessava o rio num lugar bem largo e raso, passando pelas pedras. Uma vez, numa tarde de domingo no verão, todos os batistas devotos estavam na igreja, o dr. Francis, o pastor, estava ajoelhado, rezando, quando ouviram-se passos suaves, e a Betsy entrou pela nave, passando pelo nosso banco. Ela gostava do dr. Francis, e foi até ele e deu um salto para lamber-lhe o rosto. Ele abriu os olhos e disse "Ora, olá, Betsy", e depois continuou a rezar.

Mary tocava piano, muito bem — todas as tias tocavam um pouco —, e acho que isso e os hinos de igreja me fizeram gostar de música desde o começo. Todo esse período da minha vida foi curto — porém importante, eu sei.* A aldeia estava uns cinquenta anos atrás do resto do mundo — nós fazíamos fermento com o lúpulo que crescia no celeiro; não havia água encanada, a iluminação era com lanternas a querosene etc. Minha avó era famosa pela manteiga que fazia. Agora tudo está mudado, é claro. Mas quando fui morar em Samambaia logo no início, e passamos dois ou três anos usando lanternas a querosene etc., muita coisa me voltou à memória. Ajudei a projetar a estufa da nossa sala de visitas, por exemplo, que era necessária no "inverno", e sem

---

* A tia Maud era uma excelente contralto e cantava muito para mim, também. (N. A.)

que jamais tivesse feito essas coisas na vida dei por mim fazendo pão, geleia etc. Quando surge a necessidade, pelo visto eu recupero as velhas prendas domésticas da Nova Escócia!

Como a maioria dos poetas, tenho uma lembrança total, muito mórbida, de certos períodos da vida, e poderia continuar nisso por horas — mas chega!

Não sei praticamente nada sobre os Bishop, e não faço ideia de quando eles cruzaram o oceano, ou melhor, já soube e esqueci. Eram três irmãos, um era médico em Plymouth, Massachusetts, eu *acho* — o segundo, não sei — o terceiro era fazendeiro em White Sands, na Prince Edward Island. Meu avô B., de acordo com a história familiar, fugiu de casa aos doze anos com uma caixa de ferramentas de carpintaria nas costas, e foi primeiro para Providence. Uma típica história de Horatio Alger. Fez um excelente casamento, fez fortuna etc. Sarah Foster, a mulher dele, era de uma família da Nova Inglaterra muito muito antiga, de Quincy — ela própria nasceu em Holden. Tenho também um maço de papéis sobre esse ramo da família, referente aos ancestrais de Sarah na Guerra da Independência daquele lado — mas não é nada de muito interessante. Um homem da família, eu lembro, entrou e saiu do Exército muitas vezes — como era comum na época — e foi preso no famigerado navio-prisão que havia no porto de Nova York — parece que sobreviveu porque era *cozinheiro*.

Meus avós Bishop vieram me visitar no Canadá várias vezes, ao que parece — eu me lembro de duas visitas. Embora meu pai tivesse se casado com uma moça pobre do interior, a geração mais velha ainda tinha em comum o bastante, creio eu, para manter boas relações apesar da diferença de dinheiro — foi a geração seguinte que me fez sofrer muito. Os B. foram dos primeiros a ter carro — uma vez foram até GV, e o automóvel enorme deles, com chofer e tudo, causou sensação — outra coisa foi que eles mandaram um telegrama para o hotel da aldeia reservando quartos com banheira — quando não havia uma única banheira em todo o lugar. Eu provavelmente era encarada como uma espécie de princesinha das fadas, mas era pequena demais para me dar conta disso. A emoção de andar de carro com aquele avô nas estradas de terra — e o chofer, Rondal Rondald, de quem passei a gostar muito e que mais tarde foi muito bom comigo em Worcester. (*Nós* só tínhamos uma charrete, é claro, ou duas, mais exatamente, uma com franjas, e uma carroça, e no inverno um trenó e um "*pung*".)* Os B. ficaram horrorizados ao verem a filha única do filho mais velho deles correndo pela aldeia descalça, fazendo as refeições na mesa junto com os adultos e bebendo *chá*, e assim fui levada (de trem) para Worcester, onde passei um inverno horrível que quase acabou comigo. 1917-8.

Eu já tinha tido crises terríveis de bronquite, e provavelmente de asma — em Worcester a coisa piorou muito, e ainda tive um eczema que quase me matou.** Num dia horrível a escola primária me mandou para casa por causa das minhas feridas — imagino que a minha timidez incurável começou nessa época. Em maio de 1918 fui levada para a casa da tia Maud; eu não conseguia andar, e o Ronald me carregou escada acima — minha tia começou a chorar quando me viu. Eu já tinha sido cuidada por enfermeiras etc. — mas essa fase é até hoje uma coisa ruim demais para lembrar, ou quase isso. Meu avô tinha ido falar em segredo com minha tia M. para combinar a mudança — disse a ela que minha avó não sabia "cuidar dos próprios filhos", a maioria dos quais tinha morrido. Minha tia recebia dinheiro para cuidar de mim — mas acho que ela teria ficado comigo de qualquer maneira, mesmo sem pagamento. Ela se dedicou totalmente a mim — provavelmente passou noites e mais noites sem dormir, me dando injeções de adrenalina etc. etc.

Quando não podia ir à escola em Worcester — bem, lembro que uma noite eu estava sentada debaixo da mesa da sala brincando com cubos de madeira, e meu avô disse, como se estivesse falando sozinho: "Será que tem uma menininha aqui que gostaria de ter aulas de piano?" — e assim a srta. Darling veio me ensinar. Eu era pequena demais, mas adorava — e sempre estudei piano, mas só fui ter uma professora boa quando fui estudar em Walnut Hill.

Comecei a escrever poesia por volta dos oito anos, e quando estava com onze, mais ou menos, lembro que a tia Grace me deu uns bons conselhos, que eu devia sempre ouvir críticas, não devia ficar magoada etc. Eu frequentava a escola de modo intermitente, mas o que mais me lembro é de ficar na cama, com o peito chiando, lendo — e da minha querida tia Maud saindo de casa para comprar mais livros para mim. Aos treze anos eu já estava bem o bastante para poder, no verão, ir para a colônia de férias, e foi só nessa época, por pouco tempo, e depois em Walnut Hill, que conheci garotas que eram tão inteligentes quanto eu, ou mais, e fiz amizades, e comecei a me animar um pouco.

---

* Trenó rústico em forma de caixa.
** E um princípio de dança de são Vito ainda por cima… (N. A.)

A última vez que estive em Boston fui visitar um tio velho, tio por afinidade (a primeira mulher dele, irmã do meu pai, morreu no ano em que nasci), e ele me contou que havia tentado me adotar legalmente naquele ano que vivi em Worcester, tamanha era a pena que tinha de mim — ele próprio tinha três filhos. Ele também me disse: "A sua mãe foi a patinadora mais bonita que já vi — eu me apaixonei por ela, também, quando a vi patinando". Essas informações sempre me surpreendem muito, pois o que sei é muito pouco — tenho um monte de primos aqui e ali. A penúltima dos Bishop, uma tia, morreu no ano passado com oitenta e seis ou oitenta e sete anos — eu sou a última de toda essa linhagem curta e obscura. Nunca lutei com a família que tive, nunca fui obrigada a me "rebelar" etc. — sempre mantive relações mais ou menos boas com meus parentes, eu os visitava, e acho que isso teve um efeito profundo e não muito positivo em mim — isso produz passividade, distanciamento etc. — por outro lado, os amigos da gente passam a ser a nossa família. Mas a partir dos dezoito anos sempre fui independente, indo aonde queria. Agora, ao que parece, eles provavelmente só não entendem por que eu não escrevo best-sellers e ganho dinheiro, já que dizem que sou tão inteligente — a expressão é "inteligência demais atrapalha", eu acho...

2. Quanto a meus estudos musicais, creio que nem vale a pena mencioná-los. Estudei cravo naquele primeiro inverno em Paris, e no ano seguinte estudei mais um pouco com Kirkpatrick em Nova York — durante os meses em que morei no velho Hotel Chelsea —, mas nunca toquei nada direito. Sempre sonhei em estudar mais, e também em voltar a estudar piano. O cravo está aqui agora, dentro do estojo para viagem, porque finalmente encontrei alguém no Rio que sabe afiná-lo — mas nunca fui uma pianista — toquei piano em público algumas vezes na faculdade e nunca mais tive coragem. (Dois grandes amigos de longa data, meus e da Lota, são Fizdale & Gold, o duo de pianistas — você já os ouviu? Eles são *espetaculares*. Nós os visitamos sempre que podemos.) Quer dizer — diga apenas que eu adoro música!

3. Na minha primeira estada em Paris (e na segunda, cerca de dez meses depois) eu conhecia muito pouca gente. Eu poderia ter conhecido mais, se não fosse a minha "timidez" — ou sei lá qual é a palavra que se usa agora

— seja o que for, isso fez com que minha vida fosse muito diferente do que poderia ter sido, talvez — eu havia publicado alguns poemas. Lembro que Sylvia Beach me convidou para uma festa — ou mais de uma festa — [Stephen] Spender ia estar numa delas, Joyce numa outra — e eu chegava até a porta, perdia a coragem e fugia correndo. (Só fui falar com Spender no ano passado, aqui no Brasil.) Eu tinha cartas de recomendação para pessoas em Londres, *Life & Letters To-day* etc., e foi a mesma coisa — eu pegava um táxi, ia até a porta e não tinha coragem de entrar. (Tenho medo de que você comece a achar que eu sou completamente idiota, depois dessa confissão, mas são os fatos.) Além disso, sou péssima para aprender línguas. Entendo francês perfeitamente (e agora também português) e um pouco de espanhol, e leio todas essas línguas — mas odeio falar em língua estrangeira — principalmente francês. (Não deixe de fazer com que a sua filha aprenda bem uma língua ou duas — aprenda a falar, mesmo —, vai ser muito bom para a vida social dela o resto da vida...) Em Paris conheci muita gente famosa, eu acho — até mesmo Picasso por um momento — e vi muitas outras, muitos pintores etc. — mas isso não quer dizer que eu tenha dito a essas pessoas outra coisa que não *"Enchantée"*. G. Stein e Alice B. — fui convidada para tomar chá, com uma amiga — e a amiga acabou indo sem mim. Que idiota! (Muito depois disso — de um ano para cá, mais ou menos — andei trocando cartas com a Alice B., que queria vir para o Brasil, veja só — eu fiz com que ela tirasse essa ideia da cabeça.) O que de mais importante estava acontecendo em Paris na época era o surrealismo, que eu me lembre — André Breton e a galeria dele; conheci Ernst, Giacometti etc. — mas — só fiz olhar para a cara deles. Eu passava muito tempo caminhando, e também no Deux Magots e no Flore — eram muito diferentes do que são agora.

Aprendi a disfarçar meus terrores *sociais* muito bem, e também — sempre — se eu realmente gosto de uma pessoa eu não tenho isso — Marianne, por exemplo — a única "celebridade" que tentei deliberadamente conhecer na minha vida. e Nós nos entendemos imediatamente. Jamais tive medo por um único momento de Neruda, ou Cummings, ou Cal — Jarrell etc. E estou melhorando com o passar dos anos.

Conheci a Loren em 1939, creio eu, em NY — eu tinha visto algumas das pinturas dela e tinha gostado. Ficamos amigas imediatamente, e ela e o marido, Lloyd Frankenberg, passaram dois invernos comigo em Key West. John Dewey comprou um quadro que ela pintou naquele primeiro inverno.

Ele o comprou em NY, — mas ele também costumava passar o inverno em KW nessa época —; eu ficava olhando para ele e para a filha dele enquanto comia o prato de peixe de cinquenta centavos num restaurantezinho, mas nunca cheguei a conhecê-los (essa filha depois ficou minha amiga, e continuamos amigas há 24 anos — é a ela que eu dedico o poema "Uma primavera fria"). Quando a Loren voltou para KW, nós todos fomos visitá-la.

Conheci Neruda por puro acaso num hotel em Mérida — eu não fazia ideia de quem ele era quando ele me convidou para ir a Chichén Itzá com ele e a esposa.

Randall estava em NY no inverno de 1946, se não me engano — ele me convidou para ir jantar com ele para conhecer o Cal.

O Calder é na verdade amigo da Lota. Ele já veio ao Brasil várias vezes, e eu não o conhecia na verdade antes de vir para cá. Tenho muita admiração por ele — mais uma vez, com aquela sensação estranha de estar entre gerações. Como já disse — o simples fato de que fiz as minhas viagens antes dos poetas que não são muito mais novos do que eu, no final das contas, parece ter me colocado numa categoria diferente — e muitas vezes creio que me sinto velha e sofisticada, e sem dúvida alguma mais bem informada sobre arte etc. Enquanto eles estavam lecionando e se casando, eu estava observando o mundo. (A sra. [Caroline] Tate uma vez relembrou uma noite em Paris a respeito da qual eu já tinha ouvido uma outra versão contada por Pauline Hemingway etc. Muito estranho.)

5.* Lamento dizer que concordo com você inteiramente.

Não sei se isso tem a ver com o Brasil, com a idade ou o quê. O fato é que tenho a sensação de que eu NÃO teria conseguido continuar morando em NY. E sempre me senti pessoalmente muito feliz aqui, tirando essa sensação recorrente de ansiedade e perda. Agora minha esperança é a de que uma viagem tenha um efeito maravilhoso — e este ano, até agora, já escrevi bastante, para mim. Se o que escrevi é bom ou ruim, não sei. (O Cal gostou muito do poema que saiu na *New York Review*, creio eu.)

Acho que devia mencionar uma professora de Walnut Hill — depois ela passou a trabalhar em Wellesley. A srta. Prentiss — era uma excelente

---

* Na verdade, Bishop está respondendo à quarta pergunta de Stevenson. (N. E.)

professora de inglês *para aquela época* (incuravelmente romântica!) — e nós ~~fomos~~ *lemos um pouco* de Shakespeare com ela. Ela me ajudou mais ainda, provavelmente, por me emprestar todos os livros dela que me interessavam e por admirar os meus primeiros versos — até demais, sem dúvida.

[Havia também uma excelente professora de latim, a srta. ?. *A melhor professora de lá, na verdade.*]

A srta. Farwell, a vice-diretora, também era muito boa comigo e teve a excelente ideia de me levar a uma espécie de psiquiatra em Boston. Infelizmente, eu me fechei em copas e não houve jeito de me fazer falar. Mas a ideia dela foi boa — uma pena que não deu certo.

Nós éramos levadas a concertos sinfônicos, é claro — também em Wellesley — onde, ~~com~~ através da minha professora de piano (é terrível, mas esqueci o nome dela), apertei a mão de Myra Hess (a ex-professora da minha professora — mais tarde *desprezada* por Kirkpatrick) e de Prokofiev. A mulher de P. cantou algo de *O amor das três laranjas*,* e isso, junto com o jeito dele de tocar, eu me lembro, me deu toda uma concepção diferente da música. Talvez a ideia de "ironia" em música tenha sido uma revelação, porque naquele tempo as peças de piano dele eram as minhas favoritas (hoje já não as acho tão interessantes) do meu pequeno repertório.

Vi também a primeira exposição de Calder, em Pittsfield, por volta de 1931 — os primeiríssimos móbiles, que tinham manivelas, ou pequenos motores elétricos. Falamos sobre essa exposição a última vez que ele esteve aqui — no ano passado — e foi engraçado, porque eu ainda me lembrava de muitas das peças expostas, de modo que deve ter me causado uma tremenda impressão.

Embora, a meu ver, eu tenha tido uma "infância infeliz" para ninguém botar defeito, quase um caso clínico — não vá pensar que me delicio com isso. Quase todo mundo também teve, afinal — e de lá para cá tenho tido muitíssima sorte sob muitos aspectos. Nunca tive dificuldade em conseguir publicar — ganhei todos esses prêmios que me ajudaram — muitas vezes fico achando que me elogiaram até mais do que mereço.

Em 3 você fala num tom um tanto depreciativo da *Partisan Review* no final dos anos 30 e nos anos 40... bem, na época em que eu estava escrevendo os poemas de que mais gosto eu era muito ignorante em matéria de política, e às vezes sinto que gostaria de poder recuperar o estado de consciência sonha-

---

* 1929. (N. A.)

dor em que eu vivia na época — era melhor para meu trabalho, e não faço nenhum bem ao mundo agora por conhecê-lo bem melhor do que antes. Eu era "de esquerda" só porque meus amigos eram, em sua maioria — se bem que, é claro, nós todos sentíamos com toda a força os efeitos da depressão econômica, e desde que me dei conta da divisão que havia na minha própria família e passei pela minha fase [Percy Bysse] Shelley, por volta dos dezesseis anos, eu me considerava "socialista". (Eu era também vegetariana até terminar a faculdade, creio! — e de vez em quando volto a ser por uns tempos. Não faço propaganda do vegetarianismo, nem mesmo acredito nele; mas é que aqui eles levam o gado para o mercado, e cada vez que cruzo com um desses comboios de bois — a gente para o carro, e os pobres animais nos cercam — fico mais ou menos uma semana sem comer carne.)

Sempre fui anticomunista, eu acho — depois de uma ou duas participações no John Reed Club. Não sei se isso tinha a ver com a minha inteligência (não — inteligência, não — apenas instinto e esnobismo) ou seja lá o quê — mas todas as garotas realmente "comunas" da faculdade (uma delas é criticada de modo cruel, mas muito engraçado, em *O grupo*) me pareciam muito bobas — e agora são elas as que são realmente ricas e conservadoras, de modo geral.

Mas — antes da guerra — sabíamos muito ~~muito~~ menos. Os expurgos dos anos 30 é que abriram os olhos da maioria das pessoas, é claro. Aqui, agora, é terrível para mim ver jovens que conheço cometendo o mesmo erro que os intelectuais americanos estavam cometendo por volta de 1930. *Como* eles podem cair nessa é difícil de entender. Eles parecem não saber absolutamente nada a respeito da história recente. Mas o Brasil é de um provincianismo inacreditável, e além disso uma das coisas que mais impedem qualquer espécie de maturidade, infelizmente, é o fato de que o país nunca viveu uma guerra. Porém — nada daqui pode ser explicado em termos que se apliquem aos EUA. Mas acredite em mim — as coisas andam muito mal ~~aqui~~ agora, e talvez eu *tenha* que ir embora. Ou então eu e a Lota talvez finalmente decidamos [...]

Rio, 23 de março de 1964

Cara Anne:

Vou mandar em anexo os fragmentos de uma carta que escrevi para você mais de um mês atrás, só para lhe mostrar que eu tentei. Muitas coisas me impediram de responder à sua carta da maneira apropriada; hóspedes, em parte, mas principalmente, a meu ver, a situação política, que nos mantém a todos tensos agora, e que, por conta do trabalho da Lota e das relações próximas entre ela e o governo do estado do Rio, não consigo esquecer por um momento. Eu tinha feito uma reserva para ir à Inglaterra de navio no mês que vem, só para respirar um pouco, mas hoje mesmo resolvemos ir a Milão em maio para a Triennale no dia 20 de maio, que a gente quer ver — depois provavelmente fico na Europa e passo um mês ou seis semanas sozinha na Inglaterra. Quem sabe eu não me encontro com você lá? Acho que vou visitar uns amigos em Sussex, mas vou ficar a maior parte do tempo em Londres — e talvez vá a Edimburgo, um lugar onde nunca fui e que tenho vontade de conhecer.

Estou lhe mandando de volta as páginas da Cronologia, e espero que você consiga ler minhas correções. De modo geral, porém, você acertou. Em algum momento ganhei uma Amy Lowell Travelling Fellowship, e agora estou com uma bolsa Chapelbrook — já há mais de dois anos, mas ainda não consegui usá-la. Sou também membro do Institute of Arts & Letters — mas não sei exatamente desde quando. Embora eu sempre manifeste gratidão por todo o dinheiro que recebo — levando em conta que tenho produzido muito pouco — fico achando que nenhum desses nomes e prêmios é realmente importante — de qualquer modo, eles vão ajudar a encher a sua página... Respondi as suas perguntas de modo prolixo — muito do que eu disse a você nem vai ser necessário, mas deixei assim mesmo porque talvez qualquer coisa que contribua para a "atmosfera" vai ajudá-la a escrever o livro, não é? Fico horrorizada ao me dar conta de como a minha "vida", condensada desse jeito, parece estreita, mesquinha, melancólica, até mesmo masoquista — mas é claro que você sabe que há mais numa vida do que apenas um resumo! Isso é apenas um esboço muito esquemático, que deixa de fora tantos amigos, pessoas, lugares, acontecimentos — coisas que não deram em nada, retrocessos, erros, e por aí vai.

Pode citar meus comentários sobre Darwin, sim, se você quiser. Creio que eu lhe disse, quando você me perguntou a respeito do dr. Williams, que um dos poemas dele que admiro é "Asphodel, that greeny flower"? Pois bem, reli o poema um dia desses e fiquei surpresa quando me dei conta de que ele menciona Darwin também — não no sentido em que eu o faço, nada disso,

mas ele diz: *"But Darwin/ opened our eyes/ to the gardens of the world…".**
Na verdade, comecei a ler Darwin por conta das minhas leituras sobre o Brasil logo quando cheguei aqui; o primeiro contato dele com os "trópicos" foi nos arredores do Rio, e muita coisa que ele diz nas cartas que escreve para a família a respeito da cidade e do país ainda é verdade. Então me encantei com os escritos dele de modo geral — o livro dele sobre as ilhas de coral é uma *maravilha*, leia se você tiver um bom tempo de folga, é um texto especializado mas muito bem-feito. Tenho a impressão de que, no mundo de ódio e horror que todos nós habitamos, os artistas e escritores contemporâneos, alguns dos *"action painters"* (se bem que eu gosto deles também), os "beats", os músicos mais enlouquecidos etc. de algum modo não conseguiram compreender que a *verdadeira* expressão da tragédia, ou simplesmente do horror e do *páthos*, consiste precisamente na capacidade humana de construir, utilizar a forma. A forma perfeita de um Mozart tuberculoso, por exemplo, é mais profundamente comovente do que qualquer uivo eletrônico maluco *e nos diz mais a respeito da famigerada "condição humana"*... Mas essa é uma ideia que provavelmente está além da minha capacidade de exprimir em poesia.

Hesito em sugerir alguma leitura a você porque sei que você deve estar cheia de coisas para fazer — e talvez prefira não entrar nesses assuntos —, mas a meu ver The Philosophy of Art History, de Arnold Hauser, no capítulo "Psychoanalysis & Art", faz muitas afirmações sensatas e claras a respeito do romantismo, da neurose, o que é e o que não é neurótico na arte etc., e sobre a relação entre a vida do artista e sua obra.

Eu me sinto meio ridícula usando todas essas palavras em relação a mim mesma. Imagine como Tennyson devia se *sentir* sendo Tennyson, sendo um "bardo". É difícil saber como a gente *deveria* se sentir, sem dúvida, e para mim a solução a maior parte do tempo é nem pensar no assunto. O que não está de todo correto — por outro lado, não suporto a autocomiseração romântica e a consciência de privilégio que percebo em alguns amigos poetas.

(Desculpe a datilografia — tenho três máquinas de idade diferentes — mas até mesmo a mais nova já está começando a enferrujar neste clima. Aí, quando passo de uma para outra, cometo mais erros do que de costume.)

Espero que você esteja se sentindo melhor. Mandei fazer cópias de umas fotos para lhe mandar na semana que vem — a maioria é de Samambaia

---

* "Mas Darwin/ abriu nossos olhos — para os jardins do mundo."

(é o nome deste lugar em Petrópolis — quer dizer "giant fern". O nome verdadeiro dessa encosta onde a gente mora é Sítio da Alcobaçinha [sic], "Little Alcobáça" [sic] — é um nome muito comum aqui, não é só o nosso lugar — uma referência a Alcobaça, em Portugal). Adoro gatos, também (estou relendo o seu último parágrafo), e sempre tive gatos em casa, embora eles me provoquem asma — um pouco —, os cachorros provocam tanto que nem tento. Vou mandar uma foto do Tobias se encontrar o negativo — ele está com treze anos, muito bonito — e inteligente também, embora não seja um siamês muito "bom", e de um angorá tipo Bebe Daniels que morreu recentemente e foi enterrado debaixo da laranjeira. Tenho gatos no interior e passarinhos na cidade — as soluções práticas são as melhores. Tive um tucano, Sammy, por seis anos (mas no interior), uma ave muito engraçada que eu adorava, com olhos que pareciam de neon azul, e aquele bico enorme. Gosto de bichos de estimação e de crianças de até três anos... Digo isso porque acabamos de hospedar uma amiga com duas filhas pequenas, uma de onze meses e outra de três anos, passaram aqui a semana toda, de modo que sei como as crianças dão trabalho, entendo tudo a respeito de resfriados, vacinas, dor de ouvido etc. A menorzinha dormia no meu quarto, e o que eu mais gostava nela é que não se incomodava de passar horas acordada no meio da noite, em pé, tagarelando comigo da maneira mais simpática. Essa é a idade [indecifrável]. Depois dos três anos vem uma idade que não me agrada — depois elas voltam a melhorar.

  Desculpe por demorar tanto para responder — eu devia acusar o recebimento das suas cartas mesmo não tendo tempo de respondê-las de imediato, para que pelo menos você fique sabendo se as recebi ou não. Acabamos de ser avisadas, com duas horas de antecedência — que vai faltar água por 48 horas. Esse tipo de coisa é muito comum — recentemente, houve um momento em que não tínhamos água, nem energia nem gás. A energia faltava por duas horas apenas, *todas as noites*, e como por sorte temos uma frigideira elétrica, conseguimos nos virar; até a greve da companhia de gás terminar — a maior parte dessa cidade infeliz teve de comer comida fria. Mas vamos subir para Petrópolis para passar o feriado prolongado da Semana Santa, graças a Deus. A beleza daqui é inacreditável — e ao mesmo tempo a situação é tão desesperadora — imagine mais de um milhão de pessoas na favela* (*slum*)

---

* Em português no original. (N. T.)

durante esses dois últimos dias — sem água — todos aqueles bebês. Mas eu não devia lhe dar ainda mais preocupações.

Afetuosamente — *Elizabeth*

Tenho que lhe dizer — agora estou muito ansiosa para ver o seu livro!

Rio de Janeiro, 8 de abril de 1964

Cara Anne:

Seu livro certamente ficaria mais interessante se você pudesse incluir nele uma nota de rodapé dizendo que levei um tiro na revolução brasileira do 1º de abril de 1964 — só que não levei. Passamos 48 horas bem desagradáveis, e depois a coisa toda terminou muito mais rápido do que todos imaginavam. Minha amiga Lota, naturalmente, estava muito envolvida, sendo ela e mais outra mulher as únicas que estavam presentes quando o "palácio" do governador foi sitiado — e eu só conseguia ter notícias do que estava acontecendo lá através do rádio de ondas curtas, de modo intermitente, porque o presidente estava controlando todas as estações de rádio, TV etc. aqui na cidade. Foi um tremendo alívio quando finalmente ficamos sabendo que ele tinha fugido e tudo havia terminado. A comemoração, no meio de um aguaceiro — toda a "revolução" transcorreu na chuva —, foi uma cena estranha e úmida, papel picado, confete, serpentinas, bandeiras, toalhas, tudo *grudando* — e as pessoas dançando de calção de banho, capa de chuva, segurando guarda-chuvas etc. Vou lhe poupar os detalhes políticos; mas o que pude ver nos jornais americanos só está correto em parte, como sempre...

Espero que você tenha recebido um monte de material pessoal não muito interessante que foi postado cerca de duas semanas atrás — o correio, é claro, tem andado pior do que nunca. Se não recebeu, eu mando de novo boa parte do que foi enviado.

Vou viajar, provavelmente por volta de 20 de maio, e provavelmente vou primeiro para a Itália, onde devo passar três semanas, e depois para a Inglaterra, por uns dois meses — espero eu. Quero ir a algum lugar onde eu saiba falar a língua, mais ou menos, e onde as pessoas tenham muito pouco interesse no Brasil e na política brasileira — eu gostaria de me esquecer dos dois por algum tempo. A política nunca foi o meu forte, e aqui não ouvimos falar de absolutamente nenhum outro assunto há meses...

Vou lhe passar um endereço na Inglaterra assim que o tiver — e quem sabe você não faz o mesmo? Se voltar a me escrever antes da minha partida, talvez seja uma boa ideia mandar a carta registrada — mas pode ser que isso seja apenas uma superstição brasileira em que passei a acreditar. Tudo de bom.

Com afeto,
  Elizabeth

Petrópolis, domingo, 12? de abril — Recebi sua carta de 4 de abril quando cheguei aqui ontem para passar o fim de semana. Muito obrigada pelos seus convites referentes à Inglaterra; tenho certeza de que vou aceitar pelo menos um deles. Mas vou esperar até voltar ao Rio amanhã para lhe responder, porque aqui não tenho máquina de escrever, e a minha letra, eu sei, é horrível. Eu e Lota vamos à Itália — assim, provavelmente só vou chegar em Londres por volta de 20 de junho — não é uma boa época, eu sei. Vou ficar com uns amigos em Bexley Hill (perto de Petworth Sussex) por uns tempos.// A "revolução" agora tem uma junta militar — uma revolução de classe média. Castelo Branco (o presidente até a eleição do ano que vem) tem uma boa reputação — moderado, "liberal" (em termos de Brasil), honesto, — e <u>irônico</u> — não retórico, pelo menos — o novo vice-p. é um ladrão dos velhos tempos, infelizmente. Mas não havia como não tomar medidas de desespero.

Você por acaso já viu a <u>segunda</u> resenha do meu livro assinada pelo Randall J.? Ele disse umas coisas muito inteligentes, a meu ver, a respeito de pintura etc.

                Rio, 5 de maio de 1964

Cara Anne:

  No meio dos preparativos para a viagem, já não lembro se respondi a sua carta de 4 de abril ou não — *acho* que respondi. Cheguei a agradecer os convites simpáticos que você fez? Meu endereço será simplesmente:

  De 13 de maio a 13 de junho — A/C American Express, Milão.

  De 13 de julho a 1º de agosto — " " ", Londres. (*Haymarket.*)

  Na Itália vou passar uma semana em Florença, um pouco mais que isso em Veneza, e vou começar e terminar em Milão — por isso o melhor endereço geral é o de Milão. Não sei muito bem quando vou estar em Londres, vai depender dos amigos com quem vou me hospedar etc. Mas se você puder me mandar uma cartinha para lá com números de telefone, quem sabe eu não posso entrar em contato com você? Espero que você faça uma boa viagem de navio — eu vou voltar de navio, mas infelizmente a viagem de ida não vai ser por mar.

Ontem recebi uma carta da minha tia Grace (sra. William Bowers) — contendo a carta que você escreveu para a "Câmara de Comércio" de Great Village. Lamento que a coisa tenha terminado assim. Sei que você estava apenas fazendo seu trabalho, e naturalmente tentou conferir as informações que eu tenho lhe passado. Mas Great Village é tão pequena que não tem nada semelhante a uma Câmara de Comércio, e todo mundo conhece todo mundo, é claro. A pessoa que recebeu a sua carta simplesmente passou-a adiante para a minha tia. Ela está com quase oitenta anos (se bem que o resto da carta dela foi sobre as trutas que ela tem pescado nessa temporada) e pelo visto ficou perplexa e um pouco chateada. Ela nunca quis discutir o passado comigo, embora estivesse mais envolvida com minha mãe do que qualquer outra pessoa, e acho que agora, quase cinquenta anos depois, ela quase conseguiu enterrar o passado por completo. Era a única filha daquela família que "voltou para casa";* casou-se com um fazendeiro, um viúvo com oito filhos, gerou mais três e há muitos anos mora na maior fazenda da NE. (Eles criavam cavalos de trote, entre outras coisas.) Agora ela tem muitos e netos e dezenas de netos "tortos" — e assim tem muita "vida" em que enterrar o passado.

Sei que você devia poder confirmar as minhas afirmações de algum modo, mas sinceramente não consigo imaginar como fazer isso.

Vou responder as suas perguntas eu mesma — porém, mais uma vez, você vai ter que se fiar nas minhas palavras! Há muitos anos tentei arrancar detalhes da tia Grace, mas nunca consegui. Ela é uma mulher ativa, forte, bem-humorada, meu parente favorito, como já disse — e acredita em viver o presente. Acho também que a minha família, como a maioria das famílias, não imagina que eu possa ter feito alguma coisa em que o resto do mundo estaria interessado — pelo menos eles não parecem ter dado muita atenção a boa parte da minha vida e obra desde que fui para o colégio interno! A tia Grace me deu algumas informações sobre a família Bulmer, o pouco que sei — ela e a tia com quem morei.

Bem — então respondo eu em lugar da "Câmara de Comércio" (se

---

* O Arthur jamais partiu. (N. A.)

você pudesse ver como é a "Village" acho que ia se divertir) — e eu bem que gostaria de poder lhe indicar uma fonte externa...

Meu bisavô (um deles) chamava-se Robert Hutchinson. Ele era um dos proprietários e o comandante de um brigue ou brigue-barca (não sei direito qual) que tinha por base GV quando lá ainda se construíam navios — isso acabou na virada do século, provavelmente.

A tia Grace é a única "Bulmer" de verdade que ainda resta por lá. Há uma cunhada, e alguns primos distantes na região. Eram cinco filhos, nesta ordem: Maud, Arthur, Gertrude, Grace e Mary. A tia Mary mora em Montreal (a sra. J. K. Ross), os outros você já sabe.

Sempre se disse que o que desencadeou a loucura da minha mãe foi o choque de perder meu pai tão moço, e quando eles estavam casados há apenas três anos. (Ele tinha trinta e nove anos, *e ela vinte e nove*.) É o único caso de loucura na família, até onde sabemos. Ela sem dúvida (no *meu* entender) já devia ter exibido sintomas — características que na época progressista etc. em que vivemos talvez tivessem sido percebidas e tratadas mais cedo. Naquele tempo ela recebeu o melhor tratamento que existia, disso tenho certeza. Ela foi internada no McLean's Sanitarium perto de Boston* (você já deve ter ouvido falar) — uma ou talvez duas vezes. A própria tia Grace foi com ela, e também, creio eu, embora não tenha certeza, levou-a a médicos em NY. Seja como for, a família Bishop fez questão "do bom e do melhor". Como a tia Grace estava tão envolvida, ela naturalmente não gosta de relembrar essa história, imagino. Aquela geração encarava a loucura de modo muito diferente de agora, você sabe. *Meu pai não batia nela*, nada disso — falando sério! Estou lhe passando os fatos tal como tomei conhecimento deles, e de muita coisa me lembro perfeitamente. (É claro que posso ter distorcido alguma coisa, mas como você certamente sabe as crianças sempre dão um jeito de ficar sabendo de *tudo* por conversas entre adultos entreouvidas.) O mais trágico foi ela ter voltado para a NE quando voltou, antes da crise final. Naquele tempo, as mulheres ganhavam cidadania americana quando se casavam com americanos, de modo que, depois que enviuvou, ela perdeu a cidadania. Depois não pôde mais voltar para os EUA, doente, e foi por isso que teve de ser internada no hospital de Dartmouth, Nova Escócia (do outro lado da baía, em frente a Halifax). Meu avô Bishop ficou um bom tempo tentando trazê-la de volta para os EUA. A

---

* Newton? (N. A.)

gente sempre fica achando que se fosse agora teria sido melhor, ela teria sido curada etc. A tia Grace foi quem mais sofreu com essa história, e sendo o tipo de mulher que é, a técnica dela é enterrar tudo isso, não tocar no assunto etc.

Pois é isso. Os tempos mudaram. Tenho vários amigos que estão, já estiveram, vão estar, loucos; (~~visitei Pound muitas vezes~~) eles falam sobre isso com total naturalidade, e já visitei muitos hospícios. Mas em 1916 tudo era diferente. Depois de uns dois anos, se você não se curasse, perdiam todas as esperanças.

Acho que esse meu bisavô foi único "marujo" de verdade — o único que é de meu conhecimento. Como já disse, o pai da minha mãe administrou o curtume por muitos anos. A família dele tinha uma fazenda em "River Philip" (sei lá onde fica! — eu me lembro de ter ouvido falar nisso uma vez). Um dos primos, muito rústico, costumava aparecer uma ou duas vezes por ano quando eu era pequena, trazendo de presente carne de urso e veado, em sacos que ele levava na parte de trás da charrete.

Se eu conseguir me lembrar de alguém que eu conheça lá em GV que possa ajudá-la, eu aviso — mas faz muito tempo. Eles não entenderiam as suas razões, você sabe.

Bem — *adiozinho* [sic], como dizemos aqui.

Com afeto, *Elizabeth Bishop*

P.S. Não sei muito a respeito do meu pai, apenas que sua última irmã que restava, minha última parente "Bishop", que morreu no ano passado, era muito dedicada a ele, como também eram todos da família da minha mãe. Parece que ele era uma pessoa calada e doce; tenho comigo uma ou duas cartas que ele escreveu para a minha avó Bulmer, muito engraçadas e afetuosas. Ele era alto e bonito (duas características que não herdei). Gostava de ficar em casa lendo. A maioria dos livros dele, infelizmente, foi vendida quando eu ainda era pequena, mas ainda tenho uma meia dúzia, mais ou menos. Nesta semana mesmo eu estava lendo uma belíssima edição de *As pedras de Veneza*, com o ex-líbris dele, que foi um presente de duas das suas irmãs no Natal de 1898. Mas que homem maluco! (Ruskin, não o meu pai.)

Acho que não agradeci como devia os seus convites para a Inglaterra. Devo chegar lá por volta de 14 de junho, imagino, se bem que minhas datas são um pouco vagas. Tenho esperança de que a Lota possa vir comigo, mas infelizmente acho que ela vai ter que voltar de Milão — por causa do parque dela; ninguém trabalha lá quando ela se afasta. Tenho uma passagem de volta de navio para 1º de agosto, e minhas andanças pela Inglaterra dependem até certo ponto de alguns amigos que vou visitar, e além disso também quero ir à Escócia para passar uns dez dias, talvez.

Fiz uma longa viagem de carro na Irlanda muitos anos atrás, e me diverti tanto que acho que só quero voltar lá se puder fazer outro passeio como aquele. Parece que agora há muito mais turismo no país do que no tempo em que estive lá. Conheci praticamente toda aquela costa, tirando Wicklow, creio eu — passei duas semanas em Dublin etc.

Sobre política brasileira — constato que ignorei os seus comentários sem querer, e não devia, porque as pessoas raramente têm um interesse verdadeiro pelo Brasil... Parece que há nos EUA uma tendência a acreditar no que os líderes brasileiros dizem — e o que eles dizem, nos últimos trinta anos, não vale um tostão furado. A *Encounter* me mandou um panfleto assinado por John Strachey sobre "Democracia" — apesar dos lugares-comuns e do simplismo (talvez tenha sido escrito para a transmissão pelo rádio), o texto faz algumas distinções inteligentes a respeito da "democracia" — observa que na verdade é uma coisa muito rara, e o pouco que existe dela no mundo é praticamente restrito aos EUA, à Inglaterra e à França (segundo ele). Os EUA — a julgar pela imprensa — parecem achar que os dois últimos presidentes do Brasil eram na verdade, no fundo, democratas liberais que estavam tentando ajudar as massas miseráveis etc. — e que foram impedidos por senadores gananciosos e uma aristocracia gananciosa, endinheirada e agarrada ao poder. Pois bem, estão redondamente enganados — mas é difícil eu conseguir dizer isso a um americano, e já quase desisti de tentar. Um era um psicótico que teve um surto — e este último era um ladrão. Comentei há alguns anos que ele era mais parecido com Jimmy Hoffa do que com qualquer outra pessoa — e meus amigos americanos acharam que eu tinha virado "reacionária". Ele agora, graças a Deus, foi derrubado — levando consigo uma enorme fortuna, e deixando para trás a maior propriedade *fundiária* já adquirida na América do Sul (adquirida por meios escusos, enquanto ele pregava a "reforma agrária") — provavelmente para se juntar a Perón e Franco na Espanha. Esta é a primeira vez que um caso de corrupção *dessas proporções* acontece neste país totalmente corrompido; os brasileiros têm vergonha e, de modo geral, estão decididos a fazer uma limpeza, creio eu. NÓS (os EUA) passamos anos pregando para eles a "democracia" e o "anticomunismo"; assim que eles agem com base na nossa pregação, ficamos contra eles e os acusamos de "caça às bruxas"! Afinal, o que é que nós queremos?, eu me pergunto. No dia 2 de abril (o dia seguinte) um homem importante da embaixada americana encontrou com a Lota na rua e disse a ela: *"Não gostamos da sua revolução!"*. (Ela havia passado 48 horas no palácio do governador, correndo um pouco de perigo — enquanto eu e a empregada esperávamos no apartamento, preocupadas com ela.)

Ainda bem que eu não estava lá, porque acho que teria dado um tapa nesse homem. Agora os americanos estão todos falando, num tom de superioridade, em "macarthismo" — o que é um absurdo, não importa quais injustiças — e há algumas, sem dúvida — estejam cometendo. Em primeiro lugar, é *verdade* (eu mesma conheci vários desses espiões chineses, anos atrás — e escrevi para meus amigos, que acharam que eu estava fazendo *graça*), e, em segundo lugar, não há nenhum McCarthy aqui. O novo governo é honesto, pelo menos — Castelo Branco é bem inteligente, ao que parece — para um general, espantosamente inteligente — seu novo gabinete é bom, também, de modo geral. Mas a bagunça é grande demais, a situação financeira desesperadora demais, para um único governo consertar tudo. E embora a tal aristocracia aferrada ao poder seja praticamente uma lenda a esta altura — há de fato "conservadores" que não querem abrir mão de nada. A pior fraqueza da chamada "direita" (os termos que usamos não fazem sentido aqui) é, mesmo quando ela é bem-intencionada, o fosso que há entre as classes aqui — e a horrenda falta de *sentimento*.

Os brasileiros não têm consciência cívica, o problema é esse. As famílias antigas, ricas, religiosas, instruídas, que julgam levar vidas virtuosas e caridosas, cometem crueldades horrorosas sem se dar conta — às vezes apenas por uma questão de entonação. Não gostam de animais, não entendem essa história de "bicho de estimação". Elas têm três jardineiros — um Picasso na parede — uma biblioteca com livros em quatro idiomas — e aí jogam lixo no meio da rua. (Coisa que o Picasso também é bem capaz de fazer! Creio que tem algo a ver com o fato de ser latino — e muitas das coisas deles que me agradam também têm a mesma raiz, é difícil diferenciar.) São uma mistura de Portugal seiscentista, vida familiar e sentimentos oitocentistas, em estilo "vitoriano", e homem industrializado contemporâneo — sendo que o último ingrediente entra numa dosagem muito pequena que não afeta as "massas" em quase nada. Querer que eles ajam — da noite para o dia — ou reajam como se fossem os EUA, ou um americano da mesma faixa social financeira, é simplesmente uma bobagem. Nunca na minha vida, antes de vir para cá, sonhei por um minuto que algum dia eu *gostaria* de ver um exército tomar o poder — mas isso já aconteceu comigo aqui — duas vezes.

Como você vê, infelizmente (é a impressão que tenho muitas vezes) estou muito envolvida na política daqui por causa da Lota. É uma sociedade tão pequena, e a família dela se destaca na diplomacia etc. há gerações. Carlos Lacerda (a essa altura você já deve ter ouvido falar dele nos jornais) é um velho amigo dela, e muito amigo meu também — eles são vizinhos de longa data no interior. Ela está trabalhando aqui a pedido dele, e creio que somos *a favor* dele (ele é candidato à presidência, e espero que seja eleito) — apesar de eu ver muitos problemas em relação a ele, e dos defeitos evidentes dele. Esse é um aspecto da vida que eu jamais viria a imaginar se tivesse ficado nos EUA, pagando menos impostos e votando, e nunca tivesse chegado perto de um líder de verdade.

A "industrialização" é o futuro inevitável de todos esses países atrasados, sem dúvida. Como se trata de escolher o mal menor, pelo visto, para o Brasil (eu antes tinha esperança de que eles encontrassem outra saída, neutra, mas acho que eles não têm força bastante para isso) — prefiro mil vezes que seja a variedade americana e não a russa — porque agora a Rússia no fundo é só mesmo isso, não é?

O Carlos foi convidado para ir à Inglaterra — ele foi tão agressivo com os franceses (e também espirituoso) que a Inglaterra imediatamente o convidou. Ele bem que podia estudar o movimento sindicalista britânico, mas provavelmente não vai fazer nada disso!

Rio, 10 de abril de 1965

Cara Anne:

De repente me dei conta de que mais de um mês se passou — quase seis semanas — desde a última vez que lhe escrevi e que não recebi resposta sua. Será que minha carta extraviou-se? — ou foi talvez a sua resposta que se extraviou?... A "revolução" de início melhorou o correio, mas de uns tempos para cá voltamos a perder coisas de novo — pelo menos uma vez, logo quando voltei da Inglaterra há algumas semanas — talvez a sua carta estivesse nessa leva (acho que as cartas se extraviam em levas, e às vezes reaparecem em levas, semanas depois). Estou fazendo as malas para passar uma semana ou dez dias em Petrópolis, nesta manhã, e estava colocando na mala o seu LIVRO quando lembrei que não tinha tido nenhuma notícia de você, e pensei que seria terrível se você não tivesse recebido minha primeira carta sobre ele... Meu Deus — tanta coisa tem acontecido aqui ultimamente, que nem me dei conta da passagem do tempo. Espero que você não tenha ficado preocupada, nem pensando — ah, meu Deus — que eu não GOSTEI do livro!

Isto aqui é apenas um bilhete — lá no interior eu escrevo uma carta. Na verdade, cheguei a lhe escrever, acusando o recebimento do livro e dizendo que ia lhe mandar uma carta comprida em breve — pois bem, o "em breve" agora já completou seis semanas — mas vou mandar a carta de Petrópolis. No momento só vou dizer uma coisa (e, se você recebeu a minha carta, desculpe por estar mais ou menos me repetindo) — sei o quanto você teve que trabalhar, de modo que acho que talvez você fique surpresa quando eu lhe disser que minha primeira impressão foi de um *frescor* e uma *espontaneidade* notáveis. Em comparação com os outros livros da Twayne que já vi, este parece novo, jovem, sensível — não tem nada a ver com esses acadêmicos cansados exibindo suas velhas teorias e clichês desgastados. Também dá a impressão de que (pelo menos é o que eu *acho*) você realmente gostou de alguns dos meus poemas — e espero que tenha mesmo gostado, e que não vá ficar para sempre incapaz de voltar a gostar da minha poesia depois de todo o trabalho que você teve. Gostei das citações (um dia desses eu lhe escrevo mais alguma coisa sobre Wittgenstein) e adorei ver que você dedica o livro ao Mark. Se já recebeu uma carta minha dizendo essas mesmas coisas, me desculpe — e se não recebeu, desculpe os correios — e me desculpe por levar tanto tempo para me dar conta de que não tinha recebido resposta sua.

Minha "carta comprida" — na verdade é só uma ou duas páginas com pequenas correções, todas referentes à biografia — nada em relação às outras partes. Eu devo ter escrito cartas terrivelmente apressadas e confusas, como esta. Todas as correções só dizem respeito a fatos,* nada que tenha a ver com as suas interpretações (muito boas) ou opiniões etc. Achei melhor corrigir esses fatos, já que o seu livro é o primeiro em que eles vão aparecer, e provavelmente será o último — datas, nomes etc. Assim, por favor, não se preocupe. E, como eu já disse — parabéns por ter realizado tão bem um trabalho realmente difícil. Havia muito pouco a dizer a meu respeito — e

---

* a meu respeito. (N. A.)

você encontrou o que dizer, e o disse muitíssimo bem — depois volto a falar nisso... Espero que não tenha adoecido, nem você nem ninguém da sua família, e que não seja por isso que você não me escreveu — e cadê o seu livro de poesia? Estou ansiosa para vê-lo.

Com muito afeto,
   Elizabeth

Você conseguiu a permissão? Escrevi para a HM [Houghton Mifflin], *e para o agente — já faz muito tempo. O agente também estava furioso com a HM — "um absurdo", foi o que ele disse.*

Vim aqui para passar só alguns dias.
Ouro Preto, Minas Gerais
20 de maio de 1965

Cara Anne:

Espero que você perdoe o meu silêncio prolongado, e espero não ter atrasado o seu livro nem ter lhe causado muitos problemas... Não sei por que escrever sobre ele foi tão difícil para mim; acho que é por eu não gostar mais de falar sobre mim mesma. Tenho medo de que você ache essas inúmeras correçõezinhas ao mesmo tempo mesquinhas e egocêntricas. Mas você é primeira pessoa a escrever essas coisas, e talvez venha a ser a única, de modo que eu queria que os fatos estivessem corretos, desta vez. Com certeza você compreende esse meu sentimento, não é? Essas coisas são importantes só para mim, e para ninguém mais. Devo ter lhe escrito de modo apressado e incoerente e agora estou lhe dando muito trabalho, peço mil desculpas.

Talvez eu ponha no correio só esta primeira página hoje e reescreva as outras correções — todas no capítulo 1 —* para mandá-las depois, do Rio. Estou vendo que comecei a fazer isso para você em *março*... Nunca demorei tanto. Realmente, peço muitíssimas desculpas.

Sabe, não recebi a sua carta escrita no hospital — e tenho certeza agora de que você não recebeu pelo menos uma das minhas. Tenho perdido muita correspondência ultimamente. Escreva apenas para o endereço de Petrópolis (ah — acho que você já está fazendo isso) — porque tenho a impressão de

---

* (as suas "opiniões"!, naturalmente, são só suas!). (N. A.)

que perco mais ainda as cartas enviadas para o Rio. Constato que um mês atrás você disse que escreveria depois que terminasse de vez a mudança, e espero que *essa* carta não tenha se extraviado. Espero que a sua nova casa esteja funcionando bem — isso é muito bom, mande-me uma foto dela! Eu e a Lota tínhamos combinado de ir à Itália no dia 2 de maio — e tivemos que mudar de planos por causa do trabalho dela. Achei que ia conseguir voltar à Inglaterra mais ou menos na mesma época em que fui para lá no ano passado. Agora estamos planejando ir à Itália no final de setembro ou início de outubro — mas devo lhe dizer que tenho lá minhas dúvidas quanto a isso, porque ela está muito ocupada com o final das obras do parque.

Fiquei triste de saber que você perdeu a criança — minhas amigas sempre me dizem que depois dá uma depressão terrível. Quando é que sua filha e seu marido viajam no verão, e você está realmente sozinha em Cambridge? Para onde está indo o Mark? E o que você está escrevendo? Sim — por favor, deixe para comprar o cachorro até eu saber quando é que estou voltando! — a menos que você esteja muito solitária, ou muito precisada de um cão de guarda. Claro que eu podia ficar num hotel ou coisa assim — só que nesses lugares também costuma haver cachorro, na Inglaterra. Estou tentando convencer a Lota — a ir comigo à Inglaterra — dizendo a ela que Londres é o melhor lugar do mundo para fazer compras, porque é isso que ela mais gosta de fazer — mas por enquanto não consegui muita coisa.

Tenho estudado a sério Wittgenstein, um pouco todas as manhãs, depois do café, na cama — e a coisa ainda vem e vai, mas encontrei alguns parágrafos maravilhosos. Acho que a citação que você usa no começo é esplêndida.

Li o seu livro do começo ao fim três vezes, creio eu. E, como acho que já lhe disse — e espero que você tenha recebido a carta — minha primeira impressão foi de frescor, espontaneidade — e a sensação de como é maravilhoso ter pelo menos uma leitora tão boa quanto você. Será que existem outros — que tenham ao menos metade da sua perspicácia? Os outros livros da Twayne têm um tom tão acadêmico — "competentes", com todos os clichês da moda —, o seu é muito diferente, graças a Deus, acho que deve ter dado um trabalho terrível — minha vida é tão parada, e na verdade o que fiz é tão pouco —, mas você conseguiu, de algum modo. A Lota leu e disse na mesma hora: "Dá a impressão de que ela realmente gostou da sua poesia". E espero que você tenha mesmo gostado na época, e não vá ficar para sempre incapacitada de voltar a gostar dela no futuro. [...] na segunda-feira.

Por favor, me desculpe, mais uma vez — eu me sinto muito culpada por ter demorado tanto. Espero que vocês todos estejam bem, e por favor volte a me escrever sem demora.

Com afeto,
Elizabeth

INTRODUÇÃO
P. iii, quinta linha contando de baixo para cima. Não seria melhor excluir ou?
P. v: O erro de gramática é meu, puro descuido. POR FAVOR, mude para "Interpretar exatamente como ele acha que deve ser". Que horror.

CRONOLOGIA
1934 foi assim: Conheci M. M. Minha mãe morreu. Formei-me. E não mencione a Mary — nós fomos amigas por três anos, mas ela se formou em 1933, e tive outras amigas mais importantes para mim. Dá a impressão de que eu não tinha muitas amigas nessa parte e no capítulo 1 — mas não foi assim, não!

1939 — mais uma vez, a ênfase não parece muito correta. Eu tinha amigos em NY e em Key West. Loren MacIver, a pintora, e o marido dela, Lloyd Frankenberg, ficaram na minha casa em KW, e através da Loren conheci os Dewey. Não mencione a sra. Hemingway neste ponto — nós ficamos mais amigas no final dos anos 40.

1951 — o prêmio da academia [American Academy of Arts and Letters] foi anterior — um ano antes do de Bryn Mawr, creio eu, ou um na primavera e o outro no outono.

1952. O nome da Lota é Maria Carlota Costallat de Macedo Soares, sem nenhum acento. Mas não precisa dizer tudo isso, basta Lota de Macedo Soares. Você pode dizer "parou para visitar amigos no Brasil" (havia outros além da Lota — conheci vários brasileiros em NY durante a guerra), "sofreu uma violenta reação alérgica ao caju e foi obrigada a desistir da viagem ao estreito de Magalhães". Foi isso que aconteceu. Detesto "doença", acho que parece uma coisa muito misteriosa, ou neurastênica. (V. Cap. 1, p. 16, onde acontece a mesma coisa. Não dava para você dizer que eu tive uma crise de asma e bronquite? Tirando a asma, uma tendência hereditária, eu na verdade sou *muito* saudável, e acho melhor dizer logo que doença se tem do que ficar dando a impressão de que se é hipocondríaco, ou talvez toxicômano...)

1952 — "estada breve" em NY, e não "visita". Ainda me sinto nova-iorquina. Mantive minha água-furtada em NY durante todo o tempo que morei na Flórida — para que eu pudesse voltar sempre que quisesse. E eu ainda a manteria se tivesse dinheiro.

1961 — ano em que fui à Amazônia pela primeira vez (vou de novo no mês que vem). Mas viajei um pouco praticamente todos os anos desde que vim para cá.

1962 — Bolsa da Chapelbrook [Foundation]

1964 — O livro sobre arquitetura veio primeiro; trabalhei nele em 1956. Eu preferia que você não falasse nas traduções. Elas não foram quase nada, não foram trabalhos de verdade, e não têm muito interesse. Ou então diga apenas que traduzi um pouco de prosa e um pouco de poesia do português. Não posso ser considerada uma mediadora cultural, *nem quero*. O fato de eu morar no Brasil parece quase completamente uma questão de acaso... *talvez não, mas é essa a impressão que eu tenho.*

Questões de viagem vai sair em outubro, pela Farrar, Straus & Giroux. A Houghton Mifflin vai relançar (em brochura) os dois primeiros livros, em breve. A Chatto and Windus também vai lançar outra coletânea este ano ou no próximo.

Estou trabalhando num livro de textos em prosa sobre o Brasil — basicamente lugares, com um pouco sobre igrejas barrocas, música popular, uma ou duas histórias de vida — talvez. Deve ficar pronto em mais ou menos um ano, ou um ano e meio. No momento estou usando o título *Black Beans and Diamonds* [Feijão preto e diamantes]:

       Petrópolis, desta vez — mas o Rio é o melhor endereço no momento.
                                                              14 de novembro de 1965

Caríssima Anne:

    Você estava pondo a sua candeia debaixo do alqueire — pelo menos para mim. Fiquei muito bem impressionada com o seu livro, acho que alguns poemas são maravilhosos e todos são bons, e que você tem um talento enorme. Se por um lado eu gostaria de ter visto alguns desses poemas antes, por outro acho que você tem razão em lançar o livro todo de uma vez, porque assim ele tem mais impacto, e também demonstra caráter, *paciência* etc. — e a paciência em particular parece ser um ingrediente necessário para se escrever poesia…

    Espero não ter deixado você esperando muito tempo pela minha carta — é que passei mais de dois meses em Minas para comprar uma casa totalmente desnecessária, porém linda — mas isso é segredo por enquanto, por favor. Depois eu lhe conto tudo. A Lota ficou me mandando maços de cartas que ela achava importantes, mas não me mandou livros nem revistas etc., e depois no final ela deixou de mandar um monte de cartas porque eu já estava pretendendo voltar, mas fiquei uma semana sem conseguir voo por causa do tempo etc. Os seus livros (recebi dois) estavam desembrulhados, de modo que não sei quando eles foram postados. Por isso, desculpe se fui indiferente ou indelicada.

    Eu não imaginava que você era capaz de escrever poemas tão bons, e isso foi uma surpresa excelente — porém eu já imaginava que você escreveria poemas cuidadosos e belos, se escrevesse — eu só não imaginava era o número e a qualidade realmente muito elevada deles. Isso me animou muito, numa época que eu estava precisando de um pouco de animação. Adorei: "To My Daughter in a Red Coat" (os últimos três versos são lindos); "Fairy Tale"; "The Traveller" (talvez o melhor de todos, eu acho — depois eu volto a falar nele); "Nightmare in North Carolina"; e o poema-título — e muitos outros também, mas esses são os meus favoritos por enquanto. Por que será que eu nunca os li? Bem — eu assino a *Poetry*, mas confesso que nem sempre leio a revista com cuidado — antes eu assinava a *Paris Review*, mas acabei não renovando mais a assinatura — e as outras que você menciona nos agradecimentos eu não conheço — é por isso.

O professor Fulbright de literatura americana no Rio deste ano ficou tão empolgado com "The Travellers" que quer incluir numa antologia que ele e Donald Justice (?? — eu acho — é uma pessoa razoavelmente conhecida) estão organizando. O nome do professor é Mark Strand — provavelmente ele vai lhe escrever. Ele levou emprestada a minha segunda cópia para estudar e talvez queira mais *poemas*. Além disso — já que este parágrafo é de promoção —, o Ashley Brown, um dos fundadores e ainda um dos consultores da *Shenandoah*, gostaria de ver alguns capítulos do seu livro sobre mim e talvez — se a Twayne permitir — publicar um deles na revista. O endereço é Ashley Brown, 921 Gregg St., Columbia, Carolina do Sul, 29201 — se você quiser escrever para ele. Acabo de mandar para ele o seu endereço também, de modo que provavelmente ele vai lhe escrever, e você pode esperar, se preferir. Ele foi o professor Fulbright do ano passado, e nós tivemos muito contato com ele — muito inteligente — talvez eu já o tenha mencionado — fui à Bahia e a Ouro Preto etc. com ele — um excelente viajante. Também seria um bom lugar para você mandar alguns poemas, a meu ver — mande a/c dele para *Shenandoah e fale no meu nome* —, mas pensando bem talvez seja melhor primeiro mandar para as mais famosas — *Partisan*, *NY Review of Books*, *Kenyon* ou *Hudson* etc. — ou a *New Yorker*. (Como você sabe muito bem.)

"Harvard" é outro que eu gosto muito também. "Winter" também — principalmente a primeira estrofe, belíssima, a meu ver. Eu me dei conta de que conheço muito mais a seu respeito, depois de ler aquela pequena nota no final, do que antes. (E você sabe tantas coisas chatas e desnecessárias a meu respeito!)

Eu trouxe umas cartas para cá para respondê-las hoje, mas não encontrei nenhuma sua entre elas — e não tenho muita certeza se realmente respondi a sua última que recebi em Ouro Preto ou não. Vou ver quando voltar na terça. E vou tentar voltar a escrever em breve. Tanta coisa se acumulou porque fiquei fora muito tempo. Vou a Seattle em janeiro, ou no final de dezembro, para trabalhar como poeta residente por dois semestres — fiquei muito tempo hesitando se ia ou não ia, mas finalmente me decidi, principalmente porque preciso do dinheiro para reformar a minha casa! (1720-30.) Dizem que tem um tesouro enterrado nas paredes — bom, eu vou escrever sobre ela e mandar uma foto também.

Esta é só para agradecer muitíssimo o seu livro e para lhe dizer que realmente gostei muito dele e que ele me causou uma impressão profunda. Os poemas são todos honestos e cuidadosos e no entanto têm muito sentimento, a meu ver — tenho total confiança neles! Só lamento eles não terem feito um livro mais bonito para você. Bem, o meu, que talvez você já tenha recebido, é um pouco bonitinho demais, eu acho. Também não gostei daquele meu retrato desenhado na quarta capa — mas os editores sempre fazem muita questão de fotos, e se não é uma foto do escritor fumando em cima da máquina de escrever é uma série de elogios que dão a impressão errada — por isso resolvi que isso era mais impessoal, já que não parece muito comigo, e também ia agradar muitos dos meus amigos brasileiros. Infelizmente, acho que você vai constatar que já conhece muito bem os poemas, e também que eles são muito poucos — o livro deveria ter o dobro do tamanho.

Aqui é tão bonito que não entendo por que motivo eu quero *mais uma* casa. (Bem, um dos motivos é para preservá-la — ela está desabando.) Acho que o Mark diria que a minha vista é quase chinesa, daquelas antigas — cascata e cachoeira à direita, pedras cobertas, árvores semitropicais e muitos lírios agapantos azuis à esquerda — tudo isso visto através de uma chuva bem fina *hoje*.

Por favor, me escreva quando você puder — mande a carta para o Rio. Tenho que voltar a Ouro Preto para passar uma ou duas semanas lá antes do Natal, a fim de começar a obra da casa — mas agora vou estar a maior parte do tempo no Rio. Espero que todos vocês estejam bem — como vai a sua filha?

Com muito afeto,
Elizabeth

Algum dia eu quero dar <u>mais detalhes</u>.

Gerard Manley Hopkins
Apontamentos sobre o timing* *em sua poesia*

Talvez seja fantasioso aplicar o termo *timing* à poesia — os cavalos de corrida, os corredores são *timed* [cronometrados]; pode-se falar em *timing* de uma equipe de remadores, ou de um lance de tênis — talvez o termo só se aplique a movimentos físicos. Mas como a poesia, concebida de maneira bem simples, também é movimento — trata-se de desencadear, deter, sincronizar e repetir a movimentação da mente de acordo com sistemas ordenados —, parece razoável admitir-se que de algum modo a sua disciplina envolve um método de *timing*, talvez até comparável ao que é utilizado em ações propriamente ditas. Para mim, pelo menos, o conceito de *timing* da poesia ajuda a explicar muitos daqueles aspectos seus que são expressos de modo tão inadequado pela maioria dos críticos: por que um poeta é tão diferente dos outros; por que dois poetas, utilizando exatamente os mesmos metros e vocabulários semelhantes, produzem efeitos tão diversos; por que alguns poemas parecem estáticos e outros dinâmicos. Em particular, para abordar o padre Hopkins, tecnicamente o mais complexo dos poetas e emocionalmente o mais exigente, um tal método simplificado parece necessário.

O significado mais geral de *timing*, tal como o termo se aplica a qualquer atividade física, é o de coordenação: a manipulação correta do tempo, a curta duração que cada etapa de uma ação deve ter para que o todo atinja a perfeição. E o tempo que leva cada parte de uma ação é decidido em função tanto do tempo do todo quando dos tempos das partes que vêm antes e depois. (Isso parece um tanto complexo, mas creio que fica claro se imaginarmos por um momento uma equipe de remadores

---

* A autora usa o termo no primeiro parágrafo com o sentido de "cronometragem"; a partir do segundo, porém, a palavra aparece com as acepções com que é utilizada no Brasil: "sincronia entre um processo ou um desenvolvimento e outro(s)" ou "sensibilidade para o momento propício de realizar ou de perceber a ocorrência de algo, ou senso de oportunidade quanto à duração de um processo, uma ação etc." (verbete "timing" do *Dicionário Houaiss*).

numa iole, e se pensarmos no número enorme de pequenos movimentos individuais referentes a cada remada, a cada remador e ao barco como um todo.) A série toda em conjunto cria um *ritmo*, o qual por sua vez possibilita que a série se repita vez após vez — talvez com variações, uma vez estabelecido.

O mesmo se dá na poesia: as sílabas, as palavras, sua duração absoluta e relativa ao valor semântico criam conjuntamente um ritmo, que continua a fluir sobre elas. E se todos esses elementos nos parecem estar em harmonia, amalgamar-se de algum modo estranho, então o *timing* está correto. O que não quer dizer que um metro monótono e regular constitua um bom *timing* — a duração do sentido e do som desempenham papéis quase iguais, a meu ver, e o *sentido* é a qualidade que permite a ocorrência de irregularidades mecânicas sem que seja perturbada a sensação única de *timing* correto do poema.

Creio que a característica mais marcante da poesia de Hopkins é o fato de que boa parte dela foi composta em *sprung rhythm*.* Tal desvio em relação a três séculos de tradição prosódica certamente aponta para um desejo ou necessidade de exprimir espécies diferentes de ritmo, que envolvem espécies de *timing* diferentes das encontradas em outras obras poéticas. Não posso entrar aqui numa explicação detalhada do *sprung rhythm* — tanto por ser um assunto complexo quanto por eu não o compreender suficientemente —, porém é necessário que se diga o bastante para ilustrar a importância de seu *timing* e das peculiaridades que daí resultam. (Para explicações simplificadas do conceito, ver o "Prefácio" aos poemas de Hopkins, assinado pelo poeta, e o capítulo VI, "The Craftsman" [O artesão], da biografia de Hopkins de autoria de G. F. Lahey, S. J.) Sua característica mais evidente é o fato de que sempre se considera que o acento cai na primeira sílaba do pé, o qual pode ser monossilábico ou pode conter uma, duas ou três sílabas fracas — até mesmo um número maior, para obter efeitos especiais. Assim, o ritmo é unificado, porém misto e flexível, semelhante ao "logaédico" grego. No

---

* Literalmente, "ritmo saltado"; segundo Hopkins, ele "se mede em pés contendo de uma a quatro sílabas, regularmente, sendo que para a obtenção de efeitos especiais pode-se usar um número qualquer de sílabas fracas. Ele [o pé] contém um acento, que cai na única sílaba, se houver só uma, ou, se houver mais [...] na primeira". (Gerard Manley Hopkins, *Poems and Prose*. Org. de W. H. Gardner. Harmondsworth: Penguin, 1976, p. 9.)

ritmo normal, estamos acostumados com variações tais como pés invertidos, dáctilos etc., variações que, quando repetidas, proporcionam um efeito de contraponto — ou seja, o ritmo original continua a pulsar sob o ritmo a ele superposto. No *sprung rhythm*, o ritmo percebido corresponde ao do contraponto no ritmo normal — só que sem a presença de um ritmo original subjacente. Deve-se também acrescentar o pressuposto de que todos os pés têm igual comprimento ou força, sendo as desigualdades comuns na língua inglesa naturalmente compensadas por pausas ou acentos, de acordo com o sentido, ou a indicação.

Do que foi exposto fica evidente, creio eu, que a poesia baseada exclusivamente no *sprung rhythm*, ou numa combinação de *sprung rhythm* e ritmo normal, manifestará uma coordenação de espécie diversa — mantendo a batida rítmica comum da poesia, mas com um aumento enorme das variações possíveis no estabelecimento desse ritmo. Tomem-se, por exemplo, os versos iniciais do famoso soneto de Hopkins "God's Grandeur" [A grandeza de Deus], em ritmo normal:

> *The world is charged with the grandeur of God.*
> *It will flame out, like shining from shook foil;*
> *It gathers to a greatness, like the ooze of oil*
> *Crushed. Why do men then now not reck his rod?**

e comparem-se esses versos com os versos finais, em *sprung rhythm*, do extraordinário "Windhover" [O falcão]:

> *No wonder of it: sheer plod makes plough down sillion*
> *Shine, and blue-bleak embers, ah my dear,*
> *Fall, gall themselves, and gash gold-vermilion.***

---

* "O mundo está carregado da grandeza de Deus./ Vai chamejar — chispas em sacudidas folhas de metal;/ Vai expandir-se — óleo que imprensado escorre, tal e qual,/ E alaga. Por que o homem não teme o açoite dos céus?" [A tradução dos versos de Hopkins citados neste texto são de Aíla de Oliveira Gomes. Gerard Manley Hopkins, *Poemas*. São Paulo: Companhia das Letras, 1989.] (N. E.)

** "Nem surpreende: ao arar paciente, o arado lá sob o sulco contínuo/ Faísca; e o borralho azul-pálido, ah! meu tesouro,/ Ao tombar atrita-se, e abre-se em talhos vermelho-e-ouro." (N. E.)

Para demonstrar graficamente a versatilidade dos pés no *sprung rhythm*, eis a escansão dos três versos:*

u/—u u u/—/—u/—u/—u/
—u/—u/—u/—u/—/
—/—u u u/—/—u/—u/

A diferença em movimento entre as duas citações é óbvia; e no entanto creio que o leitor sente exatamente a mesma unidade no ritmo do segundo trecho, a mesma integridade (talvez até intensificada) que é proporcionada pelos jambos irregulares do soneto mais convencional. A ação se move em mais de uma direção ao mesmo tempo; novos músculos são acionados e tensionados, e as inter-relações entre sílabas acentuadas e átonas criam uma textura mais cerrada no poema, pois elas apontam não apenas para um metro geral, e sim para outros pés específicos. Por exemplo, o pé —u u u, que ocorre no primeiro e no último verso do trecho citado. Os versos se pronunciam exatamente com aquele equilíbrio que denomino *timing*, e há mais ação compactada nos versos graças à utilização do *sprung rhythm*.

Uma licença poética permitida pelo *sprung rhythm* torna-se, graças ao modo como Hopkins a utiliza, quase uma elucidação do *timing* e uma prova de sua existência e excelência. Trata-se da possibilidade de haver *hangers* ou *outriders*: sílabas átonas acrescentadas a um pé que não são contadas na escansão — colocadas de tal modo que o ouvido as reconhece como tais e as admite, por assim dizer, sob a superfície do metro real. Um exemplo pode ser encontrado no segundo verso do poema citado acima, "Windhover".

> *I caught this morning morning's minion, king-
> dom of daylight's dauphin*, dapple-dawn-drawn Falcon, in
> [his *riding***

---

* No diagrama que se segue, Bishop usa "u" para indicar uma sílaba átona e "—" para representar uma sílaba acentuada. A barra ("/") separa um pé do outro no mesmo verso.
** "Eis que avistei esta manhã o amado da manhã, delfim do reino/ da luz do dia, Falcão arrebatado pela aurora mosqueada em seu cavalgar." No original, Bishop erra na divisão dos versos; apresentamos aqui a divisão correta. O erro não afeta o raciocínio desenvolvido por ela. Os grifos são da autora. (N. E.)

Aqui o *timing* e a sintonia entre sentido e sílaba são tão precisos que lembram os movimentos caprichosos de um acrobata impecável: caindo de modo gracioso e agarrando os tornozelos do parceiro, ele é capaz ainda de dar, em plena queda, mais uma volta e acrescentar um floreio, sem correr perigo e sem desfigurar a forma de seu voo.

O uso abundante de aliteração, repetição e rimas internas são características de Hopkins que selam suas palavras com firmeza, unindo-as e ao mesmo tempo indicando as relações sonoras entre elas, do mesmo modo como as linhas guias, ou formas repetidas, atuam num desenho. O abuso desses truques poéticos num metro comum muitas vezes leva à vulgaridade rítmica de boa parte da obra de [Algernon Charles] Swinburne; em Hopkins, tais recursos, por estarem muitas vezes associados a um *sprung rhythm* complexo, ganham sutileza, adquirindo vários tons e nuances de importância rítmica. Ouçamos o final de "That Nature is a Heraclitean Fire [and of the Comfort of the Resurrection]" [Da natureza como o fogo de Heráclito e do conforto da Ressurreição]:

> *In a flash, at a trumpet crash,*
> *I am all at once what Christ is, since he was what I am, and*
> *This Jack, joke, poor potsherd, patch, matchwood, immortal*
> [*diamond,**

O primeiro aspecto do *timing* que venho discutindo poderia ser definido, de modo paradoxal, como a precisão com a qual a poesia se mantém coordenada consigo própria. Há talvez um outro elemento que ajuda a realizar esse efeito de coordenação, o qual depende muito do poeta em particular e atua no sentido de levar o poema à perfeição como um todo, e não apenas com relação ao *timing*. Talvez não seja o caso mencioná-lo aqui, mas considerando-se a intensidade emocional mantida pela maioria dos poemas de Hopkins, e a profundidade da fonte emocional da qual eles provêm, creio ser importante tentar exprimir, ainda que de modo imperfeito, a conexão entre elas. Um poema é iniciado com certo volume de emoção,

---

* "Num relâmpago, a um estrondo de trombeta final./ Súbito sou tudo que Cristo é, se Ele foi tudo que sou, e, num instante./ Este joão-ninguém caçoado, pobre caco, trapo, palito de fósforo, imortal diamante." (N. E.)

intelectualizada ou não, dependendo do poeta, e à medida que ele vai sendo escrito a partir dessa emoção, subtraído dela, o volume é reduzido — tal como a água tirada do fundo de um tanque reduz o nível de água na superfície. Em seguida, a meu ver, o volume original é preenchido de modo estranho, porém natural — com a emoção despertada pelos versos ou estrofes que acabam de ser completados. Todo o processo é uma plenitude fluente e contínua, mantida em movimento pelo seu próprio peso, a combinação da emoção original com a emoção criada, cristalizada — definida pelo sr. T. S. Eliot como "aquele alívio intenso e transitório que advém no momento de conclusão e que é a principal satisfação proporcionada pelo trabalho criativo". Por efeito dessa plenitude constante, cada parte serve como limite, guia e de certo modo modelo para cada parte subsequente, e o todo é pesado junto. (Isso talvez explique por que o verso final de um poema tantas vezes é o melhor; e também por que muitas vezes o verso final parece engenhoso e excessivo em relação ao resto do poema — ele foi composto separadamente, sem o peso natural da criação do resto do poema que vem antes dele.)

Uma estrofe de "The Wreck of the Deutschland" [O naufrágio de Deutschland] ilustra o que foi dito à perfeição, com sua grandiosidade crescente e o incremento de sentimento em parte instigado pelo texto em si:

> *I admire thee, master of the tides,*
> *Of the Yore-flood, of the year's fall;*
> *The recurb and the recovery of the gulf's sides,*
> *The girth of it and the wharf of it and the wall;*
> *Stanching, quenching ocean of a motionable mind;*
> *Ground of being, and granite of it: past all*
> *Grasp God, throned behind*
> *Death with a sovereignty that heeds but hides, bodes but abides.**

---

* "Eu Te admiro, Senhor das marés,/ Do Dilúvio-primevo, do tombar dos anos;/ Freio e recuperação dos limites do golfo,/ Seu cinturão, seu porto, seus flancos;/ Estancando, aplacando o oceano de uma mente agitada;/ Fundamento, granito do ser; além, bem além/ De todo alcance, Deus entronizado por detrás/ Da morte, com uma soberania oculta, mas atenta, que prevê, mas não intervém." (N. E.)

II

Até aqui tenho usado o termo *timing* para me referir a uma qualidade do poema em si; agora quero utilizá-lo num sentido diferente, para designar algo diferente. Um homem num tiro ao alvo apoia a arma no ombro e mira num alvo que se desloca contra um pano de fundo. Para atingi-lo, é necessário fazer pontaria não no alvo, e sim num ponto a uma certa distância à frente dele. Entre o ponto mirado e o alvo móvel deve haver um pequeno espaço, correspondente ao deslocamento do alvo no exato intervalo de tempo que a bala levará para chegar até ele. Se o homem calcular esse espaço com precisão, ele conseguirá acertar o alvo, e seu *timing* terá sido correto. Do mesmo modo, o poeta quer registrar no papel o seu poema, que lhe ocorre não como a aparição súbita de um poema imóvel, e sim como uma ideia ou uma série de ideias a se deslocar, a se modificar. O poeta tem que saber qual é o ponto desse movimento mais apropriado para detê-lo, que é talvez o ponto em que ele consegue fazer tal coisa; ou seja, trata-se mais uma vez de uma questão de *timing*. Porém a imagem do homem no tiro ao alvo pode não ser adequada, porque a mente do poeta não permanece imóvel, mirando na ideia em movimento. A divisão expressa pela imagem me parece exata — toda pessoa que ao menos tentou escrever um poema uma única vez por sentir que havia um poema em sua cabeça há de reconhecer que a comparação é verdadeira. O poema, único e perfeito, parece estar separado da mente consciente, esquivando-se dela de propósito, enquanto a mente consciente se aproxima dele com dificuldade, passo a passo. O processo tem certa semelhança com a situação corriqueira de nos esquecermos por um instante de um nome ou termo que parece ganhar vida e escapulir de nosso cérebro enquanto tentamos capturá-lo. Admitindo-se que o poeta é capaz de capturar sua ideia, a imagem do tiro ao alvo deve ser mais complexa; o alvo está em movimento, e o atirador também está. O movimento do atirador não cessa; há que deter o alvo num ponto crítico desconhecido, quando seu senso de *timing* o determinar. Ouvi dizer que soltar um projétil de um avião sobre uma belonave em movimento num mar agitado exige o senso de *timing* mais perfeito e delicado que se pode imaginar.

Hopkins, a meu ver, decidiu deter seus poemas, captá-los no papel, naquele ponto de seu desenvolvimento em que eles ainda estão incompletos, ainda próximos do primeiro grão de verdade ou apreensão que lhes deu origem. É comum afirmar que ele se baseia em grande parte nos poetas "metafísicos" do século XVII — a extrema rapidez de suas ideias, sua intuição e, em grau menor, seus *conceits** — e creio que ele tem também laços muito estreitos com a prosa do mesmo período. A espécie de *timing* que visa apreender e preservar o movimento de uma ideia, com o objetivo de cristalizá-la quando ela ainda está em movimento, é a abordagem barroca em sua essência; e num artigo sobre "The Baroque Style in Prose", de M. W. Croll,** encontrei algumas frases notáveis que, a meu ver, poderiam se aplicar igualmente a Hopkins. Referindo-se aos prosadores barrocos, afirma Croll:

> O objetivo deles era retratar não um pensamento, mas uma mente a pensar. [...] Eles sabiam que uma ideia separada do ato de vivenciá-la não é a mesma ideia que vivenciamos. O ardor de sua concepção na mente é um componente necessário de sua verdade; e a menos que se possa transmiti-la a outra mente numa forma semelhante àquela com que ela surgiu, ou bem ela já se transformou numa outra ideia ou bem já deixou de ser uma ideia, de ter qualquer presença que não a verbal. [...] Eles [...] deliberadamente escolhiam como momento de expressão aquele em que a ideia pela primeira vez se objetifica com clareza na mente, em que, por conseguinte, cada um de seus componentes ainda preserva sua própria ênfase peculiar e um vigor independente só seu — em suma, o momento em que a verdade ainda é *imaginada*.

Já mencionei algumas das características do *sprung rhythm* tal como Hopkins o utiliza, que é o que dá a seus versos sua significação especial, e agora vou abordar outras características do ponto de vista do que elas contribuem para o *movimento* de sua poesia, para a representação de "uma mente a pensar". A escansão, mais uma vez, é muito importante; no *sprung rhythm*, como o acento sempre recai sobre a primeira sílaba do pé, e quaisquer sílabas átonas no início de um verso são consideradas como pertencentes ao último pé do verso anterior, é natural que a escansão seja feita de modo contínuo, e não verso por verso. É a isso que Hopkins dá o nome de versos

---

* O sentido de *conceit* é "ideia caprichosa ou engenhosa de modo fantasioso" (*Webster's Third International Dictionary*); o termo "poesia metafísica" designa o período barroco da poesia inglesa.
** Da Universidade Princeton. Incluído em *Studies in English Philology in Honor of Frederick Klaeber* (Universidade de Minnesota, 1929). (N. A.).

rove over [atravessados]: diz ele que "a escansão prossegue sem interrupção do início, digamos, de uma estrofe até o final dela, e toda a estrofe é uma única sequência, ainda que escrita em forma de versos separados". Desse modo as fronteiras do poema são abertas, e o todo é afrouxado; o movimento é prolongado sem as paradas mais ou menos fortes que costuma haver no final dos versos. Juntamente com a possibilidade de haver *outriders*, como vimos acima, o poema pode ganhar uma superfície fluida e detalhada, mais ou menos hesitante, leve, arrastada, pesada ou alada, dependendo da escolha feita por Hopkins.

Além do recurso geral do verso *rove over*, Hopkins gosta muito de usar rimas estranhas, muitas vezes irritantes: "*am and* [...] *diamond*", "*England* [...] *mingle and*" etc. Tais rimas costumam soar bem quando lidas em voz alta, e contribuem — apesar de serem forçadas, ou justamente por serem forçadas — para o efeito geral de emoção intensa, não premeditada e não revisada. De vez em quando ele lança mão de uma espécie de apócope para obter o mesmo efeito de intensificação:

Do poema nº 41:

> *[...] huddle in a main, a chief*
> *Woe, world-sorrow; on an age-old anvil wince and sing —*
> *Then lull, then leave off. Fury had shrieked 'No ling-*
> *ering! Let me be fell: force I must be brief'.* *

Do nº 44:

> *England, whose honour O all my heart woos, wife*
> *To my creating thought, would neither hear*
> *Me, were I pleading, plead nor do I: I wear-*
> *y of idle a being but by where wars are rife.* **

---

* "[...] montão de uma dor/ Mor — a dor do mundo; canta acuada em ancestral bigorna —/ Depois amansa, chega a parar. A Fúria gritara "Sem demora,/ Feroz no malhar; tenho de ser veloz em meu furor." (N. E.)

** "Esposa de meu pensamento, amada Inglaterra,/ Cuja honra meu coração venera, meus lamentos/ Não ouviria, nem nada pleiteio: só já não aguento/ Estar assim ocioso, onde é sem trégua a guerra." (N. E.)

Tais quebras podem ser defeitos graves que causam a destruição do esquema rítmico do poema, que é mais importante, mas ao mesmo tempo elas conseguem romper as margens da poesia, borrando as bordas com uma espécie de vibração e mantendo a atmosfera fresca e em movimento. Os versos não podem afrouxar-se nem por um instante; graças a esses recursos difíceis, a poesia de Hopkins emerge da página como uma tempestade repentina. Uma única estrofe breve pode estar tão cheia de emoção, arder tanto de emoção, quanto um dos cedros de Van Gogh.

Por vezes a obscuridade de seu pensamento, o fardo de sua ideia poética parece ser pesado demais para ser levantado e dispersado em unidades capazes de voar por suas palavras; palavras e sentido entram em conflito, e as estrofes parecem fazer força contra o leitor, como uma mola que apertamos com a mão. Parece impossível pôr em movimento o material, dado seu estado caótico. Mas o sr. Croll afirma também que "a arte barroca sempre se manifesta melhor quando atua sobre massas pesadas e materiais resistentes; e da luta entre um padrão fixo e um enérgico movimento para a frente ela produz aquelas desproporções fortes e expressivas com que se deleita". Em tudo que nele há de forma e detalhe, e acima de tudo no momento que ele escolhe para transferir o pensamento para o papel, Hopkins é um poeta barroco.

1934

Nota sobre a edição

Nesta edição, incluímos todos os textos publicados anteriormente em *Esforços do afeto e outras histórias* (São Paulo, Companhia das Letras, 1996), exceto "O diário de ‹Helena Morley, o livro e a autora", acrescentando uma seleção do material divulgado em *Prose* (organização de Lloyd Schwartz, Nova York, Farrar, Straus and Giroux, 2011): artigos que tematizam o Brasil, a correspondência com Anne Stevenson e, para exemplificar a produção juvenil de Elizabeth Bishop, uma análise da poesia de Gerard Manley Hopkins produzida quando a autora era estudante universitária.

A lista a seguir indica a data da primeira publicação ou a localização dos manuscritos de Bishop.

"O batismo": *Life and Letters Today*, primavera de 1937.
"O mar e sua costa": *Life and Letters Today*, inverno de 1937.
"Na prisão": *Partisan Review*, março de 1938.
"Gregorio Valdes, 1879-1939": *Partisan Review*, verão de 1939.
"Hospital Mercedes": *Collected Prose*, 1941.
"Os filhos do fazendeiro": *Harper's Bazaar*, fevereiro de 1948.
"A governanta": *The New Yorker*, 11 de setembro de 1948 (assinado "Sarah Foster").
"Gwendolyn": *The New Yorker*, 27 de junho de 1953.
"Na aldeia": *The New Yorker*, 19 de dezembro de 1953.
"Primeiras letras": *Collected Prose*, 1960.
"A ratinha do campo": *Collected Prose*, 1961.
"A Escola de Redação E.U.A": *Collected Prose*, 1966.
"Viagem a Vigia": *Collected Prose*, 1967.
"Esforços do afeto: Memória de Marianne Moore". *Collected Prose*, c. 1969.
"Ida ao botequim": *Collected Prose*, 1970.
"Recordações do tio Neddy": *The Southern Review*, outono de 1977.

"Uma nova capital, Aldous Huxley e alguns índios": Vassar College Libraries for Special Collections, 1958; *Yale Review*, julho de 2006.

"Na ferrovia chamada Encantado": *The New York Times Magazine*, 7 de maio de 1965.

"Correspondência com Anne Stevenson, 1963-5": Modern Literature Collection/ Manuscripts, Washington University.

"Gerard Manley Hopkins: Apontamentos sobre o *timing* em sua poesia": *Vassar Review*, fevereiro de 1934.

Sobre a autora

Elizabeth Bishop nasceu em Worcester, Massachusetts, em 1911. Perdeu o pai com oito meses de idade e, quatro anos depois, sua mãe apresentou sinais de insanidade. Desde então foi criada por familiares, primeiro no Canadá, depois nos Estados Unidos. Formou-se no Vassar College em 1934 e seu primeiro livro, *North & South*, foi publicado em 1946. Seguiram-se *A Cold Spring*, *Questions of Travel*, *Geography III* e numerosos prêmios, entre eles o Pulitzer e o National Book Award. Morreu em Boston, em 1979. Da autora, a Companhia das Letras publicou *Uma arte: As cartas de Elizabeth Bishop*, *Poemas do Brasil* e *Poemas escolhidos*.

ESTA OBRA FOI COMPOSTA POR ACOMTE
EM BAUER BODONI E IMPRESSA PELA GEOGRÁFICA EM OFSETE
SOBRE PAPEL PÓLEN SOFT DA SUZANO PAPEL E CELULOSE
PARA A EDITORA SCHWARCZ EM JANEIRO DE 2014